MEDIA E LEIS PENAIS

SARA PINA

MEDIA E LEIS PENAIS

ALMEDINA

MEDIA E LEIS PENAIS

AUTOR
SARA PINA

EDITOR
EDIÇÕES ALMEDINA, SA
Av. Fernão Magalhães, n.º 584, 5.º Andar
3000-174 Coimbra
Tel.: 239 851 904
Fax: 239 851 901
www.almedina.net
editora@almedina.net

PRÉ-IMPRESSÃO | IMPRESSÃO | ACABAMENTO
G.C. – GRÁFICA DE COIMBRA, LDA.
Palheira – Assafarge
3001-453 Coimbra
producao@graficadecoimbra.pt

Janeiro, 2009

DEPÓSITO LEGAL
287416/09

Os dados e as opiniões inseridos na presente publicação
são da exclusiva responsabilidade do(s) seu(s) autor(es).

Toda a reprodução desta obra, por fotocópia ou outro qualquer
processo, sem prévia autorização escrita do Editor, é ilícita
e passível de procedimento judicial contra o infractor.

Biblioteca Nacional de Portugal – Catalogação na Publicação

PINA, Sara

Media e leis penais.
ISBN 978-972-40-3663-2

CDU 343
    316

ÍNDICE

Prefácio de José Narciso Cunha Rodrigues 11

Introdução 15

PRIMEIRA PARTE

1. DIREITO E SOCIEDADE 23
   1.1. Direito e vida social. O fenómeno jurídico como facto social. Breve aproximação histórica 23
      1.1.1. Génese social do direito 26
         1.1.1.1. O jurídico enquanto prática social 26
         1.1.1.2. Da norma ao direito 29
      1.1.2. Fontes de direito 33
   1.2. Sociedade e Estado 36
      1.2.1. Conflito, mudança social, controlo social, Estado 36
      1.2.2. Estado de Direito 44
         1.2.2.1. Legitimidade e legalidade 47
         1.2.2.2. O direito como reflexo e instrumento de mudança da vida social 53

2. MEDIA E SOCIEDADE 57
   2.1. Media e sociedade. Os media como reflexo e condicionante dos valores sociais 57
      2.1.1. Conhecimento mediatizado e espaço público 60
         2.1.1.1. A agregação de informação 63
         2.1.1.2. Acontecimentos referenciais 65
         2.1.1.3. Legitimidade do jornalismo e agressividade da cobertura ... 67
         2.1.1.4. Enquadramento dominante 69
   2.2. Media e política 71
      2.2.1. Participação democrática dos cidadãos e decisão política 71
      2.2.2. *Agenda-setting* 73
      2.2.3. Papel político dos media e agendas institucionais 76
      2.2.4. Media, arena política 79
      2.2.5. Descredibilização dos políticos e poder dos media 83

3. MEDIA E DIREITO PENAL	86
3.1. O crime nos media	86
3.1.1. EUA, Reino Unido, Irlanda, França, Espanha, Portugal.............	91
3.1.2. "Quando os factos contrariam os números"...........................	100
3.2. Imagens do crime	102
3.2.1. Construção/representação do crime nos media	102
3.2.1.1. Do século XIX aos nossos dias	103
3.2.1.2. Selectividade	105
3.2.1.3. *Framing*	108
3.2.2. Retórica criminológica dos media	112
3.2.3. Medo do crime e sentimento de insegurança	117
3.2.4. Lógica comunicacional e lógica comercial	123
3.2.5. Emoção *vs.* racionalidade	125
3.2.5.1. As vítimas tomam a palavra	127
3.2.5.2. Media e justiça penal: discursos incompatíveis?	131
3.2.5.3. Antagonismos estruturais	136
3.3. Deslocalização da justiça penal	141
3.3.1. O crime como entretenimento	141
3.3.2. *Trial by media*	147
4. OS MEDIA "FONTES INFORMAIS" DE DIREITO PENAL	152
4.1. Media e construção da agenda política criminal	152
4.2. Direito Penal Simbólico e Direito Penal do Inimigo	160
4.3. Os media como legitimadores do sistema penal	168
4.4. Legislador político e "legislador" mediático	173

SEGUNDA PARTE

Razão de ordem	183
5. OS MEDIA COMO "FONTES INFORMAIS" DE DIREITO PENAL E PROCESSUAL PENAL. A SITUAÇÃO PORTUGUESA	185
5.1. "Criminalidade mediática" e criminalidade real	185
5.2. Legislar "à flor da pele"	192
5.3. Volatilidade legislativa	195
5.4. O "legislador" mediático	197
5.5. O "juiz" mediático	202
5.6. Media e poder comunicacional	205
5.7. Media populares e media de referência	208
6. ESTUDO DE CASO. O PROCESSO CASA PIA	211
6.1. "Uma vergonha nacional"	211
6.2. A cobertura mediática	218
6.2.1. Duas perspectivas	222

6.2.2. Análise comparativa 228
6.3. A controvérsia sobre o sistema penal 234
6.4. A revisão de 2007 dos códigos Penal e de Processo Penal 239
Conclusão 245

ANEXOS/ENTREVISTAS

Rogério Alves 253
  Bastonário da Ordem dos Advogados no momento em que foi realizado o inquérito
José Pedro Aguiar Branco 257
  Deputado pelo Partido Social Democrata, advogado, ex-ministro da Justiça (XVI Governo Constitucional) e ex-membro do Conselho Superior de Magistratura
Rui do Carmo 261
  Magistrado do Ministério Público e director da Revista do Ministério Público
Alberto Arons de Carvalho 267
  Deputado pelo Partido Socialista e membro da Comissão de Ética, Sociedade e Cultura, comissão competente em matérias relacionadas com a comunicação social
Daniel Proença de Carvalho 275
  Advogado, ex-ministro da Comunicação Social (IV Governo Constitucional), ex-magistrado do Ministério Público e ex-inspector da Polícia Judiciária. Foi fundador do "Jornal Novo" e presidente da RTP
António Cluny 279
  Presidente do Sindicato dos Magistrados do Ministério Público
Artur Rodrigues da Costa 285
  Juiz conselheiro da Secção Criminal do Supremo Tribunal de Justiça
Jorge Figueiredo Dias 293
  Penalista, professor jubilado da Faculdade de Direito da Universidade de Coimbra e principal impulsionador da reforma do Código Penal realizada em 1995 (traduzida, na prática, num Código Penal a vários títulos largamente inovador em relação ao anterior) e do Código de Processo Penal de 1987
António Henriques Gaspar 299
  Vice-presidente do Supremo Tribunal de Justiça
António Martins 305
  Presidente da Associação Sindical dos Juízes Portugueses
Rui Pereira 309
  Actual ministro da Administração Interna. Presidiu à Unidade de Missão para a Reforma Penal de 2007 (que reviu extensivamente o Código Penal e Código de Processo Penal)
Alípio Ribeiro 315
  Procurador-geral adjunto e ex-director nacional da Polícia Judiciária

José Narciso da Cunha Rodrigues 319
Ex-procurador-geral da República e actualmente juiz do Tribunal de Justiça da União Europeia
Germano Marques da Silva 323
Penalista, professor da Universidade Católica e impulsionador da principal revisão, em 1998, do Código de Processo Penal (Lei n.° 59/98 de 25 de Agosto, alterando 223 dos 524 artigos do Código de 1997)
Juiz do Tribunal Constitucional 326
(Solicitou reserva de identidade)

Bibliografia 331

AGRADECIMENTOS

Ao Professor Doutor João Pissarra Esteves que orientou o meu trabalho.

A todos os que aceitaram ser entrevistados. As entrevistas deram um contributo decisivo para o esclarecimento de algumas das questões suscitadas neste trabalho.

A todos os meus amigos que me apoiaram ao longo da tese, seja estimulando-me seja facultando-me o acesso a alguns elementos bibliográficos, nomeadamente ao Juíz Conselheiro Cunha Rodrigues que aceitou fazer o prefácio deste livro.

À minha família, especialmente aos meus pais.

PREFÁCIO

A interacção entre direito e *media* e a mediatização da justiça são dois dos mais complexos e delicados problemas das sociedades abertas, confirmando a intuição de Karl Popper quanto à natureza aporética das questões que, neste domínio, se colocam na tutela de direitos fundamentais.

O aparecimento de expressões como "democracia de opinião", "quarto poder", "agenda-setting", ou "julgamento de opinião" não são apenas fórmulas vocabulares. Traduzem fenómenos com vocação expansiva, geradores de "factos políticos" e de perplexidades e também factores de confusão pela "desordem" que introduziram em noções que pareciam estabilizadas.

A aproximação a estes temas fez-se, durante muito tempo, pela sociologia e pelas ciências da comunicação. Só mais tarde, com a sedimentação das tendências e a possibilidade de perspectiva, intervieram os juristas e os historiadores. Normalmente, privilegiando o objectivo de cada disciplina.

Poucas matérias, no entanto, se prestavam, como esta, a uma intervenção multidisciplinar.

Representar, sobrerepresentar ou subrepresentar a realidade são formas de modular o terreno observado e, logo por aí, todos os actores sociais vêem os seus papéis condicionados pelos *media*. Já não se trata de operar sobre a "cidade" mas de conhecer a "cidade" sobre a qual se opera. O *acontecimento*, que o direito tradicional qualificava de "naturalístico" para exprimir a ideia de que a realidade *é o que é*, deu ele próprio origem a uma teoria específica, expandindo a especulação científica e o campo disciplinar.

A revolução tecnológica acelerou este processo, levando-o a adquirir novas propriedades e a alterar o significado e a própria simbologia do discurso.

O termo desta evolução está ainda distante e é difícil prever o futuro. Convicções de amanhã desmentirão certezas de hoje.

Basta recordar a evolução e a flutuação da opinião em aspectos da vida quotidiana, como são os da relação substitutiva cinema/televisão e imprensa escrita/imprensa *on line* ou os da desestruturação económica dos *media*, da tablóidização, da blogosfera ou do surgimento de títulos de distribuição gratuita.

No que concretamente se refere ao direito e à justiça, os problemas giram em torno de um antagonismo essencial.

De um lado, as formas, os rituais, o instinto conservador e a autoridade; do outro, a informalidade, a exigência funcional de dizer "mais longe, mais depressa e mais alto", a volatilidade de conteúdos e o activismo instigador da mudança.

A relação entre *media*, direito e justiça seria sempre, à partida, um tema provocador. Como sistemas de regulação social, o direito e a justiça deslocam o objecto da análise para os mais diversos lugares: política, economia, ensino, trabalho, saúde ou crenças sociais. Cada lugar com as suas questões e exigências metodológicas.

A delimitação do objecto do presente estudo seria, também por isso, uma decisão difícil, um acto de coragem e, em certa medida, uma aventura.

Sara Pina aceitou o desafio e desincumbiu-se admiravelmente da ciclópica tarefa.

As dificuldades de abordagem resultavam, além do mais, do cruzamento de vectores científicos pouco estudados, induzidos por aspectos da teoria do Estado mais sensíveis a certas incidências, nomeadamente a evolução da concepção de Estado-Nação, a crise das ideias de representação e de participação, a fragmentação das disciplinas jurídicas ou os novos desenvolvimentos das ciências da comunicação.

Se a isto acrescentarmos que a análise sociológica de questões de ordem juridico-constitucional está, em si mesma, exposta a dificuldades de método, teremos uma ideia aproximada da ambição do tema escolhido.

Sara Pina respondeu a este desafio, empenhando, na investigação e na escrita, duas das suas conhecidas aptidões: a de cientista social, com formação nas áreas do direito e da comunicação, e a de profissional, com um currículo singular nos sectores de produção e aplicação do direito, de assessoria técnica e de trabalho jornalístico.

Não nos cabe apreciar o mérito científico da tese. O júri académico que avaliou as provas prestadas pela Autora atestou-o sem equívoco.

Gostaríamos simplesmente de pontuar algumas das mais interessantes ideias-força da tese.

O estudo privilegiou o âmbito penal.

As razões são óbvias. Antropológica, filosófica e sociologicamente, o criminal é o ramo de direito que suscita questões de maior acutilância na relação com os *media*.

Não obstante, a Autora não deixou de fazer propedeuticamente considerações gerais sobre o Estado e sobre o direito que permitiriam integrar outras disciplinas jurídicas que, cada vez mais, apelam à mediatização, como é o caso do direito de menores.

É, contudo, no capítulo da comunicação que Sara Pina melhor revela a sua capacidade de reflectir e de produzir pensamento alternativo: descrevendo, com rigor, os conceitos, analisando-os à luz de elementos muito diversificados oriundos daquilo que poderíamos denominar de sociologia empírica e testando cada hipótese com base em amostragens significativas.

Esta análise vai deixar marcas na bibliografia temática relativa às relações entre direito, justiça e comunicação social.

É certo que o método tinha sido já utilizado em obras de referência. Sara Pina teve, todavia, o mérito de o aplicar relativamente à realidade portuguesa. Os estudos até agora disponíveis eram parcelares. Fazia falta uma obra que incluísse a teorização das questões, enfrentasse a sua transdisciplinaridade e se apoiasse em trabalhos de campo.

A Autora fê-lo com rigor e não se coibiu de inventariar, com uma objectividade e um distanciamento que só a creditam, factos e documentos relativos a acontecimentos que provocaram tensão e controvérsia.

A exaustiva bibliografia citada evidencia uma informação actualizada e uma apurada sensibilidade para, dentro de cada matéria, seleccionar a doutrina mais representativa.

A Autora não se furtou, do mesmo modo, a traçar um itinerário meticuloso na história das ideias, o que, particularmente no campo do direito, implicava triagem e sentido de medida.

Ainda neste mesmo aspecto, Sara Pina encontrou o justo equilíbrio entre autores de vários países, utilizando como critério a importância doutrinal das tendências.

É natural que alguns pontos, em especial de âmbito jurídico, suscitem reservas, como, desde logo, a noção de *media* como "fontes informais de direito penal e direito processual penal".

No entanto, o "exagero", se assim se pode dizer, é interpelante, estimula a reflexão e ajudará a corrigir fronteiras, num terreno, muitas vezes, varrido pela espuma dos dias e frequentado por gente pouco preparada.

A tese de mestrado de Sara Pina deixou, por todos estes motivos, de ser um texto académico para se transformar num documento de divulgação científica e histórica do maior relevo.

Interessará os que quiserem abordar matérias que estão no cerne da difícil e muito actual questão da harmonização e concordância prática entre direitos fundamentais.

Satisfará a curiosidade dos que se interrogam sobre o caminho que estão a trilhar as democracias ocidentais.

Constituirá um excelente manual para o cidadão comum que tem os *media* por referência.

Enfim, fará história (reporá a história?...) quanto a acontecimentos que agitaram a opinião pública portuguesa.

Cunha Rodrigues

INTRODUÇÃO

1. As questões da justiça e do direito vêm ganhando, nas décadas recentes, crescente espaço informativo nos *mass media*, particularmente na televisão mas também na imprensa, não só no que respeita à informação propriamente dita sobre casos, sobretudo penais, em investigação ou julgamento (e os próprios media fazem hoje frequentemente investigação em matéria penal), mas também no que respeita ao debate crítico das próprias soluções legislativas concorrentes em cada um desses casos, tanto as de direito substantivo como as de direito adjectivo.

A "mediatização da justiça" tem operado transformações às vezes dramáticas na tradicionalmente severa e discreta administração da justiça e nos próprios universos da formação do direito, habitualmente encerrados em estreitos círculos de especialistas. O debate de políticas legislativas ou de matérias processuais concretas como, entre nós, as do segredo de justiça ou da prisão preventiva, de práticas investigatórias como a das escutas telefónicas, ou de questões de Direito Penal substantivo como as das medidas das penas de certos crimes (abuso sexual de menores, homicídio e, em geral, crimes contra pessoas, mas também crimes contra a vida em sociedade, como incêndios florestais ou crimes ambientais) ou a da criminalização ou não criminalização do aborto ou do consumo de drogas, tem "saltado", a propósito de casos concretos amplamente tratados pela comunicação social, das publicações da especialidade para os *mass media*. E, aí, tais matérias passaram a ser sujeitas a escrutínio geral.

Tal "mediatização da justiça" tem tido um papel relevante na colocação na agenda das prioridades políticas de algumas problemáticas jurídicas concretas. Com efeito, agindo os *mass media* simultaneamente como reflexo da sociedade e dos movimentos sociais e como instrumento conformador da vida social, a "mediatização da justiça" tem contribuído, em larga medida, para dar visibilidade e voz a correntes de opinião jurídicas capazes de influenciar as decisões políticas também na área específica da produção do direito.

O poder dos *media* no campo da justiça é, aliás, reconhecido pelos cidadãos. Com efeito, cidadãos e grupos políticos representam os *media* como um poder capaz de condicionar as alternativas de decisão que em cada momento são colocadas na agenda política no campo da justiça. Uma sondagem realizada em 1987 pela L. Harris International para o *L'Express* e publicada nesta revista em 15 de Maio do mesmo ano, revela, de país para país, a imagem que os cidadãos têm do poder dos *media* e da sua capacidade de influenciar as decisões políticas em diferentes domínios, entre eles o da justiça. Segundo esse estudo, uma significativa percentagem de cidadãos entende que os *media* influenciam decisivamente as decisões políticas no campo da justiça: 46% em França; 29% na Alemanha; 40% no Reino Unido; 32% em Espanha; e 69% nos Estados Unidos. Tendo em conta a data do estudo, não surpreenderá que a evidência do impacto dos *media* nas políticas da justiça seja hoje significativamente maior.

2. Assim, os media têm-se tornado crescentemente, em termos comparados, em "fonte informal" de *jure constituendo*[1], principalmente em matéria penal e processual penal. Tal fenómeno exprime-se, como ficou dito, não só através do modo como os media, a propósito dos casos judiciais que em cada momento fazem parte da sua agenda informativa, dão voz a determinadas alternativas legislativas concretas, como também na circunstância de promoverem a discussão pública de tais alternativas, criando correntes de opinião que influenciam a sua inclusão na agenda

---

[1] As expressões "fonte", "fonte informal" ou "fonte indirecta" de direito, referindo-se aos media, são usadas no presente trabalho no sentido de fontes de *jure constituendo* e não, como é óbvio, de *jure constituto*. De facto, fontes imediatas de *jure constituto* são, nos termos do art. 1.º do Código Civil, a lei ["Toda a disposição genérica e imperativa, emanada de um órgão estadual competente" (Pires de Lima e Antunes Varela, *Código Civil Anotado*, 1967, vol. I, Coimbra Editora: Coimbra, p. 9)] e as normas corporativas, entendidas estas, depois da abolição da organização corporativa, como as "normas próprias de uma determinada categoria, figura que não foi suprimida com a abolição da organização corporativa formal. É o caso das ordens profissionais." (Oliveira Ascenção, *Revista da Ordem dos Advogados*, 4.º-30, e nota 8, Ordem dos Advogados: Lisboa). Por outro lado, fontes mediatas são os usos e a equidade, "cuja força vinculativa provém da lei, que define os termos e limites da sua obrigatoriedade" (Pires de Lima e Antunes Varela, op. cit., p. 10).

política bem como o próprio sentido das decisões políticas que são tomadas nessas matérias.

Em Portugal, tal fenómeno, naturalmente contemporâneo do regime democrático e da consagração da liberdade de expressão e informação[2], vem assumindo em tempos recentes, à semelhança do que acontece na generalidade das democracias ocidentais, singular importância, suscitando reservas e críticas entre os operadores da justiça[3].

Com efeito, nos anos recentes, numerosas alterações legislativas, principalmente (mas não só) nos ramos do Direito Penal e do Direito Processual Penal, têm sido produzidas entre nós na sequência da discussão das soluções em vigor efectuada nos media a propósito de casos com grande repercussão pública. Tal fenómeno é especialmente notório no que respeita ao Código de Processo Penal, objecto de sucessivas alterações pontuais, algumas profundas, designadamente as aprovadas na sequência da generalização das críticas dos media à morosidade da justiça, que implicaram então algumas limitações aos direitos dos arguidos, posteriormente, por sua vez, postas em crise a propósito do processo Casa Pia.

Têm particular relevância, nesta matéria, os testemunhos dos responsáveis pelas principais reformas penais produzidas em Portugal nos últimos 20 anos. Assim, Figueiredo Dias, presidente da Comissão de Reforma da Legislação Penal e Processual Penal Portuguesa desde 1983, sob cuja égide foram elaborados o Código de Processo Penal de 1987 e a Reforma do Código Penal de 1995, tem em diversas oportunidades reconhecido (e contestado) a produção, entre nós, de direito, designadamente em matéria processual penal, sob impulso dos media. Em entrevista à revista *Visão*[4] em Julho de 2003, observava Figueiredo Dias que "as poucas alterações que a lei [tinha] sofrido" até então haviam sempre sido motivadas "por este ou

---

[2] Embora a influência dos media em matérias de justiça no período imediatamente após 25 de Abril de 1974 tenha contornos muito específicos, resultantes da própria dinâmica dos movimentos sociais e das condições criadas pelo processo revolucionário.

[3] Em artigo publicado no *Jornal de Notícias*, o juiz do Supremo Tribunal de Justiça Rodrigues da Costa, escrevia, comentando o recente anúncio de medidas legislativas no domínio da protecção de menores, da legislação florestal e do Código de Processo Penal suscitadas por alguns casos que tiveram grande destaque na comunicação social: "Em Portugal já se sabe como é, à mínima desgraça com impacto mediático, vêm os responsáveis e clamam: 'Altere-se a lei!'" ("Somos fortes em leis", in *Jornal de Notícias*, 30/09/04).

[4] *Visão*, 31 de Julho de 2003.

aquele caso", acrescentando: "Não posso achar mais errado. A legislação penal e a processual penal são tão graves, tão pesadas, tão difíceis de mexer, que são daquelas coisas que deveriam ser uma questão de regime e não de partidos". E, no *Boletim da Ordem dos Advogados,* em finais do mesmo ano[5], consciente de que "a mediatização da justiça chegou tarde ao país mas com toda a força", criticava o modo como essas alterações avulsas foram pondo em causa a própria estrutura fundamental do processo sobre a qual o Código de Processo Penal foi construído. A propósito, recordava que, "com recentes decisões do Tribunal Constitucional e com a libertação, num processo escandalosamente mediatizado, de pessoas que estavam sujeitas a prisão preventiva, as críticas a certos subsistemas do processo penal vigente praticamente se sumiram (...) E durante mais de 15 anos ninguém as tinha ouvido fazer (...)".

Do mesmo modo Rui Pereira, presidente, por sua vez, da Unidade de Missão para a Reforma Penal que procedeu, em 2007, à recente revisão dos códigos Penal e de Processo Penal, reconhece igualmente que "os media têm influenciado as reformas penais", manifestando que será "curioso fazer, num momento ulterior, o balanço de uma eventual influência dos media nas soluções acolhidas" na referida revisão de 2007[6].

3. Os media assumem-se, pois, como uma importante fonte doutrinária de *jure constituendo* e, assim, de forma indirecta, de direito positivo. Afigura-se, por isso, relevante o estudo – ao que julgamos saber, um terreno de investigação praticamente inexplorado entre nós – dos contornos e da dimensão do fenómeno, sobretudo, nos domínios do Direito Penal e do Direito Processual Penal, onde ele é mais notório.

4. No presente trabalho, situaremos, numa primeira abordagem, algumas questões gerais sobre as relações entre direito e sociedade, media e sociedade e media e direito (penal), desenvolvendo perspectivas sistemáticas de análise, diacrónicas e sincrónicas, que nos permitam identificar, em termos comparados, não só a relevância da problemática criminal na agenda mediática, a sua natureza, suas especificidades e suas consequências, mas também o papel dos media na determinação das agendas políticas em matéria penal.

---

[5] *Boletim da Ordem dos Advogados* n.º 29, Nov-Dez 2003.
[6] Cf. entrevista em anexo.

Numa segunda parte, procuraremos apurar até que ponto é possível concluir empiricamente que os media portugueses, à semelhança do que sucede na generalidade das democracias ocidentais, agem como "fontes informais" de Direito Penal e Direito Processual Penal, não só intervindo, por intermédio do *agenda-setting*, na agenda política legislativa e tendo uma influência directa ou indirecta sobre as políticas criminais, independentemente do sentido que essa influência assuma, mas também constituindo-se ainda como instância legitimadora dessas políticas.

A nossa análise terá em conta o período de vigência do Código de Processo Penal de 1987 (elaborado pela Comissão presidida por Figueiredo Dias) até à sua profunda revisão em 2007 (sob a égide da Unidade de Missão a que presidiu Rui Pereira), e ainda, em matéria de Direito Penal substantivo, o de vigência do Código Penal de 1982 (revisto em 1995 sob proposta da Comissão presidida por Figueiredo Dias e de novo sujeito a revisão, em 2007, na sequência dos trabalhos da Unidade de Missão presidida por Rui Pereira), incidindo sobre algumas das alterações desses diplomas ocorridas nos últimos anos e, de forma especial, sobre as decorrentes da recente revisão de 2007.

PRIMEIRA PARTE

1. DIREITO E SOCIEDADE

1.1. Direito e vida social. O fenómeno jurídico como facto social. Breve aproximação histórica

Na tragédia "Antígona", de Sófocles, Antígona desobedece a uma proclamação de Creonte, rei de Tebas, e presta honras fúnebres a Polinices, seu irmão, morto em combate com Etéocles, justificando o seu acto com a obediência a "preceitos não escritos mas imutáveis dos deuses" que "não são de agora, nem de ontem,/ mas vigoram sempre, e ninguém sabe quando surgiram" e que teriam, por isso, valor superior às leis do rei, apenas humanas[7].

Tais "preceitos não escritos" devem, para Rudolf Hirzel[8], ser entendidos num sentido duplo, o de costume ou direito consuetudinário, e o de "direito natural", isto é, com validade para todos os homens por força da própria ordem natural. J. de Romilly[9] distingue ainda dois sucessivos momentos históricos do entendimento dos "preceitos não escritos" na Grécia Antiga. Num primeiro momento, a lei não escrita funda ou completa a ordem humana, sendo esta um reflexo daquela em relação de continui-

---

[7] "Creonte: É ousaste, de verdade, tripudiar sobre as leis? Antígona – 'É que essas não foi Zeus que as promulgou,/ nem a Justiça, que coabita com os deuses infernais,/ estabeleceu tais leis para os homens./ E eu entendi que os teus éditos não tinham/ tal poder que um mortal pudesse sobrelevar/ os preceitos não escritos mas imutáveis dos deuses./ Porque esses não são de agora, nem de ontem,/ mas vigoram sempre, e ninguém sabe quando surgiram./ Por causa das tuas leis, não queria eu ser castigada/ perante os deuses, por ter temido a decisão/ de um homem" (Sófloces, *Antígona*, vv. 450 e ss; cf. Pereira, 1971: 239-240).

[8] Cf. Rudolf Hirzel, *Themis, Dike und Verwandtes – Ein Beitrag zur Geschichte der Rechtsidee bei den Griechen*, Leipzig: Verlag von S. Hierzel, 1907 (*apud* Gilda Naécia Maciel de Barros /Universidade de S. Paulo, Brasil, *Agraphoi nomoi* [disponível em http://www.hottopos.com/notand3/agrafoi.htm: acedido em 20/12/06].

[9] Cf. J. de Romilly *La loi dans la pensée grecque des origines à Aristote*, Paris: Les Belles Lettres, 1971 (*apud id., ibid.*).

dade; num segundo momento a continuidade rompe-se e a lei não escrita prevalece sobre a lei escrita com fundamento na religião ou na moral. De qualquer modo, de origem divina ou não-divina, a lei não escrita tem sempre maior amplitude do que a lei escrita e, pela sua natureza universal, é fundamentalmente distinta dos costumes, que são particulares, aplicando-se apenas a grupos sociais determinados.[10]

A existência de normas ou princípios uniformes e imutáveis (uma espécie de ancestral "lei fundamental" natural), normalmente associados à divindade, é comum à generalidade dos grupos sociais arcaicos e povos não dotados de escrita. Nos povos históricos (dotados de escrita), a prevalência de tais princípios, anteriores e de valor superior ao das normas escritas[11], sejam eles divinos, naturais ou racionais, atravessa, de um modo ou de outro, da Antiguidade aos nossos dias, todas as formas do jusnaturalismo e escolas teológicas ou racionalistas/contratualistas do direito, da Antiguidade aos nossos dias, passando pela escolástica cristã e pelo pensamento jurídico do Renascimento e do Iluminismo, deles se encontrando ainda vestígios difusos em muitas leis civis de natureza constitucional que remetem hoje o intérprete para conceitos como, entre outros, os "princípios gerais de direito" ou a "equidade".[12]

É com a "escola histórica", cujo principal expoente é Savigny (Friedrich Carl von Savigny, 1779-1861), que o direito é, pela primeira vez, sis-

---

[10] De facto, a lei não escrita, o direito natural (seja ele, conforme as diferentes concepções jusnaturalistas, de origem divina, "natural" ou racional) é, por definição, a-histórico, isto é, sustentado em valores superiores e anteriores às normas criadas por cada sociedade. Tal a-historicismo resulta do carácter imutável e universal atribuído a esse direito natural e implica a sua aplicabilidade independentemente do tempo e lugar de cada sociedade humana concreta. Ao contrário, os costumes, como as leis escritas positivas, gerados em grupos sociais determinados, são por isso mesmo históricos e particulares, variando de sociedade para sociedade e, dentro de uma mesma sociedade, de época para época.

[11] Maria Helena da Rocha Pereira observa que a palavra *nomoi* usada por Antígona (*agraphoi nomoi*) significava no séc. V a.C. 'costume' e não 'lei', referindo-se Antígona às práticas ancestrais com que eram honrados os mortos (Pereira, 1976: 365-367).

[12] Para autores como José Adelino Maltez, os princípios gerais de direito, mais do que "essências separadas da existência", são antes "substanciais *praecepta iuris*, a parte invisível, mas real, das normas" (Maltez, 1998). Por outro lado, para Miguel Reale (*Lições Preliminares de Direito*, p. 300, *apud* Maltez, *op. cit.*) tais princípios serão "enunciações normativas de valor genérico que condicionam e orientam a compreensão do ordenamento jurídico, quer para a sua aplicação e integração, quer para a elaboração de novas normas, as bases teóricas ou as razões lógicas do ordenamento jurídico, que deles recebe o seu sentido ético, a sua medida racional e a sua força vital ou histórica".

tematicamente entendido como produto social e histórico, fruto não da divindade, da natureza ou da razão, mas da consciência colectiva dos povos (*Volksgeist*), formado originariamente a partir dos usos e costumes sociais e em permanente mutação[13]. Do mesmo modo, para o materialismo histórico marxista (Karl Marx, 1818-1883; Friedrich Engels, 1820-1895), o direito é um produto social, mas decorrente das transformações económicas que deram origem à sociedade de classes. Na concepção marxista da história, o direito surge e desenvolve-se conjuntamente com o processo de divisão social do trabalho e a propriedade privada, como resultado da dissolução da comunidade natural e da sua substituição por uma sociedade de classes em que a classe dominante se organiza em Estado, "forma através da qual os indivíduos de uma classe dominante fazem valer os seus interesses comuns" (Marx e Engels, 1975: 95). Assim, sendo um facto social, o direito pressuporia, no entanto, uma sociedade organizada em Estado.

A Sociologia do Direito, desenvolvida a partir de finais do século XIX e inícios do século XX[14] – mas para a qual é possível descobrir contributos, sobretudo no domínio da etnografia jurídica, já em alguns historiadores da Antiguidade, como Heródoto ou Plutarco, nos filósofos da cidade e das leis, como Aristóteles e Platão, ou nos pré-socráticos (Carbonnier, 1979: 76-78)[15], além de em alguns dos fundadores da própria Sociologia enquanto disciplina, entre outros Comte, Spencer, Marx ou

---

[13] Está fora do âmbito deste trabalho a controvérsia acerca da complexidade do conceito de "direito" e dos diferentes sentidos em que o termo pode ser usado. Se bem que, posteriormente, nos venhamos a reportar sobretudo ao direito positivo, ou seja, ao "conjunto de normas jurídicas efectivamente em vigor em dado momento e em dada comunidade" (Prata, 1992: 207), no presente capítulo dedicado às relações entre direito e sociedade o termo é usado na sua acepção sociológica mais vasta, abrangendo não só as normas especificamente jurídicas no sentido moderno do termo (*grosso modo*, caracterizadas por *exterioridade* e por *coercibilidade* imposta por uma instância de coacção), mas também as de natureza moral e religiosa ou as regras de conduta resultantes de usos e costumes estruturantes da vida social. Abordaremos *infra* (1.1.1.2.), caracterizando a natureza da sua *jurisdicidade*, o modo como as normas especificamente jurídicas se autonomizaram deste sincretismo normativo.

[14] Autonomizando-se da Sociologia Geral principalmente a partir das obras de Max Weber (1864-1920) e de Eugen Ehrlich (1862-1923).

[15] Costumam apresentar-se como "precursores" da Sociologia do Direito, entre outros, Hobbes, Espinosa, Montaigne, Pascal e, sobretudo Montesquieu e o seu *L'Esprit des Lois*, tido, mais do que "precursor", como verdadeiro "fundador" da sociologia jurídica (cf. Carbonnier, 1979: 78 e ss).

Durkheim –, veio dar um contributo científico decisivo à concepção do direito como modo particular de organização da vida social. O direito é um facto social, produto de relações sociais, sejam de solidariedade sejam de interdependência e condicionado por um vastíssimo conjunto de factores: políticos, sociais, culturais, económicos, demográficos...

1.1.1. *Génese social do direito*

1.1.1.1. *O jurídico enquanto prática social*

A generalidade das concepções do direito como facto social situam a sua génese a partir das formas mais arcaicas de sociedade humana, designadamente a familiar[16], resultado da própria natureza do homem como "animal social" e "animal político". No exemplo clássico tirado de Daniel Defoe, utilizado por Kant, enquanto Robinson Crusoé está sozinho na ilha não existe direito. É com a chegada de Sexta-feira, isto é, com a instauração de uma relação social, que "nasce" o direito. A convivência de ambos passa espontaneamente a ser regida por normas, definindo quem manda, quem obedece ou o modo como são partilhados os recursos da ilha, ambos desenvolvendo então entre si relações de solidariedade e interdependência e, ao mesmo tempo, de competição e conflito. Ou seja, "o direito é um facto ou fenómeno social; não existe senão na sociedade e não pode ser concebido fora dela" (Miguel Reale, *apud* Maltez, 1998).

Como ficou dito, o marxismo, sob influência de Hegel, coloca esse "nascimento" num momento posterior, o da organização social sob a forma de Estado. Para Marx e Engels (1975: 33-35), o processo de socialização estaria originariamente ligado às condições económicas concretas, sendo as formas de organização social determinadas pelas condições de existência concretas em cada momento histórico. O direito surgiria no momento em que, com o desenvolvimento das forças produtivas e da divisão de trabalho, dando origem à propriedade privada[17], a sociedade se

---

[16] Para o jurista e psicanalista Paul Legendre, a proibição do incesto, gerada na primeira sociedade humana, a família, seria, historicamente, a "primeira norma", a "lei primitiva" originária.

[17] A primeira forma, o germe, da propriedade privada residiria na família, onde a mulher e as crianças são escravas do homem (Marx e Engels, 1975: 38), evoluindo depois

organiza em classes e surge o Estado "como forma independente" destinada assegurar e perpetuar os interesses da classe dominante. Para o materialismo histórico, "a história é condicionada pelo processo material de produção. As forças produtivas (a natureza, os produtos, os utensílios, a mão-de-obra), quer dizer, os dados económicos que formam a infraestrutura social, determinam os estados de consciência, as ideias e as ideologias que constituem a superestrutura. O direito faz parte da superestrutura" (Carbonnier, 1979: 106-107).

A concepção do homem como "animal social" e "animal político" (*politikón zôon*) remonta a Aristóteles. A fórmula seria, segundo ele, igualmente válida para outros animais gregários, como formigas, abelhas, grous, etc.;[18] mas o vínculo comunitário seria muito mais forte entre os humanos por ser mediado pelo *logos* (linguagem, razão).[19] O homem seria mais "político" que outros animais por ser dotado de linguagem, só na *polis* atingindo a sua humanidade plena, num processo evolutivo iniciado a partir da primitiva comunidade entre macho e fêmea e gerando depois formas comunitárias cada vez mais complexas, até à comunidade política.[20]

Isto é, fora da comunidade, o homem não tem *logos*, não diz e não pensa, não é ainda plenamente homem (*unus homo, nullus homo*[21]). No

---

para a tribo, "extensão da estrutura familiar" (*id.*: 21), e, mais tarde, para a propriedade comunitária (e, a par dela, e subordinada a ela, para a propriedade privada mobiliária e imobiliária) e a propriedade estatal (*id.*: 20-24).

[18] Inúmeros estudos no campo da etologia mostram hoje que muitos outros animais, sobretudo os mais próximos do homem na escala evolutiva, como chimpanzés e bonobos, desenvolvem formas de organização social complexas e comportamentos protoculturais. Esses agrupamentos animais, frequentes também entre insectos, peixes e aves, seriam, segundo Edgar Morin (Morin, s/d: 78), "associações complexas com carácter organizado e organizacional, isto é, sociedades", sendo o princípio darwiniano de evolução, "que até agora estava estranhamente reduzido à anatomia do homem (...), também válido, como a primatologia nos indica, para o comportamento e para a sociedade". Morin justifica assim a inscrição da sociologia humana numa "sociologia generalizada (não limitada aos homens) e numa sociologia evolutiva (unindo a sociedade à família social hominídea, à ordem social primática)" (*id., ibid.*).

[19] Como hoje diríamos, por ser um "animal simbólico", isto é, capaz de perceber não apenas *sinais*, meros estímulos apreendidos através da experiência, mas igualmente *símbolos*, representações convencionais ou resultado de aproximações e semelhanças.

[20] Cf. *Politica*, livro I, cap. I.

[21] "Um homem sozinho, nenhum homem", brocardo latino atribuído a Cícero. Utiliza-se também noutra formulação: "unus vir, nullus vir".

entanto, "seguindo as pisadas de Hannah Arendt, podemos dizer que, se o *social*, nomeadamente o familiar, ainda tem amplas zonas de intersecção com o *natural* (...), já o *político* e o *jurídico* constituem ordens que o homem acrescenta – ou *cultiva* – sobre tal base prévia, gerando um novo tipo de laços. Isto é, o político e o jurídico correspondem a uma ordem cultural, artificial ou construída, a um conjunto de laços *cultivados* que o homem, enquanto *artifex*, edifica" (Maltez, 1998).

O direito (como ficou dito, utilizamos aqui o termo na sua acepção sociológica mais vasta) é uma ordem *edificada* pelo homem, por convenção ou deliberação, em função da diferenciação espontânea das relações sociais no interior de uma comunidade concreta. Tal diferenciação das relações sociais, mesmo nas comunidades familiares primitivas, supõe a constituição de um "poder", mesmo que difuso, e a submissão dos elementos do grupo a esse poder[22], isto é, implica uma "dimensão política". O homem é, de facto, um "animal político" tanto quanto é um "animal social", sendo que no jurídico está necessariamente implicado o político.[23]

E, embora não sendo possível determinar um conceito universal de direito válido para todas as formações sociais humanas, já que cada tradição cultural concebe de modo diferente a constituição e funcionamento da sua vida social, em todas as formas de vínculo social existe sempre alguma espécie de "direito", não existindo sociedade sem direito nem direito sem sociedade.

Daí a velha fórmula latina *ubi societas, ibi jus* (onde existe sociedade, existe direito), ou, mais completamente, considerando a natureza do homem como "animal social", *ubi homo, ibi societas; ubi societas, ibi jus; ergo, ubi homo, ibi jus*, isto é, onde existe homem, existe sociedade; onde existe sociedade, existe direito; logo, onde existe homem, existe direito.

Pode, pois, dizer-se que, sendo cultural e historicamente contingente, o direito aparece como uma prática *necessária* da própria construção social. A sua génese está ligada à génese da sociedade e as diferentes concepções sobre a origem da sociedade implicam diferentes concepções sobre o próprio direito.

---

[22] "A experiência mais rudimentar confirma suficientemente que formar parte de um grupo qualquer implica a submissão a um poder" (J.W, Lapierre, *apud* Moncada, 1995: 161, nota 1).

[23] Sobre a necessária relação do jurídico com o político, cf. *infra* 1.1.1.2. e 1.2.1.

1.1.1.2. Da norma ao direito

A moderna antropologia jurídica identifica habitualmente três elementos comuns a todo o direito produzido nas diversas culturas humanas arcaicas: um mito de origem, que funciona como uma espécie de "lei fundamental"; um sistema de valores (práticas rituais, interditos); e um mecanismo activo de mediação de conflitos.

Deste conjunto de elementos, agindo simultaneamente, resultam *normas* de comportamento, característica intrínseca da vida social, implicando não apenas um determinado modelo de conduta *seguido* pelos indivíduos de uma dada estrutura social (isto é, constitutivo de *normalidade*) mas igualmente um padrão que *deve ser observado* (*regulador* dessa normalidade). "Isto é, os modelos de conduta terão de *ser* (elemento fáctico) e comportarem um *dever ser* (elemento normativo). Quando ambos os elementos estão reunidos, diremos que estamos perante *normas*, ou regras". (Almeida Ribeiro 2006: 23)

Durkheim sustenta que a regularidade da vida social depende da existência de normas que não só constituem o modo colectivo de agir e conceber o mundo mas exercem ainda uma coerção externa (mesmo que interiorizada pela educação e pelo processo de socialização) sobre cada indivíduo. Isto é, com duas das características próprias das *normas jurídicas* em sentido estrito: a exterioridade e a coercibilidade.[24]

Max Weber, por sua vez, sublinha o contributo da interacção individual na formação das normas sociais, que seriam moldadas em relações de reciprocidade. A conduta de cada indivíduo orientar-se-ia pela conduta dos restantes e os valores colectivos que estruturam a vida social sustentar-se-iam através da aprovação e desaprovação mútuas. Já Marx e Engels contestam, como vimos, a neutralidade das normas sociais, que decorreriam antes das condições concretas da organização social da produção nas diferentes sociedades e do conflito entre os que, nelas, detêm as forças produtivas (as matérias-primas e as tecnologias) e os detentores da força de trabalho (amos-escravos no modo de produção esclavagista; senhores-servos no modo de produção feudal; burgueses-proletários no modo de produção capitalista).[25]

---

[24] Cf. *infra*, 1.1.1.2., *in fine*.

[25] As concepções sociais evolucionistas do século XIX são, no entanto, hoje frequentemente postas em causa por "demasiadamente simples e demasiadamente lógicas para serem verdadeiras" (GILISSEN, 2003: 38).

Poderá a normatividade elementar própria da vida social humana ser considerada uma forma rudimentar de direito ou é o direito uma prática social exclusiva das sociedades que historicamente produziram um poder político organizado, exercido através de *normas escritas* (convivendo embora com normas religiosas e normas morais, bem como com normas de conduta resultantes de usos, convenções ou do mero trato social)? Como escreve José Adelino Maltez (Maltez 1998), "diz-me que conceito de sociedade tens, dir-te-ei qual é a tua perspectiva do direito". A inversa é igualmente verdadeira: diz-me qual a tua perspectiva do direito, dir-te-ei que conceito de sociedade tens.

Numa perspectiva eurocentrista que tenha os modelos culturais europeus como universais, mesmo que todas as culturas humanas, "inferiores" ou apenas "diferentes", possuam regras, padrões e valores espontâneos, não possuirão direito, já que o direito é o "direito objectivo"[26] (noção próxima do sentido comum da palavra lei), supondo, pois, a existência de um Estado, ou, ao menos, de *normas escritas* ordenadas, por convenção ou deliberação (isto é, por um acto de vontade) à prossecução de determinados fins.

Hoje, no entanto, em resultado do desenvolvimento dos estudos de antropologia e etnologia jurídicas, reconhece-se em geral a existência, ao lado de uma "história do direito", de uma "pré-história" do direito, distinção fundamentalmente assente no conhecimento, ou não, da escrita. O que não significa, como sublinha John Gilissen (Gilissen, 2003), que o direito pré-histórico seja necessariamente menos desenvolvido do que o dos povos com escrita.[27] Como igualmente sublinha Gilissen, "no momento em que os povos entram na história, a maior parte das instituições civis já existem, nomeadamente o casamento, o poder paternal e/ou maternal sobre os filhos, a propriedade (pelo menos mobiliária), a sucessão, a doação, diversos contratos tais como a troca e o empréstimo. Do mesmo modo, no domínio daquilo que hoje chamamos Direito Público, uma organização relativamente desenvolvida dos grupos sociopolíticos existe já em numerosos povos sem escrita" (Gilissen, 2003: 31).

---

[26] Direito objectivo é o "conjunto de regras gerais, abstractas, hipotéticas e dotadas de coercibilidade, que regem as relações numa dada comunidade" (Prata, 1992: 197).

[27] "Não se pode perder de vista que o nível da evolução jurídica de certos povos que se servem da escrita pode ser menos desenvolvido do que o de certos povos sem escrita" (Gilissen, 2003: 33).

Nas sociedades arcaicas a ordem social é sincrética, não havendo distinção entre a natureza das diferentes normas de conduta. "A evolução social tende, contudo, a diferenciar algumas normas, obrigatórias e impostas, essenciais à prossecução equilibrada da segurança da sociedade (...)" (Almeida Ribeiro, 2006: 25) Isto apesar de tal diferenciação nem sempre ser clara e religião, costume e direito continuarem muitas vezes a assumir uma normatividade aparentemente idêntica, cabendo, por exemplo, ao sacerdote aplicar o direito e confundindo-se este, em larga medida, com os preceitos religiosos.[28] Para a generalidade dos antropólogos e dos sociólogos, o direito, assim entendido, e mesmo sem ser necessariamente *escrito*, estaria presente em todas as culturas humanas, cumprindo basicamente as mesmas funções de controlo social, de instrumento de regulação da vida social e de sistema de resolução de conflitos e, simultaneamente, com meios de constrangimento capazes de assegurar o respeito pelas regras de comportamento.[29] Só no caso específico da cultura ocidental de tradição greco-latina o traço característico do direito seria um poder político secular e institucionalizado tendo o monopólio da sua produção e aplicação através de *normas escritas*.

De qualquer modo, o momento fundamental da emancipação de um tipo de normas diferenciadas *obrigatórias* e *impostas* – seja em resultado de evolução (implicando continuidade) ou de uma mudança (implicando ruptura) – é o do aparecimento de um *poder político*[30], mesmo que difuso,

---

[28] A situação não é exclusiva das sociedades primitivas, repetindo-se ainda hoje no direito hindu e no direito muçulmano, neste muito particularmente nos regimes teocráticos islâmicos, onde tem como fontes principais o Alcorão e a Sunna (ditos do Profeta). Idêntica situação de confusão entre normatividade religiosa e jurídica se verificou na Europa com a concepção teocrática do poder real e o puritanismo teocrático de alguns estados protestantes. Aliás, a laicização sistemática do direito (que, com fluxos e refluxos se produzira também no direito romano do período da República) data, na Europa Ocidental, do século XVI, sobrevivendo ainda hoje aspectos religiosos em muitos direitos, como o papel atribuído ao Direito Canónico no casamento e no divórcio ou a manutenção, em algumas ordens jurídicas, do juramento em nome da divindade.

[29] "Os etnólogos juristas distinguem, no entanto, uma fase de *pré-direito* antes do nascimento do direito. O direito não apareceria senão com a organização de um poder político diferenciado do das hierarquias ligadas ao parentesco e capaz de assegurar a regulação social por um aparelho jurídico de normalização, de prevenção e de repressão" (J. Poirier, *apud* Gilissen, 2003: 36).

[30] Muitas vezes, como se disse, coincidente com o poder religioso ou, como na Grécia Antiga ou na Roma do período arcaico da fundação, ainda com o mágico, através de augures e oráculos.

capaz de assegurar o seu cumprimento através de medidas inibidoras ou punitivas que garantam a coesão e a integridade do grupo. Para Max Weber, "existe direito quando a validade da ordem é garantida exteriormente pela probabilidade de uma coacção (física ou psíquica) que, aplicada por uma instância humana especialmente instituída para esse efeito, força o respeito e pune a violação daquela ordem" (*apud* Baptista Machado, 2006: 31). O elemento determinante do conceito de direito enquanto instrumento de controlo social seria, pois, a existência de uma *instância de coacção*.

A esta visão meramente "sociológica" de direito acrescenta Karl Larenz (a*pud* Baptista Machado, 2006: 32) uma noção de direito estruturalmente referida ainda à questão da justiça, sublinhando a natureza necessária do direito também como *ordem teleológica*, isto é, ordenada a determinada finalidade social, a um *bem comum*. A ordem normativa *jurídica* não seria, assim, arbitrária, teria um *sentido*, o da justiça, que constantemente a conforma: "O direito é uma ordem da convivência humana orientada pela ideia de uma ordem justa, ideia essa a que, pelo seu próprio sentido, tal ordem vai referida" (Larenz, 1997: 208).

A Sociologia Jurídica contemporânea continua a discutir a natureza distintiva das normas jurídicas em relação ao conjunto das normas de conduta social[31], isto é, o que constitui a específica *jurisdicidade* daquelas. Dois critérios têm sido usados para caracterizar essa jurisdicidade, ambos *exteriores*, ou seja, sem relação com o conteúdo concreto de cada um dos tipos de normas. O primeiro funda-se na *coacção social*. É o critério clássico, já definido por Durkheim; todas as normas implicam alguma forma de coacção social, mas, ao passo que, nas normas jurídicas, essa coacção, de natureza física ou patrimonial, provém de uma instância especializada e agindo conscientemente com esse fim (os detentores de qualquer forma de *poder político*, o Estado nas sociedades modernas), nas normas de conduta a coacção é difusa e não conscientemente deliberada à prossecução de um concreto fim social. As dificuldades suscitadas pela aplicação do

---

[31] Os sociólogos norte-americanos separam as normas de conduta social em dois grandes grupos, os *mores* (costumes em sentido estrito) e os *folkways* (hábitos de vida nacionais, costumes anódinos com os quais é tecida a vida quotidiana numa dada comunidade: maneiras de vestir, de comer, de cumprimentar...), ambos se distinguindo da *law* (direito, normas escritas e decisões judiciais). A violação dos *mores*, ao contrário da dos *folkways*, afectaria interesses de outrem e não só interesses do transgressor.

critério clássico[32] levaram ao aparecimento de um segundo critério de definição de jurisdicidade: terão natureza jurídica as normas cujo incumprimento implique a intervenção de uma terceira personagem, funcionário do poder político ou mero árbitro, que decide os conflitos suscitados pela sua transgressão; a jurisdicidade será, assim, caracterizada fundamentalmente pela *justicialidade*; é o *eventus judicci*, a possibilidade de julgamento, o que define a natureza específica da normatividade jurídica em relação às normas de conduta social.[33]

1.1.2. Fontes de direito

a. Fontes de direito dos povos sem escrita: quase exclusividade do costume

A principal fonte dos direitos dos povos sem escrita é quase exclusivamente o costume, isto é, as formas tradicionais da vida na comunidade e as condutas habituais dos membros do grupo. Daí que se chame geralmente a esses direitos "direitos consuetudinários"[34]. Nas sociedades arcaicas, a obediência ao costume, muitas vezes associado a práticas religiosas, é sobretudo assegurada pelo temor a poderes sobrenaturais e, quando o grupo conhece já formas mais desenvolvidas de organização social, por sanções – que podem ir de castigos corporais até à exclusão do grupo (banimento) ou à morte – impostas por aqueles que detêm o poder (o chefe da família, do clã ou da etnia) ou, nas sociedades acéfalas[35], geralmente

---

[32] Entre tais dificuldades o facto, por exemplo, de também o costume ser fonte de direito e ainda o de certos ordenamentos jurídicos, como o Direito Internacional Público, serem praticamente desprovidos de qualquer forma de coacção externa.

[33] Cf. sobre esta matéria Carbonnier, 177-202.

[34] O costume é também fonte (ainda que mediata e por força da própria lei) de direito nos sistemas jurídicos contemporâneos, para ele remetendo algumas normas jurídicas civis, sobretudo nos domínios do Direito Comercial e dos Direitos Reais. Aceitando as teorias do pluralismo jurídico, nas sociedades contemporâneas o costume é ainda fonte de muitos normativos sociais, designadamente de boa conduta ou de cortesia dentro de grupos determinados, correspondendo ao seu incumprimento sanções que podem ir da desaprovação dos outros membros do grupo até à exclusão.

[35] A antropologia classifica de "acéfalas" certas formas arcaicas de sociedade formadas por bandos de caçadores/colectores, como, por exemplo, os pigmeus africanos, assentes em relações de parentesco, onde a autoridade é baseada na tradição e o exercício

pelos anciãos. Um dos modos de expressão do costume é frequentemente o do recurso a provérbios e adágios onde se consubstancia, como em poemas e lendas orais, a memória colectiva e a cultura do grupo.

No entanto, juntamente com o costume, nos grupos socialmente mais organizados, os chefes impõem às vezes já regras de comportamento de carácter geral de natureza muito próxima da das *leis* no sentido jurídico do termo, mesmo que não escritas, mas repetidas regularmente pelos chefes ou por grupos de chefes de modo a assegurar o seu conhecimento por todos. Estas leis são às vezes enunciadas durante uma longa exposição das regras jurídicas que a comunidade deve respeitar, como os "kabary" (discursos) dos soberanos do Reino de Imarina (Madagáscar), entre 1787 e 1810, ou o "Código dos 305 artigos" da Rainha Ranavalona II, de 1881, antes da colonização francesa (Gilissen, 2003: 37).

Por outro lado, aqueles, chefes ou anciãos, que são chamados a julgar tendem, voluntária ou involuntariamente, a decidir como antes decidiram em casos semelhantes, criando assim verdadeiras formas de *precedente judiciário*, em que as decisões repetidamente dadas em casos concretos criam na comunidade a expectativa de punição de determinados comportamentos, constituindo-se assim essas decisões em normas proibitivas de tais comportamentos. Não estamos aqui perante verdadeiros costumes, de formas tradicionais de comportamento, e sim de normas que podem ter uma validade mais ou menos duradoura mas resultam do sentido de um acto de vontade de quem tem, na comunidade, o poder de julgar, que eventualmente poderá vir ser alterado em futuro julgamento.

b. *Fontes de direito dos povos dotados de escrita: crescente primado da lei*

Os mais antigos documentos *escritos* de natureza jurídica remontam a cerca de 3000 anos antes da nossa era, no Egipto ("instruções", contratos, testamentos, decisões judiciárias, etc.) e na Mesopotâmia (o Código de Ur-Nammu, o de Esnunna, o de Hammurabi) e, depois, entre os hititas, os fenícios, os hebreus e os gregos, estes sobretudo no domínio do direito público, através do pensamento político sobre as formas ideais de governo

---

do poder é completamente difuso, não existindo instâncias centralizadas de comando ou de coerção, nem frequentemente divisão social do trabalho.

da cidade[36]. Ainda antes da reunião de todos estes povos no Império Romano e do florescimento do direito romano clássico, também a Índia e a China tiveram os seus primeiros sistemas jurídicos, em grande parte escritos.

A principal fonte do direito destes povos (onde, a par de leis escritas, persistem leis orais, às vezes resultado da exegese das leis escritas) é, juntamente com o costume, a religião, sendo que poder político e poder religioso frequentemente se confundem ou, quando se distinguem, aquele surge como emanação deste, sendo frequentemente exercido em nome da divindade ou em complemento da autoridade dela.

É com o direito romano do período clássico (séculos II a.C. a III d.C.) que se instaura progressivamente o primado da lei como fonte de direito[37], simultaneamente com duas origens, igualmente de natureza legislativa, tipicamente romanas: os éditos dos magistrados e a *jurisprudentia* fixada nos escritos dos jurisconsultos. Apesar de, na vastidão do império, continuarem a subsistir usos e costumes locais como fontes de direito, principalmente nas regiões mais remotas, várias iniciativas legislativas procuram proceder à unificação jurídica de todos os territórios sob o poder de Roma.

O direito romano, sobretudo o direito privado (*ius civilis*), exerceu grande influência em toda a Europa medieval (lado a lado com o Direito Canónico, no qual, aliás, o direito romano tem um papel fundamental como direito supletivo) e moderna e continua a conformar em grande parte a generalidade dos sistemas romanistas dos nossos dias.[38]

---

[36] "O sistema jurídico da Grécia antiga é uma das principais fontes históricas dos direitos da Europa Ocidental. Os gregos não foram, no entanto, grandes juristas; não souberam construir uma ciência do direito, nem sequer descrever de uma maneira sistemática as suas instituições de direito privado; neste domínio, continuaram sobretudo as tradições dos direitos cuneiformes e transmitiram-nas aos romanos" (Gilissen, 2003: 73). Dizem-se "direitos cuneiformes" os ordenamentos jurídicos escritos dos povos do Próximo Oriente da antiguidade, particularmente da Mesopotâmia – como, entre outros, os da Suméria, da Acádia, da Babilónia, da Assíria, ou, mais a Norte, onde hoje se situa a Turquia, os Hititas – que utilizaram um processo de escrita em forma de cunha ou prego.

[37] Leis dos magistrados e das assembleias populares, leis emanadas do Senado e constituições imperiais, estas cada vez mais numerosas e exclusivas com o reforço do poder absoluto dos imperadores.

[38] Entre os séculos VI e XII coincidiram na Europa outros sistemas jurídicos, como o germânico, os eslavos, o celta, e do século XII ao século XVIII ainda o *common law* inglês e o direito muçulmano, em alguns dos quais o costume continuou a manter relativa importância como fonte de direito.

A partir do século XIX, a lei torna-se a principal fonte imediata de direito[39]. Ela seria mesmo, segundo a teoria positivista legalista, a única fonte de direito positivo, a lei constituiria *todo* o direito. Apesar de contestada ao longo do século XX por juristas que admitem uma certa autoridade jurídica do costume, da jurisprudência, da doutrina, da equidade ou dos princípios gerais de direito, reconhecendo-lhes mesmo alguma dignidade de fontes, essa concepção mantém-se hoje em larga medida na prática judiciária. Em muitos sistemas jurídicos contemporâneos, a lei tende mesmo a ocupar grande parte dos domínios tradicionalmente deixados ao costume, como os direitos profissionais ou disciplinares.

1.2. Sociedade e Estado

1.2.1. *Conflito, mudança social, controlo social, Estado*

Para Morin (Morin, s/d: 88), "é evidente que a sociedade humana descende de uma sociedade primática avançada, e que se constituiu, ao longo de um extenso período de hominização marcado por modificações ecológicas (a implantação na savana) e, ao mesmo tempo, por novos géneros de vida (o de um caçador caçado) que desenvolvem as capacidades cerebrais e a inteligência e por uma evolução genética, acentuando o bipedismo e desenvolvendo o cérebro, que aumenta até 1500 cm3 no Homo Sapiens". Mas é igualmente evidente que também contém e desenvolve certos traços já presentes nas sociedades primáticas, acrescentando-lhes e combinando-os com traços novos. As sociedades hominídeas herdaram das primáticas as "relações de *solidariedade* (casais, amizades, grupos), de *concorrência* (designadamente entre machos) e de *antagonismo*, não só entre indivíduos (pela primazia, pelo poder ou pelo alimento) mas também entre "classes" biossociais, isto é, entre adultos e jovens" (Morin, s/d: 86),

---

[39] Além da lei, o costume, ou o "uso" continua, como ficou dito antes, a ter importância nos sistemas jurídicos contemporâneos, principalmente em domínios onde não há, ou há pouca, legislação (além de a própria lei remeter algumas vezes para o costume). Se é hoje controversa a admissibilidade do costume como fonte de direito *contra legem*, já no domínio do costume *praeter legem* (além da lei), isto é, onde a lei não contém qualquer regulamentação (nomeadamente em domínios não estatais como os usos profissionais e disciplinares ou o Direito Internacional Público) admite-se geralmente o costume como fonte de direito.

e ainda, entre outras características, a solidariedade global do grupo em relação à ameaça exterior. Esta herança foi, nas sociedades humanas arcaicas, refreada, instituindo-se regras de partilha (do alimento, e depois das mulheres) e de troca, ao mesmo tempo que se atenuaram os antagonismos "selvagens" entre machos. "Mas quando se constituíram sociedades históricas reunindo milhares e milhões de indivíduos, quando nestas sociedades, especialmente nas cidades, se desenvolveram interacções ao acaso entre indivíduos como num ecossistema, as pulsões mamíferas de dominação e de agressão desenfrearam-se", com a expansão daquilo que "as organizações ecossistémicas espontâneas têm de mais cruel – massacres e destruições em massa –, tornando-se a sociedade um imenso campo ecossistémico entregue às inter-relações de todas as espécies entre indivíduos, etnias, classes, no qual os dominantes se apropriam do poder político, económico e cultural" (Morin, s/d: 86-87).

Do mesmo modo que o homem "é um supermamífero e um superprimata, no sentido em que exagera, estende e desenvolve certos traços que apareceram nos primatas e nos mamíferos, nomeadamente no plano da afectividade e da inteligência, também a sociedade humana apresenta traços hipermamíferos (a família) e hiperprimáticos (clãs e classes)" (Morin, s/d: 88).

A originalidade fundamental das sociedades humanas seria a aquisição e desenvolvimento de *cultura*, uma ordem adquirida e acrescentada à *ordem natural*, constituída por uma soma de regras, modelos de conduta, normas, valores, interditos, saberes propriamente sociais e sistemas de símbolos, transmitida e reproduzida consecutivamente à reprodução dos indivíduos. Esta espécie de "genoma" social constituiria a condição da própria organização social humana.

"A política enquanto tal começa a emergir com a organização do *poder*" (Morin, s/ d: 90). Só mais tarde, as esferas económicas, social e política se diferenciam e se constituem em estruturas e *aparelhos* (instituições organizacionais gerando e impondo a sua ordem e os seus *patterns* a indivíduos e grupos, que deixam de ficar entregues às suas interacções espontâneas), em primeiro lugar o Estado. Nas sociedades assim organizadas, "a cultura tende, por um lado, a rejeitar o novo, precisamente porque tende a constituir uma invariância; por outro lado, deve ser apta a abrir-se para o novo a fim de integrar um contributo" (Morin, s/d: 92). Com o aumento da complexidade do sistema social, aumenta e regride, pois, a individualidade. Há um desenvolvimento do egocentrismo e das margens de liberdade; mas, ao mesmo tempo, a especialização, a divisão do trabalho e a coacção hierárquica "constituem uma verdadeira regressão relativamente ao homem polivalente e politécnico das sociedades arcaicas" (Morin, s/d: 94).

Em todas as sociedades humanas subsistiria, pois, uma herança das sociedades arcaicas, e, mais longinquamente, das sociedades hominídeas, nelas permanecendo simultaneamente, *como condição da própria organização social, fontes de ordem e de desordem, de solidariedade e de antagonismo*, entre indivíduos, grupos e classes sociais.

Estas considerações podem servir-nos de introdução a uma abordagem sumária das noções sociológicas de *conflito, mudança social, controlo social* e *Estado* que nos conduzam aos modernos Estados de Direito e à função social neles desempenhada pelo direito, bem como ainda às fontes mediatas e imediatas deste, as tradicionais como as emergentes. Trata-se de noções a que frequentemente recorreremos no desenvolvimento do presente trabalho, onde procuraremos relevar o papel da comunicação social como mecanismo de controlo social, defendendo a tese do seu funcionamento, nas sociedades democráticas contemporâneas, como "fonte informal"[40] de produção de direito positivo.

Conflito

Se a cooperação é um requisito essencial da organização social e a expressão concreta da solidariedade social, a competição entre indivíduos e grupos ou estruturas sociais é, para muitos sociólogos, a forma mais elementar de interacção, consistindo numa disputa incessante (impessoal, universal e muitas vezes inconsciente, ou pelo menos subconsciente) por coisas concretas e nasce do facto de os recursos da sociedade (alimentação, bens materiais, posições sociais, poder, etc.) serem limitados. A competição social torna-se *conflito* quando é acrescida de pessoalidade e de hostilidade conscientes. O conflito é "uma contenda entre indivíduos ou grupos em que cada um dos contendores almeja uma solução que exclui a desejada pelo adversário" (Lakatos e Marconi, 2006: 90), podendo assumir formas sociológicas muito diversificadas como a rivalidade, o debate, a discussão, o litígio, a contenda ou a guerra. Sob a influência de Dur-

---

[40] Cf. *supra*, Introdução, nota 1.

kheim, a sociologia funcionalista entende, *grosso modo*, a sociedade como um *organismo*: como sucede com os organismos biológicos, se algum órgão entra em crise ou *conflito*, o todo "adoece". O universo social seria um todo sistémico em que o funcionamento de cada parte tem consequências no funcionamento do todo. As chamadas Teorias do Conflito, por seu lado, levam sobretudo em conta as contradições sociais; o conflito, o choque normativo, é o motor da acção dos diferentes grupos integrantes de cada sociedade. A desigualdade, resultante da distribuição diferenciada de recursos de valor entre as várias categorias de indivíduos, como as de classe, etnia, género, etc., é a força que move o conflito, sendo este, por sua vez, o motor da dinâmica social. Nesta perspectiva, o conflito é, assim, o processo social que está na origem quer da divisão do trabalho quer do desenvolvimento das diferentes ordens económicas, da distribuição das instituições no espaço social, da efectivação de uma configuração espacial das populações, da estabilidade ou modificação da própria ordem política e das mudanças que se operam nas relações e na importância relativa de grupos e classes na sociedade.[41]

Mudança social

Suscitado por múltiplos factores sociais agindo isolada ou simultaneamente, o conflito está, como se disse, na origem da *mudança social*.

As *mudanças sociais* são fenómenos socioculturais que, num determinado momento, se verificam numa sociedade levando a transformações (sociais, culturais, comportamentais, de valores, etc.) nas suas estruturas. Trata-se de fenómenos colectivos e claramente identificáveis no tempo, distintos da *evolução social*, conjunto de transformações sofridas pela sociedade ao longo de grandes períodos de tempo e produto da acumulação de mudanças sociais. Rocher (*apud* Lakatos e Marconi, 2006: 298) define mudança social como "toda a transformação observável no tempo que afecta, de maneira não provisória ou efémera, a estrutura ou funcionamento da organização social de dada colectividade e modifica o curso da sua historia. É a mudança de estrutura resultante da acção histórica de certos factores ou de certos grupos no seio de dada colectividade".

---

[41] Cf. (Lakatos e Marconi, 2006: 90). Omitem-se desta breve síntese outras posições, designadamente as interaccionistas e utilitaristas, por menos relevantes para a economia da exposição em vista dos objectivos que nos propomos.

A dinâmica do processo de mudança social pode ser tanto interna, provindo da própria sociedade, como externa, advindo de relações com o exterior (guerras, imigração, etc.), ser gradual e planeada e socialmente controlada, ou brusca (revolução), por justaposição de alterações progressivas das instituições e organizações sociais ou por aculturação, quando há uma inserção de umas culturas noutras. Pode igualmente ser de ordem geográfica (cataclismos, secas), demográfica (migrações ou expansão demográfica), estritamente sociais (conflitos, lutas de classes, urbanização) ou cultural (novos paradigmas ideológicos ou religiosos, invenções, evolução tecnológica).

Quando há uma mudança social, as estruturas da sociedade desorganizam-se até que a sociedade de novo se adapte às alterações e transformações ocorridas, surgindo no período de transição dificuldades de adaptação e resistências (desordem) geradoras de uma nova ordem social.

O processo de mudança social é, nas sociedades arcaicas, muito lento. Entretanto, com o desenvolvimento da agricultura, a mudança tornou-se mais frequente e mais intensa, se bem que ainda lenta. A partir da Idade Moderna passou, porém, a ser constante, acelerando-se dramaticamente no último século por acção da multiplicação e acumulação dos factores conflituais que estão na origem da dinâmica social.

Controlo social

O processo de socialização e de interiorização de elementos socioculturais, normas e valores, implica a *conformidade* aos limites permitidos pelas normas. Mas supõe igualmente a possibilidade de *desvio* aos padrões de comportamento e de sanções sociais, de diferente natureza, a esses desvios, capazes não só de puni-los e inibir novas actuações desviantes mas também de alterar as condições que os originam. A Sociologia qualifica este processo de *controlo social*. O *controlo social* teria, pois, uma função fundamentalmente integradora e de garantia da coesão e funcionamento sociais e seria constituído pelo "conjunto de sanções positivas e negativas a que a sociedade recorre para assegurar a conformidade das condutas aos modelos estabelecidos" (Rocher, 1971: I, 96).[42]

---

[42] Ficam fora do âmbito genérico desta abordagem as diferentes concepções alternativas à noção clássica de controlo social para as quais a coesão social não é vista como

A noção, cujas raízes remontam a Comte e às formulações clássicas de Durkheim (1858-1917) sobre o problema da ordem e da integração social, foi usada pela primeira vez por Small e Vincent[43] e é hoje um dos mais férteis campos da análise social.

"Em qualquer grupo ou colectividade, a conformidade aos modelos acarreta (ou pode acarretar) a concessão de recompensa e a não-submissão a imposição de determinadas penas" (Lakatos e Marconi, 2006: 233). Essas penas podem ir do constrangimento físico e/ou económico a sanções de natureza moral ou religiosa, ou ainda especificamente sociais e simbólicas, variando a sua intensidade com a importância hierárquica das normas violadas para a coesão e funcionamento de cada grupo em cada momento.

Nas sociedades arcaicas, o controlo social cabe principalmente à família, ao grupo social e às estruturas religiosas (através da socialização da personalidade, da sanção mútua, dos rituais e da separação de papéis), bem como às formas emergentes de poder político que, nas sociedades pré-modernas, se encontra já fortemente organizado. Com a secularização das sociedades e o fortalecimento do Estado, esse controlo passa progressivamente para o Estado[44] que, no que respeita às normas jurídicas, assume o monopólio não só da sua produção como da sua aplicação, mesmo que os desvios às normas jurídicas continuem a ser cumulativamente objecto de sanções de natureza moral ou outra (disciplinar, por exemplo) por parte da sociedade e/ou das diferentes estruturas que a integram (económicas, profissionais, associativas, religiosas, etc.).

---

resultado da solidariedade e integração sociais, mas de práticas de dominação organizadas pelo Estado ou pelas classes dominantes, devendo o controlo social ser abordado em termos de dominação e não de cooperação; ou ainda aquelas, como a de Foucault (*Vigiar e Punir*, 1975), que partem da análise da instituição penitenciária para caracterizar as práticas punitivas como tecnologias de poder presentes em todas as instituições sociais (fábricas, hospitais, escolas, família etc.); ou ainda a de Deleuze, para quem as "sociedades disciplinares" se estarão a transformar em "sociedades de controlo" nas quais os comportamentos são permanentemente objecto de novas tecnologias electrónicas e informáticas de supervisão e vigilância.

[43]Albion W. Small e George E. Vincent, *Introduction to the Study of Society*, New York, 1894, American Book Company (cf. Lakatos e Marconi, 2006: 236).

[44] E ainda para as estruturas económicas, estas não só através do exercício de poderes disciplinares mas também da concessão ou recusa de recompensas sociais (de estatuto) e/ou económicas.

Estado

O "jurídico" implica o "político", ou, como diz Cabral Moncada (Moncada, 1995: II, 45), o político já está em potência no jurídico e, assim, o homem é um "animal político" (o *politikón zôon,* de Aristóteles) tanto quanto é um "animal social" e um "animal jurídico". De facto, "a experiência mais rudimentar confirma suficientemente que formar parte de um grupo qualquer implica a submissão a um poder".[45]

"A família patriarcal; o matriarcado; o clã; a tribo; as *gentes* romanas; as *fraterias* da Grécia, anteriores à *polis*; as *gentilidades* ibéricas; depois a própria *polis* grega e a *civitas* romana; depois ainda as *comunas* e cidades livres da nossa Idade Média – para já não falar nos grandes impérios antigos, como o dos persas e o de Alexandre Magno; e até as modernas e tão imperfeitas comunidades internacionais (a defunta *Sociedade das Nações* e a ONU)" (Moncada, 1995: 162) são, com os Estados modernos, algumas das múltiplas formas de comunidade política que, ao longo da história, assumiram as sociedades humanas.

A noção sociológica de Estado é distinta da sua noção estritamente jurídica. Para a sociologia política, com efeito, o Estado constitui uma forma complexa de ordenamento político de uma comunidade que "nasce da dissolução da comunidade primitiva, fundada em laços de parentesco e da formação de comunidades mais amplas, que derivam da união de mais grupos familiares, por razões de sobrevivência (o sustento) e externas (de defesa)" (Bobbio, 1989: 229), sendo o direito apenas um dos seus elementos constitutivos. A distinção foi primitivamente destacada por Jellinek na sua "Doutrina Geral do Estado" (1900), para quem a noção sociológica de Estado "tem por conteúdo a existência objectiva, histórica ou natural, do Estado", enquanto a noção jurídica se ocupa "das normas jurídicas que nessa existência real se manifestam" (*apud* Bobbio, 1989: 217). Max Weber retoma a mesma distinção: "Quando se fala de direito, ordenamento jurídico, norma jurídica, é necessário um rigor especial ao estabelecer-se a diferença entre o ponto de vista jurídico e o sociológico" (*apud* Bobbio, 1989: 218). Assim, Max Weber inclui o Estado na teoria dos grupos sociais, "dos quais uma variedade são os grupos políticos, que, por sua vez, se tornam Estados (…) quando dotados de um aparelho admi-

---

[45] J.W, Lapierre, *apud* Moncada, 1995: 161, nota 1.

nistrativo que avance com sucesso a pretensão de se valer do monopólio da força sobre um determinado território" (Bobbio, 1989: 218).[46]

Os Estados, neste sentido, são usualmente definidos através de três elementos constitutivos fundamentais: a *nação* (uma população, ou um *povo*, unida por vínculos culturais como a língua, a religião ou a etnia e por finalidades comuns, fixada num determinado território; alguns Estados integram, no entanto, mais do que uma nação), *território* e *soberania* exercida através de uma organização jurídica interna de direito público (governo e mais estruturas de organização política, relações entre elas e entre elas e os cidadãos, limites da autoridade, direitos dos súbditos em face desta, modo de participação destes no poder, etc., isto é, a sua *Constituição*[47]) e de direito privado, com monopólio da regulamentação da força dentro das suas fronteiras.[48] O Estado moderno é, pois, a *nação* politicamente organizada[49], cabendo-lhe assegurar a soberania, manter a ordem e promover o bem-estar social (função que se desdobra em inúmeras outras à medida que as sociedades se tornam mais complexas).[50] Os Estados-nação modernos, expressão máxima de institucionalização do *político*, só surgem, na Europa, a partir de fins da Idade Média[51]. E, com

---

[46] Para Marx e Engels, na comunidade primitiva, a propriedade é colectiva. Com o aparecimento da propriedade privada, nasce a divisão do trabalho; com a divisão do trabalho, a sociedade divide-se em classes, dos proprietários e a dos que nada têm; com a divisão da sociedade em classes nasce o poder político, o Estado, cuja função é, essencialmente, manter o domínio de uma classe sobre a outra (cf. o que ficou dito *supra* sobre o materialismo histórico marxista).

[47] O termo é aqui usado no seu sentido orgânico mais vasto e não apenas no daquele que tem nos Estados Constitucionais de Direito enquanto instrumento jurídico específico (cf. o que é dito *infra* em 1.2.2.1.a propósito da questão da legitimidade do exercício do poder político).

[48] A Filosofia do Direito acrescenta a estes "elementos ônticos" ainda um *ethos* colectivo, *uma ideia vital e essencial "do porquê, do como* e do *para quê* do facto da sua convivência",* e um *ideal*, um *fim valioso* a atingir (cf. Moncada, 1995: 166 e ss.)

[49] A palavra "Estado" (do italiano "stato" e do latim "status", situação) foi usada pela primeira vez por Maquiavel em "Il Príncipe" (cf. Miranda, 2002: 53; no mesmo sentido, cf. Moncada, 1995: 102), embora o conceito existisse já no sentido que Maquiavel lhe deu, de posse permanente e exclusiva de um território e de comando sobre os seus habitantes, nos séculos XV e XVI (cf. Bobbio, 1989: 224).

[50] Fica fora do âmbito desta breve síntese conceitual a caracterização desenvolvida dos diferentes tipos de Estado e de governo.

[51] Na Idade Média cristã, diz Jorge Miranda, o Estado encontrava-se dissolvido no feudalismo e nos domínios feudais assentes em relações de tipo contratual, com um rei

o positivismo jurídico, o Estado é mesmo totalmente identificado com o ordenamento jurídico, desaparecendo como entidade diversa do direito que lhe regula a actividade de produção e execução de normas jurídicas.

O Estado é, através do direito, o principal mecanismo de controlo social nas sociedades modernas[52]. O controlo social exercido pelo Estado, particularmente o jurídico, é, por um lado, *externo* (em contraponto com os valores e normas sociais *interiorizados* pelos indivíduos através do processo de socialização) e, por outro, *formal* (isto é, expressamente institucionalizado com a intenção de assegurar a conformidade social), *artificial* (ou seja, assegurado através da produção do direito e da criação de estruturas especializadas destinadas a impô-lo coercivamente de modo a evitar o desvio e forçar e promover a conformidade com as normas jurídicas) e *organizado* (no sentido de que não é uma forma social espontaneamente constituída).

1.2.2. Estado de Direito

A emergência da burguesia comercial em finais da Idade Média criou condições, principalmente através da importância que passa a assumir a livre circulação de pessoas e bens, para o fortalecimento de um poder político central oposto à fragmentação do mundo feudal. As teorias políticas da origem divina do poder real e o pensamento de, entre outros, Thomas Hobbes (1588-1679) e Bossuet (1627-1704), viriam a servir de base teórica às monarquias absolutas europeias dos séculos XVII e XVIII. Entretanto, forma-se uma forte classe social mercantil e, depois, também industrial, e desenvolve-se um pensamento iluminista e liberal que põe em causa o poder absoluto do monarca exercido sem qualquer limitação,

---

muito distante e desprovido de poder político efectivo (cf. Miranda, 2002: 32). A esta forma de Estado, com um poder político central limitado pelo poder feudal e o das ordens e corporações chama Freitas do Amaral Estado Estamental (de estamento = ordem) (Freitas do Amaral, *História das Ideias Políticas*, vol, I, Coimbra, Almedina, 1998).

[52] Foi a escola norte-americana da *sociological jurisprudence* (conceito que dever ser entendido como *teoria sociológica do direito*, sem referência à *jurisprudência* como direito de fonte judiciária), cujo nome mais relevante é Roscoe Pound (1870-1964) quem deu o contributo mais original à inserção do direito na categoria sociológica mais geral de *controlo social* enquanto "conjunto de meios através dos quais a sociedade assegura a sua coesão" (cf. Carbonnier, 1979: 145-146).

designadamente de ordem constitucional. O liberalismo (Montesquieu, Diderot, Voltaire, em França, David Smih, David Ricardo, John Locke, em Inglaterra), tem não só uma dimensão política mas igualmente dimensões económico-filosóficas, e culmina na Revolução Francesa, coincidente com a primeira revolução industrial, uma e outra dando origem a novos modelos sociais: económicos (capitalismo) e políticos (o Estado Liberal de Direito, onde o poder político se triparte em poder legislativo, executivo e judicial e passa a ser exercido no quadro de uma Constituição).

As principais características deste Estado Liberal de Direito (expressão que parece preferível à de Estado de Direito Liberal, pois é o Estado, e não o Direito, que é aqui "liberal") são, em resumo: a) no domínio político, a separação entre o Estado e a sociedade enquanto realidades autónomas, aquele uma construção histórica, esta "natural" e com leis próprias de funcionamento que supõem a protecção de direitos inalienáveis prévios ao Estado, os direito fundamentais do homem: a liberdade (liberdade civil, económica, de pensamento e de expressão, que se materializam em direitos políticos), a propriedade (condição da expressão da própria liberdade individual) e a segurança; b) no domínio jurídico, o princípio de que a soberania reside no povo, implicando o direito de voto, a democracia representativa, a divisão de poderes (legislativo, executivo e judicial, na formulação de Montesquieu) e um Estado não arbitrário, isto é, um Estado Constitucional assente no princípio da autoridade da lei, onde qualquer acto do Estado deve ser um *acto jurídico* cuja força derive de lei aprovada no Parlamento (onde se exprime, na expressão de Rousseau, a "vontade geral"); c) no domínio económico, a limitação do poder do Estado à competência de assegurar a livre expressão entre as forças presentes na sociedade, zelando pelo cumprimento das leis do mercado e só intervindo no caso de violação destas; e, por fim d) no domínio social, praticamente nula intervenção do Estado. Só pressionados pelos avanços de concepções político-ideológicas de Estado Social, e já perante o colapso das soluções rigidamente liberais, os Estados Liberais de Direito começam a assumir algumas competências sociais, como foi o caso do chamado "modelo social alemão" imposto por Bismarck, que fez aprovar as primeiras leis de seguro social do mundo (seguros de doença, de acidentes, de invalidez, etc.).

É justamente com a convergência de factores como as lutas das classes trabalhadoras acentuadas com a degradação das condições de vida e de trabalho nas fábricas no contexto da 1.ª Revolução Industrial; o avanço das ideias socialistas assentes no pensamento crítico principalmente de Marx;

a Revolução de 1917 na Rússia e a criação da URSS, um Estado com amplas funções sociais; a Revolução Mexicana, que resulta numa Constituição reconhecendo direitos sociais a trabalhadores e camponeses; e, por fim, na Alemanha, a Constituição de Weimar, que igualmente impõe ao Estado largas competências em matéria social, que se abre caminho à reforma dos Estados Liberais de Direito e à sua progressiva evolução, em maior ou menor medida, para Estados Sociais de Direito.

O Estado Social de Direito encontra as suas bases na crítica de Keynes (1883-1946) à incapacidade da sociedade de, pelos seus próprios mecanismos de funcionamento, assegurar o pleno emprego e o bem-estar social. Na sequência da grave crise de 1929, o keynesianismo vem defender maior intervenção do Estado na economia, seja através do investimento público seja de políticas fiscais capazes de realizar uma mais equitativa redistribuição da riqueza e do rendimento. Paralelamente, o Estado Social de Direito funda-se igualmente no pensamento social-democrata, surgido a partir do movimento socialista. Mantendo embora a essência do sistema de produção capitalista, a social-democracia defende no entanto, ao lado da democracia política, também uma verdadeira "democracia económica", para isso cabendo ao Estado amplas funções como promotor do desenvolvimento, designadamente através da propriedade pública dos sectores estratégicos da economia.

Os Estados Sociais de Direito são, na verdade, sucessores políticos do Estado Liberal, mais do que paradigmas que se lhe opõem. Com efeito, o Estado Social de Direito herda do liberalismo, no domínio político e no domínio jurídico, quer a consagração dos direitos individuais fundamentais quer o princípio da soberania popular, da democracia representativa e da divisão dos poderes, quer ainda o de Estado Constitucional. É na consagração simultânea de direitos económicos e sociais que, fundamentalmente, emerge a sua diferença em relação ao Estado Liberal. O Estado Social assume constitucionalmente a tarefa de aperfeiçoamento da democracia enquanto forma de expressão da liberdade e, implicando uma efectiva democracia política a democracia económica, propõe-se harmonizar democracia política e democracia social enquanto realização do princípio da igualdade na sociedade.

Assim ao contrário do Estado Liberal de Direito, o Estado Social de Direito caracteriza-se por sistemas públicos de segurança social, impostos progressivos e políticas fiscais e monetárias keynesianas, passando as Constituições a incluir, ao lado de direitos estritamente políticos, também direitos sociais e económicos vinculativos dos poderes legislativo e executivo.

Sob pressão de factores como a globalização, a multiplicação de ordens jurídicas supra-nacionais e as profundas transformações em curso nas sociedades multiculturais contemporâneas, marcadas pela diversidade, fragmentação e conflituosidade (em que, mais do que os indivíduos, são as comunidades em que se inserem que assumem valor primário referencial), o Estado Social de Direito veio a evoluir, nas últimas décadas, no sentido de um Estado Democrático de Direito, no qual o foco da vontade constituinte se deslocaria para o poder judicial, que tenderia a supria as omissões dos poderes legislativo e executivo mediante a utilização de alguns mecanismos jurídicos previstos na Constituição (a acção popular, a acção civil pública, a acção directa de inconstitucionalidade, entre outros). As Constituições dos Estado Democráticos de Direito tendem a ser "programáticas", impondo-se um carácter reestruturador da sociedade através de ordenamentos jurídicos voltados não só para os valores da certeza e da segurança, como na jurisdicidade liberal, mas também para valores de igualdade e solidariedade, procurando assegurar condições mínimas de vida digna a todos os cidadãos e atender à qualidade de vida dos indivíduos e da comunidade no seu conjunto.[53]

Independentemente das formas que assuma, o núcleo central do Estado de Direito, do ponto de vista jurídico, é o do primado da lei[54] nas relações entre o Estado, os indivíduos e a sociedade em geral e o exercício do poder político dentro de limites jurídico-constitucionais marcados pelo reconhecimento de direitos fundamentais de natureza política, económica e/ou social e ambiental.

1.2.2.1. *Legitimidade e legalidade*

O Estado de Direito acrescenta ao conceito de legalidade o de legitimidade constitucional. À lei comum não basta já ser lei, tem que ser cons-

---

[53] De acordo com a Constituição da República Portuguesa, "a República Portuguesa é um Estado de direito democrático (…) *visando a realização da democracia económica, social e cultural e o aprofundamento da democracia participativa*" (art. 2.º).

[54] O fundamento do Estado de Direito como Estado cujos poderes são exercidos dentro dos limites de leis pré-estabelecidas exprime-se na tradição jurídica inglesa pela *rule of law*, ou governo da lei.

titucionalmente legítima, uma legitimidade não apenas formal mas também material, isto é, não apenas produzida por quem, designadamente o poder legislativo, tem competência para o fazer, mas igualmente em conformidade com valores fundadores, *maxime* programáticos, consagrados na Constituição. Servindo-nos de conceitos usados por Derrida a propósito de um ensaio de Walter Benjamin (Derrida, 2003), diríamos que legitimidade, neste sentido, se reportaria à conformidade da "violência conservadora" do direito com a sua "violência fundadora".[55]

Bobbio enuncia os termos gerais em que a filosofia política clássica coloca o problema da legitimidade do exercício do poder político, aquele que "dispõe do uso exclusivo da força num determinado grupo social", convocando uma fórmula célebre de Santo Agostinho: "*Sem a justiça, o que seriam na realidade os reinos, senão bandos de ladrões? E o que são bandos de ladrões senão pequenos reinos?*" e a não menos célebre troca de palavras entre Alexandre e o pirata: "*Tendo-lhe perguntado o rei por que motivo infestava os mares, com ousada liberdade, respondeu: 'Pelo mesmo motivo que tu infestas a terra; mas, como eu o faço com um pequeno navio, sou chamado pirata, enquanto tu, porque o fazes com uma grande frota, és chamado imperador*". Isto é, "um poder fundado apenas sobre a força pode existir de facto mas não ser considerado legítimo" (Bobbio, 1989: 239).

A reflexão segundo a qual o poder político (que é a fonte do direito positivo) deve ter uma justificação ética ou jurídica assente em valores reconhecidos pela sociedade introduz consequências relevantes em relação ao dever de obediência (ou, opostamente, ao direito de resistência) dos governados, com base no princípio de que a obediência só é devida quando o poder é legítimo e o direito conforme a uma ordem *deôntica* que confira às normas um *sentido* (Baptista Machado, 2006: 40). Essa ordem deôntica

---

[55] Em "Prenome de Benjamin", analisando o ensaio *Zur Kritik der Gewalt*, de Walter Benjamin, Derrida sublinha que a violência (*Gewalt*) está na origem do direito, que existe uma "co-implicação da violência e do direito". O acto instaurador instituindo e posicionando um direito é um acto de *violência fundadora* "que não pode justificar-se através de nenhuma legalidade pré-existente, parecendo assim selvagem", sendo "difícil" e "ilegítimo" criticá-la, "porque não se pode fazê-la comparecer diante da instituição de nenhum direito pré-existente: ela não reconhece o direito existente no momento em que funda outro". Só a *violência conservadora* do direito, "a que mantém, confirma, assegura a permanência e a aplicabilidade do direito", será susceptível de crítica em termos de legitimidade (cf. Derrida, 2003: 58 e 71-73).

traduz-se, para os antigos, em leis "não escritas" não dependentes da vontade dos governantes, quer "leis naturais" ou "divinas" quer radicadas numa tradição, quer ainda leis fundadoras instauradas por um legislador histórico às quais os futuros governantes devem obedecer. A desobediência de Antígona ao tirano[56] funda-se justamente na ilegitimidade das suas determinações (do seu direito positivo) por afrontarem *"preceitos não escritos mas imutáveis dos deuses"* que *"não são de agora, nem de ontem,/ mas vigoram sempre, e ninguém sabe quando surgiram"*.

É a partir da obra de Max Weber que a noção de legitimidade se torna um dos conceitos fundamentais da ciência política, se bem que a perspectiva de Weber seja principalmente sociológica[57], não se resumindo a uma teoria do Estado. Para Max Weber, *"poder* significa a probabilidade de impor a própria vontade, dentro de uma relação social, mesmo contra toda a resistência e qualquer que seja o fundamento desta probabilidade"[58]. O poder, se revestido de legitimidade, é obedecido. A *obediência* ao poder legitimado torna-o *dominação*, sendo essa *dominação* política (*Herrschaft*) se acompanhada da possibilidade de coerção externa[59]. Quando é *adesão* voluntária e não simples sujeição, a *obediência* a uma ordem política supõe da parte de quem obedece a crença de que quem dá a ordem está, como se disse, legitimado para a dar. Weber distingue três tipos-ideais, ou formas de produção dessa crença, associados a formas particulares de *dominação* (que, na realidade histórica, frequentemente aparecem combinados e/ou sobrepostos): dominação/legitimidade *tradicional, carismática* ou *racional-legal*[60] correspondendo a três tipos-ideais de regimes políticos, respectivamente a monarquia, a ditadura e o Estado parlamentar moderno, e a três "tipos ideais" de elites dominantes: anciãos, pro-

---

[56] Cf. *supra* 1.1..

[57] A sociologia da dominação e da acção política de Max Weber é exposta sobretudo em "Economia e sociedade" (*Economia e sociedade*, Brasília: Editora UnB, 2004) e em "A política como vocação" (in *O político e o cientista*, Lisboa: Editorial Presença, 1979). A sociologia interpretativa, ou "compreensiva" de Weber considera o indivíduo e a sua acção como a sua unidade básica.

[58] Max Weber, *Economia e sociedade*, p. 43.

[59] Para Weber, não sendo o único meio nem o único recurso das associações políticas, a coerção é, no entanto, o seu meio específico.

[60] Esta subdividindo-se em duas formas: *racional-normativa* e *racional-axiológica*, respectivamente assentes na *acção racional referente a fins* (Zweckrational) e na *acção racional referente a valores* (Wertrational).

fetas/heróis/demagogos e funcionários. A legitimidade *tradicional* assenta, em síntese, na crença no carácter sagrado e evidente das tradições e dos que imemorialmente dominam em seu nome (o rei, o imperador). A *carismática*, por sua vez, deriva da fé em líderes que, em determinadas condições sociais, emergem em oposição à tradição e são tidos (e daí que o *carisma* seja, fundamentalmente, uma produção social) como dotados de qualidades excepcionais. Por fim, a legitimidade *racional-legal* (ou apenas *racional*, ou ainda *burocrático-legal*), que tende a confundir-se com a *legalidade*, funda-se, como acontece nas sociedades que se dotaram de um Estado moderno, na crença na conformidade com a lei dos normativos produzidos pelo poder político e do estatuto daqueles que o exercem; a autoridade é, aqui, definida por regras estabelecidas em leis e impõe-se em virtude da crença racional (ao contrário do que acontece na dominação/ /legitimidade *tradicional*, em que é meramente mecânica, e da *carismática*, em que é afectiva) na validade dessas leis e da competência positiva dos agentes do Estado que as produzem.

Já de uma perspectiva histórica, Bobbio (1989: 240-242) distingue três grandes princípios de legitimidade: a *Vontade* (os governantes recebem o seu poder ou da vontade de Deus ou da vontade do povo); a *Natureza* (nas diferentes formas que o conceito assume no direito natural: a Natureza como força originária, na concepção clássica; ou a Natureza como ordem racional, no jusnaturalismo moderno) e a *História* (seja a História passada, como sucede nas teorias tradicionalistas do poder, segundo as quais o soberano legítimo é aquele que exerce o poder desde tempos imemoriais ou o exerce com base num direito adquirido e transmitido como qualquer outro direito; seja a História futura, como se passa nos ordenamentos revolucionários dirigidos à construção de uma nova sociedade e entendidos como uma etapa nova do curso histórico).[61]

Com o advento do positivismo jurídico, o problema da legitimidade passa, como ficou dito, a coincidir estritamente com o da legalidade e da efectividade (em termos weberianos, uma legitimidade racional-legal) O poder efectivo, por ser efectivo, é legítimo, e a legitimidade do direito produzido por esse poder traduz-se no facto de ele ser eficaz por força da autoridade prevista por esse direito dentro dos limites que ele próprio se prescreve. Tais limites, para Kelsen (1881-1973), o mais conhecido teórico

---

[61] Sobre o problema da legitimidade e a sua relação com as diferentes formas históricas de Estado e de governo cf. Moncada, 1995: 187 e ss., II Parte.

do positivismo jurídico, são o território em que o direito se aplica e o povo a quem se dirige, bem como ainda os da sua validade no tempo e os das específicas matérias sobre que dispõe[62]. A diferente natureza das Constituições nos modernos Estados de Direito, frequentemente programáticas, não prejudica o entendimento positivista da legitimidade enquanto legalidade efectiva pois que a imperatividade dos valores éticos ou prospectivo – estes de legitimidade histórica futura, como diria Bobbio; ou, no primeiro caso, de legitimidade racional axiológica (*Wertrational*) e, no segundo, teleológica (*Zweckrational*), na formulação de Max Weber – que elas eventualmente integrem resultaria, não da sua validade intrínseca, mas imediatamente da própria jurisdicidade positiva constitucional.

O conceito positivista de legitimidade tem sido no entanto posto em causa pelo constitucionalismo moderno que, frequentemente, reconhece hoje valores éticos supra-positivos tais como os direitos do homem, pessoais e políticos, aliás na sequência de uma longa tradição que vem da Magna Carta inglesa e do *Bill of Rights* dos estados americanos, passando pela Declaração dos Direitos do Homem e do Cidadão da Revolução Francesa e pela Declaração Universal dos Direitos do Homem adoptada pela ONU em 1948.[63]

Por outro lado, autores como Rawls ou Habermas procuram, em resposta às construções do positivismo normativista da eficácia e vigência das normas jurídicas como condição da sua validade, fundar a legitimidade em valores axiológicos estruturantes da própria sociedade como a justiça ou a liberdade. Rawls fá-lo a partir da concepção da justiça como equidade. As sociedades assentariam num contrato originário entre os seus membros a partir de um consenso equitativo. Seria esse consenso social de justiça equitativa que determinaria a estrutura básica de cada sociedade. Essa estrutura é a maneira pela qual as instituições sociais mais importantes, em termos políticos e económicos, "distribuem direitos e deveres fun-

---

[62] *Apud* Bobbio, que, em relação aos limites *materiais* do direito positivo, recorda o velho dito inglês segundo o qual o parlamento pode fazer tudo excepto transformar o homem em mulher ("exemplo que hoje, a bem dizer, já não é apropriado"...) e a afirmação de Espinosa de que mesmo o soberano que tenha o direito de fazer tudo o que quiser não tem o poder de fazer com que uma mesa coma erva (Bobbio, 1989: 245).

[63] Também normativos constitucionais como o art. 1.º da Constituição da República Portuguesa, onde se declara que "Portugal é uma República soberana baseada na dignidade da pessoas humana (...)" supõem a existência de valores axiológicos (a "dignidade da pessoa humana") anteriores à própria Constituição.

damentais e determinam a divisão de vantagens provenientes da cooperação social".[64]

Por sua vez, Habermas, contestando a "suposição de Max Weber de que a base da força legitimadora da legalidade é uma racionalidade autónoma, isenta de moralidade", entende que "o direito, ao tornar-se positivo, não rompe as suas relações *internas* (sublinhado nosso) com a moral e a política". Nos Estados de Direito, "a moral já não flutua sobre o direito (como ainda sugere a construção do Direito Natural Racional) como um conjunto supra-positivo de normas. Emigra para o interior do direito positivo, mas sem esgotar-se no direito positivo". Essa moralidade, "que não só confronta o direito mas também se mantém presa ao próprio direito, é de natureza procedimental (...) Assim, um direito procedimental e uma moral procedimentalizada podem controlar-se mutuamente"[65]. A legitimidade das normas jurídicas não depende, para Habermas, tão só da sua eficácia e vigência jurídico-positiva, mas da medida em que o direito constitui simultaneamente um processo de garantia de liberdade. No carácter coercivo do direito está implicada uma ideia *moral* de liberdade que leva os indivíduos a aceitá-lo[66]. A validade jurídica implica, pois, duas premissas: a da legalidade do comportamento, imposta, se necessário, através de sanções, e a legitimidade das normas, estabelecida pela sua conformidade ao direito, baseado na liberdade[67]. Do mesmo modo, para Rawls, a coercitividade jurídica só será racional se as desvantagens da coerção forem menores que a perda da liberdade diante da instabilidade.[68]

Na questão da legitimidade do poder político e do direito por ele produzido e sua conformidade, em cada momento histórico, aos valores domi-

---

[64] Cf, Rawls, Jonh. *Uma teoria da justiça*. 2.ª ed., São Paulo: Martins Fontes, 2002. p. 13.

[65] Habermas, Jürgen, "¿Cómo es posible la legitimidad por vía de legalidad?", in *Revista Doxa*, n.5, 1988, Ed. Alicante, p. 21 y ss., Biblioteca Virtual Miguel de Cervantes/ Hemeroteca [disponível *online* em http://www.cervantesvirtual.com/servlet/SirveObras/12471730982570739698891/index.htm; acedido em 10/4/2007].

[66] Daí que, segundo Habermas, "a complementação da moral por um direito positivo pode justificar-se moralmente" (*id., ibid.*).

[67] Habermas, Jürgen. *Direito e democracia: entre facticidade e validade*. Rio de Janeiro: Tempo Brasileiro, 1997, pp. 49-50 (*apud* Andrea Azevedo Pinho, in *Revista Jurídica* [disponível *online* em http://www.planalto.gov.br/ccivil_03/revista/revistajuridica/index.htm; acedido em 3/2/2007].

[68] *Apud* Maltez, 1998.

nantes na sociedade[69] assume, nos actuais Estados de Direito, particular relevância o papel escrutinador dos media. Os media, com efeito, ao mesmo tempo que reflectem os *conflitos sociais*, agem igualmente enquanto intérpretes, junto da sociedade, dos valores axiológicos supra-positivos[70] (justiça, equidade, liberdade...) ou programáticos que conferem *sentido* às normas jurídicas positivas e à sua aplicação. Por outro lado, se, como o direito, funcionam como instrumentos de *controlo social*, os media são também agentes de mudança (da sociedade e do próprio direito), contribuindo para conformar os valores, crenças e representações em que se fundam a obediência e o consentimento racional à titularidade e exercício do poder político legítimo.[71]

1.2.2.2. O direito como reflexo e instrumento de mudança da vida social

Se as transformações da sociedade determinam, como vimos, a evolução do direito, dependendo a efectividade das normas jurídicas do grau de apoio que estas encontrem na opinião pública, igualmente as leis (e as decisões judicias que as aplicam) têm consequências ao nível da vida social (Carbonnier, 1979: 146).

As concepções prevalecentes de representação do Estado na sociologia jurídica contemporânea (Bobbio, 1989: 220) valorizam um ponto de vista sistémico. A relação entre o conjunto das instituições do poder político e o sistema social "é representada como uma relação pergunta-resposta (*input-output*). A função das instituições políticas é dar resposta às perguntas que provêm do ambiente social (...) As respostas das instituições políticas são dadas sob a forma de decisões colectivas, vinculantes

---

[69] Guglielmo Ferrero (1871-1942) compara esses valores em que se funda a legitimidade a "génios invisíveis da cidade, certas forças forças que actuam no interior das sociedades e que as impedem de se cristalizar numa forma definitiva", forças que, também elas, "nascem, crescem e morrem" [*apud* Maltez, disponível *online* em http://maltez.info/respublica/topicos/ll/le%20total.htm; acedido em 25/01/07].

[70] Para Habermas, como vimos, os valores morais são, nos actuais Estados de Direito, intra-positivos.

[71] Cf. o que, a propósito da formulação weberiana da questão da legitimidade, ficou dito acerca do conceito de *obediência* enquanto adesão ou sujeição voluntária, que, no caso dos modernos Estados de Direito, se traduz em consentimento *racional*.

para toda a sociedade. Por sua vez, essas respostas retroagem sobre a transformação do ambiente social (...)" (Bobbio, 1989:220). Isto é, ao mesmo tempo que é uma resposta aos valores e preocupações sociais (às "perguntas que provêm do ambiente social"), o direito age simultaneamente sobre a sociedade, transformando-a e suscitando dela novas "perguntas", num processo que pode chegar a uma fase final de *mudança social*.

De facto, se o direito é, em cada momento histórico, expressão dos valores culturais (designadamente morais e comportamentais, mas também económicos e políticos) dominantes na sociedade (*input*), ele produz igualmente cultura e moral social (poder-se-ia até dizer que faz "pedagogia social"), constituindo-se como agente de transformação social (*output*).

A principal contribuição da concepção sistémica[72] para a compreen-

---

[72] A teoria sistémica do direito tem várias formulações, das quais as mais influentes são a de Niklas Luhmann (1927-1998) e a de Gunther Tuebner. A teoria sistémica sustenta-se na noção de *sistema* como paradigma epistemológico válido tanto para as ciências da natureza como para as ciências humanas, significando qualquer entidade autónoma dotada de permanência e constituída por elementos inter-relacionados que formam subsistemas estruturais e funcionais, e que se transforma dentro de certos limites de estabilidade graças a regulações internas que lhe permitem adaptar-se às variações do seu *ambiente* específico. O sistema define-se em relação ao ambiente por *diferenciação*, repetindo-se a diferença sistema-ambiente dentro do sistema (*system differenciation*). Partindo da estrutura geral da teoria da sociedade como sistema funcionalmente diferenciado, a teoria sistémica do direito entende este como um dos subsistemas funcionais do sistema social. Para Luhmann, numa brevíssima síntese, necessariamente incompleta, o sistema jurídico, como os demais sistemas sociais, produz-se e reproduz-se a si próprio (*autopoiesis*, conceito tomado da biologia) com autonomia funcional (ou seja, a partir das suas funções, determinadas ao nível social, no caso as de regulação social), auto-organizando-se através da operação de um código próprio, isto é, sendo auto-referencial e *funcionalmente fechado*. É, no entanto, *cognitivamente aberto*, comunicando com o sistema social e restantes subsistemas do ambiente social e seleccionando e processando as informações deles recebidas de acordo com os seus específicos padrões de funcionamento, assentes no código binário lícito/ilícito. Como Luhmann afirma, o sistema jurídico tem como seu componente e sua forma própria de expressão a *norma*, é um sistema de operações legais que usa a auto-referência normativa para se reproduzir a si próprio e para seleccionar informações do meio. Os estímulos recebidos e devolvidos ao meio por um sistema autopoiético não são, segundo Luhmann, rigorosamente do tipo "input" e "output", mas antes "perturbações", ou "fricções", que, não actuando como informações que contribuem para programar o sistema, provocam reacções compensadoras internas que mantêm o seu equilíbrio homeoestático; é a sua coerência interna que determina o seu desenvolvimento. Por seu lado, Teubner, mitigando a concepção de uma autopoesis rígida, incorpora na concepção de Luhmann variáveis externas historicistas (sociais

são do direito é pôr em relevo o funcionamento deste como *sistema* (um subsistema do sistema social), aberto a intercâmbios com o sistema geral da sociedade e com os demais subsistemas sociais (político, económico, cultural, moral, etc.).

Para além das influências morais, de classe ou de interesse de grupos sociais, a teoria sistémica problematiza as relações entre direito e sociedade a partir do direito, sublinhando as isomorfias do sistema jurídico com os outros sistemas sociais. Por outro lado, comportando uma aproximação interdisciplinar do sistema jurídico – na medida em que este não é entendido, como na dogmática clássica, enquanto sistema fechado de normas e procedimentos, mas enquanto conjunto de relações das normas entre si e com os processos sociais, de tal modo que não apenas as relações sociais criam direito mas também o direito cria realidades orientadoras da acção social – o modelo sistémico mostra-se particularmente adequado à explicação do fenómeno jurídico nas sociedades contemporâneas, funcionalmente diferenciadas e crescentemente complexas, e da realidade jurídica "socializada" do capitalismo avançado (capitalismo de grupos económicos e sociais), enfatizando uma perspectiva global do direito na sua dimensão social e forçando a reformulação política da relação entre a sua produção e as condições em que os actores sociais lhe devem obedecer.

Do reconhecimento pela sociedade da *legitimidade ética* do direito, que está na base da sua aceitação pelos seus destinatários, resulta a capacidade deste de produzir moral social no concreto *sentido* deôntico que essa legitimidade imprime às normas jurídicas. Exemplo notório desse tipo de normas são os dispositivos constitucionais programáticos que, anunciando um ideal social e estabelecendo, para o atingir, um plano de evolução política, promovem, através da normativização de um *dever-ser*, a transformação da vida social no sentido anunciado. Mas também no direito comum, quer civil quer penal, a fixação de determinados comportamentos como lícitos ou como ilícitos tem consequências na mudança dos valores sociais. A descriminalização do adultério e do aborto, por exem-

---

e políticas), principalmente a partir da tentativa de explicação do processo de *juridificação* verificado no contexto do *Welfare State* (as "redes" públicas de protecção social do Estado Social de Direito estariam a redefinir os contornos institucionais do direito, bem como os conteúdos e significados da lei), formulando a noção de *direito reflexivo*, processo através do qual o direito reconheceria os limites da sua capacidade de regulação dos outros sistemas sociais.

plo, ou a criminalização da violência doméstica e dos maus-tratos a crianças, ou ainda o reconhecimento pela lei das uniões de facto ou o fim da filiação "ilegítima", se foram, num dado momento, resultado de maiorias circunstanciais formadas numa sociedade dividida, acabaram por alterar profundamente as concepções tradicionais do casamento e da família durante muito tempo vigentes entre nós.

O poder legislativo é exercido, nos Estados de Direito, pelos representantes dos diferentes interesses conflituantes existentes na sociedade, politicamente organizados, designadamente sob a forma de partidos políticos. Neste sentido, os parlamentos são a expressão política dos conflitos sociais presentes na sociedade. A dinâmica social não se esgota porém nos partidos políticos, manifestando-se igualmente através da formação de grupos sociais aglutinadores de interesses particulares (económicos, profissionais, morais, etc.), mais ou menos activos, e de correntes de opinião pública, nem sempre inteiramente representadas na organização partidária mas, como os diferentes grupos sociais, com maior ou menor capacidade de influência sobre o exercício do poder legislativo.

O direito é, como vimos, o principal instrumento de *controlo social* por parte do Estado, constituindo o "conjunto de sanções positivas e negativas a que a sociedade recorre para assegurar a conformidade das condutas aos modelos estabelecidos"[73]. No entanto, através do poder legislativo as diferentes organizações sociais, politicamente organizadas ou não, integrantes da sociedade procuram promover transformações no sentido dos seus interesses e prioridades, pelo que o direito está igualmente no centro da competição e *conflito sociais*. Veremos seguidamente como também os media actuam como instrumentos de *controlo social* e como, do mesmo modo, reflectem os *conflitos sociais* e funcionam como agentes de *mudança social*[74].

---

[73] Cf, *supra* 1.2.1..

[74] Cf. o que, sobre os conceitos de conflito, mudança social e controlo social, ficou dito supra em 1.2.1..

2. MEDIA E SOCIEDADE

2.1. Media e sociedade. Os media como reflexo e condicionante dos valores sociais

Winston Smith e os seus concidadãos, em "1984", devem pensar e agir como lhes é mandado, obrigados pelos *telecrãs* instalados em todas as casas, que os vigiam e emitem constantemente mensagens de propaganda. Felizmente, o mundo imaginado por George Orwell (2002) não se cumpriu. No entanto, a presença e a influência dos media nas sociedades actuais é largamente determinante de atitudes e comportamentos. O regular funcionamento social não pode ser pensado sem a presença dos órgãos de comunicação, que desempenham, entre outras, funções de integração e de garantia de coesão social – exercem controlo social. O próprio exercício do jornalismo implica funções de "controlo"; de facto, as práticas jornalísticas, da selecção dos assuntos à forma de os tratar, passando pela recolha de informação, tendem a reforçar normas socialmente aceites como válidas[75].

Os media fornecem o ambiente cultural para a construção da identidade entre os membros da comunidade em duas vertentes diferentes: por um lado, através de um sistema semiótico comum, pelo qual os intervenientes sociais discursam e o público interpreta o que lhes é comunicado; e, por outro, através de um quadro narrativo comum em que os intervenientes sociais constroem a sua participação pública e a dos outros em tempo real (Alexander e Jabobs, 1998: 30,31).

Segundo Bourdieu (1994), enquanto "instrumentos simbólicos", os meios de comunicação são meios de conhecimento e de construção da realidade que contribuem para uma ordem gnoseológica[76]. "As relações de comunicação são, de modo inseparável, sempre relações de poder que dependem, na forma e no conteúdo, do poder material ou simbólico acu-

---

[75] A propósito do caso do jornalismo sobre temas de saúde, escreve João Carlos Correia: "As consequências da informação jornalística no controlo social, no que diz respeito à saúde e à doença, têm uma face dupla: prescrever o que é correcto e denunciar o que deve ser banido" (Correia, 2006).

[76] Esta ordem gnoseológica seria, segundo Durkheim, o sentido imediato do mundo: "Uma concepção homogénea do tempo, do espaço, do número, da causa, que torna possível a concordância entre inteligências" (*apud* Bourdieu, 1994: 9).

mulado pelos agentes (ou instituições) envolvidos nessas relações (...). É como instrumentos estruturados e estruturantes de comunicação e de conhecimento que os "sistemas simbólicos" cumprem a sua função política de instrumentos de imposição ou de legitimação da dominação" (Bourdieu, 1994: 11). Os media, especialistas da produção simbólica, servem esta função política em nome das classes e fracções de classes envolvidas numa luta para imporem a definição do mundo social mais conforme aos seus interesses.

Embora haja ainda uma parte da humanidade que vive fora da influência mediática, seja por falta de acesso aos órgãos de comunicação social seja por analfabetismo, e não se possa falar, por isso, de influência ou manipulação dos cidadãos pela informação a nível mundial, como sublinha Ryszard Kapuscinski[77], nos países desenvolvidos, onde a tecnologia levou à multiplicação de informação, "a civilização tornou-se dependente da versão da história imaginada pela televisão (...). Hoje em dia, o pequeno ecrã é a nova (e praticamente única) fonte da história". O autor polaco considera o reflexo do mundo pelos media fragmentário e superficial, muito em resultado do tipo de jornalismo competitivo e de busca de cachas[78]. "O telespectador de massa, ao longo do tempo, não conhecerá outra coisa que a história 'telefalsificada'".[79]

No mesmo sentido, Schudson distingue *o informed citizen*[80] do *informational citizen*, sendo que o primeiro seria o cidadão com uma visão do mundo coerente e empenhado no que se passa à sua volta e o segundo o consumidor passivo, familiarizado com a informação maioritariamente disponibilizada e resultante do trabalho dos media.

Este último é o cidadão mais comum nas nossas sociedades, fortemente influenciadas, segundo as chamadas teorias *media-centred*, pelos

---

[77] Discurso proferido em Novembro de 1998, em Estocolmo, por ocasião da entrega dos prémios de jornalismo Stora Jurnalstpriset. A intervenção deste conhecido escritor e jornalista polaco, recentemente falecido, foi publicado em *Le Monde Diplomatique*, n.º 63, Maio-Junho de 2002.

[78] Em *D'Une Guerre L'Autre*, Kapuscinski dá vários exemplos de manipulação jornalística, sublinhando como o excesso de cobertura jornalística da guerra do Golfo (1991) esvaziou de importância a crise no Sudão.

[79] Kapuscinski, Ryszard, *id., ibid.*.

[80] Em *The Good Citizen*, Shudson analisa os vários modelos de cidadão da actualidade, reportando-se à participação cívica e política do povo americano (em acentuado decréscimo).

órgãos de comunicação social actuando como força de mudança social: "Em geral, as teorias *media-centred* adoptam uma perspectiva de *mass media* poderosos, cujo poder reside quer na consistência e repetição de mensagens que atingem muita gente, quer na inevitabilidade da adaptação das instituições sociais às oportunidades e pressões dos formatos da comunicação, com consequências para as mensagens veiculadas e para as relações entre emissores e receptores" (McQuail, 1988: 62).[81]

A evolução dos estudos sobre os efeitos dos *mass media* permite concluir que, além de indicarem aos cidadãos sobre o que pensar, os media indicam também *como* pensar[82]. A propósito dos desenvolvimentos na pesquisa sobre o agendamento[83], McCombs e Shaw afirmam que, através da agenda jornalística, os cidadãos acedem a uma selecção de objectos que atraem a sua atenção e, também, a enquadramentos para pensar sobre esses objectos. "Centrais à agenda jornalística e ao seu conjunto diário de objectos (...) são as perspectivas que os jornalistas e consequentemente o público, adoptam para pensar sobre cada objecto (McCombs, 1992). Estas perspectivas dirigem a atenção para determinados atributos, desviando-a de outros. A expressão genérica para estas perspectivas jornalísticas é o valor noticioso. Contudo, os objectos com valor noticioso são enquadrados das mais variadas maneiras" (Traquina, 2000: 131).

Os atributos de um assunto realçados pela comunicação social correspondem aos considerados importantes pelo público e o enquadramento de um assunto pode ter "consequências mensuráveis a nível comportamental" (Traquina, 2000: 132). O próprio título dado a uma notícia interfere com a relevância das perspectivas sobre o mesmo e as tomadas de posição do público.

A exposição de indivíduos a notícias revelando falhas no sistema defensivo norte-americano (Traquina, 2000: 133) durante o mandato do presidente Carter resultou numa óbvia má avaliação do chefe de Estado relativamente à capacidade de resposta da Defesa dos E.U.A. (indivíduos

---

[81] Na relação entre media e sociedade, McQuail (1988) distingue fundamentalmente dois tipos de teorias: as *media-centred* e as *society-centred*. Estas últimas não enfatizam o papel dos media enquanto motores de mudança, antes estabelecem relações de dependência dos media e da sociedade e influências pela política e economia, entre outros.

[82] Cf. McCombs, Maxwell E. e Shaw, Donald L, "The Evolution of Agenda Setting Research; Twenty Five Years in the Marketplace of Ideas", publicado em português em *O Poder do Jornalismo* (Traquina, 2000).

[83] Ou, mais comummente, *agenda-setting*.

não expostos a esta notícia não deram cotações tão baixas quanto os expostos). Mas a má avaliação da globalidade da acção do presidente foi semelhante sendo que houve uma generalização a partir da informação concreta sobre a Defesa – a agenda dos media terá servido para alterar os padrões de avaliação do presidente. Decorrendo daqui a implicação que os media ao mesmo tempo que promovem um critério, promovem, também, um consenso social sobre a forma de avaliação dos acontecimentos. De facto, a agenda é partilhada por todos, e os media, ao fornecerem-na, promovem no público "um sentido comunitário".[84]

Inibindo a contestação da ordem social, os media constituem uma poderosa agência de controlo social e, numa perspectiva determinista, "mantêm e reparam o consenso, à medida que o estado das coisas muda" (Curran e Seaton: 1997) como exemplo desta situação é apresentado o caso de um crime de assalto divulgado sensacionalisticamente pelos media num ambiente geral de pânico moral acerca das taxas de criminalidade para ilustrar que "os media não apenas expressam os interesses das classes dominantes, têm uma função independente na ordenação do mundo. Os media não 'reflectem' apenas a realidade social: cada vez mais ajudam a fazê-la" (Curran e Seaton, 1997: 338). A "ideologia do consenso" leva os jornalistas a assumir que uma população tem interesses comuns e indivisos, reconhecidos na circunstância de essa população comungar crenças comuns. Nesses grupos não haveria diferenças ou desunião, mesmo em tempo de crises, graças ao consenso estimulado pelos media (Fowler, 1994: 49).

2.1.1. *Media e espaço público*

O conceito de "espaço público", formulado por Habermas para caracterizar o aparecimento, na Europa iluminista do século XVIII, de uma elite burguesa pouco numerosa e homogénea social e culturalmente que se reunia em círculos de debates nos clubes e nos salões, assumindo, com apoio da imprensa da época, um papel de mediação entre o Estado e a sociedade civil, alterou-se profundamente com as democracias de massas e o desenvolvimento da comunicação social. Hoje pode falar-se, com Dominique

---

[84] McCombs e. Shaw consideram esta uma função social dos media que poderá ser posta em causa com o advento das novas tecnologias e com novas fontes de informação.

Wolton, de um "espaço público mediatizado", "domínio por excelência das trocas simbólicas entre os cidadãos onde têm lugar as mediações políticas fundamentais que constituem as sociedades democráticas" (Pissarra Esteves, 2003:22), e onde a discussão e intervenção política se encontra substancialmente alargada e os media, em especial os *mass media*, têm um papel determinante enquanto "grandes polarizadores do discurso público" (Pissarra Esteves, 2003:15).

De facto, os cidadãos conhecem e tomam hoje parte dos acontecimentos fundamentalmente pelos media. Os jornalistas seleccionam o que merece ser divulgado e de que forma, sendo os media "indiscutivelmente, um dos factores mais poderosos de transformação das estruturas do espaço público" (Pissarra Esteves, 2003: 56).

Neste espaço público, os media apresentam-se "cada vez menos como instâncias mediadoras das decisões e da formação da vontade colectiva dos cidadãos (...) e mais como um domínio de intervenção por excelência de *dispositivos performativos*" (Pissarra Esteves, 2003:18) e de construção da realidade política, tanto mais eficazes quanto aparentemente neutros e credíveis, sendo certo que "a psico-sociologia mostra, designadamente depois de Festinger, que a resistência à persuasão é tanto menor quanto a fonte da mensagem não é directamente identificável" (Gerstlé, 1993:77).

Crescentemente organizados, por acção do mercado e do Estado, em torno de interesses particulares, os *mass media*, de que depende em grande parte o funcionamento do espaço público, tendem, deste modo, "a perder o seu carácter livre e autónomo e [exprimem] cada vez mais imperfeitamente a dinâmica da sociedade civil" (Pissarra Esteves, 2003:45).

Designações como "quarto poder", "quarto estado" ou *watchdog* são comummente usadas para designar os órgãos de comunicação social, reveladoras do exercício pelos media de funções sociais que dizem respeito ao exercício de poder e ao controlo da sociedade, que McQuail (1988: 82), citando C.W. Mills, refere como "uma forma não democrática de controle superior".

O conceito de "quarto poder" coloca os media em pé de igualdade com os poderes executivo, legislativo e judicial, da doutrina de Montesquieu, formulada em *De l'esprit dês lois*. "O equilíbrio estabelecido através da 'separação de poderes' [basear-se-ia hoje] nos interesses conflituantes dos três diferentes poderes e no da imprensa como uma instituição capitalista não-estatal e 'instrumento da opinião pública' que difere destes em termos de legitimação e representa um controle importante e efectivo sobre o três outros ramos de poder" (Splichal, 2002: 9).

De acordo com Ramonet, os órgãos de comunicação social não são o quarto, mas o segundo poder. Nos nossos dias, seria a economia o primeiro poder e o segundo o poder mediático, só a seguir vindo o poder político (Ramonet, 1999: 57).

O epíteto de "quarto poder" não passaria de uma hipérbole aos olhos de Mário Mesquita, pois "não lhe corresponde propriamente um valor analítico enquanto descrição científica do lugar da imprensa ou dos media nas sociedades contemporâneas"; se lhe correspondesse colocar-se-ia o problema da legitimidade do jornalista (Mesquita, 2003: 71).[85]

Note-se que Edmund Burke, seguindo Montesquieu, vê os media antes como "quarto estado", incluindo-os no poder legislativo, juntamente com os três estados políticos institucionais (o rei, a Câmara dos Lordes e a Câmara dos Comuns). Também McCaulay se refere ao "quart état", no âmbito da Revolução Francesa, acrescentando a imprensa ao clero, nobreza e povo (este incluindo a burguesia) (Traquina, 2002:31).

Os termos "quarto poder" e "quarto estado" são vistos, quando comparados com o de *watchdog*, como a "mais generalizada idealização de uma possível função da imprensa na sociedade – a sua actuação em nome do público para chamar a atenção para algum *abuso de poder* político, económico ou administrativo" (Splichal, 2002: 9). O jornalismo *watchdog* ("cão de guarda") seria o jornalismo de fiscalização e controlo do poder e relacionar-se-ia com a função de "contra-poder" da imprensa nas democracias modernas[86]. Num inquérito realizado aos norte-americanos pelo *Center for Media and Public Affairs*, em 1997, sobre a questão do principal papel dos jornalistas, a maioria respondeu ser justamente o de protecção contra os abusos de poder; 43% dos inquiridos achou mesmo que essa função deveria ser enfatizada.[87]

---

[85] Sobre a legitimidade do jornalista, cf. Cornu, Daniel (1999) *Jornalismo e Verdade*, Instituto Piaget: Lisboa, pp. 228 e ss..

[86] São muitos os exemplos do exercício do jornalismo como "contra-poder", ou *watchdog*, no mundo democrático. Casos como *Watergate* e toda a cobertura do *Washington Post* que levou ao *impeachment* a Nixon são paradigmáticos da função *watchdog* da imprensa.

[87] Cf. *Media Monitor do Center for Media and Public Affairs*, vol XI, n.º 2, Maio/ /Junho 1997, p. 2.

Todos os referidos conceitos pressupõem a autonomia dos media relativamente a controlos exteriores e a sua capacidade para exercerem uma função de controlo dos poderes estaduais. Sendo, pois, que a liberdade de expressão acaba por conferir aos media mais liberdades e direitos do que aos indivíduos. Isto porque, subjacente ao direito a informar está a realização de um interesse público (Pina 2007), o direito do público a ser informado. "O conjunto de direitos e deveres específicos dos jornalistas (...) surge claramente dirigido à realização do escopo central da actividade jornalística: o direito dos cidadãos a uma informação simultaneamente livre e plural" (Pina, 2000: 136).

2.1.1.1. A agregação de informação

A metáfora de que as notícias são uma janela para o mundo é reveladora de quão indispensável é o enquadramento na construção noticiosa. Não há notícia sem enquadramento, assim como não há janela sem caixilho. Tuchman desenvolve esta metáfora explicando que, "como qualquer estrutura que delineia o mundo, a estrutura noticiosa pode ser considerada problemática. A vista através de uma janela depende de esta ser grande ou pequena, ter muitas vidraças ou poucas, de o vidro ser opaco ou cristalino, de a janela dar para a rua ou para as traseiras" (Tuchman, 1978: 1).

Para lá da problemática da objectividade do jornalismo[88], o conteúdo das notícias elaboradas pelos jornalistas chega por diferentes vias e de diferentes formas[89]. A construção, como a selecção noticiosa, não são feitas ao acaso, nem subjectivamente, mas sim de acordo com esquemas interpretativos e de relevância (McQuail, 1988:163), estando a escolha dependente dos principais factores de influência: 'pessoas', 'lugares' e 'momento' do acontecimento.

Por cada acontecimento seleccionado para ser objecto de notícia, muitos outros são excluídos, sendo que "a censura mais radical é a ausência" (Bourdieu, 1994: 559) e que actualmente se preferem os aconteci-

---

[88] O que se reproduz do real é sempre efeito do real ou, como Barthes afirma, o campo de trabalho dos jornalistas é sempre o das objectivas subjectividades. Por sua vez, para MacLuhan, a discussão sobre a objectividade não é mais que uma discussão de subjectividades.

[89] Infra ponto 2.1.1.5. sobre fontes privilegiadas.

mentos súbitos e inesperados, de grande dimensão e intensidade, sem ambiguidades, culturalmente próximos do público, apresentados com continuidade. Tuchman (1978) salienta que as informações factuais, verificáveis e atribuíveis a uma fonte autorizada, são preferidas porque são de menor risco, embora seja a objectividade o "ritual estratégico" que visa justificar as escolhas jornalísticas.

Mas se "o jornalista participa na sociedade numa função mediadora e é instrumento de opressão e oprimido nesse papel" (Meditsch, 1992: 41), então ser jornalista é fazer parte de uma "comunidade interpretativa, unida pelo seu discurso partilhado e pelas interpretações colectivas de acontecimentos públicos relevantes" (Zelizer, 2000: 33). Relevância essa criada, por vezes, com a intenção de chamar a atenção dos jornalistas e permitir que um acontecimento "se torne" notícia. Assim, os "pseudo-acontecimentos" de Boorstin são "não-acontecimentos" no sentido de ocorrências reais que aconteceriam independentemente dos media, mas produzidos para os media com o objectivo de serem mediatizados.

Traquina parte de duas suposições – a colisão entre figuras da classe dirigente e os jornalistas e a intenção consciente de distorção na elaboração da realidade – para justificar as teorias conspiratórias "que surgem com força nas décadas dos anos 70 e 80 e que contribuíram de forma significativa para a crescente onda de crítica dos *media* e do jornalismo, que continua hoje de forma ainda mais virulenta, aliás exemplificada em livros como *Sobre a Televisão* de Pierre Bourdieu" (Traquina, 2000:20).

Bourdieu substitui, com efeito, a janela de Tuchman pelos "óculos" do jornalista para ilustrar o modo como a realidade chega até nós através dos media. Os óculos particulares dos jornalistas, segundo Bourdieu "vêem certas coisas e não outras, e vêem de certa maneira as coisas que vêem. Operam uma selecção e uma construção daquilo que é seleccionado" (Bourdieu, 2001:12). Acresce ainda que "as palavras [dos jornalistas] produzem coisas, criam fantasmas, medos, fobias ou, simplesmente, representações falsas" (Bourdieu, 2001: 13).

A actual selecção e construção noticiosa não se preocupariam tanto com a objectividade pois viveriam fortemente influenciadas por "outras formas comunicacionais, onde a emoção e a afectividade prevalecem sobre a informação. A ficcionalização, o sensacionalismo e a hiperpersonalização destroem o sentido de 'aproximação à realidade objectiva'" (Mesquita, 2003: 215), podendo o trabalho de selecção noticiosa dos *mass media* chegar a "criar uma aura que faz o espectador ter a sensação que está a experimentar uma actualidade não existente" (Adorno, *apud* Curran e Seaton, 1997: 316). Este panorama é um dos factores que contribuem para a propalada crise dos media e para as "teorias conspiratórias" de que fala Traquina.

Acresce ainda que, nos últimos anos, a quantidade de informação divulgada pelos media aumentou consideravelmente. Há uma enorme abundância de órgãos de comunicação social e mais horas de informação nas rádios e televisões. Os jornalistas ter-se-ão desse modo tornado em *media workers* – segundo Kapuscinski (*apud* Ramonet, 1999: 75), anónimos que trabalham uma mesma informação até esta chegar ao público, e que por isso não podem ser directamente responsabilizados por essa informação. A qualidade de trabalho dos jornalistas terá igualmente regredido em benefício da quantidade de notícias e do interesse comercial dos media, e justificar-se-ia assim a recomendação de Charles Foster Kane, o magnata da comunicação social personagem de "Citizen Kane", de Orson Welles[90], no sentido de não se dever deixar que a verdade estrague uma boa história.

2.1.1.2. *Acontecimentos referenciais*

Há, nas sociedades actuais, acontecimentos que atraem enorme atenção e ganham estatuto de referenciais graças à intensa cobertura dos media. A memória sobrevive habitualmente ao fim do acontecimento propriamente dito e permite um padrão de associação e interpretação para novos acontecimentos da esfera pública (Kitzinger, 2000: 61).

"Watergate", "Dutroux", "Outreau"[91], "Casa Pia" ou mais, recentemente, "Maddie McKann", são casos que funcionam como modelos de formação de discursos sobre problemas sociais e influenciam a discussão pública na análise do passado, do presente e do futuro. A conclusão decorre de um estudo de Kitzinger (2000) ao chamado "Cleveland scandal", um caso de abuso sexual na Grã Bretanha, em que várias famílias foram injustamente envolvidas. O caso, que teve início em 1987, surgiu da decisão da segurança social de retirar a várias famílias crianças (121 no total) dadas como abusadas sexualmente em exames laboratoriais levados

---

[90] Que se teria inspirado na vida do magnata da imprensa William Randolph Hearst.
[91] Sobre o "caso Outreau", cf. *infra* 3.3.2..

a cabo por dois médicos. Os media tomaram o partido dos pais, assim como a generalidade da população, que acreditou na sua inocência, e as crianças acabaram regressar a casa. Este "acontecimento-chave", que provocou grandes picos de audiência dos media britânicos, fez surgir publicamente o abuso sexual enquanto problema social[92] e viria a determinar a cobertura e discussão pública de muitos casos futuros. "Cleveland foi usado como estrutura interpretativa nas reportagens de novos casos, incluindo o de Rochdale (no Norte de Inglaterra) que foi tratado como "hyper Cleveland", e outro em Orkney, na Escócia" (Kitzinger, 2000: 64).

É sobre Orkney que Kitzinger se debruça para confirmar "o uso de acontecimentos de ligação como forma de captar o ambiente ou a necessidade essencial de reforma política" e como "uma crise específica pode sensibilizar os media de uma maneira que aguça os procedimentos de vigilância e categorias jornalísticas para captarem acontecimentos subsequentes similares" (Kitzinger, 2000: 66).

O modelo resultante destes acontecimentos é de tal maneira marcante que não pode ser visto apenas como uma "janela" do enquadramento noticioso, ou como um mapa, mas como um molde que repete as mesmas formas e, portanto, não traz inovação, e constitui um dado adquirido. Simplificação e distorção, limitada oportunidade para leituras alternativas, osmose e influência poderosa (embora não inevitável) seriam os resultados directos analisáveis no estudo do "Cleveland scandal" (Kitzinger, 2000:76). Alguns modelos mediáticos contextualizariam, assim, acontecimentos novos pondo na ordem do dia a necessidade de mudanças de determinadas políticas.

Ainda em Inglaterra, outro caso considerado referencial deu-se em fins de 1988 e princípios de 1989. Na sequência da descoberta e ampla divulgação nos media do envenenamento de alimentos com *salmonella* e *listeria,* rapidamente se instalou o pânico entre a população. Dúvidas alarmantes quanto à qualidade dos ovos e do queijo alargaram-se a outros alimentos, à higiene nos supermercados e restaurantes, à contaminação da água, e numerosos perigos ambientais começaram a ser reportados. O debate alargou-se para a destruição da Amazónia e da camada de ozono, até

---

[92] "A cobertura de abusos sexuais no *The Times*, por exemplo, mais do que duplicou entre 1985 e 1986. O pico foi em 1987, com mais de 400 notícias" (Kitzinger, 1996: 320, *apud* Kitzinger, 2000).

ao ponto de o *Daily Express* titular: "O envenenamento do nosso mundo"[93]. "As reacções tornaram-se histéricas em resultado da grande emocionalidade [que suscitaram], de uma escala massiva de notícias da imprensa e da sua extraordinária generalização até 'ao envenenamento do mundo'" (Fowler, 1994: 146-149, 152). Politicamente, a Câmara dos Comuns constitui uma comissão para investigar a crise e a oposição usou o tema para criticar as políticas do Governo de Margaret Thatcher.

Os acontecimentos referenciais suscitam frequentemente maratonas televisivas em que os canais de TV interrompem a programação habitual para se dedicarem ao assunto. Grandes desastres, acidentes, assassinatos, ataques terroristas, entre outros, servem de matéria a emissões contínuas em que a sucessão de directos e a instantaneidade são privilegiados em detrimento da verificação e contextualização da informação pelos jornalistas. O drama, exacerbado pela cobertura televisiva, provoca nos cidadãos o sentimento de necessidade de medidas imediatas por parte dos responsáveis políticos. "Uma tragédia visual exige uma resposta igualmente visual" (Liebes, 1998: 81) e, quando os políticos não conseguem reagir com o mesmo impacto, a sua competência passa a estar posta em causa junto da população.

2.1.1.3. *Legitimidade do jornalismo e agressividade da cobertura*

O problema da legitimidade do jornalismo levanta-se com frequência nas sociedades democráticas, principalmente sempre que há tratamentos abusivos por parte dos media de assuntos na ordem do dia resultantes de uma cobertura agressiva de determinados acontecimentos. Acresce o facto de o trabalho jornalístico decorrer de forma pouco transparente aos olhos do público[94], que conhece apenas o seu resultado final. A legitimação não é um conceito estático, antes exige um trabalho constante por parte dos jornalistas para ser mantida "porque a prática do jornalismo frequentemente ataca o prestígio de indivíduos e instituições, a sua legitimidade é recorrentemente questionada tanto pelos próprios sujeitos das notícias como pelo público" (Clayman, 2002: 197).

---

[93] *Daily Express*, 13 de Fevereiro de 1989.
[94] Tudo é visível, "menos o que está atrás das câmaras" (Garapon, 1996: 79).

Os órgãos de comunicação social legitimam permanentemente a sua actividade pelas funções enquanto "tribuna" de debate, único meio onde todas a vozes são ouvidas, e enquanto "vigilantes" (*watchdog*) do regular funcionamento das instituições. O conceito de que os jornalistas devem trabalhar ao serviço do "bem comum" e do "interesse público" é um princípio fundamental da actividade jornalística nos quatro cantos do mundo.

Tanto a deontologia jornalística como o direito fundamentam a liberdade de informar no direito que o público tem de ser informado. Por isso os direitos dos jornalistas são poderes-deveres, isto é, poderes que *devem* ser exercidos, direitos de natureza instrumental que visam satisfazer a necessidade de informação por parte dos cidadãos e que são, por isso, irrenunciáveis. O direito de informar é também *dever de informar* para que o direito de ser informado se possa realizar (Pina, 2000).

Assim legitimada ao serviço da democracia, a actividade jornalística tem acesso privilegiado aos corredores do poder, a locais fechados ao público, a documentos não divulgados, para informar os eleitores, controlar o poder político e articular a opinião pública (Curran e Seaton, 1997: 341). Daí a afirmação de Tocqueville: "Confesso não ter pela liberdade de imprensa aquele amor integral e imediato que se dedica às coisas que são soberanamente boas pela sua própria natureza. Aprecio-a muito mais por levar em conta os males que ela evita do que pelos benefícios que proporciona" (Tocqueville, 2001: 225).

Exercendo a função de questionar os poderes instituídos, os jornalistas são por vezes agressivos e as notícias são geralmente apresentadas em termos dualísticos (Capella e Jamieson, 1997), notoriamente na entrevista, o género jornalístico em que mais assumidamente há dois lados – o do entrevistador e o do entrevistado. Especialmente na televisão, é conhecida a acutilância de alguns entrevistadores, que assim podem actuar por, na sua perspectiva, agirem em nome dos cidadãos. Assim, o jornalista Ted Koppel, do programa *Nightline*, por exemplo, justifica a sua dura técnica de entrevista pois se sentiria representante do público e a fazer perguntas em nome deste; por sua vez, Mike Wallace, de *60 Minutes*, afirma perguntar aquilo que as pessoas esperam que alguém "tenha a sensatez, o atrevimento ou a loucura de perguntar" (Clayman, 2002: 198).

As consequências podem ser irreparáveis para alguns entrevistados, como Rumsfeld, secretário norte-americano da Defesa a quem os media não pouparam pela sua actuação no Iraque. Na conferência imprensa em que foi anunciada a demissão de Rumsfeld, em Novembro de 2006, este usou a frase de Churchill para comentar sarcasticamente o comportamento jornalístico: "Beneficiamos sempre com as críticas e nunca sentimos a falta destas".[95]

O panorama mediático actual tornou-se ainda mais agressivo por factores como a concorrência pelas audiências, a luta pelas cachas e a pressão dos interesses económicos, da publicidade e do *marketing*. "Hoje em dia os jornalistas mediatizam todos os sectores da sociedade, desestabilizam os seus equilíbrios, as suas relações de força, sem se preocuparem com as consequências".[96]

Bourdieu explica a uniformização e banalização de notícias pela agressividade do cobertura jornalística: "Para ser o primeiro a ver e fazer ver alguma coisa, o jornalista está mais ou menos disposto a tudo e, como os jornalistas se copiam mutuamente, cada um deles para ultrapassar os outros, para fazer primeiro que os outros, ou para fazer de modo diferente dos outros, acabam por fazer todos a mesma coisa" (Bourdieu, 1997:13).

O facto de não haver garantia da qualidade noticiosa do jornalismo, um "selo de qualidade", como diz Lemieux, descredibiliza o trabalho da comunicação social, que, ainda segundo Lemieux, terá vindo a ganhar poder mas a perder legitimidade.

2.1.1.4. *Enquadramento dominante*

No enquadramento dos acontecimentos os órgãos de comunicação social recorrem, muitas vezes, a declarações, comentários ou análises de observadores ou especialistas na matéria em causa. Especialmente os comentadores políticos têm, nos media, uma relevância notória na interpretação dos acontecimentos, interpretação que frequentemente segue os mesmos padrões do enquadramento mediático. Num estudo acerca dos comentários sobre uma campanha eleitoral, Brewer e Sigelman (2002)

---

[95] *BBC News*/BBC World, cobertura de "Rumsfeld Stepsdown" (transmissão da conferência de imprensa, de 8 de Novembro de 2006, em que Bush anunciou a demissão de Rumsfeld, na sequência do mau resultado dos republicanos na eleição para a Câmara dos Representantes).

[96] Lemieux, Cyril, sociólogo especialista em media e investigador do CNRS (Centre Nationale de la Recherche Scientifique), entrevista a *Le Nouvel Observateur* n.º 2034, de 30 de Outubro a 5 de Novembro de 2003, dossiê especial "La face cachée du journalisme".

concluem que os analistas políticos, dirigindo-se à opinião pública através dos *mass media,* raramente explicam os princípios essenciais em discussão na campanha e a posição de cada candidato relativamente a esses princípios. Geralmente, os comentários inserem-se no enquadramento habitual dos jornalistas, reforçando o tipo de cobertura mediática dada às eleições e contribuindo para o aumento do descrédito dos políticos junto dos cidadãos (Capella e Jamieson, 1997: 167).

Em Portugal, os comentadores também são vistos como contribuindo para o descrédito da política já que assumem um papel de "contra-poder" para apresentarem uma imagem isenta junto do público. "Por força desta relação com os jornais, desta descredibilização dos partidos, e muitas vezes dessas posições de influência dos comentadores, o discurso jornalístico em Portugal está muito voltado para uma posição de contra-poder"[97], só atenuado pela proliferação de blogues, onde o debate se abre a opiniões diferentes e contraditórias.

Os especialistas em ciência política que são também comentadores profissionais divergem no tipo de discurso que fazem conforme se dirigem à opinião pública ou a um público mais restrito, em artigos científicos. No seu estudo sobre os comentários eleitorais, Brewer e Sigelman verificam que, nos órgãos de comunicação social, os comentários tendem a ser feitos segundo esquemas binários ou maniqueus "divididos em blocos para o penetrante 'jogo' das campanhas eleitorais pelos media" (Brewer e Sigelman, 2002:32). Já nos artigos científicos, a análise tende a ser mais profunda e descentrada do "jogo político-partidário".

O "saber especializado" não é muito patente nos media portugueses, que preferem habitualmente *opinion makers* profissionais que, por vezes, têm conhecimentos muito superficiais sobre os temas[98]. Segundo um estudo de Rita Figueiras (2005), na década de 80 e 90 o universo de comentadores cresceu consideravelmente, sendo estes maioritariamente exteriores ao campo dos media, isto é, não-jornalistas.

António Costa Pinto acrescenta[99] uma terceira categoria de comentadores, os próprios jornalistas, comparando o lugar da opinião em seis diá-

---

[97] Magalhães, Pedro, "O poder que não foi eleito", entrevista ao jornal *Público*, 10 de Outubro de 2004. Pedro Magalhães é director do Centro de Sondagens da Universidade Católica.

[98] Magalhães, Pedro, *id., ibid..*

[99] *In* http://www.ipri.pt/investigadores/artigo.php?idi=1&ida=88 (acedido em 14/08/2007).

rios europeus: "Portugal ocupava [em 2003] um lugar cimeiro quer no espaço de opinião quer, ainda, nas colunas de opinião escritas pelos jornalistas do próprio diário, o que é muito. No meio de toda esta voracidade opinativa há necessariamente pouco espaço para os 'especialistas' e quer a imprensa quer a opinião pública ficam a perder com o défice. Mas menos saudável é a promiscuidade do estatuto e do lugar de onde fala o comentador".

A necessidade de se sentir integrado socialmente, de estar inserido no grupo e evitar o isolamento, leva os indivíduos, segundo o conceito, teorizado por muitos investigadores (por todos ver McQuail, 1988), de "espiral do silêncio", a aderirem aos comportamentos praticados pela generalidade das outras pessoas, ao enquadramento dominante. Noelle-Neumann explica que as pessoas procuram, assim, o consenso disseminado pelos media e reforçado pelos comentadores. À medida que alastra na sociedade a versão dominante dos acontecimentos, disseminada pelos órgãos de comunicação social, diminuem as vozes contrárias que, silenciando-se, contribuem para acelerar o efeito de consenso produzido pelos media – daí a expressão de "espiral do silêncio". Perante uma mudança social, os indivíduos tenderiam então a aguardar o sentido de outras opiniões, expressando a sua apenas no caso de sentirem receptividade e silenciando-se em caso contrário.

2.2. Media e política

2.2.1. *Participação democrática dos cidadãos e decisão política*

A realidade política para que foram evoluindo as modernas democracias ocidentais pôs em crise os fundamentos da teoria clássica da democracia e, muito em especial, o mito da participação democrática dos cidadãos. De facto, para a teoria clássica constituem requisitos estruturantes da democracia um eleitorado interessado e participante na *res publica*, devidamente informado sobre as matérias políticas e comprometido na discussão racional delas em vista do interesse comum (Cobb e Elder, 1971: 892). A realidade, na generalidade das actuais democracias ocidentais, está, no entanto, muito longe de tão elevados padrões. A maior parte da população dessas democracias manifesta, com efeito, baixos níveis de interesse e participação nas questões públicas e grande parte dela não vota ou intervém de qualquer modo nos actos eleitorais. Estudos de opinião (Gerstlé, 1993: 106 e ss) revelam que mesmo os cidadãos com posições políticas formam frequentemente a sua opinião sobre reduzida informação e sobre ideias preconcebidas e que, ou não têm o hábito de se envolver no debate político, ou apenas o fazem com pessoas que partilham os seus próprios pontos de vista. Tal défice de informação e de participação é comum seja em democracias como a portuguesa, relativamente jovens, seja naquelas que têm mais longa tradição e parecem ser as mais bem sucedidas na forma democrática de governo.[100]

A verificação empírica de tal realidade tem dado origem a "teorias elitistas da democracia", que enfatizam, em lugar do papel do cidadão, antes requisitos sociais de estabilidade e eficiência. A indiferença dos cidadãos perante as questões políticas seria sinal de confiança nas formas de governo e de funcionamento das elites políticas e os requisitos (revistos) da democracia seriam então o pluralismo social, a existência de competição entre elites políticas abertas e acessíveis, um consenso-base entre essas elites sobre as regras da competição democrática e eleições que regularmente possibilitem ao cidadão a participação na escolha dos decisores políticos. A participação de todos na vida política seria apenas uma espécie de mito funcional do sistema, que manteria este aberto e sustentaria a confiança no direito de todos a participar, princípio fundamental orientador do comportamento das elites políticas (Cobb e Elder, 1971: 895).

Neste sistema de participação limitada, em que "o número de indivíduos que exercem um controlo significativo sobre as alternativas [políticas] estabelecidas é (...) apenas uma pequeníssima fracção do total dos cidadãos" (Cobb e Elder, 1971: 896), os grupos ou interesses excluídos ou sub-representados nas elites institucionalizadas só extra-legalmente ou não convencionalmente poderiam legitimar-se e ter acesso aos mecanismos de decisão política.

A influência, altamente restrita, na determinação das prioridades políticas em agenda encontra-se, assim, limitada a pequenos grupos que ganharam "legitimidade" de acesso aos mecanismos de decisão política, e

---

[100] Vários outros estudos apontam no mesmo sentido. Por exemplo, o do BVA concluiu em 2003 que 75% dos franceses consideram que os media informam melhor que há dez anos, embora de forma pouco original (89% dizem que falam todos da mesma coisa). Ainda assim, os franceses que pretendem obter uma informação precisa, completa e fiável recorrem aos media: à imprensa diária (41%); à televisão (22%); à rádio (19%); e às revistas (13%) [BVA, Institut d'études de marché et d'opinion, *Les Français et les médias*, 2003].

que normalmente agem de modo "a prevenir a competição incipiente para obter acesso inteiro à arena política" e ganhar o estatuto de alternativa. Com efeito, "o funcionamento normal do sistema político serve para ampliar o poder dos grupos que já o possuem" (Cobb e Elder, 1971: 896).

Procurando reconciliar teoria democrática e realidade, as teorias elitistas da democracia limitam-se a "descrever" a realidade das actuais democracias, perdendo de vista a natureza, simultaneamente "normativa" e prospectiva, da teoria clássica. Não sendo este o lugar adequado para discutir as reservas que têm sido levantadas à circunstância de tais teorias poderem gerar uma ideologia de "conservadorismo social", avesso à mudança, transformando a democracia "de uma doutrina política radical numa doutrina conservadora", ou fazer dos movimentos sociais uma "aberração" prejudicial à "eficiência" e da democracia participativa um "anátema para um governo democrático estável" (Cobb e Elder, 1971: 898), cabe avaliar o modo como os *mass media* constituem, entre outros, um importante instrumento de acesso de grupos e interesses não "legitimados" nem representados nas elites decisoras à agenda das alternativas e prioridades políticas, contrariando aquilo que Bachrach e Baratz (*apud* Cobb e Elder, 1971: 904) chamam de processo de "não-decisão", que tende a sufocar ou anular as exigências de mudança de qualquer sistema de benefícios e privilégios.

Os processos pré-políticos ou pré-decisionais de "política informal" são, com efeito, um elemento fundamental da dinâmica da democracia e do processo social. Representando, também eles, grupos ou interesses, os *mass media*, especialmente a TV, têm nas últimas décadas contribuído para, em grande parte, "fazer" a realidade social e política, conformando-as aos seus próprios formatos e veiculando as agendas políticas estabelecidas. Ao mesmo tempo assumem, porém, também um papel determinante no estabelecimento dessas agendas, colocando nelas as questões emergentes que em cada momento se revelam capazes de mobilizar as suas dinâmicas específicas.

2.2.2. *Agenda-setting*

Diz-se *agenda-setting* o poder dos *mass media* de colocarem certos assuntos e questões no espaço público, conformando "o quadro dos temas e problemas socialmente pertinentes numa época determinada" (Mesquita,

2003: 80). Como diz Bernard Cohen (Mesquita, 2003: 80) "os media [...] têm sempre êxito ao dizer [às pessoas] em que assuntos devem pensar".

Seleccionando e colocando determinados assuntos na ordem do dia (e omitindo outros), os media influenciam assim decisivamente a percepção social da realidade por parte dos seus públicos[101], contribuindo não só para a construção das representações sociais destes mas desenvolvendo simultaneamente consensos sobre a natureza e importância de alguns problemas e influenciando opiniões, atitudes e comportamentos acerca deles[102]. Com efeito, "as pessoas tendem a julgar um problema social como significativo de acordo com a extensão com que os media o enfatizam" (Surette, 1998: 201).

Através dessa influência e enquanto polarizadores do discurso público, os media contribuem ainda para, colocando-as no centro do debate público, levar certas questões à agenda formal das alternativas e prioridades políticas em cada momento[103]. É nesse sentido que Cobb e Elder definem *agenda* como o conjunto geral de questões que, num deter-

---

[101] De acordo com as teorias do *construtivismo social*, filosoficamente radicadas na sociologia do conhecimento, "as pessoas criam a realidade – o mundo que acreditam existir – com base no seu conhecimento individual e no obtido através de interacções sociais com outras pessoas. As pessoas agem então de acordo com o seu ponto de vista construído da realidade (...) Os indivíduos obtêm o conhecimento sobre que constroem as suas realidades sociais de quatro fontes: experiência pessoal, outros significantes (pares, família, amigos, aquilo que é às vezes referido como *conhecimento conversacional*), outros grupos e instituições sociais (escolas, sindicatos, igrejas, agências governamentais), e *mass media*" (...) O domínio dos media sobre distribuição e partilha do conhecimento social e seus efeitos é quádruplo: recordamos e analisamos a história nos termos em que os media definem como significantes; as pessoas com importância histórica potencial têm que contar com a exposição mediática para assegurar o seu lugar na história, os relatos mediáticos tornam-se determinantes daquilo que é apreendido à medida em que a influência dos media é cada vez mais vasta e aceite; e as instituições apresentam as suas próprias mensagens e imagens dentro da respeitabilidade e familiaridade dos formatos determinados pelos media" (Surette, 1998: 5-8).

[102] Mesmo se a sua influência sobre a opinião pública individual seja sempre mediada pelas relações pessoais no interior dos grupos sociais primários em que os indivíduos se integram.

[103] Do mesmo modo que, através dos media, o poder político e as diferentes instâncias do campo social colocam as suas próprias prioridades no espaço público mediatizado, "domínio por excelência das trocas simbólicas entre os cidadãos onde têm lugar as mediações políticas fundamentais que constituem as sociedades democráticas" (Pissarra Esteves, 2003: 22), promovendo-as no quadro do processo político pré-decisional.

minado momento, "são vistas como fazendo parte do conjunto de preocupações com legitimidade para merecer a atenção da política" (Cobb e Elder, 1971: 905).

A intervenção dos media na determinação da agenda política por intermédio do *agenda-setting* opera através da desigual visibilidade dada, pela permanente hierarquização da informação, não só aos actores e forças políticas mas também às diferentes problemáticas sociais. Pissarra Esteves reporta a relevância desta intervenção à operacionalidade indispensável "ao próprio mecanismo deliberativo", pois que, "em termos práticos nunca será possível considerar todas as alternativas; mesmo um número excessivamente elevado de alternativas não constitui, de facto, e em regra geral, um verdadeiro contributo para o exercício de um juízo bem informado e qualificado", tornando "objectivamente impossível a produção de qualquer decisão" (Pissarra Esteves, 2003: 48).

O mecanismo de *agenda-setting* dos media fundamentar-se-ia então numa "espécie de economia de bens escassos – o tempo e a atenção", envolvendo, no entanto, um risco de fechamento à "dinâmica social de novos grupos que trazem novos contributos às discussões em curso – ou mesmo novas discussões que sejam lançadas a partir de outros assuntos postos a debate", (Pissarra Esteves, 2003: 49), fechamento resultante sobretudo da desigualdade de recursos e de oportunidades de acesso entre forças instaladas no Espaço Público e forças emergentes ou incipientes e que medidas de redistribuição dos recursos comunicacionais como, entre outras e por exemplo, as do serviço público procuram, pelo menos na tradição europeia, contrariar, particularmente no decisivo[104] domínio da comunicação televisiva.[105]

É assim que, à margem das mediações políticas institucionais, os media assumem um relevante papel naquilo que Gerstlé chama "comunicação política ascendente" (Gerstlé, 1993: 115), que serve, segundo G. Burdeau (Gerstlé, 1993:115), "para revelar ao sistema político as questões que emanam da sociedade", operando "a conversão de relações sociais em relações políticas".

---

[104] Com base no estudo acerca do surgimento de assuntos numa campanha presidencial americana, Becker e McCombs demonstraram que a televisão era a determinante mais importante das ideias dos eleitores (*apud* Curran e Seaton, op. cit., p. 326).

[105] Cf., sobre esta matéria o importante trabalho de Blumler *Television and the Public Interest*, Sage Publications, London, Newbury Park and New Delhi, 1992.

Os actores políticos reconhecem, neste contexto, o poder dos media como uma realidade que têm que ter em conta e à qual têm que se adaptar e as suas estratégias integram cada vez mais o esquema mediacrático, ao mesmo tempo que a actividade política tem tendência a tornar-se uma campanha eleitoral permanente onde os profissionais da política procuram legitimar as suas acções apoiando-se sobre estratégias de comunicação. Por outro lado, enquanto os cidadãos se servem dos *mass media* como fonte quase exclusiva de informação, os "mediadores", sejam os que actuam na concepção e na difusão das mensagens políticas (publicidade, *marketing* político, relações públicas), sejam os que intervêm no tratamento jornalístico da informação (jornalistas), "aparecem como auxiliares do jogo político, no qual podem assim participar através do segredo, da proximidade do poder ou mesmo adquirindo uma notoriedade que tentam converter em posição política" (Gerstlé, 1993: 44). Esta crescente intrusão dos media na vida política está, segundo Blumler, em vias de modelar um novo espaço público "marcado pelo moderno processo de publicidade", consistindo numa competição para influenciar e controlar, através dos media, o que chega ao público dos acontecimentos e conjunturas políticas. "As novas formas desta competição seriam caracterizadas pelo aumento da atenção dos actores políticos às suas estratégias mediáticas, a profissionalização e industrialização do sector da comunicação política, a intensificação da concorrência entre homens políticos e jornalistas quanto ao seu papel de comunicadores políticos" (Gerstlé, 1993: 44).

2.2.3. *Papel político dos media e agendas institucionais*

Apesar de a constituição das agendas das diferentes instituições políticas não obedecer a modelos uniformes, é possível identificar nela algumas tendências comuns. Primeiro aquilo que Cobb e Elder chamam de "tendência dos decisores para darem prioridade às 'velhas questões', seja as que estão há muito em agenda mas não foram ainda resolvidas seja as que, tendo sido resolvidas, são objecto de alterações periódicas; estas questões ocupam grande parte da atenção institucional e dificultam a emergência de 'questões novas'" (Cobb e Elder, 1971: 906-907).

Depois, os decisores políticos instalados tendem a constituir-se como guardiões da agenda existente e para que uma 'questão nova' tenha acesso a uma agenda institucional tem que previamente ter capacidade (designadamente, e por exemplo, através de acções de *lobbying*) de mobilizar o patrocínio activo e a iniciativa de alguns decisores ou conjuntos de decisores, organizados (por exemplo, partidariamente) ou não, sendo certo que certos grupos de interesses dispõem – em resultado de solidariedades corporativas, de uma maior disponibilidade de recursos ou por se encontrarem estrategicamente colocados na estrutura social ou económica ou na consideração pública – de maior capacidade do que outros para influenciarem os diferentes níveis de decisão.

O acesso aos media é hoje, para além da actividade partidária ou da relevância económica ou social, uma via determinante para os grupos emergentes poderem colocar os seus interesses na agenda formal das instâncias de decisão política. Seja pela acção de *opinion-makers* seja através da relevância informativa, mais ou menos insistente, dada a algumas 'questões novas', os media determinam fortemente, como se viu, a opinião pública e a "agenda sistémica" e pré-decisional e, através dela, exercem uma forte pressão sobre as agendas institucionais.

O papel legitimador dos media no que respeita a problemáticas ou grupos de interesses emergentes tem sido apresentado, apesar dos seus limites (resultantes, tanto de os próprios media estarem frequentemente associados a interesses instalados como do facto de "a expressão de opiniões novas através dos media raramente destruírem o poder irresponsável" (Keane, 2002:176)[106], como uma forma, para além do voto, de participação popular no processo político das sociedades democráticas, ao mesmo tempo que é igualmente destacada a sua importância no complexo processo da mudança social. Assim, para Cobb e Elder, aquilo que classificam como *agenda-building* seria uma condição de sobrevivência da própria democracia, obstando a que certos grupos de interesses possam ser empurrados para mudanças sociais violentas, mesmo se algumas formas de violência – protestos, manifestações, etc. – podem constituir também um modo de aceder à agenda política (Cobb e Elder, 1971: 913-914).

---

[106] Keane alerta ainda para os perigos para a democracia da sobrecarga de informação a que os cidadãos estão hoje sujeitos nas actuais "sociedades de informação de alta densidade", em que "o mundo está tão saturado por uma sensação de hiper-realidade que os cidadãos já não são capazes de saber o que querem", tornando-se "esquizofrénicos, abertos a tudo e permanentemente confusos, ficam reduzidos a massas capazes (na melhor das hipóteses) de agir como crianças recalcitrantes que dizem "sim" ou "não".

De facto, assiste-se hoje, como antes ficou dito, a uma crise do político que reporta à representação mas igualmente à participação dos cidadãos. Como observa amargamente T. Gitlin, "à medida que a política se torna mais profissionalizada, diminui a participação eleitoral"(Gerstlé, 1993: 104-105). É neste quadro que os media se podem configurar como uma via alternativa de participação dos cidadãos, individualmente ou integrando afinidades de interesses ou pontos de vista, na vida política.

"Tendo-se tornado no mais poderoso reflexo da sociedade (na melhor das hipóteses) ou num instrumento que a molda (na pior), os media contribuem largamente para fazer ouvir e para dar visibilidade às opiniões maioritárias e, em consequência, para eliminar as opiniões excessivamente dissidentes por um processo em espiral de formação da opinião pública" (Gerstlé, 1993: 107). Mas podem contribuir igualmente para tornar maioritárias, legitimando-as junto da opinião pública e das instâncias de decisão política, opiniões antes minoritárias a que, em dado momento, conferem suficiente atenção informativa. Curran e Seaton (1997: 326-327) referem, a propósito, como Seymour-Ure mostrou que a cobertura feita pelos media de um discurso do líder da extrema-direita britânica Enoch Powell para uma pequena audiência no átrio de uma igreja se tornou, por acção dos media, conhecido de 86% da população dois dias depois. Antes desse discurso ter sido veiculado pelos media, apenas 6% de uma amostra da Gallup pensava que a imigração era um assunto de importância nacional; depois dele, 22% pensavam que era importante e 70% acreditavam que o governo teria que seguir uma "linha mais dura" em relação aos imigrantes. Com efeito, escreve Seymour-Ure citado por Curran e Seaton, "Powell tinha ganho um círculo eleitoral nacional, uma plataforma nos media de onde afirmar os seus pontos de vista sobre a maioria dos assuntos, com a certeza de ter uma audiência". "Nem Powell nem os media criaram a questão da raça na Grã-Bretanha", observam ainda Curran e Seaton; "não obstante (…), a publicidade que rodeou o seu discurso num momento crucial (durante o debate sobre a controversa Lei das Relações Raciais) empurrou a imigração para a frente do palco político, uma posição que, desde então, manteve".

Os mesmos autores dão ainda o exemplo da ansiedade criada a certa altura pelos media da Grã-Bretanha com insistentes notícias de assaltos e da influência que tais notícias tiveram sobre o sistema judiciário, a polícia e a opinião pública, precipitando uma política agressiva de sentenças em substituição de uma atitude tida por "suave" relativamente aos criminosos.

No entanto, não só as taxas de crimes violentos haviam, realmente, descido no período em causa, como, longe de se terem tornado mais "suaves", as sentenças estavam já a ser muito mais duras e longas do que anteriormente...

O papel dos media na determinação das questões em cada momento presentes no debate público e no estabelecimento consequente de prioridades políticas resulta fundamentalmente, como vimos, do modo como a agenda dos media condiciona, nas actuais sociedades democráticas, a agenda formal institucional (ao mesmo tempo que, como vimos também, a agenda política condiciona a agenda dos media). As diferentes questões presentes, ou apenas latentes, podem tornar-se social e politicamente imperativas se reforçadas pelos media. Do mesmo modo que podem, como observa Martin Harrop (Curran e Seaton, 1997), definhar ou morrer se forem omitidas nos media. Assim, "os media têm uma relação autoritária com as suas audiências. É uma relação de dependência e confiança e fornece aos media uma base de poder potencialmente independente e que pode, recentemente, ter-se tornado mais poderosa" (Curram e Seaton, 1997: 326).

2.2.4. *Media, arena política*

De facto, os *mass media*, com particular destaque para a televisão, desempenharam nas décadas mais recentes um papel fundamental na multiplicação de formas não convencionais de expressão política, como os protestos públicos e as manifestações. Segundo escreve Etzioni a propósito dos Estados Unidos (Gerstlé, 1993: 115), "o número de manifestações na década (1948-1958) que precede a televisão de massas era muito menor do que nas décadas seguintes". A televisão, acrescenta sugestivamente, criou "a democracia da manifestação".

Os media favoreceram a redução da importância da mediação política através dos actores institucionais e partidários em benefício da expressão e da acção "mediatizáveis". As diferentes organizações políticas e sociais estão hoje particularmente atentas à programação das suas manifestações, do mesmo modo que os actores políticos se preocupam com a amplificação e as consequências mediáticas das suas intervenções. Os media não funcionam, neste contexto, apenas como suportes, são antes vectores de legitimação das reivindicações e dos grupos que as produzem, pois que irão definir a situação e construir a interpretação do acontecimento, assegurando-lhe uma vasta difusão qualquer que seja a sua validade. Isto torna-se particularmente decisivo quando se trata de manifestações que visam instalar uma reivindicação na agenda política e fazer reconhecer o grupo que a promove como interlocutor político legítimo.

Por outro lado, para que um problema seja inscrito pelos media na agenda política é necessário, segundo observa Gerstlé (1993: 21), que uma *definição de situação* se coloque como problemática por cidadãos mais ou menos organizados ou por responsáveis políticos, administrativos ou sindicais. Depois, que o problema seja *etiquetado* como exigindo alguma forma de decisão política.

A carreira de uma controvérsia "sistémica" antes de atingir a agenda política formal, a ordem do dia reconhecida pelas autoridades públicas como devendo dar origem a uma decisão, passa primeiro pelo confronto dos promotores de uma causa emergente com os adversários políticos dela e, depois, pela necessidade de mobilização a seu favor, para lá dos públicos a quem ela directamente diz respeito, da opinião de públicos cada vez mais vastos: públicos atentos ao debate político e social, públicos interessados mas inactivos e, por fim, o grande público.[107]

A lógica do alargamento dos públicos interessados numa causa implica, pois, a conquista de crescente visibilidade mediática de modo a assim poder exercer uma pressão adequada e eficaz sobre as instâncias de decisão política. Daí deriva a decisiva importância dos media na legitimação e promoção das causas emergentes e o seu papel determinante em todo o processo de *agenda-setting*. E por isso os media se tornaram nas modernas sociedades democráticas num campo de batalha onde as novas problemáticas e novos interesses (e os novos contributos para as controvérsias já instaladas no espaço público) se confrontam com a inércia conservadora (presente em qualquer sistema) da agenda política constituída.

---

[107] Cobb e Elder designam este processo por "modelo de iniciativa exterior", por oposição ao "modelo de iniciativa interior", em que um grupo de interesses procura aceder à agenda política através de uma estratégia de contactos, *lobbying*, influência, ou mesmo corrupção, evitando ao máximo qualquer publicidade, que poderia arruinar a iniciativa, e em que, por isso mesmo, o silêncio e a discrição dos media constituem, exactamente ao contrário do que acontece no "modelo de iniciativa exterior", condição de sucesso ["Agenda-Building as a Comparative Political Process", in *American Political Science Review*, 1976/1 *apud* Gerstlé, 1993: 123)].

Os media são hoje o principal meio de circulação das mensagens emanadas dos vários actores e centros de decisão política, aquilo que costuma designar-se por "comunicação política", entendendo esta como abrangendo "não só as formas de expressão emanadas directamente de instituições políticas, mas também aquelas que são mediadas pelo jornalismo, pela programação televisiva e radiofónica, pela publicidade e pelas relações públicas" (Mesquita, 1995: 385), sessões parlamentares, campanhas eleitorais, actividades partidárias, gestão mediática de sondagens e inquéritos de opinião, e aquilo que Boorstin chamou de "pseudo-acontecimentos", isto é, e como ficou já dito[108], as ocorrências (conferências de imprensa, comunicados, declarações, em geral promovidas pelos serviços de relações públicas e de assessoria de imagem e comunicação governamentais, municipais ou locais) que existem apenas em função dos media e cujo único objectivo é assegurar uma cobertura pelos media.

Tal circunstância implicou profundas alterações na própria actividade política, que sentiu a necessidade de se adaptar aos formatos específicos e à cultura dos *mass media*. Assistiu-se, assim, a uma espécie de crescente mediatização da vida política, com consequências quer nos governantes e nos governados quer no funcionamento do espaço público. "Não só os profissionais da política dão uma grande atenção à preparação das suas estratégias mediáticas, mas também os governados adquirem o essencial da sua informação graças aos media (...) A mediatização afecta o trabalho dos governantes e a sua actividade política, acentuando a preocupação de dar visibilidade à sua acção e os seus prolongamentos em termos de popularidade. Convidado a referir-se sobre o poder mediático a partir da sua experiência de ministro da Agricultura, Michel Rocard, avaliou em 70% o tempo que um responsável em funções consagra à comunicação (Gerstlé, 1993: 36-39). E, reportando-se ao desenrolar das sessões de trabalho na Casa Branca, D. Gergen, conselheiro de Ronald Reagan, que foi também o *manager* da campanha de George Bush em 1988, declarou: "Não me lembro de ter assistido a uma única reunião em que se tenha passado mais de uma hora sem alguém perguntar: 'Como irá isto passar nos media?' Foi sempre assim. Todas as grandes decisões foram influenciadas pelos media". E ainda: "Os aspectos essenciais do governo tornaram-se objecto de encenação para a televisão e a verdadeira questão era a de saber quem

---

[108] Cf. *supra* 2.1.1.1..

controlava essa encenação, se os canais de televisão se os colaboradores do (...) presidente".[109]

A mediatização da acção governativa implica, no entanto, importantes riscos para a actividade política: estimula as decisões de curto prazo, por força da velocidade de circulação da informação e do seu carácter efémero, o que leva à constante procura de efeitos imediatos e de anúncio; torna a necessidade de assegurar a visibilidade da acção governativa mais importante que os imperativos de gestão; e dificulta a adopção de medidas impopulares.

Por sua vez, as especificidades do funcionamento e da retórica dos *mass media* tem profundas repercussões na comunicação política. Desde logo, a subordinação ao "acontecimento" que, em virtude de ter curta permanência no espaço público mediatizado, obriga à aceleração do próprio tempo de decisão política de modo a poder produzir constantemente acontecimentos adequados à lógica comunicacional. Depois, o primado do "directo", particularmente em televisão, que dificulta, quando não impede, qualquer contextualização da informação.

A mediatização da vida política, e aquilo que poderíamos chamar de *telepolítica*, tem ainda consequências na hiper-personalização (destaque quase absoluto dado aos lideres), na dramatização (apresentação dos factos políticos como "episódios" narrativos ou "novelas" que se desenvolvem em torno de *plots* emotivos), na fragmentação (predominância de dimensões não-verbais, como a imagem ou a voz, sobre a argumentação racional) e a normalização (standartização e uniformização das mensagens políticas segundo os modelos mediáticos) de toda a actividade política.[110]

O papel político dos media não se reduz, no entanto, seja às suas influências na transformação da vida política seja à sua actividade de mediação enquanto veículos de comunicação política. Seria incompleto reduzir a construção mediática da realidade política à informação *stricto sensu*. Com efeito, os media propõem também conteúdos prioritariamente culturais e de divertimento mas que veiculam, de modo mais ou menos implícito, conteúdos políticos. E "assim como a informação se transforma em guião, se dramatiza, de espectaculariza, a ficção transmite símbolos, valores, modelos de comportamento, esquemas de percepção que consti-

---

[109] Smith, H, *O jogo do poder*, (*apud* Gerstlé, 1993: 86-88).
[110] Benett, W. L., *News. The Politics of Illusion*, (*apud* Gerstlé, 1993: 42).

tuem representações da realidade política" (Gerstlé, 1993: 42). Programas de caricatura política como, entre nós, o "Contra-informação", são exemplo explícito do fenómeno, mas as telenovelas e a ficção televisiva em geral, comédias e variedades não deixam também de implicitamente integrar e transmitir valores e modelos de comportamento político. "Raramente existe uma piada ou uma peça que não reflicta uma atitude social, e com consequências políticas (...) A resolução dos problemas sociais apresentados, normalmente, em programas de ficção, pode influenciar como acabam por ser vistos no mundo real" (Curran e Seaton, 2001: 330-331, *passim*).

Isto é, enquanto a política e a comunicação política (conceitos que crescentemente se confundem, de tal modo que a actividade política que não é objecto de mediatização se torna praticamente inexistente) se transformaram em espectáculo, encenação, dramatização, e os comícios e mais iniciativas políticas são agora programados à medida dos horários e formatos dos telejornais (também eles construídos como um *show*) ao mesmo tempo que adoptam os modelos do espectáculo, com toda a parafernália de recursos tecnológicos de imagem e som, música ao vivo e *entretainers*, também se diluiu criticamente a distinção tradicional entre informação e programação de entretenimento.

Os media tornaram-se, assim, no território da política, do mesmo modo que a política se tornou no território dos media.

Há no entanto quem defenda que a televisão "não é tanto o jogador do jogo político como o árbitro: estabelece regras e arbitra entre as forças em competição". Curran e Seaton citam Anthony Smith que, escreve que "a televisão tornou-se o Teatro do Político em ambos os sentidos do termo. Tal como o teatro da época clássica, as suas estruturas combinam-se num sistema de memória. As suas disciplinas incorporam as normas morais da política, já que essas se aplicam num determinado momento da história" (Curran e Seaton, 2001: 332).

2.2.5. *Descredibilização dos políticos e poder dos media*

A "mediacracia" contribui para a descredibilização da actividade política e a desconfiança nos cidadãos nos políticos – o cinismo político, o julgamento da política feita pelos cidadãos em que há uma percepção de que o processo político corrompe as pessoas que nele participam. O estilo conflitual resultante das estratégias de comunicação mediática cria mecanismos de avaliação negativa que vai dominando a interpretação das notícias subsequentes. (Capella e Jamieson, 1997: 166-167).

Ao enquadramento das notícias de política feito pelos media e à selecção dos assuntos que marcam a agenda, Sharto e Kinder (Capella e Jamieson, 1997: 52) acrescentam ainda o *priming*. Segundo estes investigadores, os assuntos de política que recebem mais importância dos órgãos de comunicação social têm mais peso no julgamento dos actores políticos com responsabilidade directa sobre a assunto em causa.Um dos exemplos apresentados é o balanço público feito da *performance* política do presidente Carter, que deveria depender do seu desempenho nas suas várias áreas de actuação (economia, defesa, administração interna, diplomacia, saúde…), mas ficou praticamente reduzido à defesa, em razão da especial atenção que deram a esta matéria os media. Assim, os jornalistas, ao alternar os assuntos políticos alvo de cobertura, alternariam o impacto que esses assuntos assumem no julgamento feito pelos cidadãos, enfatizando, pelo *media-priming*, as responsabilidades específicas nessa matéria da pessoa envolvida.

O cinismo político fundamentado na ausência de confiança dos cidadãos arrastaria um decréscimo da participação das pessoas na vida política[111]. Quer a teoria clássica da democracia quer as teorias elitistas, ou de participação limitada, têm de facto em comum o princípio da participação, ao menos no plano abstracto do direito ou, como antes ficou dito, de mito "funcional" do sistema, dos cidadãos no funcionamento do sistema político. A democracia electiva contenta-se com uma participação limitada, na prática, às consultas eleitorais, a democracia participativa exige, "normativamente" e prospectivamente, o interesse e o envolvimento permanente de todos nas questões políticas.

"A participação política designa o conjunto de práticas pelas quais os cidadãos procuram influenciar a actividade política da sua comunidade" (Gerstlé, 1993: 104-105), comunicando as suas preferências ao sistema político, sejam elas o voto, a candidatura a actos eleitorais, os contactos com responsáveis locais ou nacionais, a cooperação de indivíduos em gru-

---

[111] Patterso [*apud* Vreese, Claes V. (2005)]. Vreese introduz algumas críticas à relação feita entre o cinismo político e a participação política dos cidadãos, nomeadamente nos actos eleitorais, contrapondo com sondagens que demonstram que a cobertura mediática promove o envolvimento cívico e político das comunidades.

pos informais ou em organizações estruturadas ou ainda a manifestação e o protesto.

A informação mediatizada tem uma importância fundamental na formação e nas mudanças de opinião. Reflexo e conformadores da sociedade, os *mass media* contribuem, como antes ficou dito[112], para dar visibilidade e voz às opiniões maioritárias e eliminar as opiniões excessivamente minoritárias ou dissidentes.

Por outro lado, os cidadãos e os grupos políticos representam os media como um poder capaz de influenciar, justamente dando-lhes visibilidade e voz, as alternativas de decisão que em cada momento fazem parte da agenda política, ao mesmo tempo que igualmente a agenda mediática é influenciada pelas diferentes instâncias do poder político. O quadro seguinte é o resultado de uma sondagem realizada em 1987 por L. Harris International para o *L'Express* e publicada nesta revista em 15 de Maio desse ano, e revela, de país para país, disparidades acerca da imagem que os cidadãos têm do poder dos media e da sua capacidade de influenciar as decisões políticas, tanto como da sua vulnerabilidade à influência das diferentes instituições (do poder político ou da opinião pública):

	França	**Alemanha (RFA)**	**Reino Unido**	**Espanha**	**EUA**
JUSTIÇA/ *influência importante*					
exercida **pelos** media	46%	29%	40%	32%	69%
exercida **sobre** os media	27%	31%	46%	31%	52%
PARLAMENTO / *influência importante*					
exercida **pelos** media	27%	44%	48%	38%	78%
exercida **sobre** os media	31%	36%	56%	39%	55%
GOVERNO/ *influência importante*					
exercida **pelos** media	48%	46%	44%	41%	81%
exercida **sobre** os media	52%	40%	59%	61%5	8%
OPINIÃO PÚBLICA/ *influência importante*					
exercida **pelos** media	77%	71%	80%	70%	88%
exercida **sobre** os media	46%	44%	52%	37%	65%

As perguntas postas foram: "Acha que os *media* exercem uma influência importante sobre....?" e "Acha que os *media* sofrem uma

---
[112] Cf. *supra* 2.2.3..

influência importante de...?". E os resultados são expressivos: uma significativa percentagem de cidadãos entende que os media influenciam decisivamente a acção das instâncias políticas e que são do mesmo modo influenciados por ela, reconhecendo simultaneamente que o poder dos media para influenciar a opinião pública é substancialmente maior do que a influência que esta pode sobre eles exercer; a capacidade da opinião pública para influenciar os media é, no entanto, tida por muito relevante por grande parte dos inquiridos.

O poder dos media sobre o poder político é particularmente considerado importante nos Estados Unidos, em especial no que respeita às actividades governativa e legislativa, mesmo se é igualmente significativo em relação ao poder judicial. Mais de metade dos americanos considera que, do mesmo modo, o poder político exerce forte influência sobre os media.

Já nas democracias europeias a situação é mais díspar e os poderes dos *media* e das instâncias políticas tendem a equilibrar-se aos olhos dos cidadãos, se bem que uma boa parte deles reconheça que essa influência recíproca existe e é importante. O poder dos media é, em geral, considerado mais notório no que toca à acção governativa (só os ingleses parecem considerar o seu Parlamento mais vulnerável aos media do que o Governo), enquanto em todos os países onde o inquérito teve lugar os cidadãos acham que o Governo é, de todas as instâncias do poder político, aquela que maior influência tem sobre os media.

3. MEDIA E DIREITO PENAL[113]

3.1. **O crime nos media**[114]

Mesmo se os primeiros periódicos impressos foram sobretudo de natureza partidária e combativa e/ou literária, nunca deixaram de, ao

---

[113] As expressões Direito Criminal e Direito Penal são, em geral, usadas indiferentemente, conforme a abordagem privilegie o crime ou a pena, embora a noção de Direito Criminal seja mais abrangente do que a de Direito Penal, já que trata do crime e dos seus efeitos, um dos quais é justamente a pena. No entanto, os Códigos Penais, onde fundamentalmente se encontra reunido o normativo positivo deste ramo de direito, tanto tipificam crimes como determinam penas e medidas de segurança. Perspectivas criminológicas recentes tendem, por seu lado, a privilegiar abordagens a partir do sujeito passivo da infracção, a vítima, e da sua contribuição para a existência do crime (vitimologia).

[114] A noção de crime não é pacífica nas ciências sociais. Face ao paradigma que pode

mesmo tempo, publicar-se, desde o século XVI até ao século XIX[116], folhas volantes e folhetos de cordel ocasionais divulgando *faits divers* e notícias de crimes horrendos, frequentemente imaginários. Alguns de tais folhetos, muito populares, dedicavam-se em exclusivo a notícias de homicídios, crimes passionais, biografias de criminosos famosos ou execuções, acompanhados de exortações morais aos leitores sobre os perigos do crime e do pecado. Por outro lado, a partir de meados do século XVII, muitos periódicos continham regularmente notícias sobre a actividade dos tribunais, aparentemente redigidas por funcionários judiciais como meio de aumentar os seus proventos, acompanhadas de relatos pormenorizados de crimes, descrições de suspeitos ou mesmo algumas estatísticas dos crimes no país e no estrangeiro (Surette, 1998: 53). De tal modo que, naquela que é a primeira tese de doutoramento sobre esse "jornalismo de notícias"[117], defendida em 1690 na Universidade de Leipzig por Tobias Peucer[118], se criticavam já os relatos de "crimes cometidos de modo perverso", defendendo-se a censura prévia para tal tipo de notícias, que "prejudi[cam] os

---

designar-se de etiológico da criminologia do século XIX (que concentrou esforços nas causas do comportamento delinquente), surgiu o paradigma dito "da reacção social", dando prioridade aos processos sociais que levam a qualificar uma conduta como criminosa. Seriam consideradas criminosas por uma determinada sociedade as condutas que põem em risco a sua subsistência, donde que, mais do que falar em criminalidade e criminosos, seria apropriado falar antes em criminalização e criminalizados. "O laço de solidariedade social a que corresponde o direito repressivo é aquele cuja ruptura constitui o crime; designamos por este nome todo o acto que (...) determina contra o seu autor essa reacção característica a que se chama pena" (Durkheim, 1989: 87). O presente capítulo aborda a presença do crime apenas nos media noticiosos, ficando de fora do seu âmbito o vasto domínio da ficção (literatura, cinema, tele-novelística, etc.). Referir-nos-emos posteriormente (*infra* 3. 3.1) à diluição pós-moderna dos géneros e a alguns produtos híbridos, designadamente televisivos, integrando simultaneamente elementos noticiosos e ficcionais.

[115] E mesmo antes. Na Idade Média, era comum os trovadores comporem *complaintes* e *lais* com histórias de casos de assassínio, adultério ou incesto, muitas vezes coloridas de tons sobrenaturais. Ainda que igualmente fora do campo noticioso, também nas baladas, canções e contos medievais abundam histórias de criminosos, frequentemente retratados como heróis românticos. Muitos desses trovadores seriam "antepassados dos modernos repórteres criminais" (Surette, 1998: 53).

[116] Ou "relações de novidades" (*relationibus novellis*), isto é, jornalismo que publica notícias, por oposição ao jornalismo literário e de ideias.

[117] Peucer, T. (1690/2000), *Os relatos jornalísticos. Comunicação e Sociedade*, n.º 33, pp. 199-214, 2000. Tradução de *De relationibus novellis*, Leipzig: Tese de Doutoramento em Periodística, Universidade de Leipzig, 1690 (*apud* Sousa, 2004: 4-5).

bons costumes ou a verdadeira religião", sendo "expressões ímpias dos homens" (*apud* Sousa, 2004: 6-7).

O século XVII assistira, de facto, ao florescimento de periódicos de todos os géneros, desde os *anais* e *almanaques* [palavra que apareceu em 1391 e vem do sírio, através do árabe, significando "o próximo ano" (Jeanneney, 2003: 21)] às *gazetas*[118] semanais e aos *canards* e *echos* (estes muito populares em França desde meados do século XVI e antepassados da imprensa sensacionalista de hoje), abundantes de *faits divers*[119] e notícias insólitas ou chocantes, desde crimes, inundações e terramotos a aparições miraculosas que estimulavam a imaginação popular. Enquanto as *gazetas*[120] divulgavam sobretudo informações militares, políticas ou económicas, os *echos* e *canards* (que, tendo aparecido primeiramente em França, foram imitados um pouco por toda a Europa ao longo dos séculos XVII e XVIII) dedicavam-se quase exclusivamente a *faits divers* e a crimes, julgamentos, descrição de execuções e detalhes sobre suspeitos procurados.

É, no entanto, no século XIX[121], com a industrialização e a populari-

---

[118] *Gazette* era o nome dado originariamente em Itália às publicações ocasionais, derivando de "gazzetta", que significa "pequena moeda", a "moedinha" com que se compravam essas folhas (cf. Jeanneney, 2003: 20).

[119] O valor-notícia fundamental do *fait divers* é o da singularidade. Peucer (op. cit. p. 5) refere já na sua tese o *insólito*, ao lado da *referência a pessoas de elite*, da *negatividade*, do *interesse cívico,* entre as características que fazem com que um facto se torne *notícia* no "jornalismo de notícias".

[120] A primeira *gazeta* terá sido o *Nieuwe Tydingen*, publicado a partir de Maio de 1605 em Antuérpia. Periódicos semelhantes surgiram logo depois em Basileia, Estrasburgo e Frankfurt. Londres teve o primeiro destes semanários em 1622, Paris em 1631, Florença em 1636, Roma em 1640, Madrid em 1661 e S. Petersburgo em 1703 (cf. Jeanneney, 2003: 21).

[121] O crime e o criminoso suscitaram no século XIX não só amplo interesse dos media (imprensa popular e romance policial), mas também do mundo científico, da Sociologia e da Medicina às ciências jurídico-penais. É nessa época que, com a publicação, em 1876, de *L'Uomo Delinquente*, de Lombroso, situando a génese do crime no sujeito criminoso e desenvolvendo a tese do "delinquente nato", nasce a Criminologia como ciência positiva autónoma; que, com *Sociologia Criminal*, de Ferri (1881) surge esta disciplina; que, com *As Funções do Cérebro*, de Gall (1882), se lançam as bases da Antropolgia Criminal; e que, simultaneamente, se multiplicam, ao lado de estudos sociológicos e psicológicos, congressos internacionais penitenciários e de Antropologia Criminal e as investigações científicas nos domínios da frenologia, da antropometria, da psiquiatria forense, da biologia hereditária, da caracterologia e da estatística, tentando explicar o fenómeno criminoso e as suas causas e tornando o delinquente objecto formal de estudo. Segundo Fou-

zação da imprensa e, sobretudo, com o aparecimento e desenvolvimento da imprensa comercial "de massas" em finais do século, que o noticiário sobre o crime ganha cada vez maior relevo nos conteúdos jornalísticos[122]. Assim, nos Estados Unidos, já no *New York Evening Post* de 6 de Junho de 1828 se criticavam essas notícias, das quais resultaria "pouco benefício para a causa da moral", pois familiarizariam "a comunidade, especialmente os jovens, com os detalhes de crimes e delitos", além do mais "sugerindo aos novatos no vício todos os meios de se tornarem especialistas na matéria" (Surette, 1998: 55). E, anos mais tarde, um estudo de 1893 de John Gilmer Speed comparando quatro jornais de Nova York (*New York Times*, *Tribune*, *Sun* e *World*), com utilização de métodos quantitativos e usando como unidade o cm/coluna e classificando notícias e artigos em 13 categorias, conclui que, no espaço de um ano, os conteúdos desses jornais quase tinham triplicado (e as tiragens também) em virtude da proliferação de notícias sobre escândalos e crimes bem como de julgamentos de casos criminais (Sousa, 2004: 11; Surette, 1998: 54-55).

Com a multiplicação dos diários e da imprensa comercial, o crime tornou-se, no século XIX[123] e, depois, nas primeiras décadas do século XX, tanto na Europa como nos Estados Unidos (onde os primeiros diários surgem na década de 1830), na matéria-prima principal dos jornais populares. Com o aparecimento da rádio e da televisão e o desenvolvimento de um mercado cada vez mais concorrencial entre imprensa, rádio e TV na disputa de audiências e recursos publicitários, a situação acentuou-se ao longo de todo o século XX até aos dias de hoje. Nessa disputa, o crime

---

cault, o cárcere deixa nessa altura de ser um simples observatório para se converter em laboratório, um gabinete científico onde, depois de atenta observação do fenómeno [criminal] se tenta a grande experiência da transformação do homem (cf. Foucault, 1987: 245).

[122] "Os *mass media* enfatizaram historicamente o crime e a justiça nos seus conteúdos e usaram a popularidade desses temas para realizar os seus fins comerciais" (Surette, 1998: 83).

[123] Os jornais de periodicidade diária tinham começado a publicar-se ainda no século XVIII, primeiro em Inglaterra e depois no resto da Europa, sobretudo após a Revolução Francesa. O *Spectator*, fundado em Londres a partis de 1711, chega a ter a tiragem, excepcional para a época, de 3000 exemplares; e, em 1712, os 10 jornais de Londres vendiam, no seu conjunto, 44 000 exemplares. Por sua vez, só em Paris, já havia, em finais de 1789, 23 diários, alguns com tiragens da ordem dos 15 000 exemplares (cf. Jeanneney, 2003: 32,36,57).

reconhecidamente compensa; como diz Serge Halimi[124], "it bleeds, it leads". (Halimi, 1998: 1).

De facto, o *fait divers* sempre constituiu um produto vendável. Foi, como ficou dito, uma das chaves do desenvolvimento da imprensa popular em finais do século XIX (...) Ele "acompanhou e simbolizou a passagem de uma relação *pedagógica* com o público, típica da imprensa "séria", doutrinária e elitista (e de escassas tiragens) da primeira metade do século XIX, para uma relação *demagógica* característica da imprensa industrial de grandes tiragens, em que "o impulso deve vir do leitor", como afirmava Villemessant de Moise Milhaud, fundador do *Petit Journal*".[125]

No entanto, a relevância que assume o crime nas sociedades contemporâneas não é um fenómeno exclusivo dos media, funcionando os media simultaneamente como agentes dessa relevância[126] e como seus intérpretes. De facto, "o crime ocupa [hoje] um espaço central na cultura popular, Polícia, política, notícias, moralidade. Constitui um tropo do modo como grande parte da vida quotidiana é vivida quer na realidade quer na representação. Simboliza o Bem e o Mal, a normalidade e o desvio, a santidade e a bruxaria, o interior e o exterior, o eu e o outro" (Wykes, 2001: 8).

---

[124] Halimi, Serge (1998), "La Presse Américaine Obsedée par les Nouvelles Locales. Un journalisme de racolage", in *Le Monde Diplomatique*, Agosto de 1998. Serge Halimi é doutor em Ciências Políticas pela Universidade de Berkeley e jornalista. Foi professor da Universidade Paris VIII entre 1994 e 2000.

[125] Lemieux, Cyril (2002), *Faux débats et faux-fuyants. De la responsabilité des journalistes dans l'élection du 21 avril 2002* (apud Duclert *et al*, 2003: 19-41).

[126] A presença do crime nos media, particularmente nos media noticiosos, é frequentemente apontada como determinante da criação de sentimentos de medo e insegurança na opinião pública, questão a que nos referiremos *infra* em 3.2.3. Mas o crime é hoje igualmente tema dominante dos principais media de entretenimento, em especial a TV, tendo "os executivos da televisão aparentemente encontrado [no crime] uma mina de ouro da programação" (Surette, 1998: 35)]. Dados citados por Surette revelam que entre um quarto e um terço dos *prime times* do conjunto dos três maiores canais de TV norte-americanos (ABC, CBS e NBC) foram, entre 1960 e 1990, preenchidos com programas de ficção ou de actualidade relacionados com o crime. Também no cinema, "além de constituir o tema principal de filmes policiais, de detectives (...) e de *gangsters*, o crime e a justiça são frequentemente tema secundário de histórias de amor, *westerns*, comédias e dramas" (Surette, 1998: 30-35 *passim*).

3.1.1. *EUA, Reino Unido, Irlanda, França, Espanha, Portugal...*

Estando fora do âmbito do presente trabalho uma análise exaustiva do fenómeno, detenhamo-nos brevemente, a título de exemplo, sobre a situação actual em algumas democracias ocidentais, onde, em geral, o aumento exponencial da cobertura mediática de temas criminais, especialmente crimes violentos, se verifica ao mesmo tempo que as estatísticas oficiais dão conta da diminuição das taxas de criminalidade.

Estados Unidos

Nos Estados Unidos, o *New York Sun* foi o primeiro quotidiano popular, ou *penny paper*, a ter uma coluna diária sobre casos de polícia e de tribunais criminais. A circulação do *New York Sun* "aumentou em consequência e, sem surpresa, depressa outros jornais passaram a dar mais atenção ao crime" (Beckett e Sasson, 2000: 76). Apesar das críticas de que tais notícias encorajavam a imoralidade e a licenciosidade, influenciavam os júris ou eram simplesmente de mau gosto, o apetite do público por elas era enorme e os diários – bem como os semanários – continuaram a publicar abundantes e pormenorizadas descrições de crimes e notícias de tribunais, surgindo mesmo jornais, como o *National Police Gazette*, dedicados prioritariamente à cobertura dos mais importantes crimes do dia, bem como à análise política e ao comentário sobre as causas da criminalidade.

Na viragem para o século XX aparecem já jornalistas especializados em noticiário criminal e os jornais americanos, até aí explicitamente políticos e frequentemente críticos do *status quo*, tornam-se ostensivamente "neutrais" e "objectivos", com os editoriais e artigos de opinião substituídos por notícias que se limitam a descrever, sem comentários, casos criminais individuais (quase sempre dramáticos). O crime deixa de ser discutido como questão social ou como problema e os agentes da Polícia passam a ser a fonte primária de informação dos jornalistas, tanto nos jornais lidos pelas elites como nos preferentemente vocacionados para o entretenimento e dirigidos às classes médias e trabalhadoras (Beckett e Sasson, 2000: 77).

O fenómeno acentua-se, na segunda década do século XX, com a rádio. A natureza da rádio é, com efeito, propícia a valorizar o "directo" em detrimento do comentário, e as histórias de crimes dramáticos rapidamente se tornam na matéria-prima dominante da programação radiofónica. A televisão seguirá depois os mesmos passos, adoptando quer os formatos quer as preferências da rádio por histórias dramáticas capazes de prender a atenção dos espectadores. Tanto a rádio como a TV continuam a depender fundamentalmente, em matéria de crime, das informações oficiais da Polícia e das agências governamentais (Surette, 1998: 159).

Nas últimas três décadas do século XX, o noticiário sobre crimes cresceu de forma exponencial nos Estados Unidos. 22% a 28% das notícias publicadas nos jornais americanos são sobre crimes e justiça criminal, com grande destaque para os tipos de criminalidade menos comuns, como os homicídios, as violações e os assaltos violentos[127]. O crime é igualmente o tema de 10% a 13% dos noticiários das televisões de âmbito nacional e 20% das de âmbito regional (Surette, 1998: 67). Em meados dos anos 90, enquanto as taxas de criminalidade diminuíam nos Estados Unidos, a cobertura de crimes pelos jornais e televisão cresceu 400%, e entre 1990 e 1995 (período em que o número de homicídios baixara 13%), a cobertura da Rádio e TV americanas de assassínios aumentou 336%, e isto sem ter em conta a cobertura do julgamento de O. J. Simpson[128], ao qual só a CNN dedicou 630 horas de emissão (Halimi, 1998).

Reino Unido

A situação não é substancialmente diferente na Europa Ocidental e na generalidade das democracias liberais[129], onde os media (imprensa, rádio

---

[127] Enquanto menos de 1% dos crimes registados nos Estados Unidos pela Polícia envolvem homicídios, mais de 26% das notícias sobre crimes referem-se a assassinatos. Por outro lado, enquanto 47% dos crimes participados são não-violentos, só 4% das notícias sobre crimes se reportam a casos desse tipo. Por outro lado ainda, por cada 8 crimes violentos noticiados nos media, há 2 crimes contra a propriedade, isto enquanto as estatísticas oficiais mostram que se verifica apenas um crime violento por cada 9 contra a propriedade. Por fim, formas de criminalidade como a relacionada com a vida empresarial ou com o Estado são largamente ignoradas em favor dos chamados "crimes de rua" (cf. BECKETT e SASSON, 2000: 78).

[128] "Living on Fear", p. 131 (*apud* Beckett e Sasson, 2000: 77).

[129] Roberts, Stalans, Indermaur e Hough coligem dados semelhantes no Canadá, Inglaterra, Nova Zelândia e Austrália (cf. Roberts *et al*, 2003). Por sua vez, a omnipresença do crime na imprensa brasileira é exemplificada por Nilo Batista (penalista e professor da Universidade Federal do Rio de Janeiro) com uma análise quantitativa da edição de *O Globo*

e TV, esta última com numerosos programas exclusivamente dedicados à emissão de reportagens sobre processos-crime, quer resolvidos quer pendentes) incrementaram também nas últimas décadas o volume de notícias sobre o crime e a justiça criminal.

Em Inglaterra, a partir do aparecimento da imprensa popular, os relatórios da Polícia tornaram-se, como nos Estados Unidos, fonte inesgotável das publicações ávidas de sensacionalismo (Sergeant, 2003: 61). Desde a sua criação, em 1843, o jornal dominical *News of the World*, bem como semanários de títulos mais explícitos, como o *Police Gazette*, especializaram-se em *faits divers* sangrentos. Os tribunais locais são, desde então,

---

de 5 de Janeiro de 2002 (vocabulário e ortografia adaptados para o português de Portugal, com excepção dos títulos de notícias citados entre aspas): "Deixando de lado o caderno que se ocupa de economia, mundo e desporto restam 16 páginas sobre o país e o Rio, além de colunas, editoriais e artigos (...) Na primeira, há três "chamadas" de matérias criminais ('Sequestrador mantém reféns em Porto Alegre'; 'Polícia do Rio prende dois chefes do tráfico'; 'Fernando Pinto apanhou com canos de ferro') e duas correlatas ('Governo suspende pílula do dia seguinte' e 'Filho de Cássia Eller já é disputado'). Acrescidas à foto do episódio de Porto Alegre, somam 70% da centimetragem. A página 2, além de uma coluna económica, só publica outras "chamadas": das oito, cinco são criminais. A página 3, salvo uma coluna no rodapé, é toda dedicada à manchete: 'Terror no micro-ônibus'. Na página 4, além de uma coluna, temos a complementação da matéria sobre o micro-ônibus e reportagem sob o título 'Dutra Pinto apanhou com canos de ferro'. Na página 5, além de um anúncio, quatro matérias: 'Garoto de 13 anos mata amigo de 12 com tiro' (manchete); 'Director de presídio já tinha sido condenado', seguida de 'Situação é tensa no (presídio) Urso Branco' e 'Feirante que teve o pénis cortado receberá prótese'. A página 6 publica os editoriais e cartas dos leitores: das 17 cartas, 5 têm por objecto um processo civil, 2 a segurança no *réveillon*, 1 um crime ambiental, 3 a morte de Fernando Dutra Pinto. Na página 7, uma coluna e dois artigos. Na página 8, das sete matérias três estão em nosso terreno (a pílula do dia seguinte, tramitação da nova lei de drogas e um crime eleitoral). A página 9 se ocupa inteira do tema de sua manchete: 'Começa a briga por Chicão'. As páginas 10 e 12, com tradicionais colunas, são excepções. Na página 11, de quatro matérias as duas maiores são 'Mosteiro de São Bento tem segurança particular depois de sofrer 3 assaltos' (manchete) e 'Juizado decidirá destino de menina'. Na página 13, 'biólogo denuncia crime ambiental'. A página 14 é uma propaganda. Na página 15, além do obituário, cinco matérias criminais ('Prisão de Polegar em Fortaleza' – manchete –, 'PF prende no Paraná ladrões de banco do Rio', 'Bandidos atacam posto da PM e ferem sargento', 'Bandidos ferem cinco pessoas na saída do piscinão' e 'Traficante que resgatou cúmplice de hospital é preso'. Por fim, na página 16, um imenso anúncio cercado de seis pequenas notícias, quatro das quais criminais (dois acidentes de trânsito, um bloco carnavalesco ensaiando em decibéis ilícitos e 'Homem agarra criança e pula de 7 metros de altura'. Eis aí: quase 80% do noticiário desta edição sobre o país e o Rio é criminal ou judicial" (Batista, 2002: 14-15).

estância privilegiada da imprensa escrita, não só para trazer a público processos em julgamento mas também casos em investigação, sobretudo de natureza criminal, denunciando os entraves, reais ou imaginários, que os bloqueiam. e funcionando como meio de pressão para a sua solução.

Ainda hoje, na Inglaterra, é a imprensa escrita, principalmente a sensacionalista, mais ainda do que a rádio e a TV, que se dedica à cobertura da actualidade da justiça criminal, principalmente em resultado do facto de os cinco canais (os dois canais da *BBC* e o *Channel 4*, públicos, e o *Canal 3* e *Canal 5*, privados) que têm, no seu conjunto, 70% das audiências, estarem sujeitos a obrigações de serviço público que lhes impõem reserva no tratamento das questões de justiça[130]. Segundo Boucher, a televisão, em Inglaterra, "amplifica mais do que revela" (Boucher, 1996: 102). Sergeant exemplifica esta situação com o caso da presença da princesa Ana em tribunal em 21 de Novembro de 2002, por o seu cão ter mordido duas crianças; os noticiários televisivos concederam apenas alguns minutos ao caso, ao passo que o *Daily Mail* lhe dedicou duas páginas inteiras, lembrando que a princesa Ana era o primeiro membro da família real a ir a um tribunal criminal desde a condenação à morte de Carlos I, em 1649 (Sergeant, 2003: 61).

A situação em Inglaterra difere da dos Estados Unidos ainda em razão das rigorosas obrigações legais que ali impendem sobre o exercício do jornalismo em matéria policial e judiciária, tendo em vista preservar a serenidade da justiça e assegurar aos acusados um julgamento justo. Com efeito, nos termos da *Contempt of Court*, revista em 1981, os media devem, a partir da formulação da acusação pelo *Crown Prosecution Service*, abster-se de comentários e de divulgar informações susceptíveis de influenciar os júris, designadamente fazendo qualquer referência aos antecedentes criminais de um acusado. Além disso, os juízes podem proibir os relatos de audiências e exigir aos jornalistas a divulgação das suas fontes

---

[130] Desde os anos 90, o *Granada* e, posteriormente, também o *Channel 5*, têm rompido com essa prática e emitido programas, bem como produzido filmes, que exploram, com grande sucesso de audiência, temas criminais e de justiça criminal de actualidade, e tanto o *Channel 4* como a própria *BBC* passaram a transmitir programas de investigação jornalística sobre assuntos de justiça (no *Channel 4*, o *Trial and Error*, dedicado a denunciar erros judiciários, e, na *BBC*, o *Rough Justice* e os populares *Donald MacIntyre Undercover* e o *MacIntyre Investigates*, com reportagens do jornalista Donald MacIntyre infiltrado em circuitos criminosos).

anónimas, situação que se acentuou ainda mais com a revisão, em 2000, da legislação anti-terrorista.

Isso não tem impedido uma situação em larga medida semelhante ao que se passa nos Estados Unidos quanto a uma presença do crime, especialmente o crime violento contra pessoas, nos media britânicos sem correspondência nas estatísticas oficiais, enquanto os crimes contra a propriedade, muito mais comuns, aparecem claramente sub-representados. Um estudo publicado em 1973 por Bob Roshier[131] confirma essa sobre-representação dos crimes contra pessoas, em especial homicídios, nos conteúdos do *Daily Mirror, Daily Express* e *Daily Telegraph*, tanto sob a forma de "notícias sensacionalistas com demorado tratamento, muitas vezes na primeira página e com fotografias" como de "casos breves, mundanos, exilados para páginas interiores". Schlesinger e Tumber concluem, por sua vez, que os crimes violentos contra pessoas constituem 24,7% das notícias de temas criminais dadas pela imprensa "de qualidade" britânica, 38,8% da imprensa "mid-market" e 45,9% da imprensa popular, apesar de esses crimes serem pouco mais de 3,6% do total de crimes registados pelas autoridades policiais (Schlesinger e Tumber, 1994: 185).

Também Jason Ditton e James Duffy (*apud* Schlesinger e Tumber, 1994: 185) mostram, num estudo sobre a imprensa escocesa, que os crimes violentos e os crimes sexuais constituem 45,8% de todas as notícias de crimes, enquanto, de acordo com as estatísticas oficiais, crimes dessa natureza representam apenas 2,4% do total.

Irlanda

Um estudo quantitativo realizado em 1994 na República da Irlanda a partir de quatro grandes jornais (*The Irish Times*, *The Irish Press*, *The Star* and *The Evening Herald*.), representativos quer da imprensa "de qualidade" quer da imprensa tablóide, dá conta da publicação de uma média de 11 artigos sobre crimes violentos por dia, sem incluir os "crimes políticos" (como as acções paramilitares na vizinha Irlanda do Norte) (O'Connell, 1999: 192), quando a República da Irlanda exibe, segundo dados divulga-

---

[131] Roshier, B. (1973), "The Selection of Crime by the Press", *in The Manufacture of News Deviance. Social Problems and the Mass Media*, London, S. Cohen and J. Young (eds), pp. 28-39 (*apud* Schlesinger e Tumber, 1994: 184).

dos pelo Conselho da Europa[132], a mais baixa taxa de criminalidade entre os países da UE.[133]

Segundo o mesmo estudo, a percentagem de crimes de homicídio em relação a crimes de outra natureza é, na imprensa, 3075 vezes maior do que a sua percentagem no total de crimes registados no mesmo período pela *Gardai* (12,3% do total de crimes relatados pela imprensa, contra uma percentagem de 0,004% de homicídios entre os crimes registados pelas autoridades policiais no mesmo período: 12,3 / 0,004 = 3075). Por sua vez, o número de homicídios não premeditados noticiados na imprensa é 1533 vezes maior do que os oficialmente registados (4,8% do total contra 0,003%), o de raptos 600 vezes maior (3% contra 0,005%), o de abuso sexual de crianças 517 vezes (3,1% contra 0,006%), o de assaltos à mão armada 176 vezes (15,8% contra 0,09%) e o de violações 87 vezes (6,7% contra 0,077%).

França

Em França, o crescente destaque dado nos media, nas últimas três décadas, ao crime e aos temas relacionados com a insegurança, em particular aos da criminalidade urbana juvenil e da *banlieue*, tem sido objecto de críticas da parte não só dos meios académicos mas também políticos e civis (Maillard e Roche, 2004: 111-151). Tais críticas subiram de tom por ocasião da campanha presidencial de 2002, com jornais e TVs a serem acusadas de terem, com esse comportamento, promovido as posições políticas da extrema-direita da Frente Nacional de Jean-Marie Le Pen (que, nesse ano, chegou à segunda volta da eleição presidencial) e o seu discurso

---

[132] Cf. Council of Europe (1983) *Prison Management*. Strasbourg: Council of Europe.

[133] A taxa de criminalidade na Irlanda é de 26/1000 em 1991, contra 105/1000 em Inglaterra e País de Gales, 116/1000 na Escócia e 103/1000 na Dinamarca. Num estudo realizado pelo British Home Office e o Ministério de Justiça da Holanda em 1989 sobre a criminalidade em 14 países da União Europeia (mais Estados Unidos, Canadá e Austrália), em que a República da Irlanda não foi incluída, a Irlanda do Norte exibe a taxa mais baixa de criminalidade. Ora a República da Irlanda tem taxas 150% mais baixas de criminalidade do que a Irlanda do Norte (cf. O'Connelll, 1999: 192-193).

securitário[134]. As críticas repetiram-se durante as recentes eleições ganhas por Nicolas Sarkozy.

Salas descreve deste modo a situação, comparando "a visibilidade das violências urbanas" revelada nos media com "a invisibilidade da violência das elites": "Os subúrbios[135] tornaram-se o "negativo" da cidade. Os sinais de uma *alteridade ameaçadora* multiplicam-se: motins urbanas desencadeadas por indivíduos de rostos "floutés"[136] são filmados com comprazimento; o vocabulário que reproduz a figura do "outro" ("marginais", "bárbaros"...) corrompe a linguagem ("barreiras", "bastão"...); e as análises policiais apresentam a violência como visando, primeiro que tudo, a própria Polícia (...)" (Salas, 2005: 148)[137].

Um estudo cronométrico divulgado pelo canal France 5[138] em Fevereiro de 2006 mostra que o tempo actualmente dedicado pelos telejornais dos três principais canais de TV franceses (TF1, France 2 e France 3) a *fait divers* como homicídios, raptos, abusos sexuais, processos judiciais e problemas criminais dos subúrbios ocupam cerca do dobro do dedicado a temas económicos e sociais e o quádruplo do dedicado a temas políticos, com excepção de momentos especiais, como o das campanhas eleitorais (respectivamente 24% contra 11% e 6% na TF1; 22% contra 12% e e 6% na France 2; e 24% contra 13% e 9% na France 3). Isto enquanto as taxas de criminalidade divulgadas pelo Ministério do Interior[139] baixaram 8,8% entre 2002 e 2006, tendo a delinquência na via pública diminuído 23,7%, os crimes contra o património (onde se incluem os relativos à "revolta dos subúrbios") 16,4% e os crimes económicos e financeiros 10,8%.

---

[134] Um inquérito realizado pelo jornal *Le Monde* e publicado em 22 de Maio de 2002 revelou que, entre 7 de Janeiro e 5 de Maio, data da segunda volta das eleições, os telejornais franceses emitiram 18 766 notícias sobre crimes e casos de policia e justiça criminal (ou seja, 987 por semana).

[135] *Banlieue*.

[136] Expressão dificilmente traduzível. Trata-se de uma técnica televisiva de distorção, por desvanecimento (*fade-out* em inglês), ou "enevoamento", da imagem de modo a impedir a identificação.

[137] Referir-nos-emos posteriormente (cf. *infra*, 3.2.) à natureza ideológica dos estereótipos que conformam, em geral, a representação do crime nos media populares e ao modo como osformatos jornalísticos típicos desta imprensa têm contaminado também a imprensa "mid-market" e a imprensa de referência.

[138] Disponível *online* em http://www.france5.fr/asi; acedido em 25/05/07.

[139] Estatísticas disponíveis *online* em www.interieur.gouv.fr; acedido em 25/05/07.

Espanha

Segundo dados recolhidos em Espanha pelo Centro de Investigação em Criminologia da Universidade de Castilla-La Mancha em 2004[140], a análise das notícias sobre crimes publicadas pelos três maiores diários espanhóis (*ABC*, *El Mundo* e *El País*) entre 1995 e 2004 revela que o número dessas notícias mais que duplicou apenas numa década, enquanto as estatísticas mostram a diminuição ou a estabilização das taxas de criminalidade.

"Vivemos – afirma a propósito Fuentes Osório – na "sociedade de cultura criminal"; as formas de expressão artística e os meios de comunicação aparecem constantemente relacionados, de forma directa, consequencial ou contextual, com o delito" (Fuentes Osorio, 2005: 1). A "festa punitiva", expressão de Foucault (1987: 16), que, até finais do século XVIII e começos do XIX, atraía multidões à praça pública para assistirem ao espectáculo dos suplícios de condenados, realiza-se agora nos media: "A praça pública nas sociedades modernas são os meios de comunicação social"[141].

Portugal

A presença do crime (e, genericamente, do desvio e da reacção social a ele, por parte de polícias e tribunais) nos media portugueses foi objecto de um inquérito (Guibentif, 2002) promovido pelo Centro de Estudos Judiciários, em colaboração com o ISCTE, realizado entre 1 de Janeiro e 20 de Novembro de 1996, abrangendo um universo de seis jornais de informação geral (quatro diários e dois semanários) publicados em Lisboa, bem como ainda as aberturas dos telejornais dos quatro canais de televisão portugueses.

Considerando apenas as primeiras páginas dos referidos jornais (as notícias de abertura dos telejornais não foram incluídas nas análises quan-

---

[140] Estudo disponível *online* em http://www.uclm.es/criminologia/pdf/11-2004.pdf; acedido em 25/05/07.

[141] Ronda Iglesias, J (2003)., *Los retos del periodismo judicial* e Barata, F. (2003), *Els mèdia i la informació criminal. El 'cás King' i las perversions mediatiques* (*apud* Fuentes Osorio, 2005: 3).

titativas), foram identificados 936 títulos de primeira página sobre crimes no período referido (330 dias e 1275 primeiras páginas). Isto é, cerca de dois terços das primeiras páginas incluíam matérias criminais (desvios e/ou reacções sociais). O relevo principal vai para os homicídios (7,9% do total de títulos) e para a criminalidade económica (5,1%) e tráfico de droga (4,5%), sendo que homicídios, tráfico de droga e criminalidade de proximidade (assaltos a pessoas e bens) são mais relevantes nos diários e as notícias relativas a comportamentos desviantes da classe política mais frequentes nos semanários.

As conclusões do inquérito não são de molde, apesar da frequência da presença de notícias sobre crimes nas primeiras páginas da imprensa escrita, a que se possa falar de "omnipresença" (Guibentif, 2002: 87). Note-se que o inquérito em causa omite, contudo, o noticiário incluído no corpo dos jornais. Por outro lado, constata-se nele que, já no que respeita aos telejornais, a grande maioria das notícias de abertura (dois terços) se reportam a actividades criminosas (Guibentif, 2002: 45-46).

Não existindo dados que permitam avaliar relativamente se a referida análise quantitativa representa um aumento ou diminuição da presença do crime nos media no mesmo universo de jornais e/ou telejornais, é importante, no entanto, sublinhar que a criminalidade baixou significativamente em 1996 (ano de realização do inquérito) em relação aos anos anteriores, particularmente no que toca aos homicídios e ao tráfico de droga, que se encontram nos primeiros lugares dos crimes que mereceram destaque de primeira página na imprensa diária.

Com efeito, de acordo com as estatísticas divulgadas pelo Ministério da Justiça[142], o número de crimes registados pelas autoridades policiais em Portugal em 1996 foi de 322 256, contra 326 572 em 1995 e 330 010 em 1994, o que representa uma descida de 2,4% em relação a este último ano. Por outro lado, o número de homicídios baixou, entre 1994 e 1996 de 424 para 391 (7,8%) e o de crimes relacionados com o tráfico de droga de 4157 para 3879 (6,7%).

Um trabalho de investigação posterior, da autoria de Cristina Carmona Penedo (Penedo, 2003), aponta igualmente no sentido de uma sobre-representação do crime nos media em relação aos dados oficiais da criminalidade. Analisando da cobertura noticiosa do crime nos jornais *Correio*

---

[142] *Estatísticas Criminais 1999 Portugal*, Ministério da Justiça/Gabinete de Estudos e Planeamento, Lisboa, 1999, p. 15.

da Manhã (imprensa popular) e *Diário de Notícias* (imprensa de referência) nos meses de Janeiro, Maio, Agosto e Novembro de 2000, o estudo verifica que o *Correio da Manhã* publicou um total de 1969 notícias de crimes, 4.6% das quais foram objecto de destaque na primeira página, contra pouco mais de metade (990, das quais 5,1% com "chamada" à primeira página) do *Diário de Notícias,* num caso e noutro preponderantemente com origem em fontes oficias. Em ambos os jornais, predominavam as notícias de crimes contra pessoas e contra a vida em sociedade, com destaque para os crimes violentos.

Ora os crimes contra pessoas e contra a vida em sociedade representaram em 2000, de acordo as estatísticas da Direcção-Geral de Política da Justiça do Ministério da Justiça[143], cerca de 30% do total de 363 294 crimes participados (22,85% os crimes contra pessoas e 9,42% os crimes contra a vida em sociedade), sendo que os crimes violentos voluntários (deixando de fora, designadamente, homicídios e ofensas à integridade física por negligência resultantes de acidentes de viação) não foram além de 1, 95% do total[144].

Estes números, relacionados com os apurados por Penedo, sugerem, como ficou dito, a existência de uma sobre-representação de determinado tipo de crimes na cobertura da realidade criminal feita tanto pela imprensa popular como pela de referência no período em análise.

3.1.2. *"Quando os factos contrariam os números"*

Na maior parte das democracias ocidentais, as estatísticas revelam que a criminalidade, que crescera durante a década de 80 do século passado, começou a declinar, embora em diferente escala de país para país, no início dos anos 90[145]. Enquanto isto, o espaço dado pelos media às notí-

---

[143] Disponíveis *online* em http://www.gplp.mj.pt/estjustica/crimes_registados.htm.

[144] 247 homicídios, 805 ofensas graves à integridade física, 4 986 crimes de maus-tratos a menores, incapazes e cônjuges, 315 de rapto, sequestro e tomada de reféns, 385 de violação e 277 de abuso sexual de menores de crianças e adolescentes dependentes. Se acrescentarmos a estes o registo de 578 "outros crimes contra a liberdade e autodeterminação sexual" (nem sempre violentos), a percentagem sobe para 2,09%.

[145] Cf. *supra, em* 3.1.1., as referências feitas aos casos dos Estados Unidos, Irlanda, França e Espanha. Por outro lado, em 2000, todas as jurisdições estudadas por Roberts *et al.*, experimentavam vários anos de diminuição ou estabilização das taxas da criminali-

cias de crimes violentos ou aos formatos de entretenimento envolvendo matérias criminais (com destaque para o *infotainment* televisivo e a *reality TV*) aumentou substancialmente, influenciando a percepção da opinião pública acerca do crime.

Roberts *et al.* (2003: 12-15) observam que, ao contrário do que acontece com as estatísticas sociais e económicas, aceites sem reservas de credibilidade, as estatísticas criminais que mostram o decréscimo da criminalidade são contestadas pelo público justamente em virtude da influência do acréscimo da presença do crime nos media. De facto, "o crime tem uma presença constante nos nossos jornais e nos nossos ecrãs televisivos", enquanto "a informação acerca da actividade económica – que deveria suscitar um grau de cepticismo semelhante acerca da economia – é menos frequentemente divulgada nos media ou publicada em secções menos populares dos jornais, os crimes fazem, em contrapartida, manchetes televisivas ou fornecem material para notícias de primeira página" (Roberts *et al*, 2003: 13).

As reacções ao anúncio do decréscimo da criminalidade são, ainda segundo os mesmos autores, idênticas em todos os países. "Quando uma mudança dos critérios estatísticos em Inglaterra e País de Gales criou uma oscilação artificial de 14% em 1999, os media trataram geralmente esse aumento como uma evidência e os académicos que chamaram a atenção para a realidade estatística foram acusados de insensibilidade para com as vítimas de crimes. Isso é particularmente verdade com as estatísticas relativas a homicídios. Em 1999, a taxa de homicídios foi a mais baixa dos 30 anos anteriores no Canadá. Essa redução da taxa de violência letal foi geralmente considerada como "mera" estatística, influenciada pela ausência de queixas por parte das vítimas ou por mudanças nas recolhas de

---

dade. Nos Estados Unidos, a criminalidade diminui desde 1994, descendo 7% de ano para ano entre 1999 e 2003. No Canadá desde 1991, sendo, em 1999, 23% mais baixa do que naquele ano (a menor desde 1978). Na Inglaterra, baixou sucessivamente entre 1992 e 1998, data em que se verificou um pequeno aumento de crimes contra pessoas ao mesmo tempo que uma queda nos crimes contra a propriedade. Em 2000, porém, era já 20% menor do que em 1998. Na Austrália, depois de um pico semelhante ao dos outros países nos anos 80, as taxas de criminalidade diminuíram nos anos 90 e mantiveram-se estáveis entre 1993 e 2000; entretanto os assaltos e roubos continuaram a aumentar moderadamente até 1998, começando a descer a partir desse ano. Por fim, na Nova Zelândia, depois de uma subida entre os anos 60 e 90, as taxas de criminalidade passaram igualmente a descer ao longo da última década do século (Roberts *et al*, 2003: 10-12).

dados pela Polícia, enquanto os estudiosos que a verificaram foram acusados de minimizar o problema dos crimes de homicídio (...). Entretanto, políticos e media já não questionaram a validade das estatísticas dos anos 80, quando as taxas de criminalidade cresciam" (Roberts *et al*, 2003: 14).

Também em Portugal, em editorial, o *Diário de Notícias* tecia em 7 de Setembro de 2007 duras críticas às estatísticas divulgadas no mês anterior pelo Governo que davam conta da diminuição das taxas de criminalidade violenta nos primeiros seis meses do ano. O jornal servia-se exactamente do tipo de argumento referido por Roberts *et al*, o acréscimo do número de crimes noticiados nos media. Eram recordadas notícias de vários crimes recentes para se concluir sombriamente que "quando os factos contrariam os números, não há percentagens ou décimas tranquilizadoras".

3.2. Imagens do crime

3.2.1. *Construção/representação do crime nos media*

A natureza da cobertura noticiosa do crime pelos media, como a natureza do próprio jornalismo, é, observam Schlesinger e Tumber (Schlesinger e Tumber, 1994: 143), um campo que sofreu profundas mudanças nas últimas décadas. Nos anos 70 do século XX, as notícias de crime eram principalmente de homicídios, roubos ou pequenos furtos. Hoje dominam os crimes violentos contra pessoas, o terrorismo, a droga, os abusos de crianças, as violações, a corrupção, a fraude, e o crime tornou-se "a mais larga e competitiva área do jornalismo" (Schlesinger e Tumber, 1994: 149).

Independentemente das diferenças editoriais existentes entre os vários media, em consonância com os públicos a que se dirigem, os de referência ou os tablóides, os media escritos ou a Rádio e TV[146], a representação do crime nos media obedece hoje, em geral, a estereótipos culturais que radicam fundamentalmente nas concepções criminológicas prevalecentes

---

[146] Como Surette nota, "apesar dos (...) efeitos [das notícias de crime] serem distintos nos jornais e na televisão, porque os jornais incluem só notícias e não também 'dramas criminais', e ainda porque os leitores de jornais podem seleccionar os artigos que lêem em pormenor e aqueles que lêem apenas de passagem, os conteúdos de jornais e televisão em questões de crime e justiça são similares" (Surette, 1998:53).

em finais do século XIX, sobretudo no que respeita à abordagem dominante do crime como problema resultante de desvios ou disfunções individuais e não como questão social. Tendo em vista os específicos objectivos da presente investigação, a nossa análise centrar-se-á preferencialmente seja nos formatos televisivos seja da imprensa popular, onde é mais notório o tipo de *relação demagógica* com o público característica dos *mass media,* a que já nos referimos[147], sendo certo, contudo, que tais formatos, sobretudo por motivos de concorrência comercial, tendem hoje a ser – em maior ou menor grau, e mesmo quanto expurgados do colorido sensacionalista típico daquela imprensa – hegemónicos em grande parte dos media, incluindo a imprensa "de qualidade", ou "de referência", onde a criminalidade económica e financeira e a relacionada com as funções do Estado assumem, em geral, maior relevância que a criminalidade violenta contra pessoas e onde o noticiário criminal surge frequentemente enquadrado por comentários e análises de especialistas.

3.2.1.1. *Do século XIX aos nossos dias*

Como vimos antes[148], as notícias de crimes e julgamentos eram comuns nos folhetos e jornais publicados entre os séculos XVI e XIX, normalmente acompanhadas de exortações morais aos leitores. "Os jornalistas instruíam os leitores sobre o crime e o pecado com produtos pré-formatados surpreendentemente semelhantes aos dos conteúdos, focados no entretenimento, de muitas das notícias de crime de hoje" (Surette, 1998: 55). Paralelamente, quer na imprensa doutrinária quer na diária, as notícias criminais eram muitas vezes enquadradas por comentários críticos analisando as causas sociais do crime ou alertando já contra sentimentos de insegurança ou contra a possibilidade de as notícias de crimes poderem eventualmente suscitar práticas delituosas de imitação (*copycat*). A natureza alegadamente criminogénia da presença do crime nos media, particularmente de crimes violentos com grande cobertura mediática, é uma discussão ainda hoje aberta entre muitos criminalistas.

Os primeiros *penny papers* americanos, surgidos ainda nos anos 30 do século XIX, dirigidos a grupos sociais urbanos (mecânicos, artesãos,

---

[147] *Supra*, 3.1..
[148] *Supra*, 3.1..

pequenos comerciantes) e à emergente classe média letrada, obedeciam, por exemplo, a orientação ideológica de classe, retratando o crime como resultado das desigualdades sociais, a justiça como instrumento dos ricos contra os pobres, reclamando reformas e apresentando os delitos individuais como exemplos de problemas sociais e políticos mais vastos. Era, por isso, frequente serem perseguidos judicialmente quer sob acusação de promoção da licenciosidade quer de interferência na administração da justiça (Surette, 1998: 55-57).

O desenvolvimento da imprensa industrial em finais do século XIX viria a operar, como já referimos, a passagem dessa relação *pedagógica* com o público típica não só da imprensa "séria", doutrinária e elitista da primeira metade do século como dos primeiros diários, para uma relação *demagógica*, orientada por motivações comerciais e em que "o impulso deve vir do leitor"[149]. Na mesma época, principalmente a partir da publicação de *L'Uomo Delinquente*, de Lombroso, centrando a génese do crime no sujeito criminoso e no "delinquente nato", a criminologia nascente suscita enorme interesse e divulgação e, propiciando narrativas breves assentes em estereótipos simples de bem e mal, de vítimas e abusadores, de heróis, vilões e inocentes[150], influencia decisivamente a representação do crime na imprensa popular e no designado *yellow journalism*.[151] No mesmo sentido concorre ainda o facto de a Polícia e demais agências do sistema penal, designadamente os tribunais[152], se terem vindo a tornar progressivamente a principal fonte de informação dos jornais sobre casos criminais.

Simultaneamente surge uma imprensa semanal dedicada ao crime, escândalos sexuais, corrupção, desporto e famosos, que conhece enorme

---

[149] Cf. *supra* 3.1..

[150] "Alguns autores sustentam que as notícias sobre o crime (...) constituem uma preciosa fonte de informação acerca dos critérios normativos da sociedade em que se inserem. O conjunto de notícias sobre o crime relatadas nos jornais poderia reconduzir-se, afinal, segundo esta interpretação, a uma *estória* única, de proveito e exemplo, espécie de codificação das principais normas não escritas em vigor acerca do crime e dos valores dominantes na sociedade em causa" (Mesquita, 2003: 110).

[151] Sobre esse *yellow journalism*, de que são comumente apresentados como exemplo os jornais de Hearst e Pulitzer em Nova York, dedicados quase exclusivamente a notícias de catástrofes, escândalos, mexericos e crimes, particularmente crimes violentos contra pessoas, cf. Surette, 1998:58.

[152] Muitas notícias eram frequentemente reprodução *ipsis verbis* de peças processuais.

desenvolvimento nas primeiras décadas do século XX e em que Surette vê o modelo da imprensa sensacionalista e da "TV-lixo" contemporâneas. "Nascera o consumo massificado do noticiário criminal" (Surette, 1998: 57).

3.2.1.2. Selectividade

Nascem e desenvolvem-se então igualmente dois modelos[153] de tratamento da informação, designadamente da informação criminal, ainda hoje reconhecidos por diferentes autores[154] nos media contemporâneos: o *market model*, em que as notícias são predominantemente seleccionadas e objectivamente apresentadas de acordo com o interesse público, e o *manipulative model*, em que a selecção das notícias e seu tratamento obedecem aos interesses dos proprietários do medium.

A selectividade tem um importante papel na construção do crime no discurso mediático. De facto, os media noticiosos oferecem ao público uma realidade parcialmente *construída* desde logo pela selecção das fontes ["definidores primários", segundo Hall *et al.*, que estabelecem a "definição inicial ou a *interpretação primária* das matérias em causa"[155], ou seja, envolvendo uma primazia simultaneamente "temporal e ideológica" (Schlesinger e Tumber, 1994: 17)][156] e, depois, entre as notícias obtidas a partir das fontes – na informação criminal geralmente fontes institucionais –, publicando umas e omitindo necessariamente outras.

Assim, os media transmitem *sempre* pontos de vista sobre a realidade social ["a representação dos factos transforma-os" (Fowler, 1994: 207)], mais amplos ou mais estreitos de acordo com a maior ou menor diversidade das fontes utilizadas e a natureza delas, o contexto cultural da produção e consumo das notícias e os próprios formatos impostos pelas práticas profissionais do jornalismo (as *legis artis*). "O jornalismo, independente-

---

[153] Trata-se, obviamente, de modelos teóricos, que na prática se interpenetram em grau maior ou menor.

[154] Por todos, Cohen, S. e Young, J. (1981), *The Manufacture of News*, London, Thousand Oaks CA, and New Delhi: Sage Publications.

[155] Hall, Stuart, Critcher, Charles, Jefferson, Tony, Clarke, John e Robert, Brian (1978), *Policing the Crisis*: <u>Mugging, the State, and Law and Order</u>, London: Macmillan (*apud* Schlesinger e Tumber, 1994: 17).

[156] Schlesinger e Tumber colocam várias reserves à operacionalidade do conceito de "definidores primários" (cf. Schlesinger e Tumber, 1994: 18-21).

mente da integridade de jornalistas e editores, constitui sempre uma avaliação selectiva e parcial da realidade"[157]. Ou, como diz Bourdieu: "O simples relato, o facto de relatar, *to record*, com *repórter*, implica sempre uma construção social da realidade capaz de exercer efeitos sociais (...)" (Bourdieu, 2001: 14-15).

Nesta construção têm desde logo, como vimos, papel determinante enquanto "definidores primários" as fontes. Ora, "nas notícias de crimes e justiça vemos usualmente agentes do sistema de justiça criminal e do governo que prestam informações sobre criminosos individuais e crimes de rua"[158], tendendo, por isso, a representação do crime nos media a reproduzir predominantemente as posições (ideológicas) das agências governamentais e do sistema penal, sendo ainda que também as fontes anónimas e as informações *off the record* sobre factos criminais têm a maior parte das vezes como fonte primária elementos da Polícia ou dos tribunais. Deste modo, a representação do crime nos media tenderia a estar "extensivamente, subtilmente e sistematicamente (...) ao serviço do poder estabelecido" (Wykes, 2001: 6)[159], pelo que também em matéria criminal (Hall *et al*. citam, a propósito, Marx), "as ideias dominantes são (...) as ideias da classe dominante"[160]. Este ponto de vista destacaria, pois, o papel fundamentalmente socializador e ideológico da informação criminal publicada pelos media: exibindo o desvio, promoveriam a conformidade e a previsibilidade sociais[161], reproduzindo valores ideológicos dominantes "através de uma contextualização dos acontecimentos que faz sobretudo apelo a quadros de referência consagrados" (Penedo, 2003: 37).

É assim que Entman[162] verifica que os casos relatados pelos media dos Estados Unidos envolvendo afro-americanos acusados de crimes vio-

---

[157] McNair, B. (1994), *News and Journalism in the UK*, London: Routledge, p. 34 (*apud* Wykes, 2001: 21).

[158] Graber, Doris (1980), *Crime News and the Public*, New York: Praeger (*apud* Surette, 1998: 61).

[159] "Na prática, os jornalistas estabelecem uma autêntica negociação com as fontes (...) É a própria produção jornalística que está em jogo por via da matéria-prima informativa. Os favores dos jornalistas negoceiam-se a troco de notícias" (Mesquita, 2003: 234).

[160] Hall *et al*., *op. cit.*.

[161] Sobre esta material, Ericson, Richard, Baranek Patrícia e Chan, Janet (1987), *Visualizing Deviance: A Study of News Organization*, Toronto: University of Toronto Press).

[162] *Representation and Reality* (*apud* Beckett e Sasson, 2000: 79).

lentos ou relacionados com droga são surpreendentemente muito mais numerosos do que os que envolvem a acusação de brancos, sugerindo que a explicação do fenómeno possa estar justamente relacionada com o facto de a Polícia prender muito mais negros do que brancos sob acusações de violência ou tráfego de drogas e ser a Polícia a principal fonte da informação dos media sobre o crime[163]. Ao mesmo tempo, observam, por sua vez, Beckett e Sasson, a vítima típica mais frequentemente representada nos media norte-americanos é branca, do sexo feminino e rica (32% dos casos criminais noticiados pela TV, segundo um estudo realizado durante nove semanas na Florida por Chiricos *et al.*[164]). Ora, "na verdade, são os jovens de cor – especialmente os que residem em áreas urbanas pobres – quem tem [nos Estados Unidos] as mais altas taxas de vítimização, e as mulheres brancas as mais baixas" (Beckett e Sasson, 2000: 79).[165]

O mecanismo de selectividade penal (dos crimes publicitados e não) começa, pois, a montante dos media, nas suas fontes. É a partir de um primeiro nível de selecção que, depois, os media realizam uma segunda selecção de acordo com os seus critérios editoriais, o seu público (pois a informação é uma mercadoria[166]) e o seu específico modelo de tratamento

---

[163] Beckett e Sasson relacionam ainda com as fontes policiais a circunstância de os negros serem mais frequentemente do que os brancos identificados nos media com nome e fotografia quando acusados de crimes violentos (cf. Beckett e Sasson, 2000: 79).

[164] Chiricos *et al.* (1995), *Crime, News and Fear of Crime* (*apud* Beckett e Sasson, 2000: 80).

[165] Também uma pesquisa publicada no Brasil pelo ILANUD (Instituto Latino-Americano das Nações Unidas para Prevenção do Delito e Tratamento do Delinquente) dá conta de similar representação do crime na televisão brasileira: 62% dos crimes noticiados na TV são praticados por indivíduos isolados, agindo alegadamente por motivo de disfunções psicológicas (28%) e perpetrados de forma injustificável (53,4%); 63% desses crimes são cometidos por homens; 43,4% sobre grupos informais, sobretudo do sexo feminino (36,5%), a maior parte (71%) em zonas urbanas. De acordo com a mesma pesquisa, 69% dos crimes noticiados na TV são crimes violentos, chegando os de maior repercussão social, como roubos e extorsão com sequestro, a ter uma expressão quatro vezes maior nos noticiários televisivos do que têm nas estatísticas oficiais. Entre outras constatações, o estudo conclui que a TV tende a sobre-representar como delinquentes e a sub-representar como vítimas certos grupos minoritários ou impopulares e a concentrar a atenção sobre crimes de rua cometidos por pobres. [Barbos, Cristina e Kahn, Túlio (2001), "Crime e TV", in *Revista do ILANUD*, n.º 13, São Paulo: Edições Imprensa Oficial].

[166] Referir-nos-emos *infra*, em 3.2.4., ao papel da "procura" na "oferta" de informação criminal fornecida pelos media.

noticioso[167], o que faz com que na imprensa popular e TV predominem normalmente, tratados de forma dramática, os crimes de rua, em particular crimes violentos contra pessoas, ou contra o património envolvendo valores consideráveis, bem como ainda os de tráfico de droga, abuso de crianças, corrupção política ou terrorismo, e, em contrapartida, nos media de referência, dirigidos preferencialmente a elites culturais e económicas, a criminalidade económica e financeira[168].

3.2.1.3. Framing

A selectividade do tipo de crimes objecto de cobertura é, no entanto, apenas uma parte do processo da "construção" do crime pelos media. Outro dos mecanismos fundamentais dessa construção é o enquadramento (*framing*), isto é, "o modo como os factos criminais são apresentados ao público" (Roberts *et al.*, 2003: 77).

A apresentação dos factos criminais como episódios particulares mais do que enquanto parte de problemas mais vastos tem sido referida como sendo geradora da atribuição individualizada de responsabilidade[169]. Segundo Roberts *et al.*[170], a apresentação episódica e fragmentária encoraja os pontos de vista segundo os quais o crime é resultado de desvios individuais e não de problemas sociais. "O tipo de enquadramento episódico é particularmente adequado aos formatos de televisão, e daí que as notícias televisivas sobre o crime tenham a capacidade de promover o entendimento de que o crime tem que ver com problemas individuais e não com sistemas problemáticos" (Roberts *et al.*, 2003: 77).

"A mensagem que repetidamente passam tanto os media de entretenimento como os noticiosos – escreve Surette – é a de que o crime é perpetrado por predadores individuais basicamente diferentes do resto de nós, que a criminalidade é resultado de problemas individuais e que os crimes

---

[167] Tendo, pois, um papel activo e não meramente passivo em relação às informações provenientes de fontes institucionais.

[168] A separação de conteúdos entre media populares e de referência nem sempre é tão clara. Uns e outros disputam às vezes franjas de audiência comuns, mais ou menos largas, falando-se hoje frequentemente na crescente "tabloidização" de alguns media de referência.

[169] Cf. Iyengar, S. (1991), *Is Anyone Responsible? How Television Frames Political Issues*, Chicago: University of Chicago Press (*apud* Roberts *et al.*, 2003: 77)

[170] Roberts *et al.*, *id., ibid.*.

são actos livremente cometidos por indivíduos dispondo de um vasto conjunto de escolhas alternativas" (Surette, 1998: 82). Surette traça ainda uma espécie de *retrato-robot* do criminoso típico, de acordo com os estereótipos dominantes na sua representado nos media norte-americanos, tanto os noticiosos, particularmente a imprensa popular, como os de entretenimento: predador violento (jovem, desempregado, do sexo masculino, negro) ou, menos frequentemente, homem de negócios e profissional desonesto ou terrorista; mais jovem (entre 20 e 30 anos de idade) do que apontam as estatísticas oficiais; muitas vezes apenas sumariamente identificado, ficando ao público a tarefa de completar essa identificação [quase sempre "a imagem construída é a de um predador sem rosto" (Surette, 1998: 69)]. Por sua vez, a vítima, quando identificada, é normalmente mulher, branca, idosa ou muito jovem e de estatuto social elevado. Tais estereótipos parecem reforçar a natureza ideológica da representação dominante do crime nos media norte-americanos e repetem-se, com uma ou outra especificidade, nos media de outros países.

O'Connell (1999) constata, por exemplo, perfis idênticos no noticiário criminal dos media irlandeses. Também estes tendem a retratar predominantemente criminosos jovens ou indivíduos em "idade não-vulnerável" (entre 16 e 55 anos), em especial do sexo masculino, e vítimas "vulneráveis" (menos de 16 e mais de 55 anos de idade), em especial mulheres (os homicídios de mulheres, por exemplo, merecem, em geral, quase o dobro do destaque dos homicídios de homens) e idosos, sendo que, neste caso, a menor gravidade dos crimes não implica – como quando os crimes têm como vítimas homens entre 16 e 55 anos – menor destaque noticioso, isto é, quando estão em causa vítimas "vulneráveis", mesmo crimes menos graves suscitam em geral coberturas mediáticas relativamente grandes.

Helen Reeves, directora do *Victim Support* do Reino Unido, confirma esse perfil "preferencial" da vítima nos media britânicos: "Quando jornais e media se me dirigem, e fazem-no muitas vezes, procuram histórias de violência, preferentemente sobre idosos (...) Lembro-me de várias situações. Uma em que os jornais se prontificavam a divulgar a importância do nosso trabalho, mas só se lhes fornecêssemos fotos, preferivelmente de uma idosa [mulher] com marcas de ferimentos"[171].

---

[171] Home Office (1989) Standing Conference on Crime Prevention, Report of the Working Group on Fear of Crime, 11 December. London: HMSO, p. 26 (*apud* O'Connell, 1999: 200).

Analisando este "imaginário vitimário" que "se alimenta da inocência profanada", Salas – detendo-se, por sua vez, sobre a situação francesa – sublinha como o "combate em nome da vítima passa para primeiro plano", construindo "uma política de piedade onde se enraíza o populismo penal (...); a simpatia leva à compaixão, o ressentimento à punição", transformando a piedade em "veemência justiceira". Este fenómeno, alimentado pelas representações mediáticas da vítima ("o pivô representa a indignação do espectador, a *indignação simpática*") implicaria um crescente processo de despossessão dos actores imparciais do sistema penal, designadamente tribunais, de parte das suas funções (Salas, 2005: 84-89 *passim*).

Vários estudos[172] sobre a presença do crime nos media de diferentes países coincidem também na constatação de que os relatos de factos criminosos se esgotam normalmente na descrição da sua consumação e consequências imediatas[173] e de que raras vezes esses factos são analisados[174] de perspectivas críticas alargadas ou distanciadas, mas simplesmente representados como resultado de desvios individuais[175] aberrantes, praticados por pessoas "loucas ou malvadas"[176]. Problemas habitualmente associados pelas ciências sociais ao crime, como os da pobreza, desemprego, saúde, baixa escolaridade, elevadas taxas de divórcio, deterioração das relações comunitárias, iliteracia e outros, são geralmente omitidos no tratamento dos media de casos criminais (Surette, 1998: 48).

---

[172] Além dos de Schlesinger e Tumber, Surette, Wykes e Beckett e Sasson já referidos, ainda, entre outros, os de Reiner [Reiner, R. (1985), *The Politics of the Police*, New York: St. Martin Press] Gorelick [Gorelick, S. (1989), "Join our War: The Construction of Ideology in a Newspaper Crimefighting Campaign", in *Crime and Delinquence*], Hennigan *et al.* [Henningan, K., Heath, L., Warton, J., Del Rosário, M., Cook, T. e Calder, B. (1982), "Impact of the Introduction of Television on Crime in the United States", in *Journal of Personality and Social Psychology*], citados por Surette (Surette, 1998:82).

[173] Frequentemente com grande abundância de detalhes [Graber, *op. cit.* (*apud* Surette, 1998: 68)].

[174] Roberts *et al.* verificam uma progressiva indistinção, nesta matéria, entre media noticiosos e de entretenimento (Roberts *et al.* 2003: 77).

[175] O mito dos gangues de jovens criminosos que, a partir de Los Angeles, invadiu todos os media norte-americanos ("fantasmagoria político-mediática", chamou-lhe M. Davis [DAVIS, M. (1990) *City of Quartz*, London e New York: Verso, p. 270, *apud* Wacquant, Loie J. D. 1994: 89-101) constitui um exemplo de excepção à representação tradicional do crime nesses media.

[176] Iyengar, *loc. cit.*.

"As notícias de crimes tendem, dizem Beckett e Sasson, a ser enquadradas *episodicamente* mais que *tematicamente*. A cobertura de crimes de abuso sexual, por exemplo, ignora os temas de género e de poder, destacando, em vez disso, o carácter patológico dos abusadores ou, em casos particulares, as eventuais falhas dos serviços sociais. De modo similar, a cobertura de tumultos urbanos tende a retratar essas desordens como exemplos de criminalidade e ignorar as (...) questões estruturais e políticas nelas envolvidas" (Beckett e Sasson, 2000: 80-81). Ao mesmo tempo, os formatos mais comuns do tratamento do crime nos media representam-no ainda como consequência da ineficácia do sistema de justiça penal; assim, "os criminosos [escapariam] à punição por culpa de tecnicismos legais, de juízes liberais e de leis permissivas. Nesta perspectiva, a melhor forma de reduzir as taxas de criminalidade [seria] impor penas mais seguras e mais severas e incapacitar os criminosos durante mais largos períodos de tempo" (Beckett e Sasson, 200: 81). Reforçando a construção ideológica dominante do crime nos media noticiosos, e em consonância com ela, os media de entretenimento traçam habitualmente o retrato de uma sociedade ameaçadora, com predadores e vítimas indefesas, onde justiceiros violentos exteriores ao sistema de justiça penal se revelam sempre mais eficazes do que este na luta contra o crime.

Os media noticiosos tendem ainda a dar maior relevo, como dissemos, não só a crimes violentos (que, por serem mais incomuns, têm maior valor-notícia), mas a crimes cometidos por estranhos, mais do que por conhecidos ou familiares (os casos de violência doméstica são, por exemplo, menos vezes relatados do que crimes de rua como homicídios, violações e assaltos). "Deste modo, os criminosos são tipicamente representados como predadores exteriores mais do que enquanto amigos ou membros da família e, ao longo do último século, mostrados como cada vez mais bárbaros e irracionais, e os seus crimes cada vez mais violentos e imprevisíveis"[177], sendo no entanto sabido que, por exemplo, os crimes sexuais, objecto de intensa cobertura mediática, são na maior parte dos casos cometidos, não por estranhos, mas por conhecidos ou próximos das vítimas (Surette, 1998: 68).

---

[177] Surette R. (1994), "Predator Criminals as Media Icons", in *Media, Process and the Social Construction of Crime: Studies in Newsmaking Criminology*, New York: Barak G (ed.), pp. 134-135 (*apud* Beckett e Sasson, 2000: 79).

Estes estereótipos são normalmente acompanhados da "sobre-representação de certos crimes e certos sectores da população (na sobre-representação, obviamente, dos crimes violentos)" e da "rotulação qualitativamente pejorativa de certos indivíduos ou grupos, com o uso de imagens e linguagem sombria e sensacionalistas, assim se criando estereótipos de pessoas e mitos urbanos sobre o crime[178]" (Brown, 2003: 30). Muitos criminologistas[179] têm destacado o modo como a ênfase dos media em certos tipos de crime é um dos factores que decisivamente contribui para a má informação e errónea percepção do público sobre a verdadeira natureza do crime. Crimes empresariais, por exemplo, seriam sub-representados nos media em relação à sua real dimensão[180], o que de novo parece acentuar a natureza fundamentalmente ideológica da representação dominante do crime nos media em análise.

3.2.2. *Retórica criminológica dos media*[181]

Numerosos autores[182] têm verificado a crescente hibridização do jornalismo, tanto nos conteúdos como na estrutura, e do género narrativo, muito especialmente na TV, mas também nos media escritos, em que Bourdieu constata um cada vez mais amplo e intenso desenvolvimento da influência dos processos televisivos (Bourdieu, 1994:3)[183]. De facto, "entre as características básicas da retórica dos media situa-se a construção de narrativas. Os media, e em especial a televisão, funcionam como *moinhos*

---

[178] Wykes analisa pormenorizadamente a construção de alguns destes estereótipos nos media britânicos: rácicos, juvenis (delinquência juvenil), relativos aos sem-abrigo, mulheres e família (cf. Wykes, 2001).

[179] Por todos, Barak [Barak, G. (1995), ed., *Media Process and the Social Construction of Crime*, New York: Garland] (*apud* Surette, 1998: 68).

[180] Cf. Surette, 1998: 68.

[181] Sobre retórica jornalística em geral cf. Mesquita, 2003: 337 e ss.

[182] Entre outros, Brown, Sheila (2003), *Crime and Law in Media Culture*, Buckingham/Philadelphia: Open University Press.

[183] Surette observa igualmente que os conteúdos criminais da imprensa escrita e da televisão tendem a ser similares (cf. Surette, 1998: 3). E Mário Mesquita considera mesmo inapropriado falar hoje de media escritos, em virtude do lugar cada vez mais decisivo que neles têm os elementos icónicos (a reprodução fotográfica e o *cartoon*) e para-icónicos (a paginação, a titulação ou a infografia) (cf. Mesquita, 2003: 110).

de estórias que produzem ficções, textos jornalísticos ou produtos híbridos a meio caminho entre o ficcional e o factual" (Mesquita, 2003: 110).

Além da construção narrativa, em muitos conteúdos de notícias e reportagens sobre crimes e justiça criminal – às vezes organizadas sucessivamente como episódios novelescos em folhetim (crime, investigação, processo, julgamento) – sobrepõem-se ou confundem-se factos e conjectura ou ficção[184], com os padrões ficcionais influenciando a descrição factual, cada caso concreto surgindo como fragmento, ou "plot", de uma narrativa mais vasta estruturada como conto moral[185] assente em estereótipos

---

[184] A necessidade de, por imperativos de concorrência, manter o fluxo noticioso sobre certos casos criminais presentes na agenda mediática implica muitas vezes que, à míngua de novas informações relevantes, as peças jornalísticas se dediquem a repetir informações já veiculadas, formulando, a partir delas, conjunturas ou ficcionando cenários com maior ou menor sustentação factual (o "é" ou o "foi" são então substituídos pelo "poderá ser" e abunda o recurso aos tempos verbais do condicional e do futuro hipotético. O recente caso do desaparecimento da pequena Maggie McCann de um aldeamento turístico no Algarve é um bom exemplo dessa situação. Durante meses, jornais e TVs alimentaram um imenso caudal de notícias com conjecturas, sucessivamente descartadas e logo substituídas por outras, desde as de rapto da criança por uma rede de tráfico de menores para adopção ou para comércio de órgãos até às de abuso sexual ou às de acidente ou homicídio, ficcionando todo o tipo de cenários e de suspeitos e criando à volta do caso uma verdadeira novela de mistério que ocupou os ecrãs das televisões e as manchetes da imprensa escrita. Uma notícia (ou uma não-notícia) publicada pelo jornal *Correio da Manhã* em 20 de Agosto de 2007, semelhante a muitas dos que foram vindo a público durante todo esse tempo na generalidade dos jornais e canais televisivos portugueses e ingleses, dá uma ideia dessa confusão entre conjectura mais ou menos ficcional e informação: "o dia de hoje *poderá ser* decisivo na investigação"; "os resultados das análises aos vestígios biológicos recolhidos nos carros e na parede do apartamento *podem ser* hoje enviados para Portugal"; "*poderão existir* desenvolvimentos nos próximos dias"; "durante a recolha de vestígios levada a cabo nos carros usados pelos McCann e por amigos do casal, o cão inglês especialmente treinado para detectar o odor de cadáver *ter-se-á mostrado* muito nervoso, o que *poderia indiciar* a presença de um corpo naquela viatura"; "a utilização dos cães pisteiros (...) *terão sido* sugeridos (sic) pelos próprios ingleses"; "as *hipóteses* mais credíveis para explicar o desaparecimento de Madeleine são as de que se tratou de um crime ou de um acidente"; "o passado recente de todos os amigos de Kate e Gerry McCann (...) foi investigado, mas apenas um dos casos *terá levantado* dúvidas aos investigadores"; "os pais de Maddie *podem regressar* a casa no próximo mês"; "um suspeito inglês, já identificado, *poderá ser* extraditado para Portugal"; "os McCann *terão arrendado* a casa onde estão alojados até à segunda semana de Setembro", etc.. (Sublinhados nossos).

[185] Sobre a estrutura de "contos morais" dos relatos criminológicos da TV, cf. Sparks, S. (1992), "Televisiom and the Drama of Crime: Moral Tales and the Place of Crime", in *Public Life*, Buckingham/Philadelphia: Open University Press.

de bem e de mal. "O conjunto de notícias sobre o crime relatadas nos jornais poderia reconduzir-se, afinal, (...) a uma *estória* única, de proveito e exemplo, espécie de codificação das principais normas não escritas acerca do crime e dos valores dominantes na sociedade em causa" (Mesquita, 2003: 110-111).

Verifica-se, com efeito, no noticiário de casos criminais um fenómeno multifacetado em que "notícia" e "ficção" desenvolvem um processo acelerado de contiguidade e hibridização discursivas, tornando-se problemático distinguir nelas a representação, ou recriação, do documento e do referente objectivo. Neste quadro, "o corpo da notícia, apresentado (...) no estilo dramático dos formatos de entretenimento, assume ressonância não apenas pela sua estrutura moral e metafórica mas também pela sua superfície" (Brown, 2003: 53)[186].

Neste processo têm particular importância tanto elementos retóricos linguísticos como iconográficos. Brown destaca a importância do uso da metáfora[187] na retórica criminológica dos media (Brown, 2003: 44 e ss). "A metáfora precede e introduz a construção da narrativa" (Mesquita, 2003: 113) e possibilita a ressonância na experiência vivida de leitores e telespectadores, pois que a nossa relação com o mundo, "o modo como pensamos, aquilo que experienciamos e aquilo que fazemos diariamente funciona em larga medida em termos metafóricos"[188]. "As metáforas são económicas a comunicar sentido: elas 'vão direitas ao assunto'. Quanto menos palavras, mais impacto" (Brown, 2003: 43).

Assim, a pornografia é um "veneno", o crime é uma "praga" e deve ser "esmagado", as punições devem ser "duras". As metáforas relacionadas com o corpo e a doença são igualmente comuns no discurso criminológico mediático da TV e da imprensa popular, conferindo ao crime natureza física: o crime é frequentemente referido como "cancro" ou como "epidemia"; desfigura o "rosto" da sociedade ou está profundamente instalado no seu "corpo". Por outro lado, as metáforas espaciais conferem-lhe proximidade: o criminoso está "à nossa porta" ou "ao virar da esquina".

---

[186] Cf. 3.3.1., *infra*, sobre o crime como entretenimento.

[187] Rigorosamente dever-se-ia falar tanto de metáfora como de metonímia (e ainda de tropos ou figuras retóricas como a hipérbole). A metáfora opera fundamentalmente por comparação (aproximação) e a metonímia por substituição (a parte pelo todo, o todo pela parte, o continente pelo conteúdo, etc.).

[188] Lakoff G. e Johnson, M. (1977), *Metaphors, We Live By*, Chicago, Il: University of Chicago Press, p. 3 (*apud* Brown, 2003: 43).

"O que dá a tais metáforas ressonância não é o modo como 'distorcem' a 'realidade', mas a sua proximidade com a experiência (...) As metáforas para criminosos criam um adequado sentimento de alteridade, tanto através da doença como de metáforas animais. Os criminosos (...) são "animais" (...) As palavras tornam-se imagens, moldando o visual a partir da linguagem e deslizando imperceptivelmente para as representações iconográficas contemporâneas: fotografia, câmaras de TV, vídeos, imagens digitais; as imagens-palavras e as imagens-imagens dialogam entre si e ressoam umas com as outras reforçando-se mutuamente. Essas metáforas não são substitutos da 'realidade' mas uma expressão de 'categorias da realidade': a noção de objectividade da linguagem ou da imagem é uma excentricidade, já que nega as bases em que funciona a [nossa própria] experiência da vida quotidiana" (Brown, 1977: 44-45), em que as metáforas são um "sistema conceptual" que nos permite pensar e agir no dia a dia, através da compreensão de "um domínio da experiência em termos de um outro"[189].

As figuras retóricas (além de "animais", os criminosos são também "monstros" ou, no caso de crimes sexuais, "predadores"[190]) usadas no discurso criminológico jornalístico, bem como as imagens (fotografias da imprensa escrita ou imagens televisivas, hoje frequentemente manipuladas com propósitos retóricos), e ainda aquilo que Mário Mesquita (Mesquita, 2003: 343) chama "formas polifónicas" televisivas (imagens, sons, diálogos, palavra escrita, música), funcionam operando correspondências entre o crime e os seus actores (especialmente criminosos e vítimas) com os padrões culturais dominantes na sociedade. "O crime a criminalidade não têm existência ou significado fixos. São categorias taxonómicas, culturalmente produzidas e sustentadas de maneira mais ou menos padronizada; crucialmente [são] categorias metafóricas [que] dão forma a dores indescritíveis, sensações de sofrimento, tristeza, perda, medo, ansiedade, irresolução, desgosto, cólera, solidão ou desespero" (Brown, 2003: 74).

Para além dos tropos, na retórica especificamente criminológica dos media assumiria ainda particular destaque aquilo que Gizlene Neder

---

[189] Lakoff G.e Johnson, M., *op. cit.*, p. 117 (*apud* Brown, 2003: 43).
[190] Batista cita o caso de um editorial de *O Jornal do Brasil* de 15 de Dezembro de 1995 onde se defende que alguns acusados de tráfico de droga, "comportando-se como animais selvagens, não merecem qualquer comiseração" e devem ser excluídos dos direitos humanos (Batista, 2002: 7).

designa por "utopias urbanas retrógradas"[191], que invocam "um passado urbano cordial, saudades do que nunca existiu" (Batista, 2002: 7) em comparação com a visão catastrófica de um presente e um futuro ameaçados pela proliferação da delinquência e do crime. "O passado é 'cor-de-rosa', o futuro 'negro'" (Brown, 2003: 45).

Por sua vez, nos noticiários e reportagens televisivos e radiofónicos sobre o crime têm ainda significativa relevância retórica, para lá dos processos próprios dos conteúdos verbais estritamente informativos, os dispositivos comunicacionais (ou de *relação* [Watzlawick, 1975: 49 e *passim*]) não verbais, como a entoação da voz, o gesto, o olhar e outros modos de expressão corporal. Como observa Mário Mesquita, "a *relação* metacomunica, ou seja, transmite informações sobre a informação" (Mesquita, 2003: 85)[192]. "Na televisão, os âncoras são narradores participantes dos assuntos criminais, verdadeiros actores – e actrizes – que se valem teatralmente da própria máscara para um jogo subtil de esgares e trejeitos indutores de aprovação ou *reproche* aos factos e personagens noticiados. Este primeiro momento, no qual uma acusação a alguém se torna pública, não é absolutamente neutro nem puramente descritivo. A acusação vem servida com seus ingredientes já demarcados por um olhar moralizante e maniqueísta; o campo do mal destacado do campo do bem, anjos e demónios, em sua primeira aparição, inconfundíveis" (Batista, 2002: 14).

Com efeito, como recorda Bourdieu, alguns estudos sociológicos têm procurado "evidenciar o implícito não verbal da comunicação verbal: dizemos tanto por meio dos olhares, dos silêncios, dos gestos, das mímicas, dos movimentos dos olhos, etc., como por meio da palavra" (Bourdieu, 2001: 28).

Inseridos em idêntico quadro *metacomunicativo*, agora verbal, Batista dá ainda o exemplo de alguns comentários dos pivôs encarregados de apresentar notícias ou reportagens de casos criminais na TV brasileira: "O âncora Boris Casoy repete sempre o mesmo bordão ('Isto é uma vergonha' ou 'Isto tem que acabar') quando não está compreendendo muito bem um assunto criminal" (Batista, 2002: 7).

---

[191] Neder, Gizlene (1997), "Cidade, identidade e exclusão", in *Tempo*, Rio de Janeiro: Relume-Dumará/UFF, v. 2, no 3, p. 111.

[192] Mário Mesquita afirma que "a análise dos media indica-nos que, sobretudo na área televisiva e radiofónica, assistimos ao primado da *relação* sobre o conteúdo" (Mesquita, 2003: 86).

Justamente porque correspondem fundamentalmente a padrões sociais dominantes, as estratégias retóricas jornalísticas variam com a natureza dos crimes. "Perante um acto premeditado, [dirigem-se à] indignação; mas o crime passional ou a loucura criminosa incitam à piedade" (Salas, 2005: 85). Numa obra de 2003 (Houel *et al*., 2003), as psicólogas Annik Houel e Patrícia Mercader e a socióloga Helga Sobota analisam as estratégias de linguagem e as conotações implícitas em relatos jornalísticos de crimes passionais na imprensa popular de vários países, em particular em França entre 1985-1993, observando que os dispositivos retóricos usados no relato deste tipo de crimes, com recurso a uma linguagem "saturada de estereótipos e de clichés" (Houel *et al*, 2003: 176), tendem a induzir explicações, quando não justificações, "lógicas" compatíveis com valores ideológicos dominantes ou partilhados pelo jornalista, fazendo intervir, em certos casos, motivos culturais ou religiosos para justificar os excessos do modelo familiar patriarcal e a violência conjugal, principalmente no caso de casamentos mistos. Alguns títulos de notícias sobre mulheres francesas mortas por maridos estrangeiros exprimiriam, com efeito, esse tipo de justificações culturais ou religiosas: "Queria ser ela a dar ordens", ou "No país dele, não se admite o divórcio" (Houel *et al*, 2003: 140). Já no caso de mulheres que matam maridos ou filhos, a linguagem jornalística tornar-se-ia, pelo contrário, particularmente severa, chegando a reclamar para as criminosas a perda do estatuto de mães (Houel *et al*, 2003: 163). As autoras concluem que os relatos jornalísticos de crimes passionais não contêm o mesmo tipo de retórica de desaprovação que se verifica nos outros crimes nem os seus autores são apresentados como sendo perigosos, beneficiando, em certos casos, de uma retórica de implícita simpatia, como se "o código amoroso se revelasse mais forte que o Código Civil" (Houel *et al*, 2003: 138)[193].

3.2.3. *Medo do crime e sentimento de insegurança*

A problemática dos efeitos dos media sobre a percepção pública do crime tem dado origem a trabalhos de investigação em torno das relações entre os níveis de exposição aos conteúdos noticiosos dos *mass media* e ao

---

[193] A questão relaciona-se com a representação do crime nos media, tratada *supra* em 3.2.1.

tratamento sensacionalista de certo tipo de crimes, particularmente crimes violentos, e as opiniões e atitudes do público face à realidade criminal. A questão enquadra-se na discussão mais vasta dos efeitos dos media, que têm sido analisados pelas ciências sociais a partir de diferentes tipos de abordagem.

Entre as duas grandes guerras desenvolveu-se uma *teoria dos efeitos ilimitados* dos media, historicamente marcada por vários constrangimentos, nomeadamente pela influência dos detentores dos media no trabalho científico. Segundo essa teoria, os efeitos dos media atingiriam de forma total, directa e irreversível, cada elemento do público individualmente, sobressaindo nesse processo o mecanismo da propaganda e da manipulação (Pissarra Esteves, 2002:14-16). Os media possuiriam um poder praticamente ilimitado de modelar as consciências através de processos "de estímulo-resposta próximo[s] da reflexologia pavloviana" (Cunha Rodrigues, 1999: 68), analisados por Tchakhotine numa obra de 1939, "Le viol de foules par la propagande politique" ["A mistificação das massas pela propaganda política" (Tchakhotine, 1967)].

Paul Lazarsfeld formularia mais tarde uma *teoria de efeitos limitados*, cujo paradigma preponderou durante até aos anos 60 do século passado, pondo em evidência certos mecanismos de limitação e "filtragem" dos efeitos dos media pelo tecido social. Fundada na observação das mudanças de atitude nas audiências provocadas pelos media, a teoria dos efeitos limitados esquece, porém, que "o poder dos meios de comunicação [é] o poder definido, não pela capacidade de fazer as pessoas pensarem de outra forma, mas, pelo contrário, de levá-las a pensar sempre do mesmo modo" (Pissarra Esteves, 2002: 24). Por outro lado, a errónea equiparação da influência das relações pessoais e dos meios de comunicação social e uma concepção de poder que omite os padrões estruturais da sua distribuição social, da liderança de opinião como seguidismo e da equivalência funcional abstracta entre as diversas actividades sociais, de que Lazarsfeld parte para a avaliação quantitativa dos efeitos dos media, aliada uma base metodológica e um reduzido quadro temporal de análise, terão impedido a formulação pela teoria dos efeitos limitados de conclusões científicas sólidas.

Entretanto, com base numa análise dos efeitos dos media centrada nas audiências, "considerando não só o seus diversos critérios de segmentação mas também os perfis simbólicos que lhes estão associados: o processo de recepção e as formas diferenciadas de descodificação das mensagens, os quadros culturais e os investimentos afectivos mobilizados"

(Pissarra Esteves, 2002: 26) surgiriam, na década de 70, diversas *teorias dos efeitos cognitivos*, a partir da observação do resultado do conhecimento público em comunidades em que os media actuam como mediadores entre a população e as instituições de poder, determinando os conhecimentos por que se orientam os indivíduos. Tal determinação dos conhecimentos operaria através do *agendamento* (entre demasiados assuntos, só podem ser seleccionados alguns que os media *agendam* de acordo com as pressões a que estão sujeitos, interagindo a agenda mediática constantemente com as agendas política e a pública e comprimindo os mecanismos de defesa individuais descritos pela teoria dos efeitos limitados); da *tematização* (o público dispensa uma atenção restrita, entre muitos assuntos, sobretudo aos valorados pelos media); do facto de os órgãos de comunicação, fundamentalmente, explicitarem e reforçarem consensos (os indivíduos tenderiam, na falta dessa explicitação, a refugiar-se numa *espiral de silêncio*[194]); da *construção das notícias* (a notícia de um acontecimento reconstitui significados e, através do seu enquadramento, opera uma construção social da realidade); e do *crescimento diferencial do conhecimento* (demonstrativo de que o aumento de informação dos meios de comunicação de massa numa sociedade se traduz por uma aquisição de conhecimentos a uma ritmo mais rápido pelos mais ricos e mais lento pelos mais pobres, sendo que a diferença de conhecimentos entre ambos os segmentos tende a aumentar e não a diminuir, actuando como mecanismo de controlo social) (Pissarra Esteves, 2002).

A versão mais radical da teoria dos efeitos cognitivos sustenta que "as pessoas têm tendência para incluir ou excluir dos seus conhecimentos aquilo que os meios de comunicação de massa incluem ou excluem do seu próprio conteúdo e, além disso, o público tende a atribuir àquilo que esse conteúdo inclui uma importância que reflecte de perto a ênfase atribuída pelos meios de comunicação de massa aos acontecimentos, aos problemas, às pessoas" (Shaw, 1979: 96[195]).

---

[194] A noção da espiral do silêncio foi formulada por Elizabeth Noelle-Neumann. Segundo essa hipótese, os indivíduos esforçar-se-iam, em cada momento, por "avaliar as relações de força entre os diversos pontos de vista concorrentes no espaço público e por 'antecipar' o que será a opinião pública algum tempo mais tarde, a fim de conhecerem quais são as ideias que podem exprimir sem risco de marginalização (...) A tendência para se exprimir, num caso, e guardar silêncio noutro engendra um processo em espiral que instala gradualmente uma opinião dominante" (Cunha Rodrigues, 1999: 70).

[195] *Apud* Pissarra Esteves, 2002: 29.

Os estudos sobre o impacto dos media na percepção da realidade criminal parecem confirmar a perspectiva dos efeitos cognitivos. Com efeito, com alcance e metodologias diferentes, todos esses estudos são concordantes, independentemente das estratégias de abordagem e da natureza das conclusões a que chegam, em que a sobre-representação da realidade criminal nos *mass media* condiciona de modo determinante – mais que as estatísticas oficiais ou experiências pessoais de vitimização, sendo que a experiência de vitimização reforça, porém, esse condicionamento – a percepção da realidade criminal pela generalidade dos cidadãos, desenvolvendo sentimentos de insegurança colectiva propiciadores da adopção de políticas criminais cada vez mais severas.[196]

Assim, "as pessoas, para formar uma ideia sobre a criminalidade (...) apoiam-se sobretudo numa experiência relativamente abstracta, baseada nas informações veiculadas pelos media e pelo discurso público. Daí que não surpreenda a imagem que fazem do fenómeno criminal seja a de uma criminalidade violenta [contra pessoas], cujo volume estaria a aumentar de forma dramática" (Brillon, 1986: 237). Também estudos de Gerbner e outros investigadores[197] concluem que os telespectadores mais expostos à informação e opinião televisivas sobre o crime – mesmo sendo alguns mais afectados que outros independentemente dos níveis de exposição – tendem a ter uma percepção do mundo como um lugar perigoso, violento e dominado pelo crime, "caracterizado pela suspeita, medo, alienação, desconfiança [e] cinismo", sugerindo que os que mais vêem TV "têm dificuldade em diferenciar o mundo da televisão do mundo real" (Surette, 1998: 204).

---

[196] "A voz dominante das políticas criminais já não é tanto a do especialista ou do prático mas (...) a dos membros mais amedrontados e ansiosos da população" [GARLAND, David, The *Culture of Control*, p. 13 (*apud* Salas, 2005: 109).

[197] Gerbner, G. e Gross, I. (1976), *Living with Television: The Violence Profile*, in *Journal of Communication*, 26: 173-199; Gerbner, G., Gross, I., Jackson Beeck, M., Jeffries-Fox, S., e Signorelli, N. (1978), *Cultural Indicators: The Violence Profile N.º 9*, in *Journal of Communication*, 29: 176-207; Gerbner, G., Gross, Signorelli, N, Morgan, M. e Jackson-Beeck, M. (1979) *The Demonstration of Power: Violence Profile N.º 10*, in *Journal of Communication*, 29: 177-196; Gerbner, G. e Gross, I. (1980), *The Violent Face of Television and Its Lessons*, in *Children and the Faces of Television*, ed. E. Palmer e A. Dors, New York: Academic Press, pp. 149-162; e Gerbner, G., Gross I., Morgan M. e Signorelli, N (1994), *Growing up with Television: The Cultivation Perspective*, in *Media Effects*, ed. J. Bryand e D. Zillman, Hillsdale N. J.: Eribaum, pp. 17-41 (*apud* Surette, 1998: 204).

Uma sondagem realizada em 1988 nos Estados Unidos pelo Bureau of Justice Statistics confirmava que os americanos têm mais medo de serem vítimas de um crime violento do que do cancro e doenças cardíacas ou de acidentes de automóvel, embora aquelas doenças e os acidentes de trânsito sejam muito mais comuns e provoquem anualmente mais mortes e casos de incapacidade do que os crimes violentos.

Alguns sociólogos usam o conceito de "pânico moral", simultaneamente como modelo processual e instrumento heurístico para classificar "processos sociais que dão forma à percepção pública de uma ameaça iminente à ordem moral da sociedade". Fora do meio académico, a expressão é também comummente usada "a propósito de um vasto conjunto de situações, da possibilidade de clonagem humana à influência dos *video-game* nos jovens", como "uma espécie de estenografia para histeria pública, por definição 'irracional', e quase sempre servindo para indicar o comportamento de outros e não o próprio". As diferentes inflexões possíveis da expressão "partilham, contudo, a assumpção de que os media desempenham um papel crucial na determinação das características do pânico moral" (Critcher, 2003: ix, *passim*). O conceito foi aproveitado do mundo financeiro, onde se fala de "pânico moral" sempre que rumores de instabilidade num banco, ou bancos, suscitam uma corrida generalizada aos depósitos, provocando o colapso do banco.

Segundo Stanley Cohen[198], "os media desde sempre operaram como agentes de indignação moral (...). Mesmo sem terem consciência de se encontrarem envolvidos numa cruzada (...), o modo como relatam certos factos pode ser suficiente para gerar preocupação, ansiedade, indignação ou pânico. Quando esses sentimentos coincidem com a percepção de que determinados valores precisam de ser protegidos, estão presentes as pré-condições para a criação de novas regras ou nova definição de um problema social".

É no sentido exposto que o medo do crime suscitado pela desmesurada presença nos media de casos criminais, em especial crimes violentos[199], e a indignação e insegurança que esse fenómeno gera na opinião pública, têm sido classificados como um caso típico de "pânico moral", sobretudo quando o medo se concentra em determinados grupos sociais

---

[198] Cohen, Stanley (1973), *Folk Devils and Moral Panics*, p. 16 (*apud* Critcher, 2003: 12).

[199] Cf., sobre a presença do crime violento nos media, o que ficou dito em 3.1..

(imigrantes, ciganos, jovens dos subúrbios, toxicodependentes...) ou em determinadas tipologias de criminosos (pedófilos, abusadores sexuais, homicidas...).

O pânico moral suscitado pelo medo do crime encoraja o isolamento social constitui a matriz do populismo penal que suporta políticas penais "musculadas" e aquilo que Salas (2005:109) classifica de "virilidade punitiva".[200] Um estudo de Sherman realizado nos Estados Unidos em 1994[201] concluiu, de facto, que o medo do crime e o sentimento de insegurança estão directamente relacionados com a disposição dos cidadãos em aceitarem de boa vontade limitações às liberdades civis para se sentirem mais seguros.

A investigação sobre a influência dos media no medo do crime e no sentimento de vulnerabilidade pessoal tem-se fixado sobretudo na televisão, mas idêntica influência tem sido registada em relação à imprensa, particularmente a tablóide[202], sendo que essa influência é mais marcada, como ficou dito, se é confirmada pela experiência vivida dos inquiridos. A influência dos media na percepção do crime tende a ser maior em relação a situações que se encontram geograficamente distantes das pessoas (por exemplo, quanto ao que se passa a nível geral de um país) e menor em relação àquelas de que elas têm conhecimento directo (por exemplo, o seu próprio bairro).

Por outro lado, notícias de crimes violentos publicadas em media locais (TVs ou jornais locais) originam mais acentuado sentimento de insegurança do que as publicadas nos media nacionais sobre crimes praticados em localidades distantes, o que tem sido relacionado com a necessidade intrínseca de as pessoas sentirem que a situação no seu ambiente próximo se encontra controlada, e que, comparativamente, se encontram mais seguros do que se habitassem noutros locais.

---

[200] Nos Estados Unidos, onde o tema da insegurança domina, desde os anos 70, as campanhas eleitorais, o número de encarcerados nas prisões subiu, entre 1975 e 1995, de 240 000 para cerca de um milhão, atingindo hoje já os 2 milhões.

[201] Sherman, R. (1994), Crime's toll on the U.S.: Fear, despair and guns, in National LawJournal, pp. A1, A19-A20.

[202] A exposição a outros jornais (jornais de informação geral e de referência) tende a ser associada principalmente a opiniões acerca da distribuição e frequência do crime, enquanto a exposição à televisão e tablóides se encontra associada a atitudes como o medo do crime e a vitimização.

Citando Chiricos *et al.*[203], Surette identifica cinco diferentes formas de influência dos media na percepção colectiva da criminalidade e no medo do crime:

Substituição: Pessoas que não têm fontes alternativas de conhecimento que substituam a informação mediática que promove o medo;
Ressonância: Pessoas com experiência concreta de vitimização que corrobore ou venha ao encontro das informações veiculada pelos media;
Vulnerabilidade: Pessoas menos capazes de prevenir a vitimização são mais facilmente assustadas pela informação dos media;
Afinidade: Pessoas com semelhanças demográficas com as vítimas de crimes tornam-se igualmente mais receosos e mais susceptíveis de ser influenciados pelos media;
Máximo efeito: Pessoas que sentem já elevados níveis de medo estão, por esse motivo, fora do alcance da influência dos media.

3.2.4. *Lógica comunicacional e lógica comercial*

As notícias são também uma mercadoria e o mercado da informação é fortemente concorrencial. A maior parte dos principais órgãos de comunicação social é hoje parte de grandes grupos económicos, frequentemente internacionais[204]. Isto faz com que os mecanismos da concorrência funcionem como meios de "coacção económica" (Bourdieu, 2001: 7) sobre os conteúdos informativos. "À excepção talvez de *Le Canard Enchaîné*, *Le*

---

[203] Chiricos, T., Escholz, S. e Gertz, M. (1996), *News and Fear of Crime:Toward an Identificacion of Audience Effects*, revisão não publicada da comunicação apresentada na Meeting Anual da Sociedade Americana de Criminologia, Boston, 15 de Novembro de 1995 (*apud* Surette, 1998: 207).

[204] Reportando-se ao caso da televisão, Bourdieu observa que, por exemplo, a NBC é propriedade da General Electric, a CBS da Westinghouse, a ABC da Disney, a TF1 da Bouygues (Bourdieu, 2001: 7). E Noam Chomsky e Edward Herman, depois de referirem que, em 1983, 50 grandes empresas dominavam quase todos os *mass media* norte-americanos e sete anos depois, em 1990, já só eram 23, sublinham que actualmente estão reduzidas a 9 grandes multinacionais: Disney, AOL-Time Warner, Viacom, News Corporation, Bertelsmann, General Eletric, Sony, AT&T Liberty Media e Vivendi Universal, que são proprietárias de todos os grandes estúdios cinematográficos, redes de televisão e empresas fonográficas em todo o mundo, bem como de grande parte dos principais canais e sistemas de cabo, e ainda de revistas e editoras de livros (Herman e Chomsky, 2003: 13).

Monde Diplomatique e algumas revistas de vanguarda animadas por pessoas generosas e 'irresponsáveis', são os níveis de audiência o que toda a gente tem hoje na cabeça (...) É em termos de sucesso comercial que em toda a parte se pensa (...), o mercado é reconhecido como instância legítima de legitimação" (Bourdieu, 2001: 22).[205] Foi justamente o critério do mercado que, assumidamente, levou em 2007, em Portugal, à substituição integral da direcção editorial de um diário de referência, o *Diário de Notícias*, pela direcção de um órgão de imprensa popular, o *Correio da Manhã*, de reconhecido sucesso comercial. Seria interessante um estudo comparativo dos conteúdos do *Diário de Notícias* antes e depois dessa mudança e, a serem verificadas alterações significativas, a análise da sua natureza e da sua relação com uma eventual melhoria da posição do jornal no mercado.

Uma das consequências da concorrência comercial entre os media é a tendência para a homogeneização dos produtos jornalísticos, realizada sobretudo a partir da televisão. Visando atingir níveis máximos de audiência, o jornalismo televisivo tende, de facto, a privilegiar aquilo que Bourdieu classifica de factos *omnibus*, acontecimentos que são de molde a interessar toda a gente, "que não dividem, que fazem consenso, que interessam a toda a gente, mas de uma maneira tal que não tocam em nada que seja importante" (Bourdieu, 2001: 10), como é o caso dos *faits-divers*, e particularmente das notícias sobre crimes.[206] O jornalismo televisivo obedece, pois, de forma geral, a um modelo de informação antes característica dos jornais ditos sensacionalistas, modelo que tende, por sua vez, a exercer uma influência decisiva sobre todo o campo jornalístico através da "circulação circular da informação" (Bourdieu, 2001:16), (a mesma informação repete-se na generalidade dos media, sujeitos não só a idênticas restrições e a idênticas fontes[207] mas à mesma lógica concorrencial). A agenda jornalística é, assim, em grande parte determinada pela televisão, "e se acontece que um assunto (...) seja lançado pelos jornalistas da imprensa

---

[205] Bourdieu refere-se aos media franceses, mas a situação não é substancialmente distinta noutros países.

[206] Cf. o que ficou dito *supra* em 3.1. sobre o papel central do crime na cultura popular.

[207] "Contrariamente ao que se poderia pensar, são as fontes e não os próprios jornalistas que efectuam, na quase totalidade dos casos, o trabalho primário de selecção e disposição dos factos; isto é verdade inclusivamente para o jornalismo de investigação" (Lemieux, Cyril, "Faux débats et faux-fuyants", *in* Duclert,V. *et al.*: 2003: 19-41).

escrita, só se torna determinante, central, quando é retomado, orquestrado, pela televisão" (*id., ibid*.: 53).

Mais do qualquer outro campo de produção cultural, o campo jornalístico – escreve Bourdieu – depende, através dos níveis de audiência, muito directamente da procura, está submetido à sanção do mercado, do plebiscito, talvez ainda mais do que o campo político; através da pressão dos níveis de audiência, o peso da economia exerce-se sobre a televisão e, através da televisão, sobre o jornalismo (Bourdieu, 2001: 63 e *passim)*. Simultaneamente com o peso directo da economia e em articulação com ele, Bourdieu sublinha ainda a importância do próprio funcionamento do campo jornalístico, particularmente da "concorrência entre jornalistas (…) com as suas paradas próprias, específicas, o *scoop*, a informação exclusiva, a reputação no meio profissional (…) o seu peso simbólico" (Bourdieu, 2001: 41e *passim*) na produção de uma espécie de jogo de espelhos que se reflectem mutuamente produzindo "efeitos de encerramento e, não devemos hesitar em dizê-lo, de *censura*, tão eficazes – mais eficazes até porque o seu princípio é mais invisível – como os de uma burocracia central, uma intervenção política expressa" (Bourdieu, 2001: 20).

Numa abordagem sociológica das práticas jornalísticas, Cyril Lemieux[208] identifica uma das regras centrais do campo jornalístico: a de "não se deixar ultrapassar pela concorrência", consistindo na imperiosa necessidade sentida pelo jornalista de não se atrasar no tratamento de uma informação em relação aos media concorrentes. "Muitas fontes conhecem a importância desta regra. Assim, por exemplo, aquele militante da Greenpeace que confessa que mente por sistema aos jornalistas que lhe perguntam se os concorrentes estão presentes nos acontecimentos que ele organiza, certo de que uma resposta positiva terá o dom de os fazer acorrer imediatamente ao local, de acordo com uma fórmula mágica que ele próprio assim identifica: "Se os outros falam de um assunto, temos que falar também". O mesmo militante explica ainda que aprendeu a contentar-se em mobilizar os media que chama de 'detonadores' (televisões nacionais, diários de grande tiragem), sabendo que os restantes os seguirão de forma automática".[209]

A importância que a regra de não se deixar ultrapassar tem entre os profissionais da informação explicaria "a constituição de uma frente de

---

[208] Lemieux. Cyril, *op. cit.*.
[209] Lemieux, Cyril, *id., ibid.*.

actualidade relativamente homogeneizada e uniforme, com os efeitos de 'parada e resposta', de saturação e de espectacularização bem conhecidos e frequentemente denunciados".[210] Ou, como de outro modo diz Bourdieu, "quando se exerce entre jornalistas ou jornais (...), a concorrência homogeneíza" (Bourdieu, 2001: 17).

Ao mesmo tempo, a uniformidade de *formatos*[211] comunicacionais e a adesão a valores-notícia idênticos "não faz parte de uma qualquer conspiração jornalística, mas é função inconsciente de se ser membro de um colectivo profissional com uma longa história ideológica e comercial [comum]. Os próprios jornalistas têm dificuldade em explicar porque é que um assunto é notícia (...) Os jornalistas partilham os mesmos conceitos e valores das suas audiências e, obviamente, eles próprios são também audiências (...) Muito do que, no interior do jornalismo, é visto como arte ou perícia profissional pouco mais é do que a aceitação de práticas largamente determinadas por pressões comerciais, legais e técnicas" (Wykes, 2001: 22-23 *passim*).

3.2.5. Emoção vs racionalidade

Os formatos da informação televisiva (e também da imprensa popular) são frequentemente referidos como tendo um papel determinante no desenvolvimento daquilo que tem sido classificado por "ideologia vitimária"[212].

---

[210] Lemieux, Cyril, *id., ibid.*.

[211] Entendido aqui como noção sociológica, e não no sentido usual do termo entre os profissionais da informação, isto é, constituindo todas as formas *pré-estabelecidas* usadas pelos jornalistas no tratamento da informação. O *formato* caracteriza-se, neste sentido, não só por uma certa duração ou dimensão mas ainda por um ritmo, um ângulo de abordagem e por convenções narrativas determinadas (cf. Lemieux, Cyril, *op. cit.*)

[212] Sobre a crescente importância da vítima nos sistemas penais norte-americano e europeus cf. Beckett e Sasson, 2000; Salas, 2005; Garapon, 1996; e ainda, entre outros, Aynes, Richard (1994), "Constitutional Considerations: Government Responsability and the Right Not to Be a Victim", in *Pepperdine Law Review*, 11, pp. 63-116; Kleinknecht, William, G. (1996), "Victim's Rights Advocates on a Roll", in *National Law Journal*, 18, A1-A8; MacLeod, M. (1986), "Victim Participation at Sentencing", in *Criminal Law Bulletin*, 22: 501-517; Smith, Brent L (1988), "Victims and Victim's Rights Activists: Attitudes Toward Criminal Justice Officials and Victim Related Issues", in *Criminal Justice Review*, 13: 21-28; Tonry, Michael e Morris, Norval, ed. (1987), *Communities, Crime and Justice: A Review of Research*, vol. 10, Chicago: University of Chicago Press.

Colocada, juntamente com o criminoso, no centro do discurso criminológico mediático[213], a vítima (sobretudo, como vimos, a vítima indefesa) e o seu sofrimento ganharam nas últimas décadas enorme importância na percepção social do crime, confrontando o sistema penal tradicional com um tipo de problemáticas que ele não foi concebido para resolver. Constituído no século XIX, sob influência do pensamento positivo, para julgar racionalmente, de acordo com rígidos processos formais, os acusados de infracções à lei e lhes fixar uma pena, ao sistema penal passa a ser socialmente exigido, sob pressão da emoção pública suscitada pela cobertura mediática de certos crimes, que faça também justiça às vítimas.

3.2.5.1. *As vítimas tomam a palavra*

A vítima perdeu progressivamente importância no sistema penal com a afirmação do Estado. Os direitos primitivos não conheciam aquilo a que hoje chamamos "crimes" e "penas", categorias fixadas por uma instância exterior e superior aos grupos familiares, o Estado. Nas sociedades sem Estado, a regulação dos conflitos era feita segundo rituais de "compensação": os conflitos resolviam-se mediante relações de troca entre grupos rivais mas iguais. A "vingança justa" constituía um meio de manter a paz entre esses grupos, através de uma compensação que preservava o equilíbrio entre eles igualizando as perdas. O ofendido e o seu grupo social eram "compensados" da ofensa infringindo uma contra-ofensa de nível semelhante ao ofensor, assim se assegurando a paz entre os diferentes grupos e cada grupo assegurando a sua própria dignidade.[214]

Na Idade Média, as vítimas de crimes obtinham justiça de forma similar, através dos feudos. Às vezes, a norma de "olho por olho dente por dente" era ainda, mesmo havendo intervenção da autoridade feudal, complementada pela imposição ao ofensor de obrigações de restituição ou compensação das perdas ou danos sofridos pelo ofendido.

Com a centralização do poder político e o reforço da autoridade do Estado, foi ganhando força a noção de que os crimes "eram cometidos 'contra a sociedade'e não contra indivíduos" (Beckett e Sasson, 2000: 158)

---

[213] Cf. *supra* 3.2.1.3..
[214] Seguimos aqui de perto Salas (Salas, 2005: 67).

e os sistemas de justiça privada progressivamente substituídos por sistemas públicos. O Estado passa a assumir o monopólio da acção penal, definindo categorias e normas jurídicas de aplicação geral e tomando para si próprio o direito de punir os infractores. À vítima continuou ainda, no entanto, durante toda a Idade Moderna a ao longo do século XIX, a caber, através da queixa, a iniciativa de desencadear o processo penal (mesmo que, em certos casos, fosse forçada a fazê-lo).

É com o processo de industrialização que o Estado de Direito ocupa praticamente em exclusividade a responsabilidade da acção penal, substituindo-se aos intervenientes tanto no papel de acusador como de juiz no julgamento de comportamentos que o próprio Estado previamente define como criminosos. A partir de agora, "quando um indivíduo comete uma ofensa contra outro, está sempre *a fortiori* a cometê-la contra a soberania, a lei, o poder"[215]. O sistema penal passa a ter por finalidade principal a de punir o criminoso, não fazer justiça à vítima.

O papel da vítima no Direito Penal[216], nascido dos princípios fundadores da Revolução Francesa e em grande parte dirigido à protecção dos direitos dos acusados contra o arbítrio do Estado, apaga-se. "Face a um direito de punir colocado nas mãos do Estado, as famílias das vítimas não têm nada a esperar da justiça. Ao par ofendido/ofensor substitui-se o par infracção/pena (...). Apenas conta o castigo do culpado por uma autoridade soberana (...) Através da vítima, é sempre, de certa maneira, o poder, e ele apenas, que é atingido" (Salas, 2005: 69-70 *passim*)[217].

As vítimas voltam a reivindicar os seus direitos no pós-2.ª Grande Guerra Mundial. Primeiro, o direito à "memória" e à "reparação moral" dos sobreviventes do Holocausto, depois, nos anos 60, com o movimento feminista nos Estados Unidos e na Europa e o desenvolvimento de uma nova percepção social da violação e da violência doméstica e nos locais de trabalho, o direito das mulheres a "não serem vítimas". "Com a palavra, a vítima reencontra uma parte da estima perdida de si mesma. A sua entrada na cena pública torna visível o seu drama privado, força ao seu reconheci-

---

[215] Foucault, Michel (1994), "La verité de les formes juridiques", in *Dits et écrits, II*, Paris: Gallimard, p. 585 (*apud* Salas, 2005: 68).

[216] Tanto no Direito Penal substantivo como no adjectivo ou processual.

[217] Entretanto, para além da pena, a questão da reparação da ofensa continua a subsistir na permanência de um sub-judiciário que integra indemnizações, composições pecuniárias e outras formas de reparação, impostas ao ofensor ou assumidas pelo próprio Estado.

mento. Para ela, a agressão não é (...) uma infracção [à lei], é uma infelicidade [privada] (...) Mergulhadas em estado de *frozen fright*, de medo petrificante, algumas delas continuam a ver, a ouvir, a obedecer ao seu agressor (...); outras, para não perder a sua própria humanidade, humanizam o agressor" (Salas, 2005: 76).

Nos Estados Unidos, primeiro, e na Europa, seguidamente, a percepção social de que o sistema penal "acarinha" os criminosos gera, a partir dos anos 60, a criação de numerosas associações de vítimas que se constituem como poderosos grupos de pressão sobre o poder político no sentido execuções mais céleres, sentenças mais longas e restrições aos direitos dos acusados. Por seu lado, os partidos conservadores multiplicam as críticas à "benevolência" do sistema penal para com os criminosos. Prisioneiros dos formalismos processuais e dos tecnicismos jurídicos, os tribunais teriam dificuldade em agir contra o crime. Além disso, as medidas legislativas destinadas a assegurar os direitos dos acusados constituiriam alegadamente ataques directos aos direitos das vítimas. Jornais e TVs pegam no problema e colocam-no na agenda pública, ao mesmo tempo que, nas circunstâncias já referidas, dão ao crime, em especial ao crime violento de rua, cada vez maior relevância noticiosa, influenciando decisivamente as percepções sociais acerca do aumento da criminalidade e da impunidade dos criminosos.

Nos Estados Unidos, os liberais não permitem que o tema se torne exclusiva "propriedade" dos conservadores e, em 1965, o presidente Johnson cria a *Comission on Law Enforcement and Administration of Justice* que, no seu relatório, atribui justamente à reduzida intervenção das vítimas nos julgamentos e à falta de cooperação entre elas e a acusação grande parte da ineficácia da justiça e das baixas taxas de condenações. Em finais dos anos 60, com a *Law Enforcement Assistance Administration*, são criados vários programas de apoio às vítimas destinados a aumentar as taxas de condenações encorajando as vítimas, através da oferta de ajuda material e emocional, a cooperar com a Polícia e a acusação e a testemunhar em julgamento. Em 1980 havia já mais de 400 destes programas em funcionamento nos Estados Unidos e as associações de vítimas, muitas vezes em cooperação com associações policiais e/ou guardas prisionais, exerciam grande influência sobre as políticas criminais. Em meados dos anos 80, 43 dos 50 estados norte-americanos tinham aprovado leis permitindo depoimentos pessoais das vítimas nos julgamentos para descrever a sua experiência e o seu sofrimento (*Victim Impact Statements*), o que aumentou consideravelmente o número de sentenças condenatórias (Beckett e Sasson, 2000: 157).

A opção não tem sido isenta de controvérsia. "A ideia de que os sentimentos e experiências das vítimas devem ser tidos em conta no momento das sentenças representa uma significativa alteração do princípio de que os crimes são cometidos contra a sociedade e não contra indivíduos, e introduz igualmente um factor mais pessoal – alguns dirão vingativo – no processo judicial. A questão da justificabilidade [ou não] da consideração dos sentimentos das vítimas [na determinação das sentenças] é ainda mais relevante nos estados que permitem às vítimas um *victim statement of opinion* sobre a [própria] sentença, especialmente em casos de pena de morte" (Beckett e Sasson, 2000: 163).

Em 1996, todos os estados norte-americanos tinham, contudo, aprovado leis (e 27 alterado mesmo as suas Constituições) consagrando direitos das vítimas. Actualmente, metade desses estados reconhecem às vítimas o direito de serem consultados antes do começo da discussão de julgamento e muitos conferem-lhe mesmo poder de veto sobre alguns dos procedimentos adoptados (Beckett e Sasson, 2000: 162-163). Recentemente, as associações de vítimas desenvolvem já acções de *lobbying* para a alteração da Constituição dos Estados Unidos no sentido de se obter um "equilíbrio" entre os direitos dos acusados e os das vítimas.

As vítimas têm ganho, pois, de novo direito à palavra, assumindo hoje em muitas legislações um papel central no sistema de justiça penal. A punição do culpado torna-se, assim, num direito também da vítima[218], e não tão só do Estado, propiciando o retorno de formas embrionárias de justiça privada e mesmo, segundo alguns críticos (Beckett e Sasson, 2000: 160), de vingança privada. Daí que movimentos associativos de vítimas como o *Murder Victim's Families for Reconciliation* explicitamente rejeitem esta "política de vingança" e advoguem, em alternativa, formas restaurativas de justiça envolvendo vítimas e ofensores no sentido da resolução o mais consensual possível dos litígios e de encontrar formas de compensação das vítimas pela sua dor e sofrimento (Beckett e Sasson, 2000: 161-162).

Na Europa, a "ideologia vitimária" [a expressão é de Salas, (2005: 65)] desenvolveu-se em sentido semelhante ao dos Estados Unidos, e muitos

---

[218] Aynes, Richard (1984), "Constitucional Considerations: Government Responsability and the Right not to be a Victim", in *Pepperdine Law Review* 11, pp. 63-116 (*apud* Beckett e Sasson, 2000: 160).

magistrados e sociólogos[219] denunciam a sua crescente influência e das associações de vítimas, simultaneamente com os media, não só na administração da justiça mas também, como nos Estados Unidos, nas políticas legislativas. A "jurisdição das emoções" promovida pela emoção da opinião pública face ao sofrimento das vítimas, que se tornou no "principal motor dos media" teria como consequência a "diabolização do outro" e geraria "formas sentimentais e efusionais de fazer política" que poriam em causa "o procedimento penal e a necessária mediação do direito" e fragilizaria "a qualificação jurídica e as categorias do direito" fazendo recair sobre a justiça penal "exigências de sentido não satisfeitas" e "esperando dela um papel [de reparação] moral que ela evidentemente não pode oferecer" (Garapon, 1996: 95-104 *passim*).

3.2.5.2. Media e justiça penal: discursos incompatíveis?

O discurso mediático dominante sobre a criminalidade, por um lado pela sobre-representação da presença de certos tipos de crime na sociedade (homicídios e crimes violentos contra pessoas, abusos sexuais, violações, assaltos à mão armada) geradora de ansiedade e sentimentos de insegurança na opinião pública e, por outro, pela representação da criminalidade através de narrativas assentes fundamentalmente sobre a estrutura binária criminoso (geralmente violento) /vítima (inocente ou indefesa), é propiciador da generalização de um "imaginário vitimário" cuja expressão mais exemplar é talvez o lema do programa da TF1 francesa *Temoin n.º 1*: "Pode acontecer-lhe a si". O discurso mediático sobre o crime "polariza-se sobre a infelicidade das vítimas (...) A vítima é erigida em figura emblemática das nossas cenas públicas" e "a vitimização parece ser o modo dominante de apreensão dos conflitos. O sofrimento individual ou colectivo, material ou psíquico, torna-se o prisma pelo qual são apreendidas as dificuldades do momento. O olhar da compaixão é promovido [pelos media] em modelo de abordagem privilegiado do mundo exterior. Os *mass media* desempenham um papel primordial na generalização do duplo processo de juridicização e vitimização [da sociedade]" (Mehl, 2003: 65).

---

[219] Em França, entre outros Antoine Garapon (Garapon, 1996), Denis Salas (Salas, 2005), Dominique Mehl (Mehl, 2003), em Inglaterra, Sergeant (Sergeant, 2003) e Sumner (Sumner,1996), em Itália Sara Guindani (Guindani, 2003).

Assim, nas actuais "democracias de opinião" (Salas, 2003: 84) de "cidadãos-telespectadores" (Garapon, 1996: 95), a opinião pública, posta pelo discurso mediático perante escolhas simples entre o "bom" e o "vilão", deixar-se-ia facilmente arrastar pela emoção, tomando facilmente o partido da vítima e identificando-se com ela, e a própria racionalidade punitiva da pena se apagaria "diante da reprovação moral que certos crimes suscitam" (Salas, 2003: 96). "Não há nada mais comunicável do que as lágrimas (...). Quem [não se comove com] o trabalho infantil, o incesto, o sofrimento dos animais?" (Garapon, 1996: 98-99).

Emoção, piedade e compaixão perante o sofrimento da vítima indefesa (estereótipo comum, como vimos, na representação mediática dominante do crime), acompanhadas de indignação justiceira face ao criminoso, caracterizariam o discurso vitimário dos media, em particular o da televisão e da imprensa popular. "A cena mediática, dominada pela intensidade dos afectos, orquestra um combate entre o Bem e o Mal" (Salas, 2005: 90) que criaria novos laços de solidariedade em sociedades individualistas em que o preço dos ganhos em liberdade é pago com maior indeterminação dos laços sociais. "Menos constrangido socialmente, [o indivíduo] é mais livre, mas também mais vulnerável" (Salas, 2005: 78-79), descobrindo no consenso emocional proporcionado pela identificação vitimária um novo sentimento de pertença. O imaginário da vitimização "substituiu o da civilidade e cidadania"[220] pela "solidariedade vitimária"[221]. Utilizando a distinção de Paul Ricoeur entre o *próximo*, isto é, a relação imediata com o amigo ou a família, e o *socius*, a relação mediatizada pelo Estado, ou seja, a cidadania, Garapon escreve que, através da identificação com as vítimas, "os media [em especial a TV] ignoram o cidadão e transformam todos os *socii* em *próximos*, cujos sofrimentos somos convidados a partilhar" (Garapon, 1996: 114).

Confrontado com a pressão emocional e a indignação moral dos discursos dos media e da opinião pública, o sistema penal tradicional, fundado sobre a racionalidade e o rígido formalismo do processo, historicamente construído para preservar a imparcialidade do juiz, encontraria dificilmente respostas adequadas.

---

[220] Mongin, O. (1994), "Le Code pénal, une dialectique de l'autonomie et de la norme", in *Esprit*, Junho de 1994, p. 156 (*apud* Garapon, 1996: 107).

[221] Boutellier, Hans (2000), *Crime and Morality. The Significance of Criminal Justice in Postmodern Culture*, Boston: Kluwer Academic Publishers, p. 17 (*apud* Salas, 2005: 79).

Enquanto o poder político reage frequentemente a essa pressão[222] com a profusão de novas incriminações penais ou o reforço das existentes, a racionalidade punitiva do sistema judicial seria posta em causa pela reprovação moral e o discurso de "exigência de justiça" suscitado por certos crimes. "Tudo se passa – afirma Salas – como se a ofensa de valores vitais de uma comunidade não pudesse ser julgada tão só pela razão" (Salas, 2005: 97), avaliando passo a passo todas as circunstâncias do acto criminoso concreto, garantindo os direitos do acusado, respeitando o ritual processual. Essa incompatibilidade essencial entre o discurso mediático emocional e a frieza racional do discurso do sistema penal fica à vista no relato de *Le Fígaro* da audiência de julgamento de um caso de incesto que comoveu a opinião pública francesa: "Após a revelação de Alexandrine, a máquina judiciária pôs-se em marcha com o seu cortejo de fragilidades: intimidação da menina, obrigada a assumir a pesada responsabilidade de mandar o pai para a prisão, pressão do pai, recusa e rejeição da mãe – cúmplice ou cega –, hesitações da instrução, obrigada a escolher entre a palavra de uma criança e a de um adulto bem instalado na sociedade e de reputação irrepreensível"[223].

A indignação da opinião pública perante crimes particularmente odiosos tem, de facto, dificuldade em aceitar princípios como os da presunção da inocência ou do *in dubio pro reo*, a rejeição das provas obtidas ilegalmente, os incidentes processuais levantados pelo acusado, a multiplicação de requerimentos dilatórios e contra-peritagens, a negação dos factos e a utilização do direito de se manter em silêncio, a invocação de nulidades processuais, o benefício de atenuantes, em suma, de toda a bateria de direitos, faculdades e garantias de defesa que a racionalidade e formalismo do sistema penal lhe conferem.

A dificuldade central de compatibilização entre o discurso mediático sobre a criminalidade e o discurso da justiça penal resultaria, pois, do facto de "o medo, como a piedade, [serem] estranhos à justiça, que tem o dever de se proteger de sentimentalismos. O juramento dos jurados não os obriga a não dar ouvidos 'nem ao ódio, nem à maldade, nem ao medo, nem à afeição?"[224] (Garapon, 1996: 113).

---

[222] Cf. *infra* 4.1. e 4.4..
[223] *Le Fígaro*, 6 de Outubro de 1993.
[224] Art. 304.º do Código de Processo Penal francês.

Daí que, para autores como Gies, a preocupação com o facto de "a racionalidade do direito [poder ser] ameaçada pela condução emocional do espectáculo mediático" deva ser superada através de relações entre media e justiça focadas, mais do que na polarização e exclusão mútuas, "na fluidez e interconecções possíveis entre [sistema legal] e emoções" (Gies, 2000: 515).

Em Portugal, como em outros países, várias têm sido as iniciativas desenvolvidas nos últimos anos neste sentido, entre as quais é de destacar, pela sua simbologia (organização conjunta da Procuradoria-Geral da República e do Sindicato dos Jornalistas, com o patrocínio do Ministério da Justiça), o seminário "Justiça e Comunicação Social", realizado em 1996 com o objectivo de "proporcionar um espaço de reflexão a profissionais de dois sistemas que a democracia exige que sejam reciprocamente independentes e que as novas condições de vida em sociedade obrigam a uma espécie de contiguidade funcional", pois, "por um lado, entre a justiça dita e a justiça feita há uma distância que só pode ser vencida pela comunicação, por outro, a comunicação degrada-se quando não respeita o paradigma do homem, a sua dignidade e os seus direitos, devendo sempre sujeitar-se a leis gerais"[225] (VvAa, 1999: 19). As conclusões desse seminário sublinham justamente as interconexões a que se refere Gies entre o sistema jurídico-penal e o sistema mediático: "Aplicando a justiça em nome do povo, dos tribunais é esperada a abertura que permita sindicar a forma como dão cumprimento a esse mandato, e é exigida a garantia de efectivação do dever de informação. À comunicação social cabe um papel importante na intermediação dessa missão de informação, papel em que nem sempre se harmonizam os interesses da administração da justiça com as exigências dos processos de agir próprios dos órgãos de comunicação e dos jornalistas". Assim, "acentuou-se, ao longo de todo o seminário, que a possibilidade de entendimento entre os dois sistemas – justiça e comunicação social – passa tanto pelo reconhecimento das diferenças e das convergências de ambos como pela comum aceitação de certos princípios e regras (…) A opinião pública, ponto convergente nas obrigações e responsabilidades dos dois sistemas, surge como elemento mediador, obrigando os dois sistemas a reavaliar as suas posições relativas", necessitando os magistrados "de reequacionar os lugares relativos da informação

---

[225] Do discurso, na sessão de abertura, do procurador-geral da República.

e da reserva" em sociedades em que "as exigências de transparência (...) conferiram um fundamento acrescido à tentação de ignorar as regras próprias de sistemas de justiça caracterizados por níveis de opacidade não negligenciáveis e estruturados com base numa ordem e numa cultura dominadas por ritos, cadências e tempos estabelecidos em função de imperativos relativamente secundarizados pelas sociedades de comunicação"[226] (VvAa, 1999: 181-191 *passim*).

Ainda no sentido de assegurar entre media e justiça penal relações reciprocamente respeitadoras dos processos de cada uma, foi subscrita em Portugal em Novembro de 2003 pelas direcções do *Correio da Manhã*, *Diário de Coimbra*, *Jornal de Notícias*, NTV, *O Primeiro de Janeiro*, *Rádio Comercial*, *Rádio Renascença*, *RDP*, *RTP*, *Semanário*, *SIC*, *SIC Notícias*, *Tal & Qual*, *TVI*, *Visão* e *24 Horas* uma "Declaração de Princípios e Acordo de Órgãos de Comunicação Social relativo à cobertura de processos judiciais" onde, sublinhando especificidades e interconexões entre media e justiça penal[227], aqueles responsáveis editoriais se comprometem a actuar "segundo o seu compromisso legal, profissional e ético do mais estrito rigor informativo", a investigar, divulgar e comentar, mas não a acusar, julgar ou condenar, "designadamente não [pondo] em causa; o direito à presunção de inocência" e ainda a respeitar "os direitos individuais dos arguidos nos processos, e de quantos deles são referidos, nomeadamente testemunhas, e especialmente as mais vulneráveis (...)". O documento, patrocinado pela Alta Autoridade para a Comunicação Social, surgiu no rescaldo da emotiva cobertura da investigação do processo Casa Pia e foi saudado pelo Sindicato dos Jornalistas com o alerta de que "as guerras de audiências não [podem] pôr em causa as exigências de rigor e

---

[226] Do "Relatório-síntese" elaborado pela procuradora-geral adjunta Francisca Van Dunem.

[227] Designadamente, por um lado, "as funções dos media no esclarecimento da opinião pública, entendido como condição fulcral para a existência de uma sociedade democrática e aberta", objectivo que "durante a fase instrutória e/ou durante a fase de julgamento de alguns processos (...), é prejudicado, e em alguns casos gravemente comprometido, por eventuais excessos de opacidade que objectivamente abrem caminho a indesejáveis imprecisões e especulações, bem como a redutoras versões mais ou menos tacticamente interessadas", e, por outro, o reconhecimento de que "o sistema judicial, por célere que seja, está obrigado – em função de regras processuais, algumas acauteladoras de liberdades essenciais e direitos humanos – a um tempo próprio, a uma sucessão de tempos próprios, que naturalmente não coincidem com o tempo dos media".

exactidão a que os profissionais da comunicação estão obrigados" e de que "a necessidade de dar a notícia em primeira mão não pode constituir pretexto para desvios que ferem direitos essenciais de pessoas e instituições e atingem a credibilidade dos jornalistas".

Com efeito, "o sistema judicial não pode ignorar a realidade nem fechar-se sobre si próprio para se erigir em teatro do mundo; do mesmo modo, os jornalistas devem esforçar-se por uma auto-regulação que realize a harmonização dos princípios e, não sendo possível, contribuir para a necessária hetero-regulação (...). Comentando Popper sobre a questão de saber qual é a natureza da democracia, Edgar Morin responde que a democracia 'é a aceitação de uma regra do jogo que permite que os conflitos de ideias sejam produtivos'; um sistema que não tem verdade 'porque a verdade é a regra do jogo'. A observância da regra do jogo pela justiça e pela comunicação social é o modo de tornar fecunda [a sua] relação" (Cunha Rodrigues, 199: 97).

3.2.5.3. Antagonismos estruturais

Tal projecto confronta-se, porém, com antagonismos estruturais entre os formatos mediáticos dominantes na TV e na imprensa popular, e a justiça penal, que são tanto de natureza cultural e institucional como de objectivos e métodos. A lógica do processo penal, longo, lento, pormenorizado, formal, sujeito às regras do direito, encontra-se nos antípodas do imediatismo e informalismo que presidem à lógica mediática, particularmente da televisão, e aos imperativos concorrenciais que a determinam. "[Nas reconstituições televisivas] o crime é revivido em directo (...); [no processo penal], pelo contrário, é reconstituído graças a alguns fragmentos de verdade trazidos pelas testemunhas (...). O primeiro acto soberano da justiça – talvez o único – é o de trazer as partes para o seu território, que é, aliás, sempre o mesmo: o universo fechado da sala de audiências. Isso força todas as provas a assumir as formas do discurso [jurídico] e a entregar-se a um exercício convencionado num lugar convencional (...) onde tudo se volta para a palavra e o discurso" (Garapon, 2003: 17).

O processo penal tem, de facto, tempos mortos e tempos fracos que o tornam rebarbativo e supérfluo em termos mediáticos. "As alegações intermináveis, testemunhos fastidiosos e juízes condescendentes, nunca deram um bom espectáculo"[228]. Tem igualmente "momentos de luz e momentos de sombra. Enquanto, no julgamento se exigem a claridade e a transparência, já no inquérito é o segredo que prevalece. Não obstante, não é o julgamento que atrai os meios de comunicação; é, antes, o inquérito que desperta as atenções e produz os títulos de caixa alta"[229].

Por outro lado, o método central da justiça penal consiste em "circunstanciar meticulosamente cada caso, decifrar e identificar os contextos particulares [tendo como objectivo] inscrever-se na finalidade de elucidação e de procura da culpabilidade", enquanto a televisão "tem um tempo, uma periodicidade, um ritmo próprios que escapam a constrangimentos como os do direito"[230]. "Das 10 horas, ou mais, de uma audiência de julgamento a um título-choque do telejornal vai um mundo" (Lacour, 2003: 14).

Para Garapon, "o desenvolvimento tecnológico dos novos meios de comunicação excitou a pulsão de ver e, ao mesmo tempo, adormeceu o desejo de compreender para além do visível (…). O apetite de transparência procede de uma espécie de compreensão *naïve* da democracia: ver tudo e tudo mostrar, imediatamente e a toda a gente. Levada ao extremo, esta nova ideologia pode revelar-se perversa. A transparência arrisca-se a fornecer as bases intelectuais a uma nova forma de populismo; pior, a precipitar a democracia em três contradições: o impasse de um mundo sem simbólico, a ilusão da democracia directa e a impossibilidade da transparência total (…) Mesmo num caso aparentemente simples, a verdade nunca é imediatamente acessível, precisa de maturação, de elaboração (…) Mas partilham os media a mesma preocupação de verdade [que a justiça penal]? Não estão antes ansiosos por captar a atenção do público?" (Garapon, 2003: 17).

Aí residiria, para alguns juristas, a "incomparável virtude"[231] democrática do processo (típico da justiça penal) em relação à transparência

---

[228] Pascal-Mousselard, Oliver, "Tribunal de grande audience", *Télérama*, Paris, 19/01/2000.

[229] José Manuel Matos Fernandes, secretário de Estado Adjunto do Ministro da Justiça ["Justiça e Comunicação Social", intervenção na sessão de encerramento do 11.º Curso de Direito da Comunicação promovido pelo Instituto Jurídico da Comunicação da Faculdade de Direito da Universidade de Coimbra, (VvAa., 2002: 12)].

[230] Salas, Denis, "Deux logiques en conflit", entrevista a Camille Mouriès, in *Les Dossiers de l'Audiovisuel n.º 107 / La Justice saisie par la Télévision*, Bry-sur-Marne: INA-Édition et Documentation, pp. 14-16, *passim*.

[231] A expressão é de Garapon (Garapon, 2003: 18).

(território dos media, especialmente da televisão). O processo, dominado por regras pré-determinadas pelo direito, pela racionalidade, pelo formalismo, pelo discurso, constituiria um dispositivo aberto, em situação de igualdade, a todas as versões dos factos e todos os argumentos, controlando o modo como são apresentados, provados e interpretados e convertendo, assim, a disputa em conflito verbal, o *âgon* em *polémos*. Os constrangimentos institucionais e de tempo e método de alguns formatos mediáticos, designadamente os formatos informativos dominantes na TV e na imprensa popular, favoreceriam, pelo contrário, quem fala mais alto ou quem está em condições de se fazer ouvir, ou aparecer, mais vezes, reforçando o *efeito de verdade* em detrimento da verdade, enquanto a transparência televisiva implicaria uma atitude *totalitária*, não só na medida em que procuraria mostrar tudo a todos ("menos o que está atrás das câmaras", designadamente as grandes empresas multimédia[232]) mas porque agiria ao mesmo tempo como encenador e como actor da realidade, construindo-a e, simultaneamente, interpretando-a.

O problema do antagonismo entre certos formatos mediáticos e a justiça penal afigura-se, porém, mais fundo e mais complexo. Para autores como Nobles e Shiff (Nobles e Shiff, 2000), existe um "choque de culturas" (Teubner designa-o como "Guerra Fria" e "guerra epistémica entre juristas e jornalistas"[233]) entre a lógica institucional mediática e a da justiça, que implicam inevitavelmente diferentes construções da realidade a partir da mesma cadeia de acontecimentos.

A justiça age balizada por dois valores centrais, verdade e imparcialidade. Para Nobles e Shiff, reside aí a principal fonte de sistemática incompreensão entre os media e o sistema penal. "Enquanto os media são comparativamente livres na escolha das suas fontes de informação e métodos de verificação, a justiça penal encontra-se limitada pelas regras do processo"[234].

As regras respeitantes à admissibilidade ou ao ónus da prova são exemplos do modo como os factos legais diferem dos factos da vida e dos factos jornalísticos. Com efeito, acontecimentos que são factos da vida

---

[232] "O culto do silêncio [televisivo] desdobra-se em paranóia, a doença clássica dos poderosos" (Chemin, A., "La télévision cultive le secret sur elle-même", in *Le Monde*, 30 de Maio de 1995)
[233] Teubner, Gunther, *Foreword* (Nobles e Shiff, 2000: ix).
[234] Teubner, Gunther, *id.* (Nobles e Shiff, 2000: viii).

quotidiana, como tal reconhecidos pelo cidadão comum, como escutas telefónicas que revelem a prática de um acto criminoso, não constituem necessariamente factos legais; se a sua obtenção não tiver respeitado as regras formais fixadas no processo não lhes será reconhecida relevância penal, não serão *factos* para a lei. Por outro lado, também a inversão do ónus da prova nos tribunais de recurso é fortemente limitativa da reconsideração da matéria de facto dada como provada. A justiça vê-se, assim, confrontada com uma situação que implica que a verdade seja parcialmente sacrificada em nome da imparcialidade (e da segurança) e ambas em nome do formalismo e da economia processuais, opções que são dissimuladas pela retórica da eterna procura da verdade e da imparcialidade. O mesmo duplo compromisso influencia ainda não só a percepção dos factos criminais mas igualmente a própria percepção dos erros judiciários. Assim, a noção de *caso julgado* impossibilita à justiça (salvo situações muito excepcionais) qualquer nova reapreciação dos factos, sendo que os media podem constantemente reabri-los de acordo com os seus próprios critérios de verdade e a sua percepção do interesse do público.

Se as idiossincrasias do sistema jurídico potenciam o conflito entre os media e a justiça, designadamente a justiça penal, o mesmo sucede com a percepção do mundo pelos *mass media*. "A auto-reprodução dos *mass media* é presidida pelo código binário informação/não informação e não pelo código verdadeiro/falso da comunidade científica, para já não falar do código legal/ilegal da justiça. A selectividade da sua concepção do mundo é tão drástica e redutora como a da construção legal da realidade (...) À primeira vista, media e justiça penal parecem ter o 'acto criminoso' como assunto comum. Num escrutínio mais próximo, isso dissolve-se numa diferença entre 'matéria jornalística' e 'caso legal', diferença não só nos limites de tematização e critérios de relevância normativa e factual mas particularmente nas condições em que o caso é dado por terminado: saturação da opinião pública contra *caso julgado* (...). Enquanto os media são livres de reabrir os seus casos a qualquer momento quando o interesse do público se reacende, a justiça, em virtude do imperativo da proibição da denegação de justiça é forçada a fechar o caso definitivamente e a limitar as reavaliações a situações excepcionais"[235-236]. Assim, nem investiga-

---

[235] *Id., ibid..*

[236] No processo civil, por sua vez, os factos não contestados dentro do prazo são tidos como provados, como factos legais. Trata-se de uma verdade formal (em muitos

ção factual da justiça penal é facilmente adaptável ao jornalismo nem a investigação jornalística à justiça penal.

Tais antagonismos surgem, porém, de algum modo diluídos nos formatos noticiosos, menos emotivos e mais reflexivos, bem como menos sujeitos aos constrangimentos da concorrência comercial, associados aos media ditos de referência. Nestes, como também na informação sobre questões da justiça criminal veiculada quer pela imprensa popular quer pela TV, muitos juristas vêem o exercício de um escrutínio crítico da sociedade sobre a administração da justiça. "É inegável que a mediatização [da justiça] produz um fluxo de informação de irrecusável valor. Levando até ao público a acção da justiça, determina representações cuja leitura permitirá, depois, conhecer o sentimento comum e introduzir as alterações que se impõem" (Cunha Rodrigues, 1999: 83). Por outro lado, "a publicidade é a regra no processo e destina-se (...) a permitir o controlo democrático da actividade dos tribunais, a dar a conhecer o direito, conferindo-lhe a eficácia que é essencial à regulação social e a garantir à defesa meios de acção que o modelo inquisitório limitava (...) A mediatização exerce um incontornável papel na publicidade da justiça, desde logo porque age como importante factor de absorção da incerteza. Socializando o discurso judicial, reedifica-o e fá-lo ingressar no universo dos eventos sociais. Aproximando o processo do receptor da mensagem, eleva a decisão judicial à categoria das coisas acontecidas, com reflexos a nível da certeza, da absolutização e da ressonância (...) Pela mediatização, o discurso judicial passa a ser tratado. Deixa de obedecer a uma estruturação erudita e gramaticalizada para ser textualizado como é típico da mensagem de massa" (Cunha Rodrigues, 1999: 83 e *passim*).

Com efeito, nas actuais sociedades da informação, "o direito não é o que os tribunais dizem que é o direito, mas o que os media dizem que os tribunais disseram" e, se "não pode excluir-se a existência de situações de tipo desviante, umas mais discutíveis ou censuráveis que outras, em que a comunicação social produz efeitos de agenda sobre o processo", por outro

---

aspectos semelhante à da relevância jurídico-civil do silêncio como expressão da vontade) em relação à qual é possível falar também de prevalência de um *efeito de verdade* sobre a verdade. Os media, pelo contrário, não estão comprometidos com idênticos constrangimentos de prazos. Os factos podem ser contestados nos media a todo o tempo e os casos reabertos e reavaliados sempre que tal se justifique à luz dos específicos critérios de oportunidade jornalística.

lado, "a denúncia pública de atrasos ou de situações irregulares [na justiça] determinará normalmente iniciativas de correcção por parte dos órgãos de disciplina dos magistrados ou das polícias que vão repercutir-se na condução do processo" (Cunha Rodrigues, 1999: 92).

3.3. Deslocalização da justiça penal

3.3.1. *O crime como entretenimento*

O crime sempre foi uma presença constante na cultura popular[237], e a sua punição um espectáculo. Basta recordar as execuções e castigos corporais públicos de criminosos (ainda hoje existentes, por exemplo, em alguns regimes islâmicos seguidores da *sharia*) que, desde Antiguidade à Idade Média e Idade Moderna, constituíram durante muitos séculos formas privilegiadas de dramatização do exercício do poder punitivo.

A presença do crime no imaginário popular multiplicou-se, no entanto, de forma exponencial a partir da segunda metade do século XX com o desenvolvimento dos media audiovisuais. De facto, "nos últimos 40 anos entre 20% e 40% do *prime-time* televisivos centram-se em matérias policiais, fazendo dos dramas criminais o formato mais popular de entretenimento televisivo" (Surette, 1998: 36). Segundo Beckett e Sasson (2000: 104), em finais dos anos 80 do século XX – últimas estatísticas disponíveis – mais de 500 diferentes séries de televisão tinham que ver com o crime. Por sua vez, numa análise dos *prime-time* de uma semana, Carlsson[238] contou 30 polícias, 7 advogados e 3 juízes, e só 1 cientista ou engenheiro.

"O crime é um produto estético, um projecto altamente visual tanto quanto linguisticamente metafórico (...) Tem que ser infinitamente reinventado em diferentes formatos, re-embrulhado e remarcado. Talvez de forma mais interessante, ocupa um espaço no qual, inteiramente deslocado da realidade para os media, tem que ser reinventado pelos media" (Brown, 2003: 68). Porque "o prazer da violência é estético: emoção e medo são

---

[237] Cf. *supra* 3.1.
[238] Carlsson, James M., *Prime Time Law Enforcement: Crime Show Viewing and Attitudes Toward the Criminal Justice System*, New York: Praeger, 1985 (*apud* Beckett e Sasson, 2000: 104).

prazeres sensuais" (Brown, 2003: 128). Ou, como escreve Laurence Lacour, tentando ir mais fundo na compreensão do interesse da cultura popular pelo crime, "o espectáculo da infelicidade dos outros exerce um fascínio eterno que nenhum progresso pode atenuar. A malha cerrada das câmaras [de TV] profissionais e privadas aproxima-nos cada vez mais da luta dos outros com a morte (...), restituindo à morte um lugar na sociedade que esta, por outro lado, se esforça por negar" (Lacour, 2003: 13).

Assim, em grande parte como resultado da disputa de audiências e, através delas, dos recursos publicitários, o crime passou rapidamente da literatura, teatro, cinema, séries televisivas e mais formatos ficcionais para os espaços informativos tanto da imprensa (particularmente da imprensa popular) e da rádio como, sobretudo, da televisão. Ao mesmo tempo, tornaram-se cada vez mais difusas as fronteiras entre ficção e não-ficção, num processo de hibridização de géneros característico, aliás, da cultura pós-moderna. "Com a mistura de géneros erigida em *concept marketing* pelas televisões privadas desde os anos 80, o *fait divers* navega desde então entre informação e divertimento, confundindo uma outra velha separação: jornalista-animador" (James, 2003: 51).

Os pivôs dos telejornais deixaram, de facto, de ser jornalistas para se transformarem em "apresentadores" enquanto os programas de informação passaram a adoptar convenções narrativas ficcionais, do mesmo modo que a ficção a integrar matéria documental, interpelando assim a oposição tradicional entre "factual" e "ficcional"[239] como se o espectáculo mediático informativo, designadamente o televisivo, "desmaterializasse" a realidade e a tornasse "hiperreal". É a este "colapso da realidade" que Baudrillard se refere ao formular o conceito de *simulacro*, ou escrevendo que "A Guerra do Golfo nunca existiu". "O arquivo [documental] é o 'com-

---

[239] Se não também a oposição entre vida quotidiana (vida "real") e representação, familiar a muitos actores de telenovelas e séries televisivas, frequentemente confundidos na rua com os seus personagens. A própria imprensa não escapa è mesma confusão. A juíza alemã Ruth Herz, falando da sua experiência no programa da RTL "Jugendgericht", onde são ficcionados, com intuitos didácticos, casos de Direito de Menores, conta que, numa das emissões, foi representado o caso (ficcionado e sem qualquer relação com factos reais) da violação de uma menor do liceu de Frechen, pequena cidade dos arredores de Colónia, por um professor e que, no dia seguinte, toda a imprensa local de Frechen fez manchete com o assunto, acusando as autoridades locais de o terem abafado (Herz, Ruth, "Un juge à la téle. Le cas des émissions judiciaires allemandes", in *Esprit*, Paris, Março/Abril 2003, pp. 231-242).

plemento' do acontecimento em tempo real (...) e o acontecimento desvanece-se ele próprio em [mera] informação"[240]. O 11 de Setembro ou a Guerra do Golfo em directo[241] na televisão são já apenas "informação; são já simulação"[242]. O problema da "hiperrealização", ou "irrealização" da informação põe-se não só com a inevitabilidade da selecção mas também da edição das imagens, designadamente (mas não só, pois também a informação escrita implica selecção e edição) das televisivas. Como escrevia *The Independent*[243] a propósito de exemplos de manipulação fotográfica (de Estaline apagando Trotsky de uma fotografia ou Reagan fazendo o mesmo com Oliver North até fotos manipuladas publicadas no *The Guardian* e no *The Sun*), "com software informático e imagens digitalizadas, qualquer um pode introduzir aperfeiçoamentos na realidade. E quase nunca ser detectado".

"A actual realidade criminal televisiva consiste num género híbrido que recombina formas anteriores, incluindo drama, entrevistas em directo, informação e filmes policiais, televisão de circuito fechado (CCTV), opinião de especialistas e cenas espectaculares de actos criminosos, perseguição e captura. Cada componente, *video-clip*, entrevista, imagem fixa e por aí adiante – originário de diferentes fontes e infinitamente reproduzível – torna-se uma unidade de troca, uma pequena peça de uma construção electrónica televisiva". Ao mesmo tempo, "a estética do realismo – imagens mal formatadas, tomadas de vista mal iluminadas, imagens em contra-luz – suporta e autentica o realismo imediato da filmagem. A inclusão de música para acentuar a acção, a justaposição de acontecimentos similares – crimes de rua, perseguições de automóvel, etc. – intensificam o prazer sem interrupção de uma sequência de cenas criminais desenrolando-se diante dos olhos do espectador" (Biressi e Nunn, 2003: 278-279 *passim*).

---

[240] Baudrillard, *Simulations*, New York: Semiotext, 1983 (*apud* Brown, 2003: 67).

[241] O genérico da CNN, escrito "com letras de sangue e oiro *War in The Gulf*, como se se tratasse de uma *heroic fantasy* com Schwarzenegger" seria, segundo Serge Daney, a ilustração perfeita da hibridização de géneros (Daney, Serge, *Devant la Recrudescence des Vols de Sacs à Main – Cinema, Télévision, Information*, Lyon: Aléas Edireur, p. 184, *apud* Mesquita, 2003: 113).

[242] Brown, 2003: 67.

[243] *The Independent*, 20/08/1998. O jornal dá ele próprio um exemplo de manipulação fotográfica pondo Gordon Brown a sorrir afixando-lhe um sorriso "obtido na bibioteca electrónica do *The Independent*".

A cobertura televisiva em directo de julgamentos como o de Adolf Eichmann, em 1961, ou, ainda nos Estados Unidos, o de O. J. Simpson (transmitido por vários canais ao longo de um ano), ou de crimes que suscitam grande emoção na opinião pública, ilustra de modo expressivo esta hibridização de entretenimento e informação. Ao mesmo tempo, a dramatização de "confissões, apelos a testemunhas e reconstituições [de crimes] mistura o verdadeiro e o falso, polícias, magistrados e actores ao lado de vítimas reais e da representação do seu sofrimento" (James, 2003: 48).

Muito antes, aliás, do julgamento televisionado de O. J. Simpson, o público telespectador tinha já podido assistir em directo, como num *thriller*, à perseguição a alta velocidade do suspeito pela Polícia, "um espectáculo aparentemente ancorado no autêntico e no imediato que caracterizam o realismo e a própria televisão" (Biressi e Nunn, 2003: 278).

Mário Mesquita fala, a propósito, da "contaminação do espaço informativo pela ficção audiovisual, o telejornal concebido como um *show*", ou apresentado ao público "como uma telenovela, fragmentária, inspirada na "vida real", sublinhando a forma como, citando Georges Balandier[244], "a dramatização mediática destinada [como a da TV] a uma grande audiência tende a ocupar o lugar que pertencia outrora à imprensa, à literatura e ao teatro populares" (Mesquita, 2003: 111, 235 *passim*)[245].

Tal dramatização tem nos julgamentos criminais matéria privilegiada. A própria natureza ritualística da justiça na fase do julgamento tem, por si mesma, características "teatrais" e de espectáculo, principalmente tendo em conta o princípio processual da publicidade da audiência. A justiça é, de facto, *feita em público* (mesmo se não necessariamente *para* o público). Por isso os media manifestaram sempre grande apetência pelos julgamentos criminais[246]. A televisão, em especial, tem aí um território informativo[247] dominado pela imagem e vocacionado para o entretenimento.

---

[244] Balandier, Georges, *Le pouvoir sur scènes*, Paris: Balland, 1993, p. 154 (*apud* Mesquita, 2003: 111).

[245] Bourdieu sublinha igualmente o modo como a televisão "apela à *dramatização*, no duplo sentido da palavra: põe em cena, em imagens, um acontecimento e exagera a sua importância, a sua gravidade e o seu carácter dramático, trágico" (Bourdieu, 2001: 12).

[246] Cf. *supra* 3.1.

[247] E ficcional. E, do mesmo modo, o cinema e o teatro. É, de facto, interminável o número de filmes, peças de teatro e séries televisivas centrados em julgamentos criminais.

Assim, tanto na Europa como nos Estados Unidos, desde o aparecimento dos primeiros canais de televisão, as "crónicas judiciárias" realizadas a partir de imagens fornecidas pelas agências de actualidades cinematográficas, adquiriram rapidamente grande popularidade. Hoje, mesmo com constrangimentos distintos de país para país, não só o crime e sua investigação e julgamento constitui um assunto omnipresente nos espaços informativos como se assiste a um crescente processo de deslocalização da própria justiça criminal das habitualmente austeras salas de audiência para o palco televisivo, através da transmissão, em directo ou diferido, de sequências de julgamentos (e mesmo, em certos casos, da totalidade das audiências[248]) bem como da reconstituição (*docudrama*) de processos judiciais (a mais das vezes penais) concretos, desde a fase de inquérito até à de julgamento[249]. O crime e os processos penais tornaram-se em matéria-prima dominante da informação televisiva, que progressivamente se aproximou dos modelos narrativos da ficção, designadamente os dramatúrgicos, até assumir formatos híbridos de *infotainment* [ou *fait divertimento* (James, 2003: 48)] em que é dificilmente discernível o que é estritamente informação e o que é entretenimento.

---

[248] Nos Estados Unidos, onde canais como *Court TV* e programas *Trial Watch* (NBC), *People's Court* (Fox) ou *Verdict* (CBS) transmitem regularmente extractos de audiências judiciais, as câmaras estão presentes nos julgamentos desde 1990. A controvérsia suscitada pela cobertura do caso O. J. Simpson alterou, no entanto, a situação e, depois de uma decisão do Supremo Tribunal do Estado de Nova Iorque, os tribunais começaram a ser vedados à TV em quase todo o país. O Supremo Tribunal Federal, que ordenou a abertura dos tribunais à imprensa ao abrigo da 1.ª Emenda, não alargou essa imposição às televisões, entendendo que a 1.ª Emenda não se lhes aplicava inteiramente, deixando a decisão aos Supremos estaduais que, por sua vez, a confiaram ao critério dos juízes em cada caso concreto. Hoje, em alguns estados, as câmaras de TV (actualmente mais pequenas e mais discretas) voltaram a ser aceites em alguns julgamentos, quando os juízes não consideram a sua presença perturbadora do decurso da audiência (cf. Graham, Fred, "Doing Justice with Cameras in he Courts", in *Media Studies Journal*, vol. 12, n.º 1, Inverno 1998, New York: Media Studies Center and The Freedom Forum).

[249] Programas deste género, como *In Suspicious Circumstances*, *Michael Winner's True Crimes* e *Expert Witness*, onde são dramatizados crimes violentos reais e assassínios, são particularmente populares no Reino Unido. Programas semelhantes, alguns entretanto desaparecidos, são comuns igualmente em diferentes países europeus, enquanto outros, como *Crimewatch UK*, *Crime Monthly* e *Crime Ltd* (UK), *America's Most Wanted*, (EUA) *Témoin n.º 1* (França), *Opsporing Vergocht* (Holanda, *Dossier XY* (Alemanha), *Appel à Temoins* (Bélgica) ou *Linha Directa* (Brasil), se assumem como extensões da justiça convidando os telespectadores a auxiliar, designadamente testemunhando, na resolução de casos criminais.

A deslocalização da justiça para a TV[250] e a sua espectacularização chega, em certos casos, a ser total com a transmutação do próprio tribunal para o estúdio. Assim, nos Estados Unidos (mas também em outros países[251]), alguns tribunais funcionam nos estúdios, julgando casos reais (com vítimas, acusados e juízes reais) e decidindo com plena força legal e executiva. Com efeito, em finais da década de 1990, surgiram em numerosos canais de TV norte-americanos, em substituição das habituais *soaps* do fim da manhã e princípio da tarde, os *court shows*, espécie de tribunais arbitrais constituídos ao abrigo do instituto da jurisdição voluntária. Trata-se de programas de cerca de 15 minutos (normalmente levando o nome do juiz: "Judge Judy", "Judge Mills Lane", "Judge Joe Brown", "Judge Mathis"...), onde, em cenários severos, juízes (alguns ainda em exercício) vestem a toga ritual e julgam e decidem perante as câmaras casos judiciais menores (de vizinhança, de partilhas, de consumo...). As partes prescindem de recurso e sujeitam-se à decisão que for tomada. Em contrapartida têm os seus "quinze minutos de glória" e ganham estadas, suportadas pela produção, em hotéis de luxo de Los Angeles, Chicago e outras cidades onde se situam os estúdios, além de verem pagas as taxas de justiça a que forem condenados e, em alguns casos, recebendo, tal como acontece com os juízes[252], *cachets* pela sua participação no julgamento-*show*.

Oliver Pascal-Mousselard descreve, num artigo publicado em 2000[253], o comportamento de alguns desses juízes: "A truculenta juíza Judy, por exemplo, autora notável de um pseudo ensaio sobre a família e a sociedade intitulado *Não venham urinar-me nos pés explicando-me que chove* (sic), mostra-se tão natural diante das câmaras como um actor mudo representando um polícia encolerizado: franze as sobrancelhas, revira os olhos[254].

---

[250] Garapon refere-se igualmente a uma deslocalização no tempo: "As novas tecnologias permitiram abolir o tempo e quer-se hoje saber imediatamente tudo; qualquer diferido [emissão diferida] é *a priori* suspeito. Os media necessitam de sobressaltos e, se um processo é muito seguido, vêem o seu fim com pena. Daí o novo risco de impedir que o processo tenha um dia um epílogo" (Garapon, 2003: 18).

[251] Em Portugal, a SIC manteve durante alguns anos um programa intitulado "O juiz decide".

[252] O *cachet* dos juízes dos *court shows* ronda 150 000 dólares por semana.

[253] Pascal-Mousselard, "Tribunal de grande audience", *Télérama*, Paris, 19/01/2000.

[254] Transmitidos durante muito tempo à mesma hora do *talk-show* de Oprah Winfrey, os julgamentos televisivos da juíza Judy desviavam habitualmente sete ou oito milhões de telespectadores daquele que é um dos programas de maior audiência da TV norte-americana.

O juiz Mills Lane, verdadeiro *bulldog* calvo e irascível, bate com o martelo na secretária todas as manhãs com um ar mussoliniano que roça o ridículo. Não se sabe, aliás, se foi contratado pela sua lendária inflexibilidade se pela glória que alcançou nos ringues como árbitro de boxe (foi ele quem desqualificou Mike Tyson em 1997, durante o famoso combate Tyson-Hollyfield, que terminou com o resultado de uma orelha arrancada a zero). De qualquer modo, os telespectadores adoram-no".

3.3.2. *Trial by media*

"No dia 19 de Maio de 2004, diante de dezenas de câmaras, entre as quais a do telejornal das 24 horas da TF1, o oficial de justiça Alain Marécaux [um dos 13 acusados absolvidos do 'caso Outreau', processo por violações e abusos sexuais de menores que suscitou grande emoção em França; Marécaux tentou suicidar-se por três vezes, antes e depois da sentença] afunda-se em lágrimas à saída do Tribunal de Saint-Omer. O momento é comovente: 'Perdi tudo... Tiraram-me os meu filhos. Mataram a minha mãe. Tive que vender o meu apartamento... vender a minha casa... Não tenho mais nada... Como querem que...?'. A modificação, durante o julgamento, do depoimento da sua principal acusadora [o 'processo Outreau' assentou, principalmente, sobre depoimentos de crianças que vieram a revelar-se falsos] transformou de súbito este homem num herói, numa vítima, para a totalidade da imprensa, do 'falhanço do sistema judiciário', de peritagens psicológicas 'parciais', de assistentes sociais 'irresponsáveis', e mesmo de declarações de crianças 'manipuladas'. Nesse momento, quem se lembrava ainda de que, dois anos antes, em 11 de Janeiro de 2002, um acusador telejornal das 20 horas da mesma TF1 mostrava a 9 milhões de telespectadores a casa de Alain Marécaux e de sua mulher, presos na sequência daquilo que, na altura, era apresentado com um caso de pedofilia monstruoso?"[255]

Situações semelhantes se verificaram com os outros 13 absolvidos, entre eles a mulher de Marécaux, Odile, todos eles, ao longo dos anos que durou o processo, incessantemente identificados na generalidade da imprensa e televisão francesas como autores de crimes abomináveis, com

---

[255] Balbastre, Gilles, "Les faits divers, ou le tribunal implacable des médias", *in Le Monde diplomatique,* Dezembro de 2004.

a sua vida pessoal e profissional passadas a pente fino, fotografias nos jornais, imagens da sua prisão e das suas entradas e saídas ao tribunal, no meio de notícias recheadas de pormenores chocantes e sórdidos. Depois, quando as acusações vieram a revelar-se falsas, os media, com a mesma veemência com que antes os haviam acusado (e semelhantes manchetes e aberturas de telejornais), "reabilitaram-nos" e "inocentaram-nos", apresentando-os como o oficial de justiça, a enfermeira, o padre operário, o motorista de táxi – "mártires da justiça".

"[Daniel] Legrand, a quem os media tinham atribuído o papel de 'pornocrata especializado em pedofilia' [*Le Figaro*, 15 de Janeiro de 2002], transforma-se num mártir. France 2 vai ao seu apartamento algumas horas após a libertação para filmar o seu reencontro emocionado com a família. Dois anos e meio antes, o mesmo canal filmara-o, em *ralenti*, chegando algemado ao Palácio da Justiça de Boulogne-sur-Mer. Mal foram libertados, os antigos acusados viram-se imediatamente apropriados pelas televisões e pelas rádios. Num 'produto' como este, a concorrência é feroz..."[256]

A situação não é única, em França como em outros países[257-258]. E é, para muitos sociólogos da comunicação, reveladora do actual funcionamento do campo jornalístico e das práticas profissionais, em particular das

---

[256] Balbastre, Gilles, id., ibid..

[257] Outros dois casos ocorridos em França em anos recentes têm dado origem a numerosos estudos sociais sobre o papel dos media nas sociedades contemporâneas. Em Janeiro de 2003, um bagageiro do Aeroporto de Roissy, Abderazak Besseghir, foi acusado de um atentado bombista e, durante 10 dias, o seu nome e a sua imagem fizeram manchetes da imprensa e aberturas de noticiários da rádio e da televisão (de *Le Figaro* a *Le Monde*, da *France-Inter* à TF1) acusando-o ora de ser um "terrorista islâmico" ora de estar ligado ao grande banditismo internacional. Besseghir, seria inocentado pela justiça, que concluiu que, afinal, nem sequer bomba existia. Por sua vez, em Julho de 2004, vários jovens árabes e africanos foram publicamente acusados na imprensa e na televisão de terem perpetrado uma agressão anti-semita num autocarro de Paris. Nova campanha na imprensa e televisão: "Uma agressão particularmente selvagem" (*Europe 1*); "Uma terrível agressão antisemita" (*France 2*); "Antisemitismo, antisionismo, anticapitalismo, misturados como nos piores momentos da História" (*Liberation*). Afinal, não tinha havido agressão e a pretensa vítima acabou por confessar que inventara tudo.

[258] Nos países anglo-saxónicos, o instituto do *Contempt of Court*, visando assegurar a independência e a imparcialidade dos tribunais, veda aos media comportamentos que possam constituir qualquer forma de "julgamento paralelo". Noutros ordenamentos jurídicos, o mesmo é assegurado através dos chamados crimes contra a realização da justiça de que jornalistas e media podem ser acusados.

condições de produção da informação, inteiramente sujeitas às leis liberais da economia e da concorrência e dirigidas principalmente por considerações comerciais, propiciadoras da espectacularização e do sensacionalismo mais do que da procura serena da verdade factual.[259]

A situação explica o relevo que hoje têm nos media, mesmo nos de referência, os *faits divers*, em particular os crimes violentos e os praticados contra crianças ou, em geral, vítimas indefesas[260]. A identificação dos acusados (ou até de meros suspeitos) de crimes e a sua exposição à condenação emocional da opinião pública põe em causa, para muitos juristas, o princípio (que é igualmente um direito fundamental) da presunção da inocência e constitui aquilo que costuma designar-se por "julgamento mediático" ou "julgamento paralelo" (ou, mais frequentemente, pela expressão inglesa de *trial by media*).

Salas fala, a propósito, de um "novo castigo: a reprovação mediática" (Salas, 2005: 57), e Batista da "pena-notícia" (Batista, 2002: 10), que tanto atinge inocentes (às vezes basta estar no lugar errado no momento errado) como culpados, e estes mesmo depois de terem já expiado as suas culpas, como um estigma que neles se eterniza para além da pena que tenham cumprido. "O *fait divers* fala a linguagem dos afectos. A sua referência ao pormenor horrível torna-o imediatamente perceptível (...). Os media julgam: infeliz do condenado sobre os quais eles inscrevem a marca de Caim. É a pena mais terrível porque assenta na violência antropológica da sociedade: 'A alma da pena, a verdadeira pena, é a reprovação geral[261]' e, é preciso acrescentar, a mais irremediável. Nenhum processo, nenhuma reabilitação a modera. Eis a pena de novo transportada para a figura religiosa do castigo, para a solidariedade emocional tributária dos medos colectivos,

---

[259] No "caso Outreau", a TF1 chegou a mostrar imagens de uma quinta onde teriam ocorrido violações e actos de pedofilia e de um *sex-shop* que se situaria em Ostende, Bélgica, onde afirmava que estavam à venda gravações vídeo desses actos. A generalidade da imprensa e dos canais de televisão repetiram a informação. Mais tarde apurou-se que nem essa quinta nem o *sex-shop* existiam.

[260] Entre 5 de Maio e 5 de Junho de 2004, o "processo Outreau" saiu 20 vezes na primeira página dos quatro maiores diários franceses, que lhe dedicaram 344 artigos em oito semanas: 108 *Le Figaro*, 84 o *Le Monde*, 77 o *Le Parisien* e 75 o *Libération*. No mesmo período, os quatro jornais consagraram, no total, 3 artigos à publicação de um estudo da Organização Mundial de Saúde (OMS) revelando que a poluição do ar, da água e outras situações de degradação ambiental matavam todos os anos mais de 3 milhões de crianças de menos de 5 anos (cf. Balbastre, Gilles, *op. cit.*).

[261] Tarde, G., *La Philosophie pénale*, p. 492 (*apud* Salas, 2005: 61).

para a antiga *Themis* saída da hostilidade unânime. Em oposição à pena, que pune um culpado, o castigo liberta os medos colectivos" (Salas, 2005: 58-61 *passim*).

Os *mass media* exercem, assim, um poder punitivo não escrutinado perante audiências mobilizadas emocionalmente por acusações ou pela mera suspeita da prática de crimes que, em obediência à lógica do *market model* ("It bleeds, it leads"), são geralmente horrendos ou intoleráveis e em que a vítima é geralmente indefesa e o culpado, ou suspeito, odioso. Referimo-nos antes[262] à estrutura binária simples da representação mediática do crime, assente em estereótipos de bem e de mal. Também a resposta da audiência é normalmente simples, com a transformação da piedade pela vítima em imediata "veemência justiceira" e a imperiosa necessidade de encontrar um culpado (Salas, 2005: 86).

Foi assim que a revista *Paris Match*, que cobriu incansavelmente todas as incidências do caso da violação e assassínio, em 1988, da pequena Céline Jourdain, de 11 anos, chegou a convidar os leitores, no número anterior à data de início do julgamento, para votarem através do *Minitel* a culpabilidade de um dos acusados. A pergunta "Richard Roman é culpado? SIM/NÃO" era acompanhada de um artigo que não deixava dúvida nenhuma sobre a resposta a dar.

Todos os outros media franceses apresentaram igualmente, ao longo dos quatro anos que durou o processo, Richard Roman como sendo o assassino, desenvolvendo uma violenta campanha contra ele, e calando, ao mesmo tempo, todos os seus repetidos protestos de inocência. Mesmo os resultados dos testes genéticos que o inocentavam pela violação foram omitidos pela generalidade dos media. Em 17 de Dezembro de 1992, Roman viria a ser declarado inocente em tribunal. No entanto, como escrevia o *Nice-Matin*[263] quando a sua culpabilidade começou a ser posta em causa pela justiça, "continua a ser, aos olhos da opinião pública, um dos presumidos assassinos".

Os *trial by media*, referidos por muitos investigadores[264] como sendo determinantes na construção social do crime e da realidade criminal, veri-

---

[262] Cf. *supra* 3.2.1.3..
[263] *Nice-Matin*, 24 de Outubro de 1990.
[264] Cf., por todos, Hariman, R. (1990), "Performing the Law Popular Trials and Social Knowledge", in *Popular Trials: Rethoric, Mass Media, and the Law*, ed. R. Hariman, Tuscaloosa,: University of Alabama Press, pp. 17-30 (*apud* Surette, 1998: 73).

ficam-se normalmente quando os crimes "atraem uma cobertura intensa, seja imediatamente no momento da sua descoberta seja no momento da prisão" (Surette, 1998: 73), sendo mais frequentes quando os acusados são políticos ou celebridades, ou os crimes são especialmente chocantes. Os *trial by media* "cobrem todos os aspectos do caso, muitas vezes dando grande relevância a factos extra-legais. Juízes, advogados, polícias, vítimas, jurados, e particularmente o acusado, são entrevistados e fotografados e frequentemente elevados ao estatuto de celebridade. Características das suas personalidades, relações pessoais, aparência física e idiosincrasias são amplamente comentadas, independentemente de terem ou não qualquer relevância penal. Se possível, a cobertura é ao vivo, as imagens sobressaindo sobre os textos e estes abundando em conjunturas e sensacionalismo (...), com explicações directas e simples para o crime: luxúria, inveja, imoralidade, ciúme..."(Surette, 1998: 74), emotivamente acompanhadas pela opinião pública e suscitando intensa controvérsia tanto em torno das circunstâncias do crime como dos acusados.

Se, por um lado, os media se substituem, assim, ao juiz, exercendo uma justiça emocional e sem contraditório, "certas investigações jornalísticas configuram-se, em determinadas circunstâncias, como uma espécie de *pré-julgamento* de opinião pública que (...) pode sobrepor-se, reduzir eficácia ou influenciar decisivamente o julgamento propriamente dito" (Mesquita, 2003: 118).

O trabalho jornalístico fornece, em certos casos, "abundantes sugestões para a investigação, apontando pistas, indicando suspeitos, permitindo a eliminação de álibis ou oferecendo elementos para uma análise estrutural da criminalidade. Em contrapartida (...), a investigação jornalística contém o risco de vulnerabilizar a espontaneidade e consistência das provas. De facto, está demonstrado que a espontaneidade da testemunha diminui se for repetidamente inquirida e, ainda mais, se o seu depoimento for objecto de publicidade (...). Estes perigos avolumam-se, no que respeita ao julgamento, em resultado do condicionamento e da pressão que os media podem exercer sobre os próprios agentes do processo. A antecipação de juízos de valor sobre o sentido da prova ou sobre a credibilidade das testemunhas ou o 'julgamento' pré-datado dos factos, trazem para dentro do tribunal o elemento 'opinião pública' e produzem tentações de reinterpretação do real, de adesão às expectativas da comunidade ou de conformação com o mediaticamente correcto" (Cunha Rodrigues, 1999: 87-88).

Ainda a propósito do "caso Outreau" e da unânime condenação mediática de alguns dos acusados que viriam a ser declarados inocentes, escreve Balbastre: "Imaginem-se as reacções na imprensa se, à época, o juiz Burgaud [juiz de instrução do processo] tivesse tido a menor tentação de libertar um dos acusados. Dois anos depois, [já era] mais fácil clamar de indignação perante um 'erro judiciário'"[265].

4. OS MEDIA "FONTES INFORMAIS" DE DIREITO PENAL

4.1. Media e construção da agenda política criminal

Por intermédio do *agenda-setting*[266] os órgãos de comunicação social participam na determinação da agenda política chamando a atenção para factos e hierarquizando notícias de maneira desigual. A influência dos media na agenda política fundar-se-ia "na assumpção comum de que [os media] reflectem a verdadeira natureza da opinião pública" e "descrevem ou indicam aquilo em que a maioria acredita ou [que a maioria] apoia" (Roberts *et al*., 2003: 85). Com efeito, "os políticos interpretam frequentemente a cobertura mediática de um assunto como sinal de uma elevada preocupação pública" (Beckett e Sasson, 2000: 85). Assim, a colocação das questões do crime e insegurança na "agenda sistémica"[267] mediática, tornando-as "preocupações com legitimidade para merecer a atenção da política" (Cobb e Elder, 1971: 905), promove e legitima, através da "conversão de relações sociais em relações políticas", a produção jurídico-criminal, mais frequentemente, nas décadas recentes, de natureza repressiva[268], mas igualmente, em alguns casos[269], garantística[270].

---

[265] Balbastre, Gilles, *op. cit.*.
[266] Cf. supra, 2.2.2..
[267] A expressão é de Cobb e Elder (Cobb e Elder, 1971: 906).
[268] Cf. *supra* 3.2.1.2. O poder político contribui também em larga medida (como diferentes instâncias do campo social) para determinar a agenda mediática. "Os estudos sobre o relacionamento entre os jornalistas e as fontes efectuados pela sociologia norte-americana – escreve Mesquita – demonstram que os principais produtores de notícias são, por via de regra, as instituições estatais e, em especial, o governo, principal máquina de fabricar notícias, utilizando a via do relacionamento e da negociação entre as fontes de informação e os jornalistas" (Mesquita, 2003: 77).
[269] Media norte-americanos como o *New York Times* têm, por exemplo, vindo a

Enquanto a influência da TV e da imprensa popular na produção jurídico-criminal é quase sempre indirecta, resultando do seu impacto na opinião pública, "em matérias mais complexas, está provado que a cobertura mediática e os jornalistas podem afectar directamente as políticas criminais (...) independentemente do impacto que possam ter na opinião popular" (Beckett e Sasson, 2000: 85). Este tipo de influência é característico dos media de referência, cujos públicos são dominantemente constituídos por elites políticas e culturais. Assim, em relação a uma mesma problemática criminal, o impacto da cobertura dos media pode ser contraditório e o seu resultado nas políticas criminais evoluir, em pouco tempo, de um sentido securitário para um sentido garantístico. Beckett e Sasson analisam detalhadamente aquilo que classificam de "construção da crise da droga na América" e o modo como a imprensa popular e a TV, numa primeira fase, nos anos 80, "tiveram um significativo papel na justificação e perpetuação da guerra à droga"[271], particularmente o "crack", legitimando

---

colocar na agenda pública a questão da pena de morte, levando o problema à agenda política de vários estados, como o de New Jersey, onde a pena de morte, reintroduzida em 1963, foi recentemente abolida, decisão que, em editorial de 15 de Dezembro, o *New York Times* saudava nos seguintes termos: "Demorou 31 anos, mas a imoralidade, o desequilíbrio social, a impraticabilidade legal e a futilidade da pena de morte atingiram finalmente as consciências de legisladores num dos 37 estados que se arroga o direito de executar seres humanos". A imprensa de referência norte-americana tem igualmente dado voz a organizações cívicas empenhadas na adopção de medidas penais alternativas e de justiça restaurativa em substituição das penas de reclusão. De facto, "vários estudos demonstram que a opinião pública é receptiva a alternativas à pena de morte e às penas de prisão desde que cuidadosamente dirigidas e explicadas" (Roberts *et al.*, 2003: 85).

[270] Aliás, historicamente, a influência da imprensa no Direito Penal é, sobretudo, de natureza garantística. Assim, a imprensa doutrinária do século XVIII teve, sob influência do pensamento das Luzes, papel decisivo na fundação histórica do Direito Penal liberal, profundamente garantístico em relação ao direito penal medieval inquisitorial, em que o indivíduo se encontrava inteiramente desprotegido face ao poder punitivo do Estado.

[271] A cobertura mediática (em especial na TV) de casos relacionados com a droga cresceu dramaticamente depois do anúncio pelo presidente Reagan da "guerra à droga" e da morte, em Junho e Julho de 1986, de dois conhecidos atletas, Len Bias e Don Rogers, alegadamente por *overdose*. Só em Junho (mês da morte da Len Bias), os três maiores canais de TV norte-americanos dedicaram um total de 74 reportagens nos jornais da noite ao problema e, em Novembro, mês de eleições, só a NBC deu 400 notícias (com um total sem precedentes de 15 horas) sobre casos de consumo e tráfico de drogas, ao mesmo tempo que a imprensa popular e as revistas de maior tiragem publicaram mais de 1 000 sobre "crack" (a *Time* e a *Newsweek* dedicaram, em 1986, cada uma cinco capas a assuntos relacionados com a droga).

políticas repressivas de "lei e ordem" particularmente duras. Os mesmos autores analisam depois como, posteriormente, em finais dos anos 90, se verificou um movimento inverso, sobretudo a partir de alguns jornais de referência (*New York Times*, *Los Angeles Times*, *Boston Globe*...), que começaram a dar voz a organizações como a *US Sentencing Commission* ou a *American Civil Liberties Union* criticando o "formato ideológico" conservador do punitivismo penal anti-droga, especialmente gravoso no caso do "crack" e, no entanto, permissivo em relação à cocaína, denunciando a sua natureza "racista" (88% dos condenados pelo uso de "crack" eram negros[272]), a sua responsabilidade no crescimento desproporcional do número de negros presos e relacionando o abuso e a dependência de drogas com a pobreza e o desemprego de longa duração, tudo o que terá contribuído para algumas modificações legislativas de sentido menos severo e mais equitativo (Beckett e Sasson, 2000: 88-98, *passim*).

A maior parte da investigação tem abordado, no entanto, sobretudo o impacto da cobertura mediática no desenvolvimento de políticas criminais repressivas e no fenómeno que tem sido designado por "punitivismo penal"[273]. Segundo alguns autores[274], a influência do *agenda-setting* mediático na agenda política desenvolver-se-ia, *grosso modo*, de forma linear[275]: aparecem notícias sobre um tema; o tema ganha importância na opinião pública; a opinião pública alarma-se; mobilizam-se grupos de interesses; os decisores políticos respondem (designadamente através de produção legislativa). De facto, como observa Surette, "os conteúdos das notícias das cadeias de televisão que apoiam ou se opõem a determinadas políticas conduzem, em consequência, a opinião pública no sentido do da

---

[272] O *Los Angeles Times* citava então um juiz federal: "Têm sido punidos mais negros com as leis do 'crack' do que brancos. Está aceso um sinal vermelho. Temos que trabalhar por um sistema mais justo".

[273] Cf. *infra*.

[274] Surette refere, entre outros, Lasorsa e Wanta, McLeod *et al* e Protess (Surette, 1998: 202 e 271).

[275] Tal linearidade não capta, no entanto, todo "o conjunto de acções e influências que a acção dos media pode pôr em movimento" (Surette, 1998: 202). Por outro lado, a influência dos media não é, como já antes sublinhámos, sempre directa, sendo, muitas vezes, recíproca e fortemente interactiva com outros processos individuais e sociais, designadamente os políticos. Surette (Surette, 1998: 202-203) enumera algumas reservas que podem pôr-se quanto à influência do *agenda-setting* mediático na determinação das percepções sociais. Tais reservas têm levado uma parte da investigação a falar antes, numa perspectiva construtivista, em *agenda-building*.

cobertura noticiosa" (Surette, 1998: 213), até em virtude da relevância dos meios audiovisuais (televisão e rádio) na "fabricação da informação [e da opinião] dominante, isto é, na produção quotidiana da informação que tende a impor-se como acontecimento do dia, retomado e difundido depois pela quase totalidade dos media, dando lugar a comentários que forçam a maior parte das vezes os responsáveis a reagir" (Champagne, 2003: 19).

Desse modo, a importância atribuída nas últimas décadas ao tema do crime nos *mass media* norte-americanos, particularmente TV e imprensa popular (cujos formatos não raro contaminam também alguns media de referência), terá provocado[276] um generalizado sentimento de medo e insegurança nos cidadãos[277] que resultou, por sua vez, em políticas criminais e penitenciárias mais duras. "Com o aumento da nossa sensibilidade, induzida pelos media, perante os crimes violentos e da nossa percepção de que a criminalidade violenta se encontra em crescimento, desenvolveu-se, numa tentativa para reduzir a violência, uma fixação nacional no agravamento e alargamento das punições (Surette, 1998: 236).[278]

Beckett e Sasson (2000: 85 e *passim*) estudaram os meios através dos quais os media, conformando a opinião pública, têm um impacto directo ou indirecto sobre as políticas criminais. A selecção e a formatação das notícias de crimes seriam condicionadas pela disputa de audiências e pela influência das fontes oficias nessas notícias[279]; finalmente, o impacto das coberturas noticiosas nas políticas governamentais resultaria a maior parte das vezes do seu impacto na opinião pública.

---

[276] Surette sublinha, contudo, o complexo conjunto de factores que contribuem para a percepção do mundo por parte dos indivíduos, concluindo que não é realista esperar que ela mude apenas com as representações mediáticas do crime e da criminalidade. A influência dos media verificar-se-ia sobretudo a longo termo e, mesmo sendo às vezes directa, seria a maior parte das vezes indirecta (cf. Surette, 1998: 223).

[277] Cf. *supra* 3.2.3..

[278] Refere-se a situação nos Estados Unidos a título exemplar. De facto, trata-se de uma situação generalizada na maior parte das democracias ocidentais. Assim, em França, e ainda a título de exemplo, Jacques Chirac preconizava já em Outubro de 1984 o agravamento penal como resposta ao medo instalado na sociedade: "É preciso criar (…) uma pena dissuasora e insusceptível de ser limitada que faça o medo mudar de campo e proteja a sociedade" (*France Soir Magazine*, Outubro de 1984, pp. 20-26).

[279] "Ironicamente são os políticos frequentemente as fontes das notícias sobre o crime, acabando por responder [legislativamente] aos sentimentos e opiniões que eles próprios cultivaram através dos media" (Beckett e Sasson, 2000: 85).

Deste modo, "jornalistas, directores de programas e editores são parte (...) do processo de formação de políticas [criminais], umas vezes desencadeando-os, outras respondendo às mudanças na política criminal. Embora seja claro que esses efeitos existem, os estudos sobre eles não identificaram ainda as características dos decisores políticos mais susceptíveis à influência dos media (por exemplo, os eleitos parecem ser mais sujeitos a essa influência (...)" (Surette, 1998: 222).

Actuação célere e firme e capacidade para enfrentar e solucionar problemas constituiriam, afirma Fuentes Osório[280], "virtudes com alto valor eleitoral" de que os eleitos seriam tentados a fazer prova reagindo "de forma imediata e contundente com uma lei penal" em resposta à realidade criminal construída pelos media e ao consequente avolumar de sentimentos de insegurança na opinião pública."O que importa é reagir: estar em cima do acontecimento (...), marcar determinação. É preciso mostrar, sem demora, resultados para convencer o eleitor de amanhã e a opinião do momento" (Salas, 2005: 88).

Tem sido classificado de "populismo penal" o processo, verificado na generalidade das democracias ocidentais a partir de meados dos anos 80 do século passado, no sentido de reformas jurídico-criminais prescrevendo, sob pressão de opiniões públicas tomadas de "pânico moral" (ou "indignação moral")[281] e medo do crime, penas cada vez mais pesadas ("punitivismo penal"[282]). "Nos anos 60, muitos criminologistas e penalistas tinham acreditado que as sentenças se estavam a tornar mais racionais, mais informadas e mais humanas. Os abolicionistas puseram a proibição da pena de morte na ordem do dia; medidas penais alternativas, baseadas na mediação e resolução comunitária de conflitos[283], ganharam apoios; expandiram-se as suspensões de pena. Tal trajectória liberal não prosseguiu; a pena de morte voltou a ser praticada em força nos Estados Unidos, muitos países passaram a adoptar políticas punitivas imperativas e a população prisional subiu de novo (...) Nos anos 90, os políticos passaram a falar mais frequentemente do crime nos seus apelos públicos – em espe-

---

[280] Fuentes Osorio, 2005: 4.

[281] Cf. *supra* 3.2.3..

[282] Costuma designar-se por punitivismo penal o discurso e/ou prática que defende respostas penais cada vez mais vastas e mais duras para enfrentar o problema da criminalidade, sem ter em conta causas sociais que lhe possam estar na origem. (Sobre esta matéria, entre outros, Fuentes Osorio, 2005: 40 e *passim*).

[283] Justiça penal não-punitiva e restaurativa.

cial em alturas de eleições – identificando problemas criminais que podem ser "resolvidos" através de reformas. Crimes violentos praticados por reincidentes, homicídios cometidos por jovens[284], crimes praticados por presos em liberdade condicional; o público passou a exigir soluções punitivas simplistas (como o estatuto dos "three strikes"[285], as sentenças de "adulto" para os crimes juvenis e as sentenças sem possibilidade de liberdade condicional) que, muitas vezes, violam princípios penais fundamentais e acabaram por criar mais problemas do que os que resolveram (...) A ironia é que este movimento no sentido de penas mais duras e mais longas acelerou quando que as taxas de criminalidade diminuíam na maior parte das jurisdições" (Roberts *et al*, 2003: VII-VIII).

Roberts *et al.*, sintetizam aqueles que seriam os "três elementos essenciais" do populismo penal: excessiva preocupação dos actores políticos com políticas que conquistem o eleitorado; intencional ou negligente desinteresse pela prova dos efeitos das políticas criminais; e tendência para tirar conclusões simplistas acerca da natureza da opinião pública, a partir de dados inadequados (Roberts *et al.*, 2003: 8).

O populismo penal constitui uma resposta emocional a crimes (no entanto pouco comuns) que provocam horror e suscitam grande cobertura mediática, colocando a resposta à criminalidade na agenda pública e, depois, na agenda política. Garland[286] descreve assim o papel dos media neste processo: "Envolvem-nos em imagens de crime, perseguição e castigo e fornecem-nos regularmente e diariamente ocasião para experimentar as emoções de medo, raiva, ressentimento e fascínio que o crime provoca". Os media (a descrição adequa-se particularmente aos formatos típicos da imprensa popular e tablóide e também da TV) poriam assim o público sob uma "jurisdição das emoções" e, "auto-proclamando-se representantes da opinião pública, não [seriam], as mais das vezes, senão porta-vozes da emoção pública" (Garapon, 1996: 98).

---

[284] Maggie Wykes estuda aprofundadamente em *News, Crime and Culture* a mediatização da criminalização dos jovens na Inglaterra e a sua relevância no discurso político no quadro da "cultura criminal" da lei e ordem do thatcherismo (cf. Wykes, 2001).

[285] Lei conhecida como "three strikes and you are out": ao terceiro crime, um delinquente pode ser condenado a prisão perpétua. A lei foi aprovada na sequência do homicídio de uma criança, Polly Klas, na Califórnia, por um reincidente.

[286] Garland, D., "The Culture of High Crime Societies: Some Preconditions of Recent 'Law and Order' Policies", in *British Journal of Criminology*, 40 (3), pp. 347-375 (*apud* Roberts *et al*, 2003: 91).

Surette identifica três modelos característicos de influência externa na modificação das políticas criminais, dois deles com intervenção determinante dos media: um em que a cobertura mediática da criminalidade implica *directamente*[287] a alteração das políticas governamentais; um segundo em que não há interferência directa dos media e a alteração resulta de acontecimentos concretos, não necessariamente objecto de cobertura mediática (por exemplo, relatórios oficiais sobre medidas alternativas às penas de prisão); e um terceiro em que a alteração das políticas criminais resulta da acção simultânea desses acontecimentos e da sua cobertura pelos media (por exemplo, um preso comete um crime durante uma saída precária e, como resultado disso, o departamento correccional revê o programa de saídas precárias; ao mesmo tempo, em virtude da cobertura mediática, o programa é suspenso e são decretadas restrições mais severas na sua aplicação).

Os media, por sua vez, promoveriam igualmente de três modos o populismo penal: primeiro, através do desmesurado destaque conferido aos crimes violentos; segundo, os media influenciam directamente os decisores políticos através da forma como enquadram o crime e as penas que o punem; terceiro, os media fornecem ainda uma plataforma de comunicação que favorece certos tipos de resposta política penal (Roberts *et al*, 2003: 76).

De facto, muitas reformas no sentido do endurecimento penal são justificadas pelos decisores políticos com fundamento seja na cobertura mediática seja em sondagens de opinião demonstrativas das preocupações do eleitorado com o crime, constituindo uma resposta política que privilegia considerações de popularidade em detrimento de avaliações sociais ou políticas.

Lamalice estudou o modo como, neste quadro, as elites políticas americanas têm utilizado, nos últimos quarenta anos, as questões penais como instrumento eleitoral. Segundo Lamalice, "o populismo penal, permanentemente instalado na política presidencial americana desde os anos 60, desenvolveu uma relação particular com as opiniões públicas[288]", mani-

---

[287] A expressão omite a eventual intermediação dessa influência pelo impacto da cobertura mediática na opinião pública referida por autores como Beckett e Sasson (cf. *supra*).

[288] Lamalice contesta o carácter homogéneo que costuma ser atribuído à opinião pública, preferindo falar de "opiniões públicas" (Lamalice, 2006: iv).

festando-se "uma influência recíproca naquilo que parece ser um aumento da severidade penal", com a cobertura mediática do crime influenciando o sentimento de insegurança da população e esta, sentindo-se ameaçada, exigindo penas cada vez mais severas (Lamalice, 2006: iii).

A situação não é, como se disse, exclusiva dos Estados Unidos, mas comum na generalidade das democracias ocidentais. "O que a sociedade quer é a punição, o rigor, o aumento das penas", afirmava recentemente (Abril de 2007) o presidente do Senado brasileiro, Renan Calheiros. A sua afirmação fundamentava-se numa sondagem de opinião promovida pelo próprio Senado cujos resultados foram publicados em 18 de Abril na revista *Veja*: "93% dos entrevistados querem pena integral para os crimes hediondos; 69% defendem a elevação do período máximo de detenção (actualmente em 30 anos), 75% são favoráveis à prisão perpétua e 87% a punições de adultos para menores de 18 anos"[289]. Também um inquérito realizado em 1984 no Canadá por iniciativa da Solicitadoria-Geral (equivalente à PGR portuguesa), citado por Brillon (1986: 236), revelou que 83,5% da população urbana defende a pena de morte para os criminosos reincidentes.

O processo de influência da opinião pública sobre as políticas legislativas foi analisado por Habermas, que se refere ao modo como as "comunicações sem sujeito internas e externas às corporações políticas programadas para tomar decisões" constituem arenas onde se podem formar correntes de opinião e de vontade acerca de temas relevantes para o todo social, e como tal formação informal de opinião "desemboca em decisões electivas institucionalizadas e em resoluções legislativas pelas quais o poder criado por via comunicativa é transformado em poder administrativamente aplicável" (Habermas, 2002: 282).

O efeito desta situação é duplo. Por um lado, o público exige constantemente penas mais duras de modo a sentir-se protegido; por outro, os políticos utilizam os resultados dessas sondagens para justificar a sua posição acerca das políticas repressivas que querem fazer aprovar[290], não hesitando, se necessário, em apelar directamente ao apoio da opinião pública.

Um episódio ocorrido em França em 2003 ilustra expressivamente essa situação. Em 19 de Novembro, o ministro Pierre Méhaignerie abandonou o Senado, onde se gerara grande controvérsia à volta do seu pro-

---

[289] *Veja*, 18 de Abril de 2007.
[290] Sobre esta matéria, Roberts e Stalans, 2003.

jecto de alteração do Código Penal no sentido de impedir a libertação condicional de assassinos de crianças condenados a prisão perpétua, e foi defender directamente esse projecto perante a opinião pública através das câmaras da TF1. Um senador propôs então a suspensão da sessão até ao regresso do ministro, de modo a que todos pudessem assistir ao programa.[291]

"Em França, como nos Estados Unidos, a questão penal conhece um período de intensa politização – observa Salas[292]. O direito de punir tornou-se o regulador das inquietações colectivas. Prisioneiras do pequeno circuito das democracias de opinião, as reformas sucedem-se a ritmo acelerado. Houve pelo menos 65 leis penais entre 2000 e 2003, antes mesmo da reforma de 2004. Sob pressão [mediática], o discurso político repete invariavelmente que cada acto exige uma sanção, cada escândalo uma iniciativa de apaziguamento. A um acontecimento infeliz, responde-se com um acto [legislativo] 'forte', aguardando um 'texto de equilíbrio' integrando um lote de novas incriminações. Sem tempo para interpretar o que acontece, a retórica política esgota-se numa reactividade vã ao acontecimento. Uma legislação compulsiva desenvolve-se numa sociedade onde é a urgência que talha as regras jurídicas (…) Face a uma impopularidade crescente, que governo está ao abrigo da tentação demagógica? (…) Julgados através de um balanço, sob pressão mediática e no curto tempo do seu mandato, como podem [os políticos)] resistir [ao populismo penal]?".

Com efeito, "um ministro da Justiça sob ataque de partidos populistas da oposição pode sentir que não tem alternativa senão 'falar grosso' em resposta. Em muitas circunstâncias, a sua escolha é entre perder o poder – e, com ele, a possibilidade de introduzir melhorias no sistema de justiça criminal – ou aceitar (…) compromissos com o populismo" (Roberts *et al.*, 2003: 7).

4.2. Direito Penal Simbólico e Direito Penal do Inimigo

Pânico moral, sentimentos de medo e insegurança e populismo penal (em grande parte, como ficou dito, suscitados ou mediados pela comuni-

---

[291] A proposta de suspensão foi aprovada por 9 votos contra 6 com várias abstenções. O projecto de lei de Pierre Méhaignerie, mesmo com a introdução de emendas, acabaria, no entanto, por ser rejeitado pelo Senado.
[292] "Gare au populisme pénal", in *Libération*, 24 de Junho de 2005.

cação social, com particular destaque para a televisão) têm, nas últimas décadas, gerado em muitos países ocidentais políticas criminais caracterizadas por grande produção de leis penais avulsas, muitas vezes de "resposta" política a acontecimentos e situações concretos, e/ou de reformas penais mais abrangentes, que se constituem como um *corpus* legal punitivo com especificidades que o autonomizam, em muitos aspectos (alguns fundamentais), do Direito Penal geral, de matriz liberal.

Esse *corpus*, que a doutrina vem classificando de *Direito Penal moderno*[293], assumiria não só funções mais latas – muitas vezes de carácter exclusivamente político – do que aquelas que são cometidas ao Direito Penal, mas ainda se caracterizaria, "formalmente, pela ampliação dos âmbitos de aplicação daquele e, materialmente, segundo a opinião maioritária, pelo desconhecimento, ou pelo menos pela flexibilização ou relaxe e, com isso, pelo menosprezo dos princípios e garantias jurídico-penais liberais do Estado de Direito" (Martín, 2005:2).

A doutrina jurídico-penal tem identificado nesse Direito Penal *moderno* tanto uma natureza predominantemente *simbólica* como a de "Direito Penal do Inimigo"[294]. Tais características (por um lado de "Direito Penal Simbólico", por outro de "Direito Penal do Inimigo") de algum Direito Penal e Processual Penal contemporâneo foram analisadas por

---

[293] Mais rigorosamente, deveria dizer-se "contemporâneo" (se não "pós-moderno"). Com efeito, o Direito Penal *moderno* (em sentido estrito), dominante ao longo da maior parte do século XX, assenta sobre os fundamentos éticos humanistas e liberais oriundos do racionalismo iluminista que presidiram à profunda revolução que sofreram no último quartel do século XVII e no século XIX as concepções penais medievais, sobretudo a partir da obra de Beccaria *Dei Delitti e delle Pene* (1764), que, juntamente com os trabalhos de Bentham e de John Howard sobre, respectivamente a utilidade (a *razão*) da pena e o sistema penitenciário, forneceu o suporte ideológico das primeiras codificações penais oitocentistas designadamente o Código Penal francês de 1810. Trata-se de um Direito Penal também às vezes referido como *humanitário*, que substituiu a *razão da autoridade* do Direito Penal medieval pela *autoridade da razão*, e se funda em princípios como o de *nullum crimen, nulla poena sine lege,* o da proporcionalidade, limitadores do poder do Estado sobre o indivíduo, e ainda o da separação das noções de delito e de "pecado" e o da humanização da pena, entendida como um sacrifício necessário legitimado na sua finalidade social de prevenção.

[294] Por oposição a "Direito Penal dos cidadãos". O "Direito Penal do Inimigo" (ou para "inimigos"), recusa o estatuto de *pessoa* a certo tipo de indivíduos ou classes de indivíduos considerados "indesejados" ou "inimigos" da sociedade, a quem não são reconhecidos, por isso, os direitos e garantias individuais fundamentais implicados na cidadania (ver *infra*).

penalistas alemães ligados, respectivamente, às chamadas Escolas de Direito Penal de Frankfurt (Winfried Hassemer[295]) e de Bona (Gunther Jakobs[296]) e são hoje objecto de amplo debate.

Para Hassemer, "há [no Direito Penal *moderno*] uma tendência do legislador, em termos de política criminal, para utilizar uma 'reacção simbólica', para adoptar um Direito Penal Simbólico. Quero dizer com isso, que os peritos nessas questões sabem que os instrumentos utilizados pelo Direito Penal não são aptos para lutar efectiva e eficientemente contra a criminalidade real. Isso quer dizer que os instrumentos utilizados pelo Direito Penal são ineptos para combater a realidade criminal. Por exemplo: aumentar as penas, não tem nenhum sentido empiricamente. O legislador – que sabe que a política adoptada é ineficaz – faz de conta que está inquieto, preocupado e que reage imediatamente ao grande problema da criminalidade. É a isso que eu chamo de 'reacção simbólica' que, em razão de sua ineficácia, com o tempo a população percebe que se trata de uma política desonesta, de uma reacção puramente simbólica, que acaba por se reflectir no próprio Direito Penal como meio de controle social" (Hassemer, 1993: 86).

Constituiriam, pois, Direito Penal Simbólico as leis cominando penas cada vez mais severas e restringindo frequentemente garantias processuais e direitos fundamentais, adoptadas em muitas jurisdições nacionais (com especial relevo para os Estados Unidos, sobretudo depois do 11 de Setembro) em resposta aos sentimentos de medo e insegurança dos cidadãos. Tais leis, de reduzida eficácia prática na protecção dos bens jurídicos tutelados pelo Direito Penal, visariam assim, fundamentalmente, finalidades políticas e/ou eleitorais.

Segundo Hassemer, o Direito Penal Simbólico "é identificável através de duas características: por um lado, não serve para a protecção efectiva de bens jurídicos; por outro lado, obedece a propósitos de pura jactância da classe política (...) Para além de custar pouco dinheiro ao Estado, apresenta ainda a vantagem de servir para acalmar contestações políticas. Com efeito, é assim que a classe política pode proclamar à opinião pública que está atenta aos problemas do mundo moderno e, mais

---

[295] Winfried Hassemer é professor da Universidade de Frankfurt e vice-presidente do Tribunal Constitucional Alemão.

[296] Gunther Jakobs é catedrático de Direito Penal e Filosofia do Direito na Universidade de Bona.

ainda, que até se compromete com a tomada de medidas drásticas para os resolver" (Hassemer, 1994: 33).

Muitas vezes, o Direito Penal Simbólico tem simultaneamente natureza *promocional*, destinando-se a promover éticas ou valores, mais do que a punir efectivamente comportamentos, pelo que a sua aplicabilidade prática se situa em plano secundário. É o caso, entre outros, da legislação penal em matéria ambiental[297], do consumidor ou de protecção do património, em que estão em causa os chamados "interesses difusos", nos quais o bem jurídico tutelado é dificilmente identificável e a sua titularidade envolve comunidades ou grupos mais ou menos vastos e indeterminados, diferentes da colectividade em geral, e não indivíduos concretos.[298]

As leis penais têm sempre, de um modo ou de outro, efeitos simbólicos. O próprio Hassemer enumera vários desses efeitos simbólicos, como, entre outras, os das leis que afirmam valores (por exemplo, as do aborto, entre a exigência moral da mulher à sua determinação e descendência, por um lado, e a confirmação da proibição de matar, por outro) ou os das leis contra a violência doméstica, que se propõem "revalorizar o papel da mulher"; e do mesmo modo ainda os das leis com carácter de apelo moral (por exemplo, as ambientais, visando promover a consciência ecológica) ou os das "leis de crise" como, por exemplo, na luta contra o terrorismo, que têm como finalidade a de, pelo menos, apaziguar o medo e os protestos públicos. Com efeito, "quanto mais se formulam finalidades preventivas às penas (…), quanto mais extensos sejam essas finalidades, mais claramente se revela o seu carácter simbólico (…) Inclusivamente uma lei tão concreta como a do homicídio carrega consigo a esperança preventiva de fortalecer o respeito pela vida" (Hassemer, 1995: 23-36).

---

[297] Justificando a responsabilização criminal das pessoas colectivas pelos crimes de poluição, danos contra a natureza e incêndios florestais, afirmou Rui Pereira, coordenador da Unidade de Missão para a Reforma do Código Penal (de 2007): "Actualmente, trata-se de um direito penal simbólico. Para aplicar, por exemplo, o crime de poluição é preciso provar que o responsável pelo crime poluiu, desobedeceu a uma advertência administrativa e que as autoridades fizeram uma ameaça penal" (Agência Lusa, 31/10/2006, 16:16:44)

[298] "Para a generalidade dos autores, a distinção entre interesses difusos e colectivos estabelece-se no domínio da subjectivação de cada um dos tipos de interesses; assim, os interesses difusos caracterizam-se pela transindividualidade e indivisibilidade, deles sendo sujeito pessoas indeterminadas; os interesses colectivos, também transindividuais e indivisíveis, respeitam a um grupo, a uma categoria, uma classe de pessoas. [Almeida, Teresa (1997), "Nova Lei de Defesa do Consumidor", in *Boletim de Interesses Difusos*, n.º 12/13, Maio/Setembro, Lisboa, Procuradoria Geral da República].

Não é, no entanto, desses efeitos que se trata quando se fala de Direito Penal Simbólico. Fala-se de Direito Penal Simbólico quando a lei surge orientada *exclusivamente* ou *predominantemente* para obter consequências políticas. "Simbólico, em sentido crítico, é o Direito Penal no qual as funções *latentes* predominam sobre as *manifestas*, do qual se espera que realize, através da norma e sua aplicação, outros fins que não os previstos na norma (...) desde a satisfação de 'necessidade de agir' ou de tranquilização da população até à demonstração de um Estado forte (...) Os fins descritos na regulação da norma são [no Direito Penal Simbólico] comparativamente distintos dos que dela, de facto, se esperam (...) Um Direito Penal Simbólico que ceda as suas funções manifestas em favor das latentes atraiçoa os princípios de um Direito Penal liberal, especialmente o princípio da protecção de bens jurídicos, e mina a confiança dos cidadãos na administração da justiça" (Hassemer, *id., ibid*).

Daí Hassemer (em defesa da manutenção do Direito Penal nos limites de um "direito penal libertário" e não repressivo, em que a pena, em lugar de ser usada como solução para os males sociais, deverá continuar a circunscrever-se a mecanismo de tutela de bens jurídicos) considerar que este Direito Penal Simbólico exprime uma crise das políticas criminais contemporâneas, orientadas sobretudo para as consequências, e que convertem gradualmente o Direito Penal em mais um instrumento político, num quadro de "insegurança global" e de uma "sociedade de risco".

O "punitivismo penal" contemporâneo assumiria ainda, às vezes, natureza de Direito Penal do Inimigo. O conceito foi introduzido no discurso doutrinário penal por Gunther Jakobs e desenvolvido a partir de 1985. Para Jakobs, certos membros de uma sociedade teriam que ser classificados como "inimigos" dela e diferenciados dos restantes, dos comuns *cidadãos*. Estes teriam reconhecido o seu estatuto de *pessoas* num *Direito Penal dos Cidadãos*, enquanto àqueles, tratados como "fonte de perigo" ou "instrumento de intimidação dos outros", aplicar-se-ia um *Direito Penal do Inimigo*, de carácter *especial*.

O Direito Penal dos Cidadãos definiria e sancionaria delitos incidentais de *cidadãos*, que constituiriam simples abusos do seu estatuto de *pessoa* sem porem em risco a existência da sociedade[299]. Haveria, no entanto,

---

[299] "Na medida em que existam relações sociais pertencentes ao *status* de cidadão, essas relações sociais podem ser objecto de abusos, do mesmo modo que é possível fazer um mau uso de outros elementos desse *status*" (Jakobs, 1997: 299).

certo tipo de delinquentes que, pela natureza dos seus crimes, pela habitualidade destes e/ou pela sua integração profissional em organizações criminosas – indivíduos pertencentes, por exemplo, a organizações terroristas, de narcotráfico, de tráfico de pessoas e envolvidos em criminalidade económica organizada, ou "de colarinho branco" –, exprimiriam uma rejeição duradoura, e não apenas incidental, do ordenamento jurídico, pondo frontalmente em crise estruturas e valores políticos ou sócio-económicos básicos da sociedade e representando um perigo *objectivo* para a existência desta. A actividade de tais indivíduos não se limitaria a atingir bens jurídicos de titularidade individual, mas lesaria, por se tratar de uma actividade habitual e profissional, configurações sociais e/ou políticas essenciais, vulnerabilizando os próprios fundamentos da vida em sociedade, e não poderia ser enfrentada pelo Direito Penal ordinário, tornando-se necessário configurar, para esse fim, um Direito Penal especial. Não oferecendo esses indivíduos garantias de comportamento *pessoal* (isto é, de acordo com as expectativas normativas vigentes na sociedade, determinadas por direitos e deveres), perderiam então o seu estatuto de *pessoas* e a sociedade deveria tratá-los como "inimigos", não lhes reconhecendo garantias e direitos idênticos aos reconhecidos aos seus membros, os *cidadãos*. A negação da condição de *pessoa* ao "inimigo" constitui o paradigma do Direito Penal do Inimigo e funda a diferenciação de princípios e regras que o caracterizam como "direito de guerra".

Muitos penalistas põem em causa que um tal Direito Penal *especial*, com regras diferentes das do Direito Penal ordinário para certos indivíduos, possa ser legitimável em Estados Democráticos de Direito.[300]

A discussão reacendeu-se nos Estados Unidos na sequência do 11 de Setembro com a "guerra ao terrorismo" e com o estatuto de inimigo atribuído aos detidos em Guantânamo, mas vem suscitando grande controvérsia doutrinária também a propósito de legislação de excepção produzida, tanto nos Estados Unidos como noutros países, contra a criminalidade organizada, frequentemente limitativa de garantias processuais e mesmo de princípios fundamentais do Direito Penal ordinário[301]. Agamben[302] fala

---

[300] Questiona-se igualmente quem, e com que legitimidade e em que circunstâncias, poderia classificar um indivíduo ou classe de indivíduos como "inimigo", diferenciando-o penalmente e sujeitando-o a normas especiais, designadamente privando-o de direitos e garantias reconhecidos aos comuns "cidadãos".

[301] Martín cita, por exemplo, o penalista alemão Wolfgang Naucke que propõe a renúncia, no Direito Penal do Inimigo, a princípios como os da legalidade e da não-retroac-

de indistinção entre regra e excepção e de "ponto de desequilíbrio entre o Direito Público e o facto político" a propósito da reacção das democracias liberais ao 11 de Setembro e da crescente institucionalização de normativos de excepção, ou de "guerra civil legal", como o *USA Patriot Act* decretado pelo presidente Bush: "A novidade da ordem do presidente Bush foi apagar radicalmente o estatuto jurídico destes indivíduos [suspeitos de actividades terroristas e estrangeiros suspeitos de porem em perigo a segurança nacional] produzindo, ao mesmo tempo, entidades que o direito não podia classificar nem nomear. Não só os talibãs capturados no Afeganistão não gozam do estatuto de prisioneiros de guerra definido pela Convenção de Genebra como não correspondem a nenhum caso de imputação fixada em leis americanas: nem prisioneiros nem acusados, mas simples "detidos", encontram-se submetidos a uma pura soberania de facto, a uma detenção não apenas indefinida em sentido temporal mas sobretudo pela sua própria natureza, já que escapa completamente à lei e todas as formas de controlo judiciário (...) Uma tal confusão entre actos do poder executivo e actos do legislativo é uma das características essenciais do estado de excepção"[303].

No entanto, o "direito de guerra" tem uma longa tradição histórica e jusfilosófica, onde os seus defensores buscam os fundamentos legitimadores do actual Direito Penal do Inimigo, e que remonta à teoria do pacto social da sofística grega do século V a.C. ("que todo aquele incapaz de pudor e de justiça seja exterminado como uma chaga da sociedade", ordena Zeus, citado por Protágoras) (Platão, 1967: 54, 322d). Também para Rousseau "todo o malfeitor que atacar o direito social torna-se rebelde pelos seus actos e traidor à pátria, deixa de ser membro dela ao violar as suas leis, colocando-se em *guerra* com ela. Então a conservação do Estado é incompatível com a sua, sendo necessário que um dos dois pereça, e quando se faz morrer o culpado é menos como *cidadão* do que

---

tividade das leis penais (Martín, 2005:9). Os *fins* Direito Penal do Inimigo são também distintos dos que o Direito Penal geral visa prosseguir, dirigindo-se, mais do que à sanção de actos cometidos, à prevenção do perigo representado pelo "inimigo"(externo, como o terrorismo, ou interno como, por exemplo, a droga) que só pode alcançar-se mediante a sua exclusão e a vitória do Estado sobre ele na "guerra" que lhe move.

[302] Agamben, Giorgio, "Le pouvoir souverain et la vie nue" in *Le Monde*, 12 de Dezembro de 2002. Este artigo seria posteriormente integrado em *L'État d'Exception. Homo sacer* (2003), *Paris*, Éditions du Seuil.

[303] Agamben, Giorgio, *loc. cit.*.

como *inimigo* (...) Deve ser penalizado com o exílio como infractor do pacto, ou com a morte como um *inimigo público*, pois tal inimigo, *não sendo uma pessoa moral* e sim um homem, o *direito de guerra* é de matar o vencido" (Rousseau, 1996: 95-96)[304]. Os teóricos do Direito Penal do Inimigo encontram o fundamento legitimador deste ainda em Fichte, Kant e, sobretudo, em Hobbes, para quem só aos cidadãos, e não aos *inimigos*, se aplicam as leis civis do Estado que permitem a superação do "estado de natureza" (guerra de todos contra todos)[305]. "Em Hobbes encontramos a maior parte das regras concretas que devem configurar o Direito Penal do Inimigo e que, desenvolvidas actualmente pelos defensores de tal direito, parecem encontrar uma plasmação positiva em determinadas regulações legais do nosso tempo" (Martín, 2005:17).

Muito do punitivismo penal contemporâneo integrar-se-ia neste conceito de Direito Penal do Inimigo e caracterizar-se-ia por:

1 – Tipos penais que antecipam a punibilidade de actos preparatórios ou propiciadores de actos futuros (como, por exemplo, pertença a uma associação criminosa, colaboração com uma organização terrorista, apologia do terrorismo ou de terroristas, etc.);

2 – Desproporcionalidade das penas, designadamente pela não distinção de actos preparatórios e consumados ou pelo agravamento da medida da pena em razão da pertença a uma organização criminosa;

3 – Restrição de garantias e direitos processuais dos acusados, dos relativos à presunção de inocência aos relativos à licitude e admissibilidade dos meios de prova (inclusivamente do uso da confissão como meio de prova), do alargamento dos prazos de detenção e prisão preventiva ao aumento de poderes de intervenção nas comunicações (escutas) e até da defesa teórica do recurso à tortura;

4 – O uso de expressões como "guerra contra o terrorismo" ou "luta contra o narcotráfico", reveladora, segundo Jakobs[306], de uma passagem da legislação penal a "legislação de combate";

---

[304] Os sublinhados (nossos) realçam conceitos como os de *cidadão*, *inimigo*, *não reconhecimento de personalidade moral* e *direito de guerra*, que são repetidos pela Direito Penal do Inimigo.

[305] Para uma exposição mais pormenorizada da legitimação histórica e filosófica do Direito Penal do Inimigo, cf. Martín, 2005: 11-19.

[306] *Apud* Martín, 2005: 10.

5 – Um direito penitenciário em que crescentemente se endurecem as medidas de isolamento, se limitam os chamados benefícios penitenciários e se ampliam os requisitos da liberdade condicional.

Veremos seguidamente como os media funcionam, na perspectiva de muitos autores, como legitimadores do sistema penal (e particularmente do punitivismo penal), tanto naquilo que no punitivismo penal há de Direito Penal Simbólico como de Direito Penal do Inimigo.

4.3. Os media como legitimadores do sistema penal

Referimo-nos já[307] ao modo como a construção da realidade criminal pelos media pode ter impacto sobre as políticas criminais e à constatação – verificada por Surette em relação aos Estados Unidos, mas aplicável, como dissemos, em outros países ocidentais – de que "jornalistas, directores de programas e editores são parte do processo de formação de políticas (criminais)" (Surette, 1998: 222).

Por outro lado, o poder político legitima frequentemente a adopção de novas medidas penais com a realidade criminal tal como é representada, em determinado momento, nos media. Assim, "quando das iniciativas legislativas sobre o crime e a droga, por exemplo, os políticos invocaram muitas vezes, nos anos 80, que o aumento da cobertura pelos media do problema da droga comprovava uma preocupação pública que os compelira a responder-lhe. E o presidente Reagan justificou, no Verão de 1986, o seu renovado interesse pela causa anti-droga como resposta à opinião pública, afirmando que 'as sondagens mostram que isso [a droga] é, no espírito da maior parte das pessoas, o problema número um do país'" (Beckett e Sasson, 2000: 85). Acontece, porém, que, logo após, durante um "briefing" realizado na Casa Branca, um repórter procurou saber, junto do porta-voz Larry Speakes a que sondagem se referira Reagan:

"Pergunta – O presidente citou recentemente uma sondagem segundo a qual 71%, acho eu, dos americanos citavam a droga como a sua preocupação número um. Sabe que sondagem se trata?
Speakes – Não sei, de facto não sei, Bill...

---

[307] Cf. *supra*, 4.1..

Pergunta – Larry, deixe-me continuar: você diz que houve uma tremenda emoção pública com a morte de Len Bias [morte de um desportista profissional atribuída ao uso de drogas[308]]. Tem algum estudo ou prova da preocupação pública provocada por esse acontecimento?
Speakes – Não. Mas acho que se trata de uma preocupação óbvia, tendo em conta a publicidade que tem sido dada às recentes mortes motivadas pela droga no mundo do desporto, que suscitaram realmente picos de interesse público" (Beckett e Sasson, 2000: 86).

Na verdade, não existia sondagem alguma que indicasse a droga como preocupação prioritária dos americanos. "De acordo com uma sondagem de Abril de 1986 do *New York Times* e da CBS, apenas 3% dos inquiridos tinham [então] a droga como maior preocupação" (Beckett e Sasson, *id., ibid.*). A "guerra contra a droga" (linguagem típica, como vimos, de Direito Penal do Inimigo) desencadeada nos anos 80 e 90 pela Administração Reagan com o alargamento e agravamento de legislação punitiva encontrou de facto legitimação na intensa cobertura dada na época pelos media à difusão do *crack* e da cocaína, apresentando o problema da droga como resultado de insuficiência das medidas de controlo e de punição (Beckett e Sasson, 2000: 88 e ss).

Hall[309] analisou o modo como o tratamento do crime nos media abre caminho a uma sociedade de "lei e ordem" e legitima e reforça relações e interesses sociais existentes. Assim, a "simplificação do problema do crime e a ênfase em soluções repressivas", em especial nos tablóides e na rádio e televisão, quase sempre "promove ideologias conservadoras dominantes" e "caracteriza uma abordagem conservadora do crime e das políticas penais", apresentando o crime como resultado de "acções individuais aberrantes que exigem resposta penal" (Roberts *et al*, 2003: 78-79).

Isto porque, "o sistema legal não age apenas protegendo uns indivíduos e perseguindo outros, de forma a manter "a lei e a ordem", mas define igualmente, numa sociedade complexa e fragmentária, os limites dos valores sociais aceitáveis e símbolos que devem ser protegidos. O complexo papel dos jornais nesses debates faz parte das narrativas públicas através das quais a lei e a ordem são percebidas", e daí que "os *mass* media podem

---

[308] Cf. *supra*, 4.1..
[309] Hall, S. (1979), *Drifting into a Law and Order Society*, London: Cobden Press (*apud* Roberts *et al*, 2003: 77).

ser vistos como agentes de conformismo, construindo narrativas através das quais é publicamente estabelecido o que é e o que não é comportamento *geralmente* aceitável no que respeita ao crime" (Peelo e Soothill, 2000: 131) e dão "preferência às perspectivas da criminalidade e da política criminal dos actores que dispõem de maior poder sócio-económico e institucional" (Fuentes Osorio, 2005: 4).

Construindo percepções sociais e veiculando valores predominantemente conservadores através do tratamento de notícias de crimes, os media funcionariam assim como agências que activamente reproduziriam a ordem social. Isso seria, para Ericson, particularmente observável nos casos de crimes mais violentos, como os homicídios. "Juntando-se às instituições cuja actividade noticiam no que diz respeito à classificação do (...) acontecimento e ao modo como é por elas tratado, as notícias operam contribuindo para dar forma à ordem moral, em articulação com a ordem social. Deste modo, os media noticiosos constituem tanto uma agência de *polícia* quanto as agências de aplicação da lei cujas actividades e classificações noticiam. Perante sinais de desordem, os media fornecem sentidos estabilizados que permitem aos indivíduos reconhecer, objectivamente, uma ordem exterior como fonte de autoridade e de moralidade" (Ericson *et al.*, 1991: 74).

Essa função de legitimação operaria principalmente através do papel dos media na construção da representação social do crime – em especial por meio da selectividade criminal e da representação, de raiz positivista, do crime como disfunção, moral ou de personalidade, de carácter individual, obliterando factores sociais e causas estruturais (que seriam observados dominantemente numa perspectiva infraccional)[310], desse modo "agindo no sentido do reforço da ordem social existente" (Surette, 1998: 26) e contribuindo para a criação de uma "cultura de criminalização" que frequentemente apresenta em contexto criminal informação que seria [mais]

---

[310] De facto, "retratos nos media de entretenimento ou noticiosos que exponham mudanças sociais ou causas estruturais do crime são raros" (Surette, 1998: 82). Bourdieu fala, a propósito, como referimos *supra* em 2.1.1.1., de "óculos" (categorias de pensamento e de percepção produto da educação, da origem social, da história, etc.) através dos quais os jornalistas "vêem certas coisas e não outras, e vêem de certa maneira as coisas que vêem", operando uma selecção e uma construção daquilo que é seleccionado. Os jornalistas interessar-se-iam principalmente pelo *excepcional*, isto é, "pelo que é excepcional *para eles*" (Bourdieu, 2001:12-13).

apropriado discutir em termos económicos e políticos" (Wykes, 2001: 5)[311].

"O Direito Penal – escreve, por sua vez, Garapon – oferece-se como um sentido sempre possível, como último recurso quando a ideologia desertou do espaço social. Numa democracia inquieta, mais casuística que dogmática, as categorias penais são promovidas a um belo futuro em razão da sua simplicidade e da sua forte produção de adrenalina" (Garapon, 1996: 95).

Tal construção seria simultaneamente acompanhada de um discurso criminológico punitivista de controlo social[312] – recorrente em épocas de profundas mudanças económico-sociais como a de transição neoliberal actualmente vivida à escala global[313] – promotor de tolerância perante práticas ilegais de repressão penal (Surette, 1998: 82).

Paradoxalmente, o discurso punitivista mediático apresentaria, por um lado, o sistema penal tradicional como ineficaz e, por outro, o seu reforço e aperfeiçoamento como solução para o problema do crime, dando apoio a políticas criminais de "lei e ordem" e à acção das diferentes agências de execução da justiça criminal, designadamente polícias e tribunais.

A identificação de uma vinculação legitimadora entre media e sistema penal tem levado penalistas como Zaffaroni[314] a incluir os media entre as "agências do sistema penal". [A propósito, Batista recorda como, em sentido contrário, a imprensa doutrinária do século XVIII teve, sob influência do pensamento político e filosófico das Luzes, papel decisivo na fundação histórica do Direito Penal liberal participando na "deslegitimação racional das velhas criminalizações de linhagem inquisitorial e no

---

[311] "Os *faits divers* da antiga página policial migraram para a primeira página, e as páginas políticas recebem um tratamento policialesco" (Batista, 2002: 14).

[312] Batista fala de uma espécie de "equação penal" que constituiria "a lente ideológica que se interpõe entre o olhar dos media e a vida privada ao pública". Então "tensões graves se instauram entre o delito-notícia, que reclama imperativamente a pena-notícia, diante do devido processo legal (...), da plenitude da defesa (...), da presunção de inocência (imagine-se: num flagrante gravado pela câmara!) e outras garantias do Estado Democrático de Direito" (Batista, 2002: 4).

[313] "O compromisso da imprensa – cujos órgãos informativos se inscrevem, de regra, em grupos económicos que exploram os bons negócios das telecomunicações – com o empreendimento neoliberal é a chave da compreensão da especial vinculação media-sistema penal, incondicionalmente legitimante" (Batista, 2002: 3).

[314] Zaffaroni, Eugénio Raul (2000), *Derecho Penal – Parte General*, Buenos Aires, Ediar, p. 18 (*apud* Batista, 2002: 1). Raul Zaffaroni é professor titular de Direito Penal da Universidade de Buenos Aires, ministro da Corte Suprema de Justicia da Argentina e vice-presidente da Associação Internacional de Direito Penal.

esforço pela abolição das penas corporais cruéis e desproporcionais" (Batista, 2002: 2)].

Com efeito, ultrapassando a função comunicacional, os media, especialmente a TV, aparecem muitas vezes envolvidos no próprio processo de executivização penal. É neste âmbito que têm sido amplamente estudados certos formatos televisivos de *infotainment* como os programas, comuns nos Estados Unidos e em numerosos outros países, de investigação criminal e/ou reconstituição de processos judiciais[315] ou denúncia de criminosos e suspeitos foragidos[316], que se assumem como "instâncias de serviço público tendentes a corrigir as insuficiências do sistema penal e 'a fazer a justiça funcionar como deveria' (Batista, 2002: 18)[317], ou, nas palavras de Jacques Pradel, animador do programa de *prime time* da TF1 francesa *Temoin n.º 1*, utilizando "o poder de penetração da televisão para fins cívicos e pedagógicos" (*apud* Mehl, 2003: 65) participando na resolução de casos criminais que a justiça tem dificuldade em solucionar. Assim, "no período actual, em que as infracções à regra do segredo de instrução se multiplicam, a televisão tende a tornar-se um parceiro institucional da justiça e da polícia" (Leblanc, 2003: 10), assumindo um modelo judiciário em que "a informação [sobre matérias criminais] se apresenta fundamentalmente como um cenário em que as forças da ordem – as do Estado em primeiro lugar – são permanentemente confrontadas com desordens resultantes de infracções, ou presumíveis infracções, de todas as espécies" (Leblanc,

---

[315] Nos Estados Unidos, entre outros, a *Court TV* ("a CNN da vida judiciária", canal exclusivamente dedicado, 24 horas por dia, a assuntos judiciais), o *Trial Watch* da NBC, o *People's Court* da Fox ou o *Veredict*, da CBS; na Inglaterra, o *Trial and Error* do Channel 4 e o *CrimeWatch* ou *Donald MacIntyre Undercover* e o *MacIntyre Investigates* da BBC; em França, o *Témoin n.º 1* da TF1; na Holanda, o *Opsporing Vergocht*; na Alemanha, o *Dossier XY*; na Bélgica o *Appel à Temoins*...

[316] No Brasil, o programa *Linha Directa*, da *Globo* – onde se reconstituem crimes com recursos de teledramaturgia e se fazem apelos aos telespectadores para a perseguição e denúncia de suspeitos – tem sido objecto de estudo de jornalistas e académicos como Kleber Mendonça (Kleber Mendonça, *A Punição pela Audiência – um Estudo do Linha Directa*. Rio de Janeiro, Quartet, 2002) e de criminologistas do Instituto Carioca de Criminologia. O livro de Kleber Mendonça parte do episódio do linchamento de um criminoso que acabara de ser denunciado pelo programa e preso graças à denúncia de um telespectador.

[317] "Quando o jornalismo deixa de ser uma narrativa com pretensão de fidedignidade sobre a investigação de um crime ou sobre um processo em curso e assume directamente a função investigatória ou promove uma reconstrução dramatizada do caso – de alcance e repercussão fantasticamente superiores à reconstrução processual –, passou a actuar politicamente" (Batista, 2002: 6).

2003: 9) e em que "a iniciativa jornalística integra geralmente a postura, no [seu] julgamento, da acusação ou da defesa [e menos a de juiz]" (Leblanc, 2003: 10).

A legitimação do sistema penal operada pela cobertura mediática de casos criminais operaria, pois, tanto através da construção de narrativas do crime consistentes com políticas penais de "lei e ordem" que agiriam "no sentido do reforço da ordem social existente" (Surette, 1998: 26) como da tendência, particularmente observável no caso da televisão, a assumir um papel de "parceiro institucional da justiça e da polícia" (Leblanc, 2003: 10) no processo de executivização penal.

4.4. Legislador político e "legislador" mediático

Vimos antes como, através da influência da agenda mediática sobre a agenda política e, concretamente, sobre as políticas criminais, os media se constituem frequentemente como "fontes" informais[318] de produção de Direito Penal. Trata-se, como igualmente vimos, de um processo complexo, e quase sempre interdependente, pois também a agenda política influencia a agenda mediática, constituindo o poder político e as diferentes agências do sistema penal, designadamente Polícia e tribunais, fontes privilegiadas ("definidores primários"[319]) dos media em matéria criminal.

Com efeito, muitos criminalistas[320] observam que a realidade criminal construída pelos media, com destaque para a televisão[321] – designadamente a do crescimento da criminalidade (corresponda ou não tal crescimento à realidade) e a constante presença nas agendas pública e política de notícias de crimes violentos que, pela sua gravidade, suscitam discur-

---

[318] Cf. *supra*, Introdução, nota 1.
[319] Cf. *supra* 3.2.1.1.
[320] Por todos Pfeiffer, C., Windzio, M. e Kleimann, M. (2004), "Die Medien, das Boese und Wir", in MschrKrim, n.º 87, fascículo 5, Dezembro de 2004 (*apud* Fuentes Osorio, 2005: 39).
[321] A televisão é, de facto, na generalidade das democracias ocidentais, a fonte de informação principal da maioria dos cidadãos. Em Portugal, uma sondagem Novadir/ /Marktest/Diário de Notícias, realizada em Novembro de 2003, revelava que 93% das pessoas têm na TV a sua habitual fonte de informação. 60% dos inquiridos considerava também a televisão o meio de informação mais credível (contra 20% a imprensa, 8% a rádio e 2% a Internet).

sos mediáticos dramáticos e emocionam a opinião pública – gera uma pressão permanente sobre o poder político para que produza legislação penal e endureça as regras relativas à execução dos procedimentos penais[322]. Tal pressão é acompanhada muitas vezes da exigência de novas criminalizações ou de agravamento de sanções penais, a que o poder político tende a "responder" com políticas legislativas *simbólicas* ou de Direito Penal do Inimigo.[323]

O papel "legislador" dos media foi estudado em França por Catherine Ehrel[324], que analisou a importância que tiveram os *faits divers* durante os debates parlamentares que precederam a adopção do novo Código Penal francês, com os noticiários da televisão e de alguns jornais, particularmente da imprensa popular, a assumirem lugar de relevo em grande número de intervenções. "O *fait divers* deixou de ser – afirma, a propósito, Garapon – um acontecimento que transcende a política pela sua quotidianidade, tornando-se, pelo contrário, *expressão de uma nova exigência política* (...) O *fait divers* investiu-se de significação política (...) Em política, diz-se hoje: 'A opinião pública está do nosso lado', como se dizia antes: 'Deus está do nosso lado' (...) O que gera consensos é menos a violação da lei que o intolerável sofrimento da vítima, com a qual o parlamentar se identifica (...) Assim, a emoção acaba por influenciar o discurso político e por inspirar as leis" (Garapon, 1996: 99-101).

Bourdieu (1994: 8) serve-se do exemplo do assassínio de uma criança, Karine, em 1994, para descrever o percurso cronológico característico de um *fait divers* até transformar-se, por acção da sua cobertura pelos media, em lei. "Primeiro, um pequeno jornal local, *L'Indépendant de Perpignan*, publica a notícia do desaparecimento da criança (15 de Setembro); o 'apelo patético' da mãe (16 de Setembro); o apelo do pai 'aos amigos' (19 de Setembro); revela existir um 'suspeito', amigo da família, 'já condenado duas vezes' (20 de Setembro); e, finalmente, a confissão do assassino (22 de Setembro). Depois, em 23 de Setembro, uma mudança de registo: uma declaração do pai da vítima clamando pelo restabelecimento da pena de morte e outra, do padrinho, no mesmo sentido, acrescentadas de um

---

[322] Sobre a influência dos media na fase pré-decisional (ou pré-parlamentar) do processo legislativo, cf. Soto Navarro, 2003: 149 e ss.
[323] Cf. *supra*, 4.2.
[324] Ehrel, Catherine e Garapon, A. (1996), "Lectures du Nouveau Code Pénel", in *Esprit*, Outubro de 1993, p. 203 (*apud* Garapon, 1996: 99).

editorial sugerindo que os antecedentes do assassino 'deveriam ter levado a medidas que o impedissem de voltar a reincidir'. No dia 25, um apelo da família a uma manifestação a favor de penas mais duras para violadores e assassinos de crianças, o anúncio da criação de uma Associação de Amigos dos Pais de Karine numa aldeia vizinha e de um apelo ao ministro do Interior, noutra. No dia 26, manifestação com bandeirolas reclamando o restabelecimento da pena de morte ou da prisão perpétua (...) A 27, *L'Indépendant* anuncia que o Governo vai levar [à Assembleia Nacional] um projecto de lei que endurecerá as regras de execução da pena para os homicidas de crianças. Vários políticos intervêm, primeiro os do *Front Nacional* [extrema-direita], depois os de outros partidos (designadamente o *maire* socialista de Perpignan)".

"A partir desta data – continua Bourdieu – o debate passa à escala nacional. Em 6 de Outubro, *L'Indépendant* noticia que a Associação Karine constituiu advogado e pede aos leitores que escrevam aos deputados; a 8 de Outubro, que a Associação foi recebida pelo ministro da Justiça; a 9 que convocou uma manifestação; a 10 dá conta da manifestação a favor de 'penas de prisão perpétua efectivas'. No dia 16, outra manifestação, agora em Montpellier; no dia 25, um debate que reúne 2.700 'aderentes'. No dia 28, nova audiência com o ministro da Justiça. No dia 30, 137 deputados de direita reclamam o restabelecimento da pena de morte. A 17 de Novembro, a TV intervém em força, com a emissão *Jury d'honneur*, de Charles Villeneuve, para a qual são convidados a 'mamã de Karine, Madame. Nicolau', o ministro da Justiça, representantes da Associação e advogados, a quem é proposto o tema: 'Que fazer aos assassinos dos nossos filhos?', pergunta em que cada palavra constitui um apelo à identificação vingadora".

Entram então em cena os jornais populares de grande tiragem de Paris, designadamente o *Fígaro* (que entrevista um advogado autor do livro "As crianças que assassinamos", exigindo o fim da clemência e apelando à convocação de um referendo) e o *Quotidien de Paris*, que, como o *Fígaro*, reclama insistentemente a modificação da lei. Em 4 de Novembro, o Conselho de Ministros anuncia um projecto de lei instaurando a pena de prisão perpétua. Menos de quatro meses depois da notícia do desaparecimento da criança, e apesar do protesto de organizações de magistrados e de advogados, chamando a atenção de que, visando obter resultados mediáticos, a decisão punha em causa a necessária serenidade do trabalho legislativo, a "lei Karine" tinha sido aprovada.

Bourdieu sublinha o "papel determinante" dos media no processo, "transformando um *élan* de indignação privado e votado à impotência" em "apelo público, *publicado*, e portanto legalizado e legitimado (...)". "Motor da narrativa mediática, a piedade é-o igualmente do discurso político – escreve Salas. – Se um *fait divers* assume alguma repercussão, transforma-se em facto político. Todos os actores entram no seu halo, o legislador também. Às vezes, a emoção propaga-se tão depressa que a resposta tem que ser imediata (...) Levada neste movimento, desenvolve-se uma espécie de casuística legislativa improvisada, numa sociedade em que a urgência molda os enunciados jurídicos. Todos os governos procuram a consagração rápida e visível da sua política. A penalização (...) comprova o valor que eles dão às inquietações da opinião" (Salas, 2005: 88).

Um dos primeiros estudos a sugerir que os media podem desempenhar um papel *directo* no processo de produção jurídico-criminal terá sido, de acordo com Beckett e Sasson, "a análise de Mark Fishman[325] a uma aparente "onda de crimes" contra idosos ocorrida nos anos 70 em Nova York. Fishman mostrou que alguns jornalistas, trabalhando proximamente com fontes da Polícia, criaram a impressão de que os crimes contra idosos estavam a aumentar dramaticamente. Esses jornalistas tornaram então os "crimes contra idosos" tema noticioso e, em seguida, passaram a focar a atenção sobre incidentes que se pudessem ajustar a esse tema. A Polícia respondeu dirigindo a atenção dos repórteres para casos envolvendo idosos como vítimas. E como os media tendem a olhar para o que os outros media noticiam, muitos dos media nova-iorquinos passaram a publicar notícias que criaram a ideia de que os crimes contra idosos estavam, de facto, a aumentar de forma dramática. Como consequência da criação [mediática] dessa "onda de crimes" foram aprovados regulamentos reforçando esquadras e procedimentos, redistribuídos recursos públicos e policiais e aprovada legislação destinada à protecção dos idosos. Curiosamente, as estatísticas policiais não revelam qualquer aumento do número de crimes contra idosos durante esse período" (Beckett e Sasson, 2000: 86).

Segundo os mesmos autores, "ondas de crimes" semelhantes, quase sempre envolvendo homicídios de "vítimas ideais" (especialmente vulneráveis ou, como as crianças, inocentes) foram objecto de cobertura mediática em várias outras cidades americanas com idênticas consequências

---

[325] Fishman, Mark (1978), "Crime Waves as Ideology", in *Social Problems* n.º 25, pp. 531-543 (*apud* Beckett e Sasson, 2006).

directas na aprovação de novas leis penais. Assim, em Boston, por exemplo, a violação e assassínio de uma criança de 10 anos, Jeffrey Curley, foi rapidamente associado a outros crimes horríveis e largamente relatado pela imprensa local. A cobertura noticiosa da *killing season* (como lhe chamou um jornal) foi tão intensa que o poder político estadual repôs a pena de morte, apesar de a taxa estadual de crimes de homicídio se encontrar há vários anos em declínio. "Guardamos do mito da pena a crença nos seus efeitos quase mágicos no apaziguamento das infelicidades colectivas. Como se a pena possuísse uma aptidão para erradicar o mal. A inflação penal a que assistimos, verdadeiro exorcismo onde a lei tem apenas um valor conjuratório, guarda provavelmente esse traço" (Salas, 2005. 88).

"Lei Karine", "Lei Jeffrey", "leis Megan" (que impõem a obrigação de assinalar à população a presença de ex-condenados por crimes sexuais, adoptadas em cinquenta estados norte-americanos na sequência do assassínio de Megan Kanka em New Jersey[326]), "lei 'three strikes and you are out', ou "lei Polly", a que já nos referimos[327], aprovada na Califórnia na sequência do homicídio uma criança, Polly Klas, por um reincidente: o rasto da directa influência da dramatização mediática de crimes concretos em certas leis penais fica frequentemente registado na sua própria designação. "A figura da vítima – escreve ainda Salas[328] – é o motor inesgotável dos pânicos morais. É, aliás, impossível esquecê-lo: simbolicamente, as leis penais transportam o seu nome".

Não só pela dimensão das suas audiências em relação às da imprensa mas também pela sua natureza de, na classificação de MacLuhan, *media frio* (baixa definição, reduzida informação e altos níveis de envolvimento

---

[326] O processo de sinalização varia de Estado para Estado. No Alabama, a lista de ex-condenados encontra-se exposta no átrio das câmaras e nas esquadras mais próxima do domicílio dos infractores; no Louisiana é o próprio ex-delinquente que tem que avisar da sua presença o seu locatário, vizinhos e responsáveis por escolas e parques do seu bairro; na Florida, a informação é difundida através de uma linha directa e de um *site* gratuito da Internet e compreende, além do nome, a foto e o endereço actualizado de 12 mil "predadores sexuais" condenados desde 1993. Na Califórnia, o Ministério da Justiça chega a manter em feiras barracas encimadas por uma faixa ("Check it out! Relação de delinquentes sexuais com acesso livre"), em que as pessoas podem, digitando em computadores o seu código postal, "ver aparecer instantaneamente no ecrã a foto dos ex-delinquentes sexuais residentes no seu bairro" (Wacquant, 2002: 118).

[327] Cf. *supra*, nota 286.

[328] "Gare au populisme pénal", in *Libération*, 24 de Junho de 2005.

e participação da audiência, inclusividade, generalização, intensificação da percepção, sensitividade mais do que racionalidade), a televisão constitui-se como "legislador" comunicacional (no sentido antes referido, de "fonte informal" de produção legislativa penal, através da influência exercida sobre as percepções públicas da criminalidade e da sua capacidade para condicionar a agenda política em conformidade com essas percepções) dominante.

Se, no caso descrito por Bourdieu, uma lei penal nasceu directamente da cobertura mediática de um *fait divers* concreto[329], a criminalização, no Brasil, do assédio sexual terá nascido, segundo Batista, de pura construção, por um canal televisivo, de uma realidade criminal sem ter subjacente qualquer factualidade relevante.

"Em 30 de Março de 2001 – escreve Batista[330] – o programa *Globo Repórter* ocupou-se de assédio sexual. Um Sérgio Chapelin doutrinal indagava "qual o limite entre o namoro e o assédio sexual", respondendo em seguida que "o assédio causa constrangimento e muita dor" e convocando a participação da enorme audiência: "Você já foi vítima? Ajude-nos com a sua informação".

"A seguir – continua –, foram apresentados alguns casos. Um alto funcionário municipal de uma cidade vizinha ao Rio recebera um cartão, exibido e parcialmente lido, com uma declaração de amor de uma senhora que lhe mandava flores 'até duas vezes por dia'. Participou o facto na Delegacia de Mulheres local. Provocada a pronunciar-se, a delegada afirma à repórter que algumas pessoas lhe perguntaram: 'Será que ele não é chegado à coisa'? O marido da sedutora, para decepção geral, nem a matou nem a abandonou. O segundo caso teve como protagonista uma jovem cuja chefe, homossexual, pretendeu conquistá-la. Imagens e a identidade da chefe, que se recusou a falar, foram exibidas (...) O último episódio passa-se também na Baixada Fluminense; neste caso, nem sequer existe uma relação de poder em causa. Um empregado de uma pequena fábrica teria dito a uma colega, certa ocasião, que ela 'estava gostosa', e estaria tentado a espreitar para a sua casa de banho através de uma janela. A repórter bate à porta da fábrica, gravando, e o infeliz réu, aterrorizado

---

[329] Exemplos semelhantes podem multiplicar-se, sobretudo nos Estados Unidos mas também na maior parte das democracias ocidentais.

[330] Batista, 2002: 11 (vocabulário e ortografia mudados para o português de Portugal).

pela câmara, diz que ele não é ele. O patrão confirmará que ele é ele, porém os outros empregados negarão os factos. Nomes, fisionomias, tudo no ar. No final, a repórter lembra: 'A lei ainda está por vir'. De facto, um mês e meio depois desse programa, a lei no 10.224, de 15 de Maio de 2001, viria a criminalizar o assédio sexual"[331].

---

[331] Embora esteja fora do âmbito do nosso trabalho a análise da influência dos media na actividade, também, das agências do sistema penal, particularmente polícias e tribunais, não deixa de ser significativo que a esquadra onde um dos casos referidos no programa foi participado o tenha registado para investigação sob a rubrica de "assédio sexual" (o registo foi exibido pelo canal televisivo) mesmo antes de haver lei a criminalizar esse comportamento (cf. Batista, *id., ibid.*).

SEGUNDA PARTE

Razão de ordem

Procuraremos, nesta Parte II, essencialmente prática, apurar se, e em que medida, os media portugueses agem também, à semelhança do que sucede, como antes vimos[332], na generalidade das democracias ocidentais, como "fontes informais" de Direito Penal e Direito Processual Penal, não só intervindo, por intermédio do *agenda-setting*, na agenda política legislativa e tendo um impacto directo ou indirecto sobre as políticas criminais[333], mas constituindo-se ainda instância legitimadora dessas políticas. Será que, também em Portugal, "jornalistas, directores de programas e editores são parte (...) do processo de formação de políticas [criminais]" (Surette, 1998: 222.) e que a realidade criminal construída pelos media funciona, através da sua influência na opinião pública e nas representações colectivas do crime, como forma de pressão sobre o poder político para que produza legislação penal, desembocando essa construção "em decisões electivas institucionalizadas e em resoluções legislativas pelas quais o poder criado por via comunicativa é transformado em poder administrativamente aplicável" (Habermas, 2002: 282)? Até que ponto o legislador penal português responde ou não, casuística e/ou sistematicamente, à pressão dos media, tendo em conta que também os media se encontram, por sua vez, permanentemente sujeitos a pressões sistémicas tanto do poder político e poder económico como dos diferentes grupos sociais aglutinadores de interesses particulares (profissionais, morais, etc.) mais ou menos activos?

Para isso, auscultámos, numa primeira fase, a percepção das relações media/justiça criminal e da influência da construção mediática da realidade criminal nas políticas legislativas de um diversificado conjunto de juristas, magistrados judiciais e do Ministério Público, membros de tribu-

---

[332] Cf., o que ficou dito *supra* na Parte I, particularmente em 4.1, 4.3. e 4.4..

[333] Importa-nos confirmar ou infirmar esse impacto, independentemente do sentido dele, punitivista ou, pelo contrário, garantístico.

nais superiores (Supremo Tribunal de Justiça e Tribunal Constitucional), deputados, governantes e ex-governantes, bem como dos autores das principais reformas penais no período de vigência de 25 anos do Código Penal (aprovado pelo Decreto-Lei n.º 400/82, de 23 de Setembro) e 20 anos do Código de Processo Penal (aprovado pelo Decreto-Lei n.º 78/87, de 17 de Fevereiro), profundamente revistos em 2007, respectivamente, pelas Leis n.º 59/2007, de 4 de Setembro, e 48/2007 de 29 de Agosto.

Colaboraram nesse inquérito os penalistas profs. drs. Jorge Figueiredo Dias, professor jubilado da Faculdade de Direito da Universidade de Coimbra e principal impulsionador da profunda reforma do Código Penal realizada em 1995 (traduzida, na prática, num Código Penal a vários títulos largamente inovador em relação ao anterior) e do Código de Processo Penal de 1987, e Germano Marques da Silva, professor da Universidade Católica e impulsionador da principal revisão, em 1998, do Código de Processo Penal (Lei n.º 59/98 de 25 de Agosto, alterando 223 dos 524 artigos do Código de 1987); drs. Rui Pereira, que presidiu à Unidade de Missão para a Reforma Penal de 2007 (que reviu extensivamente o Código Penal e Código de Processo Penal) e é actualmente ministro da Administração Interna; António Martins, presidente da Associação Sindical dos Juízes Portugueses; António Cluny, presidente do Sindicato dos Magistrados do Ministério Público; Rogério Alves, bastonário da Ordem dos Advogados no momento em que foi realizado o inquérito; Cunha Rodrigues, ex-procurador-geral da República e actualmente juiz do Tribunal de Justiça da União Europeia; António Henriques Gaspar, vice-presidente do Supremo Tribunal de Justiça; Artur Rodrigues da Costa, juiz conselheiro da Secção Criminal do Supremo Tribunal de Justiça; Alípio Ribeiro, procurador-geral adjunto e director nacional da Polícia Judiciária aquando da realização desta entrevista; Rui do Carmo, magistrado do Ministério Público e director da Revista do Ministério Público; Daniel Proença de Carvalho, advogado, ex-ministro da Comunicação Social (IV Governo Constitucional), ex-magistrado do Ministério Público e ex-inspector da Polícia Judiciária, que foi fundador do "Jornal Novo" e presidente da RTP; José Pedro Aguiar Branco, deputado pelo Partido Social Democrata, advogado, ex-ministro da Justiça (XVI Governo Constitucional) e ex-membro do Conselho Superior de Magistratura; e Alberto Arons de Carvalho, deputado pelo Partido Socialista, membro da Comissão de Ética, Sociedade e Cultura, comissão com competência em matérias relacionadas com a comunicação social, ex-secretário de Estado da Comunicação Social nos XIII e

XIV Governos Constitucionais e ex-membro do Conselho de Imprensa. Ao inquérito respondeu ainda um juiz conselheiro do Tribunal Constitucional que, por motivos de natureza pessoal, solicitou reserva de identidade.

Elencaremos as principais alterações legislativas introduzidas no Código Penal e Código de Processo Penal no período em análise e, através dos depoimentos recolhidos, procuraremos identificar as que terão resultado da influência directa ou indirecta dos media, quer no que respeita à oportunidade quer aos seus conteúdos concretos, bem como analisaremos criticamente os aspectos negativos ou positivos que, do ponto de vista dos inquiridos, tal influência assume entre nós e, nesse quadro, ainda o papel específico dos media populares e dos de referência.

Abordaremos ainda a influência que os media podem igualmente exercer sobre a aplicação da justiça criminal, designadamente sobre as decisões em matéria criminal proferidas pelos tribunais portugueses.

Por fim, estudaremos a dimensão mediática que assumiu um caso recente, o processo Casa Pia, que teve influência directa, geralmente reconhecida, em muitas das medidas legislativas adoptadas nas revisões de 2007 do Código Penal e, especialmente, do Código de Processo Penal.

5. OS MEDIA COMO "FONTES INFORMAIS" DE DIREITO PENAL E PROCESSUAL PENAL. A SITUAÇÃO PORTUGUESA

5.1. "Criminalidade mediática" e criminalidade real

Até 1974 e à instauração do regime democrático em Portugal, o *fait divers* merecia (naturalmente, dir-se-ia, dadas as limitações impostas pela Censura a outro tipo de informação, designadamente a de carácter social e político) amplo espaço na comunicação social. De qualquer modo, as notícias de crimes, em especial crimes violentos, eram frequentemente objecto de instruções dos Serviços de Censura aos órgãos de comunicação, impondo que fossem dados com discrição, sem pormenores chocantes e sem tomadas de posição ou comentários, a não ser os resultantes da atitude convencional de reprovação moral. Isso acontecia também por razões de propaganda do regime, dado que, tratando-se de crimes ocorridos no estrangeiro, principalmente em países adversos ao regime vigente em Portugal, as restrições censórias eram claramente menores, servindo o noticiário criminal também como "prova" da segurança e normalidade moral vivida no país, em confronto com o que se passaria "lá fora"[334].

Assim, o noticiário criminal era constituído principalmente por informações, quase sempre tendo como fonte as autoridades policiais, sobre pequena criminalidade urbana. Crimes violentos ou susceptíveis de criar alarme social e sentimentos de insegurança eram usualmente noticiados de forma sucinta e sem excessivo destaque gráfico. Por outro lado, as notícias de crimes envolvendo personalidades da vida política e social eram, em geral, censuradas[335].

A situação não se modificou substancialmente nos anos imediatamente subsequentes à Revolução de 25 de Abril de 1974, agora porque a informação política e social ganhou uma primazia quase absoluta tanto nos media escritos como nos audiovisuais. No entanto, já sem as limitações da Censura, os crimes graves começaram a ser dados com relativo destaque, normalmente enquadrados por preocupações de análise das condições sociais geradoras da criminalidade[336].

Com a estabilização da democracia e o aparecimento dos primeiros jornais "tablóides" a partir dos anos 80[337], a situação modificou-se radicalmente e o crime, em particular o crime violento, ganhou espaço não só nesses jornais como na generalidade dos media. Só, no entanto, após o aparecimento do primeiro canal privado de TV, em 1992[338], e o fim do

---

[334] Pelo mesmo motivo, não eram autorizadas notícias de suicídios ocorridos em Portugal e era permitido noticiar destacadamente suicídios ocorridos no estrangeiro. A situação era muitas vezes torneada pelos jornalistas, como noutras matérias, com "informação nas entrelinhas". Dizia-se, por exemplo, que alguém tinha "caído" (e não que se "tinha lançado") da Ponte Salazar (actual Ponte 25 de Abril), acrescentando-se eufemisticamente: "Não há suspeita de crime".

[335] A título de exemplo, o caso que ficou conhecido como dos "ballets roses", envolvendo altas figuras do regime, que mereceu grande destaque na imprensa internacional, foi completamente silenciado em Portugal.

[336] Teve então grande repercussão nos media, sobretudo na imprensa mais politizada, o homicídio de um proprietário rural alentejano por um trabalhador seu assalariado. O crime foi, em vários jornais "justificado" com as condições de trabalho injustas e o tratamento opressivo imposto pela vítima aos seus trabalhadores, razões que levaram à "absolvição" do homicida num "julgamento popular" realizado na herdade onde trabalhava.

[337] O *Jornal do Incrível* em 1979, o *Tal & Qual* em 1980 e *O crime* em 1982. *O Crime*, dedicado praticamente em exclusivo a assuntos de natureza criminal tratados de forma sensacionalista, continua a publicar-se ainda hoje.

[338] Com a revisão constitucional de 1989 e a aprovação da Lei da Televisão, foi consagrado o fim do monopólio estatal de TV, passando a ser possível o exercício da activi-

monopólio estatal de 35 anos da RTP, a consequente disputa de audiências suscitou idêntico fenómeno de "tabloidização" na televisão e a justiça criminal passou, crescentemente, a ocupar espaço destacado também nos telejornais, até se tornar, nos anos mais recentes, peça de abertura frequente da maior parte dos serviços noticiosos (do mesmo modo que manchete dos jornais populares e de alguns jornais de referência). Como confessa expressivamente Figueiredo Dias[339], "cada vez vejo mais futebol, porque, se hoje mudo a televisão do futebol para outra coisa qualquer, é crime: crime no noticiário, crime nas telenovelas, crime nos filmes de série B americanos, crime/tribunal, crime/tribunal crime/tribunal (...)"

À semelhança do sucedido em outros países ocidentais no mesmo período[340], o crescimento do noticiário sobre o crime nos media portugueses na última década do século XX e nos primeiros anos do século XXI não reflecte as estatísticas oficiais da criminalidade. Não existem dados empíricos suficientes sobre a dimensão da presença do crime e da reacção social ao crime nos media portugueses durante o referido período. Mas o inquérito, a que já nos referimos[341], promovido pelo Centro de Estudos Judiciários, em colaboração com o ISCTE, realizado entre 1 de Janeiro e 20 de Novembro de 1996 (Guibentif, 2002), abrangendo um universo de seis jornais de informação geral (quatro diários e dois semanários) publicados em Lisboa, bem como as aberturas dos telejornais dos quatro canais de televisão portugueses, revela que dois terços das notícias de abertura dos telejornais e das primeiras páginas dos jornais já então se reportavam a actividades criminosas, com destaque para os homicídios, a criminalidade económica e o tráfico de droga. O inquérito omite o noticiário incluído nas páginas interiores dos jornais e no corpo dos telejornais. No entanto, os números da criminalidade, particularmente os homicídios e o tráfico de droga, diminuíram significativamente em 1996 (ano de realização do inquérito) em relação aos anos anteriores.

---

dade de televisão por entidades privadas, sob licenciamento a atribuir pelo Governo, precedendo concurso público. No dia 6 de Fevereiro de 1992, os terceiro e quarto canais portugueses de televisão foram atribuídos, respectivamente, à SIC, Sociedade Independente de Comunicação, e à *TVI*, Televisão Independente. A SIC iniciou as emissões regulares em 6 de Outubro de 1992 e *TVI* em 20 de Fevereiro de 1993.

[339] Cf. entrevista em anexo.
[340] Cf. o que ficou dito *supra*, em 3.1.1., sobre os Estados Unidos, Reino Unido, Irlanda, França e Espanha.
[341] *Supra*, 3.1.1..

Com efeito, como antes referimos, o número de crimes registados pelas autoridades policiais em Portugal em 1996 foi de 322 256, contra 326 572 em 1995 e 330 010 em 1994, o que representa uma descida de 2,4% em relação a este último ano. Por outro lado, o número de homicídios baixou, entre 1994 e 1996 de 424 para 391 (7,8%) e o de crimes relacionados com o tráfico de droga de 4157 para 3879 (6,7%)[342].

Por sua vez, dados revelados no Relatório de Segurança Interna de 2006[343], relativos à década de 1997/2006, mostram um aumento gradual, entre 1997 e 2003, do número total de crimes participados nessa década, número que desceu em 2004 e 2005 e voltou a subir ligeiramente (2%) em 2006. O Relatório sublinha, contudo, que esses números têm em conta apenas a criminalidade participada pelos cidadãos e pelas autoridades policiais, que estarão mais ou menos distantes da criminalidade real. Assim, ressaltando que os inquéritos de vitimização da União Europeia dão conta de que as taxas de vitimização têm vindo a baixar em Portugal, conclui que o aumento de crimes participados poderá corresponder a um aumento da taxa de participação de crimes pelos cidadãos (resultado de maior consciencialização e atitude cívica, verificadas nos inquéritos da União Europeia, em relação à necessidade de participarem os crimes de que são vítimas) e da proactividade das polícias mais do que a um aumento real da criminalidade.

De qualquer modo, o número de crimes contra o património contribuiu com mais de 50% para o total de participações, mantendo uma tendência de estabilidade (não obstante algumas oscilações anuais, a diferença entre o valor de 2006 e o observado em 1997 cifrava-se em cerca de 7 000 crimes). Por outro lado, a categoria dos crimes contra pessoas representaram apenas cerca de 20% do total de crimes participados em Portugal durante a década, tendo o seu número, depois de aumentar em 1997 e 1998, estabilizado entre 1998 e 2001, aumentando de novo em 2002 e 2003 e passando a regredir a partir desse ano. Também os crimes contra a sociedade e crimes previstos em legislação penal avulsa se mantiveram estáveis ao longo da década[344].

---

[342] Fonte: *Estatísticas Criminais 1999 Portugal*, Ministério da Justiça/Gabinete de Estudos e Planeamento, Lisboa, 1999, p. 15.

[343] Documento do Gabinete Coordenador de Segurança do Ministério da Administração Interna e disponível *online* em www.mai.gov.pt/data/documentos/rasi_2006.pdf (acedido em 11/11/07).

[344] Apenas nos crimes contra o Estado, de peso residual no conjunto da criminali-

Já a criminalidade violenta e grave, incluindo os homicídios, objecto preferencial da atenção dos media, mas integrando tanto homicídios voluntários (consumados e não) como homicídios por negligência, designadamente as mortes resultantes de acidentes de viação[345], aumentou em cerca de um terço ao longo da década em análise, passando da casa das 15 000 para a das 21 000 participações por ano. Tal significa que a média total de participações se cifrou em 19.152 casos por ano, o que dá um aumento médio de +3,7%, contra um crescimento médio da criminalidade global participada de 2,3%, ou seja, um ritmo médio superior em 1,4%. Contudo, numa observação mais detalhada dessa série estatística, é possível distinguir dois ciclos temporais: um ciclo de subida assinalável, entre 1999 e 2002; e um ciclo de cinco anos, entre 2002 e 2006, em que se observa uma estabilização do volume de participações, com os valores a manterem-se na casa das 21 000 ocorrências por ano. Assim, em termos de sinais de tendência – observa o Relatório – o traço mais significativo da década é o da estabilização do número de crimes graves e violentos a partir de 2002, estabilização que não tem correspondência com o crescimento aparentemente exponencial da presença deste tipo de criminalidade nos media durante o mesmo período[346].

---

dade participada (representam pouco mais de 1%) se verificou uma subida sustentada, embora ligeira.

[345] Com efeito, o número de homicídios voluntários consumados, bem como o de ofensas físicas violentas e graves, revela uma tendência de diminuição (cf. *infra*).

[346] Por tal motivo, o director nacional da PSP, Orlando Romano, discursando em 6 de Julho de 2007 em Lisboa, durante a cerimónia comemorativa dos 140 anos da PSP, alertou que o sentimento de insegurança da população gerado pelo aumento da presença de notícias de crimes violentos e graves nos media é "superior ao risco efectivamente existente" e à realidade criminal. Para sustentar que os índices de criminalidade são baixos em Portugal em relação à Europa, o director da PSP, citou o 9.º lugar ocupado por Portugal numa tabela com 121 países elaborada por uma publicação especializada britânica e um estudo de uma entidade independente, *The European Crime and Safety Survey*, considerando Lisboa a cidade mais segura, a par de Helsínquia, num grupo de 18 capitais da Europa (cf. LUSA, *take* divulgado em 06/07/07 – 17h53). Entretanto, de acordo com dados do Eurostat, os crimes violentos (categoria que engloba violência contra pessoas, roubo com violência e crimes sexuais) aumentaram 5% em Portugal no decurso da década de 1995-2005, número que o Relatório de Segurança Interna de 2006 relativiza com o facto de a criminalidade violenta representar apenas 5,5% do total nacional de crimes participados; já no que respeita aos crimes de tráfico de droga, o Eurostat verifica uma diminuição desse tipo de crime em Portugal da ordem dos 22% (*apud* "Crescem o roubo e o crime violento", *in Diário de Notícias*, 27/11/2007).

Também os dados estatísticos do Gabinete de Política Legislativa e Planeamento do Ministério da Justiça (relativos à década 1995/2004, o período mais recente disponibilizado[347]), que discriminam alguns dos crimes mais insistentemente objecto de atenção dos media confirmam essa discrepância.

De facto, os números oficiais da criminalidade no período manifestam, em geral, e apesar de oscilações, uma tendência de decréscimo, e não, como poderia sugerir o volume de notícias sobre certos crimes, particularmente crimes violentos contra pessoas, de crescimento:

	1995	1996	1997	1998	1999	2000	2001	2002	2003	2004
Homicídios voluntários consumados	408	391	381	340	299	247	282	266	271	187
Ofensas físicas violentas e graves	933	958	959	954	896	805	862	842	895	777
Maus-tratos a menores, incapazes e cônjuges	—	—	—	—	3420	4986	6912	8264	10254	9022
Abuso sexual de crianças e adolescentes dependentes	—	—	—	438	353	277	378	492	716	650
Outros crimes contra a liberdade e autodeterminação sexual	669	693	799	689	632	578	634	728	858	713
Violação	540	494	551	405	383	385	349	404	392	338
Corrupção	173	173	152	416	353	90	102	121	115	72
Tráfico de droga	4512	3879	3390	3538	4091	3214	3853	4053	3739	3654
Rapto, sequestro e tomada de reféns	246	264	331	349	421	315	418	442	483	446
Abuso de autoridade	77	39	26	26	24	18	18	23	22	23
Incêndios florestais	5056	3161	2472	4277	3753	5225	4951	4807	5209	5435

Obs.: Os crimes de abuso sexual de crianças e adolescentes, também objecto frequente da atenção dos media anteriores a 1998 e os de maus-tratos a menores, incapazes e cômjuges anteriores a 1999 não se encontram disponíveis nas Estatísticas da Justiça do Gabinete de Política Legislativa e Planeamento do Ministério da Justiça ou estão abrangidos pelo segredo estatístico.

Verifica-se, assim, que o número de homicídios desceu, entre 1995 e 2004, de 408 para 187 (54,1%), e curva descendente idêntica é também visível nos crimes de ofensa físicas violentas e graves (de 933 para 777, ou seja, uma redução de 18,46%), de violação (de 540 para 338, redução de 37,4%), de corrupção (173 para 72, menos 58,3%[348]), de tráfico de droga (de 4 512 para 3 654, menos 19%) e de abuso de autoridade (de 77 para 23, menos 70,1%). Também nos crimes de rapto, sequestro e tomada de reféns (de 246 em 1995 para 446 em 2004) o aumento é bastante significativo (81,3%); já nos crimes de incêndio florestal, onde também se verificou um aumento (passaram de 5 056 em 1995 para 5435 em 2004), o aumento é de cerca de 7,5%.[349]

Já os crimes de maus-tratos a menores, incapazes e cônjuges, apesar do aumento regular e significativo do número de participações entre 1999 e 2003 (um aumento global de quase 200%), diminuíram 12,01% de 2003 para 2004 (de 10 254 para 9022). Note-se, no entanto, que o crime de maus-tratos a cônjuge só passou a ser público, isto é, independente de queixa, em finais de 1998 (Lei n.º 65/98, de 2 de Setembro), o que naturalmente implicou uma maior proactividade das polícias e do Ministério Público em relação a este tipo de crime, não significando, pois, o crescimento do número de participações necessariamente um crescimento correspondente de criminalidade.

---

[347] Cf. http://www.gplp.mj.pt/estjustica/crimes_registados.htm (acedido em 13/11/07).

[348] Os dados estatísticos relativos aos crimes de corrupção e, em geral, aos denominados "crimes de colarinho branco" são frequentemente contestados por falta de fiabilidade, em Portugal como em outros países, falando-se, a propósito deles e da sua real dimensão, de "invisibilidade", situação que igualmente tem sido referida em relação aos crimes sexuais. Sobre esta matéria, cf., por todos, o estudo *As estatísticas criminais e os "crimes invisíveis"*, de Nuno Vieira de Carvalho (2006), publicado em "Psicologia.com.pt/ O portal dos psicólogos" e disponível *online* emwww.psicologia.com.pt/ artigos/ver artigo.php? codigo=A0272 (acedido em 13/11/07).

[349] O real significado destas estatísticas exigiria uma análise mais profunda fora do âmbito do presente trabalho, que considerasse, designadamente, em relação a cada uma destas tipologias criminais, dados como a eventual descriminalização de certos comportamentos durante o período ou factores sociais que possam ter influenciado positiva ou negativamente volume de participações desses crimes por parte quer dos cidadãos quer das autoridades policiais (o relevo mediático dado, por exemplo, ao processo Casa Pia ou à problemática da violência doméstica terá, a certa altura, estimulado a apresentação de queixas-crime por abuso sexual de menores e por maus-tratos).

Por sua vez, os crimes de abuso sexual de crianças e adolescentes dependentes aumentaram entre 1998 e 2004 de 438 para 650 (48,4%). Esse aumento foi, no entanto, apenas de 12,32% no período de quatro anos entre 1998 e 2002, sofrendo em 2003 um acréscimo significativo (de 492 para 716, isto é, de 45,52%), para baixar no ano seguinte, 2004, para 650 (uma redução de 9,21%). O "pico" de subida no ano de 2003 pode estar relacionado com uma maior sensibilização social para crimes desta natureza, em resultado da repercussão mediática que teve o processo por abusos sexuais de menores e adolescentes na Casa Pia, que veio a público em finais de 2002[350]. Com efeito, o número de participações vinha sofrendo oscilações desde 1998 (descidas em 1999 e 2000 e subidas em 2001 e 2002), não superiores, os aumentos, a 36,46% (de 2000 para 2001) e as reduções de 19,4% (de 1998 para 1999). Por fim, o número de participações classificadas como "outros crimes contra a liberdade e autodeterminação sexual" sofreu ligeiras oscilações entre 1995 e 2004, mostrando, no termo da década, um aumento global de apenas 6,57% (de 669 participações em 1995 para 713 em 2004).

No presente trabalho, analisamos justamente o período em que, mesmo sem existirem dados empíricos completos sobre o fenómeno, se afigura manifesto o aumento da atenção dispensada pelos media portugueses ao noticiário criminal, sobretudo à criminalidade violenta contra pessoas, e às questões de justiça penal, período coincidente, *grosso modo*, com o da vigência do Código de Processo Penal de 1987 e do Código Penal de 1995 até à entrada em vigor dos novos códigos de 2007.

5.2. Legislar "à flor da pele"

Todos os inquiridos ouvidos no âmbito do presente trabalho reconhecem que os media influenciaram decisivamente as políticas criminais em Portugal no período em causa. Citando Costa Andrade, Figueiredo Dias

---

[350] De facto, de acordo com dados recolhidos pelo *Correio da Manhã* junto da Polícia Judiciária, o número de participações de crimes de abuso sexual de menores terá aumentado para o triplo "desde que foi conhecido o caso de pedofilia na Casa Pia". Tal aumentado seria particularmente significativo na região da Grande Lisboa, onde a PJ passou a registar então uma média de 60 casos por mês ("Casa Pia faz disparar denúncias de abuso", *in Correio da Manhã*, 16/05/04).

afirma mesmo que, em Portugal, se legisla, em matéria penal, "à flor da pele" e em resposta imediatista à pressão mediática. "Basta que os media agitem qualquer coisa para os políticos aparecerem a dizer: "Vamos tratar disso", pois é mais fácil mudar as leis do que "arranjar mais dinheiro, mais instalações, mais meios, mais formação (...)[351].

A importância que o noticiário criminal assume nos media é justificado por razões como o dramatismo e violência inerentes ao crime, particularmente crimes de sangue e crimes sexuais (e, em geral, os crimes violentos contra pessoas) e ao espectáculo punitivo, que despertam paixões e apelam aos sentimentos voyeurísticos mais primários; o facto de o crime envolver simbolicamente valores estruturantes da nossa cultura de matriz judaico-cristã, como os de interdito e de transgressão e os de culpa e expiação e questões éticas fundamentais como a da justiça e da moral ou a da liberdade e da segurança; ou ainda, no caso da chamada criminalidade de colarinho branco, por nela serem postos directamente em causa sejam o sistema político, social e financeiro sejam os valores propalados pelos detentores do poder; por sua vez, o interesse dos media pelas novas formas de conflitualidade social (imigração, droga, delinquência juvenil...) e novos tipos de criminalidade resultaria não só da emergência de problemas sociais novos como ainda da crise das ideologias e da identidade dos partidos, bem como da despolitização da sociedade ou, em termos mais gerais, com a própria crise da democracia liberal. Todos estes factores contribuirão para tornar hoje o crime, como já antes deixámos expresso[352], um produto facilmente "vendável" e, por isso, decisivo para as estratégias de mercado e luta pelas audiências da indústria da comunicação social[353], principalmente no caso da TV e da imprensa popular, em que é particularmente visível a *relação demagógica* com as audiências caracterizada por autores como Lemieux[354].

---

[351] Durante o debate na Assembleia da República da revisão de 2007 do Código de Processo Penal, o deputado Francisco Madeira Lopes (Os Verdes), chamava a atenção, reportando-se à influência da cobertura mediática do processo Casa Pia na proposta apresentada pelo Governo, para o perigo de "legislar a quente, sem a necessária prudência e frieza de raciocínio" e "olhando para um caso concreto" (in *Diário das Sessões*, I Série, n.º 59, sessão de 14/03/07)

[352] Cf. *supra*, 3.1..

[353] Sintetizam-se aqui os principais resultados do nosso inquérito. As entrevistas obtidas encontram-se integralmente reproduzidas em anexo ao presente trabalho.

[354] Lemieux, Cyril (2002), *Faux débats et faux-fuyants. De la responsabilité des journalistes dans l'élection du 21 avril 2002* (Duclert *et al*, 2003: 19-41).

Neste contexto, para a maioria dos inquiridos, o crescimento do interesse dos media pelo crime não se traduzirá num real alargamento do debate dos problemas da justiça penal, esgotando-se, na maior parte dos casos, no tratamento emotivo e fragmentário de casos pontuais, às vezes ao sabor – consciente ou inconscientemente – dos interesses neles envolvidos e sem preocupação crítica ou reflexiva. Os media manifestariam, em geral, ignorância em relação a matérias jurídicas, raramente a discussão da problemática do crime evoluindo para o debate doutrinário, apresentando uma visão distorcida e emotivamente enviesada da realidade criminal[355] e assumindo, sobretudo os media populares, posições normalmente conservadoras e de sentido justicialista e securitário. Além disso, verificar-se-ia, nos media portugueses, pouca pluralidade de opinião em questões do foro criminal. "A posição dos media – diz Rui do Carmo – não é uniforme ao longo do tempo, sobre o mesmo tema; mas, curiosamente, é quase sempre muito uniforme sobre todos os temas em cada momento histórico", fenómeno que poderá estar relacionado com a regra jornalística de "não se deixar ultrapassar pela concorrência" a que se refere Cyril Lemieux (Duclert *et al*, 2003:19-41) ou aquilo que Bourdieu classifica de "homogeneização" (Bourdieu, 2001: 17).

Para alguns, no entanto, os media contribuem positivamente para o alargamento democrático do debate das questões da justiça[356], traduzindo reais inquietações colectivas, mesmo se introduzindo no debate, com afirma o então director nacional da Polícia Judiciária, Alípio Ribeiro, "factores de irracionalidade".

De qualquer modo, todos os inquiridos reconhecem a influência, directa ou indirecta, dos media nas decisões políticas em matéria criminal, reflectindo às vezes as posições de certos grupos profissionais ou de certas personalidades, embora alguns manifestem reservas quanto à real dimensão dessa influência nos conteúdos legislativos concretos. Os media seriam "um poderoso instrumento de pressão política" (juiz do Tribunal Constitucional) e dirigiriam em grande parte, a agenda política penal, designadamente através da criação de sentimentos de insegurança junto da opinião pública, fazendo os políticos agirem "ou fingir que agem" (Rogério Alves). "Se queres uma reforma – afirma ainda o ex-bastonário da

---

[355] No entanto, a maior parte dos inquiridos reconhece diferenças, nesta matéria, entre media populares e de referência.

[356] Mesmo que só em "extensão" (cf. entrevista de Figueiredo Dias em anexo).

Ordem dos Advogados – começa por exigi-la junto da opinião pública através dos media". Neste quadro, o legislador criminal comportar-se-ia, nas palavras de Cunha Rodrigues, não como "o cientista social que [adere] a teses e [testa] ensaios para ser o bombeiro que acorre a fogos", respondendo muitas vezes casuisticamente à pressão da agenda mediática[357].

Têm particular importância, a propósito, algumas afirmações de Figueiredo Dias, Germano Marques da Silva e Rui Pereira, impulsionadores das principais reformas da legislação penal e processual penal adoptadas no período em análise. "Passei a vida a deitar remendos [nas leis penais]", reconhece Figueiredo Dias; "a cobertura noticiosa das questões jurídico-penais pelos media (...) contribui para conformar não só a actuação das autoridades de intervenção penal mas também a própria legislação", assumindo "grande relevância na dinâmica do Direito Penal", sendo que "o legislador assume a importância social dessas questões [vários exemplos referidos de influência concreta dos media em decisões legislativas] revelada ou demonstrada pela relevância com que os media delas se ocupam" (Germano Marques da Silva).

5.3. Volatilidade legislativa

São muitos os exemplos enumerados pelos inquiridos de influência, às vezes directa, dos media nas frequentes reformas sofridas pela legislação penal e processual no período a que nos reportamos.

Quando, em Março de 2005, tomou posse o XVII Governo Constitucional, um dos Governo imediatamente anteriores, o XV, presidido por Durão Barroso, tinha apresentado propostas de revisão dos códigos Penal e de Processo Penal que constituiriam, respectivamente, a 17.ª alteração ao Código Penal de 1982[358] e 14.ª alteração ao Código de Processo Penal de

---

[357] No mesmo sentido, entre outros, Salas, 2005: 88; Fuentes Osorio, 2005: 4; Garapon, 1996: 99-101; Garapon, 2003: 17..

[358] Aprovado pelo Decreto-Lei n.º 400/82, de 23 de Setembro, o Código Penal tinha sido até então alterado pela Lei n.º 6/84, de 11 de Maio, pelos Decretos-Leis n.ºs 101-A/88, de 26 de Março, 132/93, de 23 de Abril, e 48/95, de 15 de Março, pelas Leis n.ºs 90/97, de 30 de Julho, 65/98, de 2 de Setembro, 7/2000, de 27 de Maio, 77/2001, de 13 de Julho, 97/2001, 98/2001, 99/2001 e 100/2001, de 25 de Agosto, e 108/2001, de 28 de Novembro, pelos Decretos-Leis n.ºs 323/2001, de 17 de Dezembro, e 38/2003, de 8 de Março, pelas Leis n.ºs 52/2003, de 22 de Agosto, e 100/2003, de 15 de Novembro, pelo Decreto-Lei n.º

1987[359] (com a revogação, modificação ou introdução de grande número de artigos). Paralelamente, tinha ainda sido publicada vasta legislação penal avulsa.

O XVII Governo Constitucional criou, por resolução do Conselho de Ministros n.º 138/2005, de 29 de Julho, publicada no D.R., I Série-B, de 17 de Agosto, uma Unidade de Missão para a Reforma Penal, a que presidiria o penalista Rui Pereira, encarregada de elaborar anteprojectos de proposta de Lei de revisão do Código Penal e do Código de Processo Penal, além de propostas de Lei-Quadro de Política Criminal e de Lei sobre Política Criminal e de proposta de Lei sobre Criminalidade na Actividade Desportiva. A referida Unidade de Missão viria a ser extinta por uma resolução do Conselho de Ministros de 12 de Abril de 2007, tendo novas e profundas revisões dos Código Penal e de Processo Penal sido aprovadas, respectivamente, pelas Leis n.º 59/2007, de 4 de Setembro, e 48/2007 de 29 de Agosto, e entrado em vigor em 15 de Setembro de 2007. Tais revisões passam a constituir, no caso do Código Penal, a sua 23.ª alteração, e no do Código de Processo Penal a 15.ª e ambos foram já objecto, apesar do seu curtíssimo período de vigência, de várias rectificações.

É visível, pois, uma grande volatilidade da legislação penal e processual penal no período em análise, mais notória se se considerar ainda a legislação avulsa, grande parte publicada no quadro do processo de uniformização legislativa da União Europeia.

Não existem estudos seja de Sociologia do Direito seja de Sociologia da Comunicação que permitam uma avaliação completa de qual terá sido a influência concreta dos media nas alterações de que foram objecto quer o Código Penal de 1982 quer o Código de Processo Penal de 1987 quer ainda a legislação penal avulsa entretanto publicada, tanto mais que essa

---

53/2004, de 18 de Março, e pelas Leis n.ºs. 11/2004, de 27 de Março, 31/2004, de 22 de Julho, 5/2006, de 23 de Fevereiro. Viria ainda a ser alterado, antes da aprovação do novo Código de 2007, pela Lei n.º 16/2007, de 17 de Abril.

[359] Aprovado pelo Decreto-Lei n.º 78/87, de 17 de Fevereiro, o Código de Processo Penal tinha sido até então alterado pelos Decretos-Leis n.ºs 387-E/87, de 29 de Dezembro, 212/89, de 30 de Junho, e 17/91, de 10 de Janeiro, pela Lei n.º 57/91, de 13 de Agosto, pelos Decretos-Leis n.ºs 423/91, de 30 de Outubro, 343/93, de 1 de Outubro, e 317/95, de 28 de Novembro, pelas Leis n.ºs 59/98, de 25 de Agosto, 3/99, de 13 de Janeiro, e 7/2000, de 27 de Maio, pelo Decreto-Lei n.º 320-C/2000, de 15 de Dezembro, pelas Leis n.ºs 30-E/2000, de 20 de Dezembro, e 52/2003, de 22 de Agosto e pelo Decreto-Lei n.º 324/2003, de 27 de Dezembro.

influência não é, por regra, admitida pelo poder político[360]. Neste quadro, constituem uma excepção as declarações do ministro da Justiça Alberto Costa ao *Diário de Notícias* de 9 de Setembro de 2007. Questionado pelo jornal sobre se a reforma do sistema judicial aprovada entre o PS e o PSD através do acordo que ficou conhecido como "Pacto da Justiça" (que está na origem das revisões dos códigos Penal e de Processo Penal de 2007), designadamente, entre outros aspectos, no que respeita a normas sobre escutas telefónicas e interrogatório e identificação dos arguidos, "aprendera" com a experiência do caso judicial concreto da Casa Pia, Alberto Costa reconheceu-o explicitamente: "Sim". E acrescentou: "Quem não aprendeu com esse processo?".

Ganha, assim, importância o testemunho dos juristas que participaram no nosso inquérito, sobretudo daqueles que estiveram envolvidos nas principais revisões dos códigos Penal e Processual Penal ao longo do período em análise e que não hesitam em identificar grande número de normativos penais resultantes da influência directa ou indirecta da cobertura pelos media de processos penais concretos e da repercussão que, em virtude dessa cobertura, tiveram na opinião pública. Porque, como afirma na sua entrevista o deputado Arons de Carvalho, os media condicionam e influenciam o poder político "por muito que os políticos digam que não governam por sondagens ou que não governam de acordo com os títulos dos jornais" e "nenhum governante foge ou se esquece das grandes preocupações da opinião pública traduzidas pelos títulos ou pelas parangonas e pelos destaques da comunicação social"[361].

5.4. O "legislador" mediático[362]

Entre os normativos que a generalidade dos inquiridos dá como tendo resultado directamente da repercussão mediática que teve o processo Casa

---

[360] Os nossos inquiridos são unânimes quanto à não assumpção explícita pelo poder político da influência dos media nas decisões legislativas. No entanto, o ex-procurador-geral da República, Cunha Rodrigues, refere que "basta acompanhar os debates políticos e ler os jornais" para se ter a percepção da existência de nexos de causalidade entre iniciativas legislativas concretas e a presença de certas problemáticas nos media (cf. entrevista em anexo).

[361] Sobre idêntica situação de volatilidade legislativa em França, cf. SALAS ("Gare au populisme pénal", in *Libération*, 24 de Junho de 2005).

[362] Cf. *supra*, 4.1. e 4.4..

Pia, avultam os referentes aos novos regimes da prisão preventiva, escutas telefónicas e segredo de justiça adoptados na revisão de 2007 do Código de Processo Penal.[363] O conselheiro Artur Rodrigues da Costa acrescenta ainda ao conjunto de alterações da reforma penal de 2007 influenciadas directamente pela cobertura jornalística do processo Casa Pia a criminalização de certas condutas na área dos crimes sexuais, bem como a discussão de alterações legais no domínio do estatuto da magistratura, dos poderes do Ministério Público e da formação dos magistrados[364].

Além das disposições das revisões do Código Penal e de Processo Penal de 2007, é muito vasto o número de exemplos apresentados pelos inquiridos de produção legislativa – tanto de natureza securitária como garantística – influenciada, na sua opinião, mais ou menos directamente pela acção dos media, sobretudo da TV, através da cobertura emotiva seja de processos concretos seja de certas problemáticas criminais gerais (criminalidade urbana, droga, delinquência juvenil, violência doméstica).

Rui Pereira refere-se, por exemplo, à reforma de 1995 do Código Penal (Decreto-lei n.º 48/95, de 15 de Março) que, contra a posição de Figueiredo Dias, seu principal mentor, viria a consagrar um largo conjunto

---

[363] Também o penalista Costa Andrade, professor catedrático da Universidade de Coimbra e co-autor do Código Penal de 1982 e Código de Processo Penal de 1987, referindo-se à reforma do Código de Processo Penal em entrevista concedida ao jornal *O Diabo* de 11 de Setembro de 2007 afirma que "as mudanças foram impulsionadas pelo caso Casa Pia", acrescentando: "A questão das escutas telefónicas põe problemas gravíssimos, mas só se resolveram um ou dois, os que saltaram para a comunicação social em consequência do processo Casa Pia (…) Em vez de os processos se irem fazendo segundo as leis, são as leis que se vão fazendo segundo os processos". No mesmo sentido se manifestam igualmente o juiz Rui Teixeira, responsável pela instrução do processo, que, em declarações ao Rádio Clube, transcritas pelo jornal *Correio da Manhã* de 4 de Dezembro de 2007: "Se me pergunta se o processo Casa Pia afectou a forma como a Justiça é tratada, como alguns diplomas fundamentais foram aprovados [refere concretamente "as recentes alterações da legislação penal"] não tenho dúvidas nenhumas [de que sim]". E também o juiz conselheiro do Supremo Tribunal de Justiça Santos Cabral, ex-director-geral da Polícia Judiciária em entrevista à revista *Visão* de 27 de Setembro de 2007, referindo-se criticamente à reforma penal e particularmente ao novo regime das intercepções telefónicas e dos prazos do segredo de justiça : "É uma reforma que não vai resolver problema algum. As alterações produzidas servem, sobretudo, para responder aos problemas suscitados pelo processo Casa Pia".

[364] Proença de Carvalho refere ainda, além da formação de magistrados, as alterações em curso nas leis de organização judiciária.

de agravamentos de penas, em resultado do sentimento de insegurança[365] então gerado na opinião pública com o relevo dado pela comunicação social a diversos casos de criminalidade violenta contra o património. "Curiosamente – observa o penalista – a resposta traduziu-se na agravação das penas de crimes contra as pessoas (homicídio qualificado, ofensa grave à integridade física, violação), que, na realidade, eram "leves", em comparação com as penas cominadas para os crimes contra o património". Outros casos nos quais o inquirido vê "um papel meritório [da comunicação social] na promoção de direitos e no combate à desigualdade", são o da transformação dos maus-tratos em crime público (proposta pelo próprio Rui Pereira em 1996 mas que só veio a ser aprovada em 2000) e o da eliminação da diferença entre actos homossexuais e heterossexuais com adolescentes (também por si proposta em 1996 e só contemplada na revisão do Código Penal de 2007).

Rui Pereira cita ainda o caso das iniciativas legislativas referentes às touradas de morte, suscitadas pela transmissão televisiva de imagens de touradas desse tipo em Barrancos realizadas em violação ostensiva da lei penal em vigor. Essas imagens e o destaque dado nos media às repetidas violações da lei, bem como a reivindicação, por parte da população e autoridades autárquicas daquela vila de que o acontecimento constituiria uma tradição local, levaram, num primeiro momento, a que o crime fosse transformado em contravenção e, mais tarde, após intervenção do presidente da República, Jorge Sampaio, a que as touradas de morte passassem a ser consideradas lícitas nos casos em que constituíssem uma "tradição".

Outro caso apresentado por Rui Pereira, referindo que "tendencialmente, se uma crítica [a leis em vigor] é mais noticiada, torna-se mais fácil a alteração da norma criticada", é o da despenalização do aborto. Em sentido contrário, o desinteresse dos media em relação a certas questões criminais, tornará mais difícil mudanças legislativas. Terá assim sucedido com o facto de a automutilação para isenção de serviço militar continuar a ser punida depois do fim da Guerra Colonial, apesar de já existir um regime generoso de objecção de consciência; na opinião daquele penalista, a lei, alterada em 1998, poderia tê-lo sido "dez ou vinte anos antes" se os media se tivessem interessado por essa matéria.

---

[365] Sobre a relevância dos sentimentos de medo e insegurança nas políticas penais, em termos comparados, cf. *supra* 3.2.3..

Rui do Carmo enumera outros exemplos de "poder legislativo" informal dos media, além da já referida revisão do Código de Processo Penal na sequência da mediatização do processo Casa Pia: as sucessivas transformações da natureza do crime de maus-tratos a cônjuge, até ser hoje um crime público (ou seja, de procedimento criminal independente de queixa), que foram "acompanhadas com regularidade da atenção informativa e da promoção do debate no espaço público sobre esta criminalidade". Na opinião deste magistrado, a fixação, no passado recente, da obrigatoriedade de o arguido detido por ordem judicial para ficar sujeito a prisão preventiva ser também interrogado judicialmente no prazo de 48 horas (como já eram os detidos em flagrante delito ou por mandado do Ministério Público ou de autoridade de polícia criminal) "deve muito ao interesse mediático do 'caso Costa Freire'".

Outros exemplos dados pelos inquiridos de influência directa ou indirecta dos media em decisões legislativas concretas são ainda a descriminalização do aborto em 2007 e as alterações introduzidas em 1995 no regime dos crimes de abuso da liberdade de imprensa (juiz conselheiro do Tribunal Constitucional), o regime do sigilo profissional dos jornalistas (Arons de Carvalho), as alterações ao regime de prescrições no sentido do aumento da celeridade processual, a descriminalização do consumo de drogas e os regimes da corrupção desportiva e da fraude fiscal (Germano Marques da Silva) e o agravamento das penas por homicídio na sequência da repercussão mediática da actividade criminosa das FP25 (Figueiredo Dias). Alguns dos inquiridos relevam igualmente a importância que a opinião publicada nos media terá tido em matérias de Direito Civil, como a reforma da acção executiva (Rogério Alves), a reforma do Código de Processo Civil (Proença de Carvalho) e o novo regime de responsabilidade extracontratual do Estado (Aguiar Branco), e mesmo em matérias de Direito Administrativo, como a reforma da organização judiciária e do regime de formação dos magistrados (Proença de Carvalho).

Vemos assim que, do ponto de vista dos nossos inquiridos, a influência dos media portugueses nas decisões de política criminal tanto assume natureza justicialista e securitária como, em muitos outros casos, é antes de tipo garantístico. Embora a investigação sobre os efeitos dos media neste campo se venha preferencialmente debruçando sobre o impacto mediático no processo de punitivismo penal a que se assiste nas últimas décadas em muitos países ocidentais, a tradição histórica da imprensa, desde a fundação do Direito Penal liberal[366] em oposição ao direito medieval de tipo inquisitorial, é, como antes ficou dito[367], no sentido da promoção da protecção do indivíduo contra o poder arbitrário do Estado. A questão do sentido do impacto dos media nas políticas criminais prende-se, como também já referimos, com a natureza dos próprios media, sendo que os formatos emotivos dos media populares tendem predominantemente para uma influência de sentido securitário e os dos media de referência, dirigidos a elites económicas e culturais, onde as questões criminais são habitualmente abordadas com maior distância crítica, de sentido contrário[368]. Os media de referência tratam igualmente temáticas da justiça de carácter mais complexo e técnico, que se adequam dificilmente aos esquemas binários simples de bem e mal comuns nos media populares, como sejam, por exemplo, entre os exemplos enumerados pelos nossos inquiridos, os relacionados com o Estatuto e formação dos magistrados, com a organização judiciária ou com o Processo Civil.

Estamos, no entanto, diante de modelos teóricos que a prática nem sempre confirma. As fronteiras entre media populares e media de referência são às vezes difusas e nos media de "mid-market"[369] coincidem tanto formatos dos media populares como dos de referência.

---

[366] E igualmente do Direito Constitucional dos Estados Democráticos de Direito.
[367] Cf. *supra*, 4.1..
[368] Assim, referindo-se a notícias segundo as quais o Governo se prepararia "para um novo exercício de agravação das molduras penais (…) em áreas como a criminalidade ecológica e os crimes sexuais contra menores", interrogava-se o *Público* em 5 de Fevereiro de 2003: "Vale a pena agravar as penas?". Relacionando essa intenção com o impacto de dois acontecimentos recentes, o naufrágio, seguido do derramamento de crude, do navio "Prestige" e o processo Casa Pia, aquele jornal de referência criticava: "No Verão ardem as florestas? Agravam-se as penas previstas para os incendiários. Um primeiro-ministro é injuriado na "baixa" de Coimbra? Agrava-se o regime punitivo destes crimes. Um polícia é agredido? Agravam-se as penas dos crimes contra os polícias. Os elefantes passeiam sobre os nenúfares? Agravam-se as penas dos elefantes que espezinham flores. (…) Só que, depois de mudar as leis e agravar as penas, o poder descansa. Já celebrou o rito de rasgar as vestes de indignação, já cumpriu o seu desígnio de alimentar o caudal de um direito penal simbólico, já revalidou a sua legitimação na fonte da *law and order*". O artigo terminava com a convocação de Beccaria: ("O que determina a eficácia preventiva das leis penais é a certeza e a celeridade da aplicação das e não da sua gravidade abstracta") e de Carlos Drummond de Andrade ("As leis não bastam. Os lírios não nascem das leis").
[369] Cf. Schlesinger e Tumber, 1994: 185.

5.5. O "juiz" mediático

Por fim, na opinião da grande maioria dos inquiridos (Alípio Ribeiro, António Cluny, António Martins, Artur Rodrigues da Costa, Arons de Carvalho, Cunha Rodrigues, Figueiredo Dias, Germano Marques da Silva, Proença de Carvalho, Rui do Carmo e Rui Pereira[370]), o poder de influência dos media atinge ainda a própria administração da justiça e os tribunais. Embora alguns não dêem[371] exemplos dessa influência, ficando-se pelo reconhecimento genérico de que ela é um facto, vários outros dão conta seja de casos concretos seja de circunstâncias em que os media funcionam também como meios de pressão eficazes sobre decisões judiciais.

"Actualmente, as decisões judiciais são noticiadas e criticadas e os magistrados não são insensíveis a esse escrutínio", afirma Rui Pereira. "Se, por exemplo, uma sentença é mais sensível a teses conservadoras em matéria de homicídio motivado por adultério, violação de vítima 'promíscua' ou maus-tratos praticados a pretexto de um 'direito de correcção', os tribunais não deixam de considerar, na sua actividade subsequente, as críticas de que forem alvo", sendo que, na opinião de Arons de Carvalho, isso acontecerá mesmo no julgamento dos próprios casos ainda em juízo, pois os juízes "não são capazes de fugir da televisão e de ler os jornais sobre casos que estão a decidir e temem as consequências de decisões que pensam que podem chocar a opinião pública (…) como reflexo, até, de defesa da sua própria imagem".

É especialmente significativa, por vir de um magistrado judicial, a posição sobre o assunto manifestada pelo juiz conselheiro Artur Rodrigues da Costa: "A atenção dada pelos media a certas situações tem sempre alguma influência em quem decide, por muito que se diga o contrário. Quanto mais não seja, através do cuidado posto num caso mediático, em comparação com outro que não tenha essas características. Essa influência acaba por ser salutar, visto que se trata do escrutínio da própria justiça feito através dos media. Mas há casos em que tal influência pode ser negativa, pela tendência que pode induzir em quem decide no sentido de julgar de acordo com os media, e não de acordo com a lei e a sua própria consciência".

---

[370] Apenas Aguiar Branco, António Henriques Gaspar e Rogério Alves manifestam opinião contrária.

[371] Ou não queiram dar, como Figueiredo Dias: "Há imensos casos que se podiam apontar" //"Lembra-se de alguns?" "Não vou dizer, mas lembro, lembro…")

Várias das respostas referem criticamente a questão da importância que alguns magistrados atribuem aos media em termos de carreira. "Alguns magistrados, designadamente aqueles que anseiam prosseguir uma carreira fora dos tribunais, mesmo que em comissões de serviço ligadas à justiça, procuram nos processos mais mediáticos ou que têm possibilidades de o vir a ser, ou através da emissão de opiniões públicas sobre factos concretos ou políticas criminais, desenvolver – afirma António Cluny – discursos processuais e extra-processuais que se adeqúem aos discursos politicamente correctos dos media e da política. A linguagem judiciária assume, assim, por vezes, tiques próprios dos discursos mediáticos, como acontece o contrário com os media". Por outro lado, na afirmação irónica do juiz do Tribunal Constitucional ouvido no nosso inquérito, "há [magistrados] que não resistem a ver-se na 'caixa que mudou o Mundo' e "os que tiveram fama por umas semanas, e não se sabe ainda se a quiseram (mas não tiveram tempo de mudar de *t-shirt* ou de se maquilhar (…)" e "há a generalidade, que acho que não liga muito a não ser quando são mencionados ou lhes tocam pessoalmente no prestígio".

Exemplos concretos de influência dos media na administração da justiça são também apontados: o facto de cada vez menos juízes autorizarem a tomada de imagens nos julgamentos, que o presidente da Associação Sindical dos Juízes Portugueses relaciona com "o mau tratamento, pelos media, das problemáticas da justiça" que levou "a fechar a abertura que inicialmente tinha existido para o espaço da comunicação social nos tribunais"; a mudança de práticas no que respeita à prisão preventiva ou ao recurso às escutas telefónicas, que se farão hoje com mais cuidado em resultado das críticas dos media, referida pelo conselheiro Artur Rodrigues da Costa, que cita ainda a aplicação de penas em certos crimes, como o de tráfico de droga, "em que uma verdadeira campanha a favor de penas duras, a pretexto do chamado 'flagelo social da droga', conduziu à aplicação de penas quase bárbaras", ou ainda as penas de crimes violentos contra mulheres em que as críticas de organizações femininas têm levado a um relativo endurecimento dessas penas; casos em que os media influenciam decisões judiciárias em sede de investigação (Alípio Ribeiro, que, no entanto, sublinha que, mesmo vivendo para dentro como todos os poderes, "o [poder judiciário] será, de todos eles, o [que é] mais insensível aos media"; e ainda (Rui do Carmo) a aplicação da prisão preventiva, cujos "níveis quantitativos", globalmente e no que respeita a certos crimes, têm sido influenciados pelos media, bem como a preocupação de proferir, nalguns processos, despachos de arquivamento intercalares logo que se conclui pela não responsabilidade criminal de um arguido, quando a investigação no inquérito ainda prossegue quanto a outros factos e outros arguidos. Germano Marques da Silva, por sua vez, evoca a sua experiência pessoal nos tribunais: "Ao longo da minha vida, deparei frequentemente com decisões a ordenar ou manter a prisão preventiva de arguidos com justificação do alarme público provocado pela comunicação social, sendo que, depois, muitos deles acabaram absolvidos".

A própria lei, observa Cunha Rodrigues, prevê, aliás, que a autoridade judiciária recolha dos órgãos de comunicação social notícias de crimes, sendo que, "por outro lado, os media exprimem o 'sentimento comum' da comunidade e esta noção é cara ao direito, quer na produção legislativa quer na sua aplicação", pelo que "é evidente" que a atenção dos media a certas problemáticas da justiça tem influenciado o poder judiciário. "Uma das minhas maiores perplexidades – conclui – é que os jornalistas não se dêem ao trabalho de examinar processos findos para apreciarem o modo como foram conduzidos, em vez de lançarem juízos de suspeição ou formularem acusações que desacreditam a justiça e inquietam os cidadãos. Se o fizessem, diriam menos barbaridades e tornar-se-iam mais credíveis nas situações, que as há, passíveis de censura social".

Igualmente nesta matéria, a situação portuguesa não parece distinta da observada em outros países. O estudo de Roberts *et al.* sobre cinco países (Austrália, Canadá, Estados Unidos, Reino Unido e Nova Zelândia) conclui que "os juízes (...) referem regularmente a opinião pública com factor das suas decisões, particularmente quando essas decisões envolvem disposições capazes de suscitar críticas públicas (...) Numa observação mais aproximada, verifica-se que, frequentemente, os juízes recebem a influência da opinião pública do mesmo modo que os políticos: através do que lêem nos jornais (...) A cobertura mediática, especialmente o noticiário sobre crimes, é tida acriticamente pelas agências de justiça penal como reflectindo a opinião pública" (Roberts *et al.*, 2003: 85). Assim, uma sondagem conduzida por Dopplet[372] nos Estados Unidos conclui que "um terço dos juízes (...) considera que os media provocam mudanças substanciais na administração da justiça, e Chan[373] dá um exemplo dramático do mesmo fenómeno na jurisdição australiana" (Roberts *et al.*, 2003: 86).

---

[372] Dopplet, J., "Marching to the police and court beats" [J. Kennamer, ed. (1992), *Public opinion, the press and public policy*, Westport, CT: Praeger].

[373] Chan, J., "Systematically distorted communication? Criminological knowledge,

5.6. Media e poder comunicacional

"É claro que o tratamento jornalístico influi na decisão política", afirma Rui Pereira, acrescentando: "Mas a relação é dialéctica. O próprio discurso político influi nos *media* – de forma directa, através de entrevistas e artigos de opinião, mas também de forma indirecta dada a natural permeabilidade dos jornalistas ao discurso político."

Com efeito, os media não são a única fonte de poder comunicacional. Enquanto subsistema funcional do sistema social, o sistema mediático mantém intercâmbios com o sistema geral da sociedade e com os demais subsistemas sociais, comunicando com eles e processando as informações deles recebidas de acordo com os seus específicos padrões de funcionamento. Assim, tanto o poder político como o económico e os grupos sociais representativos de interesses particulares (profissionais, morais, culturais, morais, etc.) exercem permanentemente pressões sistémicas sobre os media, do mesmo modo que os media influenciam não só o ambiente social mas também os restantes subsistemas sociais funcionalmente diferenciados, como o sistema jurídico. A *notícia* constitui a forma específica de expressão dos media[374], sendo através dela que os media processam as informações recebidas do meio e asseguram a sua autonomia e coerência interna.

Sublinhando a dinâmica multidireccional de tais intercâmbios (Dopplet e Maikas[375] comparam-na a uma "câmara de reverberação"), Roberts *et al* propõem o seguinte modelo dessas interacções recíprocas entre media, decisores políticos e grupos de interesses:

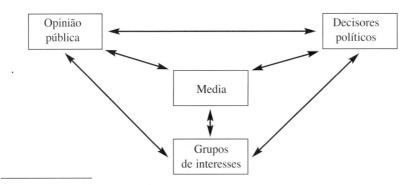

media representation, and public policy", in *Australian and New Zealand Journal of Criminology* (Special Suppl), pp. 23-30.
[374] Reportamo-nos obviamente aos media jornalísticos.
[375] *Apud* Roberts *et al.*, 2003: 86.

De acordo com tal modelo, os media funcionariam como "pivô central no processo dinâmico de formulação, reacção e ajustamento políticos (...). Existindo um entendimento tácito de que os media não prosseguem uma agenda política própria, a reacção dos media à política é frequentemente entendida pelos outros três grupos como similar ou, pelo menos, concordante, com a da opinião pública. Desse modo, os media assumem importância para os decisores políticos tanto enquanto fonte quanto enquanto audiência" (Roberts *et al.*, 2003: 87).

Assim, embora referindo-se tão só ao sistema político (ao "poder político") é esse processo que Rui Pereira classifica de "dialéctico", acentuando não só a relação de "input"/"output" permanentemente estabelecida pelos media com o ambiente social e os outros subsistemas do sistema social, mas também colocando igualmente reservas à natureza *directa* da influência dos media nos concretos mecanismos de decisão política.

Os media agem, de facto, frequentemente, como suportes de legitimação de determinadas políticas legislativas. Caracterizando o aumento de intensidade da relação entre o tratamento dado pelos media a casos criminais e a decisão política, Rui do Carmo refere dois "factores concorrentes: de um lado, a importância dos media na formação de opinião e, portanto, de indução de comportamentos políticos; de outro, a capacidade de os decisores políticos marcarem a agenda dos media, de os utilizarem na preparação do terreno e no teste da sua acção (e, às vezes, ainda apenas das suas intenções) política. Mas, com a quase inexistência de jornalismo de investigação (e também do jornalismo "de causas") no nosso país, creio que a indução política a partir do exterior é hoje muito importante na construção da agenda nestas matérias, até porque com alguma frequência se tem procurado transferir o debate político à sua volta para o terreno dos processos judiciais (o que tem alguma coisa a ver, em minha opinião, com o estreitamento do espaço do debate político, nomeadamente do parlamentar)".

O mesmo magistrado observa ainda que "às vezes (...) é difícil distinguir entre o que teve origem na 'atenção informativa' dos jornalistas e o que resultou da proposta criação de um 'facto informativo' que os media 'agarraram'. Esta difícil distinção esteve, a meu ver, patente em toda a informação e debate, muito intensos, que antecederam a fixação de um prazo para o mandato do procurador-geral da República na revisão constitucional de 1997".

Por sua vez, Rui Pereira cita, a título de exemplo da expressão, nos media, de pressões de grupos sociais portadores de interesses particulares, a discussão da taxa de alcoolemia autorizada na condução automóvel (0,2 ou 0,5%?). "Verifiquei, por experiência própria, que o debate [mediático] se polarizou em torno das teses das associações de prevenção de sinistros e das teses dos produtores e vendedores de bebidas alcoólicas". Rui do Carmo dá ainda outro exemplo, o da protecção, em alguns meios de comunicação social, de interesses associados à sua estrutura accionista ou a importantes suportes económicos da sua actividade: "Recentemente, foi notória a posição diferente do *Público* no panorama da comunicação social portuguesa relativamente ao papel da PT no caso do 'envelope 9'".

A maioria dos inquiridos, mesmo os que vêem a intervenção dos media na discussão de temas jurídico-penais como positiva e constituindo não só um alargamento dessa discussão mas também o exercício crítico da cidadania em relação aos temas em causa[376], sublinha o facto de, frequentemente, essa intervenção funcionar como suporte de posições políticas, através de "um discurso que vão buscar ao exterior" (Alípio Ribeiro) ou de interesses de grupos sociais determinados. "Os media – afirma António Cluny – mais do que transmitir reais inquietações sociais, funcionam como instrumentos mais ou menos conscientes do poder, seja ele político, económico ou (paradoxo) mediático". Para o presidente do Sindicato dos Magistrados do Ministério Público, os media "não raramente vagueiam ao sabor dos interesses das partes envolvidas", agindo, "no fundamental, instrumentalizados (…) pelos jogos e interesses políticos e económicos", neste sentido "mais do que [influenciando] o poder legislativo, [sendo] utilizados para preparar o caminho a soluções predeterminadas", considerando ser igualmente frequente jornalistas e comentadores "dissertarem (…) em função (…) de quem é, em concreto, afectado pelos casos judiciais". O conselheiro António Henriques Gaspar fala mesmo em "manipulação"[377] de factos, que ilustra com um caso recente "que provocou uma discussão emotiva baseada em grave distorção factual criada pelos media"; e o pre-

---

[376] Rui do Carmo cita o estudo de Pedro Bacelar de Vasconcelos "A crise da Justiça em Portugal": "[É] hoje decisiva a exposição à opinião pública, potenciada pela comunicação social. Dentro dos limites do segredo de justiça e do direito à privacidade, os riscos de pressão ilegítima sobre a decisão são largamente compensados pelos ganhos de controlo social e pela dignificação desmistificadora proporcionada por uma maior proximidade dos cidadãos".

[377] E o ex-procurador-geral da República Cunha Rodrigues em "artigos de encomenda", de que dá exemplos.

sidente da Associação Sindical dos Juízes Portugueses refere, por sua vez, circunstâncias em que os media "são usados para promover determinadas estratégias, da acusação ou da defesa" ou ainda, segundo Proença de Carvalho, de "corporações no interior do sistema de justiça".

Também o conselheiro Rodrigues da Costa, contestando a "originalidade [dos media] no levantamento de questões concretas na área da justiça", manifesta a convicção de que os media exprimem, antes, "o que certos grupos, nomeadamente profissionais, ou certas personalidades, dizem", sublinhando o papel que assume, no funcionamento dos media como vectores de legitimação de algumas orientações políticas, o seu controlo "mais ou menos explícito, mais ou menos discreto, mais ou menos camuflado, exercido de forma directa ou indirecta pelo poder político, recorrendo a formas abertas de pressão ou a formas subtis, que vão desde o aliciamento de jornalistas e o clientelismo partidário à lisonja da sua função e ao reconhecimento enfático do seu estatuto". Por fim, Germano Marques da Silva, observando embora que os media funcionam "as mais das vezes como porta-vozes de reais inquietações colectivas", dá como exemplar do seu funcionamento como suportes de orientações políticas "a problemática da liberalização do aborto".

5.7. Media populares e media de referência

A maior parte dos inquiridos distingue, a este propósito, os media populares dos de referência, referindo a "exasperação sensacionalista"[378] daqueles e creditando a estes uma informação em geral mais rigorosa e apoiada em opinião e análise qualificadas. Segundo Germano Marques da Silva, "os media populares 'gostam' de notícias sangrentas, notícias que despertem a emoção popular: são os homicídios, as violações, os abusos das autoridades menores e os acidentes com muitas vítimas", enquanto "os media ditos de referência têm preferência pela criminalidade económica, pela corrupção e tráfico de influências, pelos crimes ligados às empresas e aos políticos".

Por sua vez, Rui do Carmo caracteriza os media populares "por tratarem com grande profusão os chamados 'casos de polícia', os temas mais

---

[378] A expressão é do vice-presidente do Supremo Tribunal de Justiça.

próximos do dia-a-dia do cidadão comum e em que a exploração dos seus receios e preconceitos mais elementares, o escândalo ou, ao menos, alguma emotividade são ingredientes essenciais; e misturam, de forma menos evidente do que os media de referência, informação com opinião, visando o modo de descrever os factos e a sua envolvência, pelo uso da dramatização, de um estilo pouco elaborado e "voyeurista", dar às notícias uma aparência de objectividade".

"Os media de referência – prossegue – menosprezam a 'criminalidade de rua', os 'casos de polícia' ou, quando os abordam, é para proceder a um tratamento mais generalizado e enquadrado, aditando à informação muita opinião. As questões com maior repercussão pública, social e política merecem a sua preferência. Por exemplo, o 'envelope 9': teria sido muito diferente, decerto, a informação inicialmente publicada se o jornal tivesse sido um jornal dito de referência. A notícia do *24 Horas* é, a meu ver, claramente uma notícia de um tablóide, que se centra sobre os pequenos aspectos, e coincidências que dali se podem extrair sobre a vida pessoal das personagens intervenientes nos telefonemas, tendo os aspectos políticos e de actuação das instituições judiciários ganho primazia apenas quando outros órgãos de comunicação social, ditos de referência, fizeram eco daquela notícia".

No entanto, segundo Cunha Rodrigues, mesmo privilegiando os media populares os *faits divers* e as emoções e sendo os media de referência "normalmente mais institucionais e opinativos", "as condições do mercado jornalístico podem alterar essa relação", o que leva Alípio Ribeiro a considerar que a diferenciação entre media populares e de referência "é cada vez menor" e António Cluny a excluir dessa indiferenciação apenas "raras e honrosas excepções pessoais de alguns jornalistas". Do mesmo modo, Rodrigues da Costa considera que "a concorrência entre os media e a luta pelas audiências" tem vindo a esbater as fronteiras entre uns e outros, embora reconheça que, caracteristicamente, nos media populares se privilegia "a exploração sensacionalista dos factos, os aspectos mais dramáticos e mais negros do crime, dá-se mais ênfase a certas formas de reacção populares, a manifestações de indignação ou de dramatismo, a preocupações securitárias e a formas de investigação jornalística mais espectaculares e tendendo a 'pisar o risco'", enquanto nos de referência "há uma preocupação de maior seriedade e objectividade". Também Rui Pereira sublinha a preferência dos media populares pelo "discurso *law and order*, de pendor justicialista e securitário", colocando-se "na perspectiva da vítima" e defendendo "o endurecimento da resposta punitiva", enquanto os media de referência "costumam ser mais sofisticados e permeáveis ao ponto de vista do arguido", acolhendo "com mais frequência o discurso garantista" e criticando, por vezes, "os excessos punitivos". De qualquer modo, para este inquirido, "trata-se de meras tendências que nem sempre se confirmam".

A percepção da diferenciação entre media populares e de referência é idêntica para a generalidade dos inquiridos. Proença de Carvalho sublinha, como Cunha Rodrigues, a óptica mais "institucional" com que os media de referência abordam o debate das questões do direito e da justiça por oposição ao "sensacionalismo" e "curiosidade pública" (António Martins fala de "sentimentos" e "emoções") que presidem ao noticiário criminal da imprensa popular, e o juiz do Tribunal de Constitucional, caracterizando igualmente esta como "sensacionalista", sublinha ainda o facto de pôr "as vendas antes de qualquer escrúpulo de nível cultural ou mesmo do respeito pelos direitos das pessoas (foi um estilo para que contribuiu um pouco *O Independente* aqui há uns anos – aliás, o então seu director foi também uma das primeiras pessoas que trouxe o discurso do *law and order* para a ribalta política, tentando capitalizar um populismo fácil, tal como antes tinha feito, por ex., Manuel Monteiro). Por sua vez, Rogério Alves vê ainda nos media de referência uma "preocupação (...) em dar das questões da justiça uma versão menos acorrentada ao espectáculo, valorizando a informação em profundidade, o debate e a investigação", ou, nas palavras de Arons de Carvalho, estes "discutem também teoricamente, em abstracto, as situações, partem de casos concretos mas vão mais longe", "enquanto os *24 Horas* se limitam, em geral, aos acontecimentos, não tiram ilações". Aguiar Branco classifica ainda como tendencialmente mais "qualificados" os intérpretes e protagonistas envolvidos, na discussão de temas jurídicos nos media de referência.

"Na percepção que tenho – afirma, por fim, o conselheiro António Henriques Gaspar –, as diferenças têm mais que ver com o espaço, a intensidade de linguagem e do pormenor do relato dos factos nos casos penais, do que com questões de substância ou de interesse para o debate. Excepcionalmente, os medias ditos de referência, ao contrário dos restantes, se é que esta distinção faz muito sentido dada alguma subjectividade nas qualificações, relatam e noticiam questões fora do estrito campo criminal – casos de procedimentos administrativos em que estão em causa decisões e questões relevantes, ou casos que podem constituir novidade na abordagem de certas matérias de responsabilidade civil. Também o contributo para a discussão através de artigos de opinião publicados sobre temas específicos tem sido limitado aos medias ditos de referência".

6. ESTUDO DE CASO. O PROCESSO CASA PIA

6.1. "Uma vergonha nacional"

No dia 23 de Novembro de 2002, o semanário *Expresso* publica uma reportagem (cuja manchete fora antecipada no dia anterior pela *SIC*) assinada pela jornalista Felícia Cabrita, dando conta de que centenas de crianças do sexo masculino dos colégios da Casa Pia de Lisboa terão sido violadas ao longo dos últimos anos. A reportagem tem como ponto de partida uma queixa-crime apresentada três meses antes pela mãe de um aluno da Casa Pia, "Joel" (nome suposto usado para proteger a identidade da vítima) contra um funcionário da instituição, Carlos, por abusos sexuais contra o filho. Na reportagem revela-se que o acusado, com múltiplas funções na Casa Pia, de motorista a segurança, contínuo e animador, havia já sido, em 1975, quando era ainda aluno da instituição, alvo de um processo crime por violação de um rapaz de 10 anos, que foi arquivado, apesar do que viria a ser admitido como vigilante. Com livre acesso às camaratas e aos balneários, Carlos terá continuado a abusar sistematicamente dos jovens internados, forçando-os, sob a ameaça de sevícias, a práticas sexuais. Apesar das denúncias de algumas vítimas e de vários processos disciplinares, suspensões de exercício de funções e expulsões, Carlos acabou sempre por ser readmitido. Entre outros testemunhos, o jornal publica, com abundância de pormenores, o testemunho de um ex-aluno, o advogado Pedro Namora, vítima, também ele de assédio, há 25 anos, e afirma na primeira página que o mesmo funcionário poderá ter violado "centenas de crianças do sexo masculino (...) sem que os vários provedores tenham tomado medidas para o impedir".

No dia seguinte ao da publicação desta reportagem, Teresa Costa Macedo, secretária de Estado da Família em 1981 e 1982, confirma na *TVI* que o funcionário em causa está ligado a uma rede de pedofilia envolvendo "gente importante" e que informações sobre essa rede foram entregues à PJ em 1982. A Polícia Judiciária (PJ) virá a divulgar poucos dias depois um comunicado admitindo que, desde 1975, recebeu um total de seis queixas-crime relativas a abusos de menores na Casa Pia.

O caso, retomado pela generalidade dos jornais e canais de TV, torna-se um escândalo e assume contornos tentaculares, tornando-se no assunto criminal até então mais mediatizado na história do jornalismo português das décadas mais recentes.

No dia 25 de Novembro, a PJ detém, no escritório da sua advogada, Carlos Silvino da Silva, conhecido por "Bibi" (o "Carlos" da reportagem do *Expresso*), em cumprimento de um mandado de captura por suspeita de abusos sexuais sobre menores emitido pelo Ministério Público a 7 desse mês, na sequência da queixa apresentada a 23 de Setembro pela mãe de "Joel".

O "escândalo Casa Pia" foi, durante os dois anos que duraram as fases de inquérito e instrução judiciais, notícia frequente de abertura dos jornais televisivos e manchete quase diária da imprensa escrita, da popular como da de referência, relançando junto da opinião pública a questão dos abusos sexuais sobre menores e convertendo-se, como escreveu em 4 de Junho de 2003 André Macedo, editor de Política da revista *Focus*, "na investigação judicial mais comentada da democracia portuguesa". "A pedofilia, observava o articulista, instalou-se na sala de estar de todas as famílias e o resultado é devastador: já não é possível acreditar em ninguém".

Com efeito, desde a publicação da reportagem do *Expresso*, jornais e canais de TV envolveram-se numa agressiva competição informativa sobre todas as incidências e peripécias do caso, desenvolvendo investigações paralelas à investigação judicial e revelando excertos de peças processuais em segredo de justiça e suscitando tomadas de posição do presidente da República, primeiro-ministro, ministros da Segurança Social e do Trabalho (com a tutela da Casa Pia) e da Justiça e outras entidades públicas. E, em 27 de Novembro, apenas quatro dias depois da publicação da reportagem do *Expresso*, a Assembleia da República (AR) promove um debate parlamentar sobre o caso e a emoção por ele suscitada em que a tónica dominante entre maioria governamental e Oposição é a da necessidade de punir exemplarmente os responsáveis. No dia seguinte, o Bloco de Esquerda (BE) requer que sejam ouvidos no Parlamento todos os secretários de Estado que, desde 1980, tiveram a tutela da Casa Pia e a jornalista e deputada do Partido Social Democrata (PSD) Maria Elisa acusa as televisões de promoverem um "voyeurismo mórbido" ao divulgar informações desnecessárias sobre suspeitas de abusos sexuais na instituição, pedindo que essas reportagens passem em horários mais tardios.

Sucederam-se demissões de responsáveis da Casa Pia, a nomeação de uma nova provedora, declarações contraditórias dos sucessivos responsáveis políticos pela instituição, novos e chocantes testemunhos, mais acusações, desmentidos, processos por difamação, manifestações. Na sequência de uma reportagem da *SIC*, a Inspecção-Geral de Saúde determina um inquérito à eventual utilização ilícita dos serviços de análises do Hospital de Júlio de Matos para alegada pesquisa de HIV nos jovens abusados e o Ministério Público (MP) promove uma busca à casa de um ex-médico pediatra onde, segundo a edição do E*xpresso* de 30 de Novembro, apreende filmes pornográficos com menores. Na AR, Pacheco Pereira (PSD) e Francisco Louçã (BE) criticam vivamente a transmissão pelas televisões de passagens desses filmes, enquanto o Partido Socialista (PS) e a Ordem dos Advogados defendem novas regras para a prescrição dos casos de abusos sobre menores.

Começam a ser referenciados novos implicados nos abusos, segundo o *Expresso* de 7 de Dezembro, figuras ligadas à tauromaquia, futebol, produção televisiva e até um presidente de Câmara e, a 12 de Dezembro, a nova provedora da Casa Pia, Catalina Pestana, afirma que a comunicação social foi uma "heroína" ao divulgar o escândalo. A 16 de Dezembro, começam, na Comissão Parlamentar de Direitos, Liberdades e Garantias, a ser ouvidos à porta fechada os ex-responsáveis governamentais pela tutela da Casa Pia e, no dia seguinte, o BE pede à Procuradoria-Geral da República (PGR) uma investigação criminal a todos os provedores da instituição desde 1980. No jantar de Natal da Casa Pia, o presidente da República fala do escândalo, mas sublinha que não deve ser esquecido o passado positivo da instituição e, na Missa do Galo de 25 de Dezembro, o cardeal patriarca de Lisboa refere-se à violência sexual sobre crianças, perguntando: "O que fizemos dos nossos ideais?".

Em 16 de Janeiro de 2003, o PSD anuncia um projecto-lei para alargar a moldura penal para os crimes de abuso sexual de menores,[379] e, em 22 do mesmo mês, ex-alunos da Casa Pia são recebidos pelo primeiro-ministro Durão Barroso. Suspeito de envolvimento na rede pedófila, o ex-provedor Manuel Abrantes é suspenso do cargo de assessor principal e o embaixador Jorge Ritto, envolvido no caso por várias reportagens e notícias vindas a pública, manifesta-se disposto a colaborar com a justiça, enquanto o apresentador de televisão Carlos Cruz, igualmente referen-

---

[379] O número de participações deste tipo de crimes aumentara entretanto exponencialmente (cf. *supra*, 5. 1., nota 351).

ciado por várias vítimas de abusos, diligencia pessoalmente junto do procurador-geral da República no sentido de impedir a transmissão de uma reportagem da *TVI* que o envolve no caso. No dia 31 de Janeiro, o juiz de instrução do processo ordena a prisão preventiva de Carlos Cruz e do pediatra Ferreira Diniz e constitui arguido o ex-advogado de "Bibi", Hugo Marçal e Gertrudes Nunes, proprietária de uma casa em Elvas onde teriam decorrido abusos. Em 1 de Abril é detido Manuel Abrantes a quem, no dia seguinte, é igualmente decretada a prisão preventiva, e, no dia 6 de Maio, o mesmo sucede a Hugo Marçal, bem como, 15 dias depois, ao embaixador Jorge Ritto.

No dia 13 de Maio, numa reunião da Comissão Política do PS, o secretário-geral Ferro Rodrigues alerta para que "algo gravíssimo" se está a preparar contra o partido. Dias antes, ele e Paulo Pedroso, porta-voz do PS e ex-secretário de Estado do Trabalho, do Emprego e Formação Profissional, com a tutela da Casa Pia, terão sabido que os seus nomes poderiam ser envolvidos no escândalo. O presidente da República, Jorge Sampaio, é também avisado desse facto. Uma semana depois, a 20 de Maio, o juiz de instrução Rui Teixeira entrega pessoalmente ao presidente da AR, Mota Amaral, um pedido para que Paulo Pedroso seja ouvido no Tribunal de Instrução Criminal (TIC). A Comissão de Ética aprova por unanimidade, a solicitação do próprio do deputado, o levantamento da imunidade parlamentar a Paulo Pedroso, que é preso preventivamente a 22 de Maio, depois de interrogado durante 14 horas. A Comissão Política do PS manifesta "total confiança" na inocência de Paulo Pedroso e Ferro Rodrigues refere-se à existência de uma "cabala" contra si e contra o PS, falando de "testemunhos forjados" e de "montagem organizada de pseudo-provas". A 24 de Maio, o *Expresso* afirma em manchete que "Ferro consta do processo", referindo ainda a existência nos autos de referências a dois outros políticos, três magistrados e um artista. A *SIC Notícias* revela no dia seguinte que o humorista Herman José foi notificado para prestar depoimento no TIC relativamente ao processo.

Ferro Rodrigues acabará por ser ouvido como testemunha a 4 de Junho (bem como, em 24 de Junho; António Costa, então líder parlamentar do PS) e Herman José, bem como o arqueólogo Francisco Alves constituídos arguidos. A 25 de Maio, numa reunião da Comissão Política do PS, o deputado e ex-presidente da Câmara de Lisboa, João Soares, refere-se também a uma alegada "cabala" que levou à prisão de Paulo Pedroso e ao envolvimento no caso de Ferro Rodrigues.

Por sua vez, a 29 de Maio, durante um colóquio internacional sobre a firmeza na aplicação da justiça, o presidente da República classifica o escândalo Casa Pia como "uma vergonha nacional", anunciando que não hesitará em usar os seus poderes se vier a considerar que está em causa o "regular funcionamento das instituições".

Uma enfermeira reformada e mais um funcionário da Casa Pia, entretanto suspenso, são, em 24 de Junho, igualmente constituídos arguidos, o que eleva para 12 o número de arguidos. Vários recursos dos detidos em prisão preventiva são rejeitados pelo Tribunal da Relação e pelo Supremo Tribunal de Justiça. Em 1 de Setembro, começa a audição de testemunhas para memória futura por videoconferência, muito contestada pelos advogados de defesa dos arguidos, que acusam o juiz de instrução de "parcialidade" e pedem, em conjunto (com excepção do advogado de Carlos Silvino), o seu afastamento do processo, que vem a ser indeferido pelo Tribunal da Relação.

A 8 de Outubro, cumprindo uma decisão do Tribunal Constitucional, que dá razão a recursos apresentados por Paulo Pedroso, Jorge Ritto e Hugo Marçal, o Tribunal da Relação de Lisboa reavalia a prisão preventiva de Paulo Pedroso e ordena a sua libertação imediata. Libertado, este dirige-se à Assembleia da República onde é recebido com grandes manifestações de satisfação por parte de deputados e funcionários do PS. Hugo Marçal é, por sua vez, libertado em 18 de Outubro, ficando com termo de identidade e residência.

A 19 de Outubro, são revelados excertos de escutas realizadas a Ferro Rodrigues e a António Costa, onde é referido que Jorge Sampaio já sabia do envolvimento do nome de Paulo Pedroso antes de este ser preso. Ferro reage alertando para "ameaças muito fortes ao PS e à democracia", e, dois dias depois, numa comunicação ao país, Sampaio garante que "está fora de questão" poder pensar-se que tenha utilizado informação privilegiada para "obstruir ou influenciar" a justiça.

Um novo arguido, António Sanches, funcionário da Casa Pia, é detido pela PJ a 14 de Novembro, igualmente por suspeita de abuso sexual de menores, ficando em prisão domiciliária.

O Tribunal da Relação de Lisboa invalida, a 17 de Dezembro, o primeiro interrogatório realizado a Jorge Ritto, assim como todos os actos subsequentes realizados pelo juiz Rui Teixeira, e determina a libertação imediata do embaixador e a realização de novo interrogatório. Pouco depois, Jorge Ritto é detido pela PJ ainda no interior do EPL e conduzido imediatamente ao TIC para ser inquirido, vendo, três dias depois, ser de novo decretada a sua prisão preventiva com base nos depoimentos de três alegadas vítimas e nas denúncias de Carlos Silvino.

A 29 de Dezembro, chega ao fim a fase de inquérito. O Ministério Público (MP) deduz acusação contra 10 de 13 arguidos. São formalmente acusados Carlos Silvino, Carlos Cruz, Herman José, Paulo Pedroso, Hugo Marçal, Jorge Ritto, Ferreira Diniz, Manuel Abrantes, Francisco Alves e Gertrudes Nunes. A investigação não demonstra a existência de uma rede pedófila com características de associação criminosa, mas une os arguidos na prática dos abusos sexuais numa "estrutura informal". A 31 de Dezembro, o juiz Rui Teixeira substitui a prisão preventiva de Ferreira Diniz por prisão domiciliária com uso de pulseira electrónica. O Tribunal da Relação virá, por sua vez, a anular em 2 de Abril de 2004 a prisão preventiva de Jorge Ritto, substituindo-a por duas medidas de coacção: proibição de se ausentar do concelho de Cascais e obrigação de se apresentar semanalmente no posto policial da área e, a 4 de Maio, a prisão preventiva de Carlos Cruz, substituída por prisão domiciliária.

A instrução do processo é sorteada a 18 de Fevereiro de 2004 e entregue à juíza Ana Teixeira e Silva que, a 7 de Maio, muda a prisão preventiva de Manuel Abrantes para prisão domiciliária. De todos os arguidos, apenas Carlos Silvino ficará em prisão preventiva, até ao termo do prazo permitido por lei. A 31 de Maio, a juíza emite despacho de pronúncia a Carlos Silvino, Carlos Cruz, Jorge Ritto, Ferreira Diniz, Manuel Abrantes, Hugo Marçal e Gertrudes Nunes. Paulo Pedroso, Herman José e Francisco Alves não irão a julgamento. A juíza reduz ainda o número de crimes imputados pelo MP aos sete arguidos que irão ser julgados e altera a medida de coacção imposta a Carlos Cruz, que passa de prisão domiciliária para a impossibilidade de ultrapassar as fronteiras do concelho de Cascais; de Jorge Ritto, que fica apenas sujeito ao termo de identidade e residência, e de Manuel Abrantes, que fica impedido de sair do concelho de Oeiras.

O julgamento começa em 25 de Novembro (quase exactamente dois anos depois da publicação da reportagem do *Expresso*) e decorre ainda[380]. Três anos depois, em 25 de Novembro de 2007, o processo, segundo dados

---

[380] Outros quatro processos, todos já julgados (concluídos com sentenças condenatórias entre os 4 e os 16 anos e meio de prisão), resultaram da investigação de abusos sexuais na Casa Pia.

fornecidos ao Conselho Superior da Magistratura pelo colectivo de juízes da 8/a Vara, 3.ª Secção, do Tribunal da Boa-Hora, que julga o caso nas instalações de Monsanto, divulgados pela LUSA em 21 de Novembro, somava já 1.320 despachos proferidos e 1.520 requerimentos, tendo o processo principal 214 volumes e um total de 49.600 páginas. As testemunhas, assistentes, peritos e consultores técnicos admitidos no processo totalizavam 981, correspondendo, segundo o tribunal, a 920 testemunhas, 32 pessoas identificadas como vítimas, a legal representante da assistente Casa Pia de Lisboa, 18 consultores técnicos e 10 peritos.

De acordo com o mesmo relatório faltava, em 21 de Novembro, ouvir 47 pessoas (35 testemunhas, quatro peritos e nove consultores técnicos), numa altura em que os volumes do processo principal já totalizavam 214, com cerca de 49.600 folhas e 504 apensos[381]. O relatório revela ainda que tinham sido interpostos 136 recursos, 72 na fase de inquérito, 13 na fase de instrução e 51 na fase do julgamento.[382]

A cobertura mediática do "caso Casa Pia" atingiu, nos dois primeiros anos (entre 22 de Novembro de 2002 e 25 de Novembro de 2004, correspondentes às fases de inquérito e instrução do processo), uma dimensão nunca antes vista nos media portugueses, particularmente nas televisões. Segundo um estudo da Marktest divulgado, entre outros, pelo *Público*[383] e pelo jornal *online PortugalDiário*[384], ocupou nesse período 315 horas dos espaços informativos dos quatro canais generalistas de sinal aberto da televisão portuguesa (*RTP1, RTP2, TVI* e *SIC*), num total de 8 251 peças jornalísticas, chegando, em determinados momentos do referido período, a preencher mais de metade do tempo informativo regular das estações. Mais de um terço do número total de notícias (36,2%, representando um total de mais de 110 horas de emissão e quase 3 000 peças jornalísticas) foi emitido pela *TVI*; seguiram-se a *SIC* (93,05 horas de emissão e 2 485 notícias), a *RTP1* (78,54 horas e 2 000 notícias) e a *RT P2* (32, 49 horas e 798 notícias).

---

[381] Em 20 de Setembro de 2004 – pouco mais de um ano antes do início do julgamento – o processo tinha 91 volumes, com cerca de 21.628 páginas e 377 volumes de apensos.

[382] Fontes: Ivo e Mascarenhas, 2003; Ana Rita Ferreira, "Julgamento do processo Casa Pia /Cronologia", in *dossiers publico.pt*, 24 de Novembro de 2004, disponível *online* em dossiers.publico.pt/noticia.aspx?idCanal=1363&id=1209223 (acedido em 10/12/2007)

[383] *Público*, 7 de Dezembro de 2004.

[384] Disponível em *portugaldiario.pt* (acedido em 25 de Novembro de 2007).

6.2. A cobertura mediática

A cobertura mediática do caso nem sempre foi serena e equidistante. As suas circunstâncias adequavam-se aos estereótipos emocionais dominantes nos formatos televisivos e da imprensa popular capazes de suscitar a indignação moral das audiências: de um lado, vítimas "vulneráveis" (O'Connell, 1999), crianças ou adolescentes pobres, entregues aos cuidados de uma instituição; do outro lado, abusadores poderosos, ricos, alguns figuras públicas de grande notoriedade e influência, acusados de crimes odiosos.

Assim, as aberturas dos telejornais e as manchetes da imprensa alimentaram durante os meses seguintes[385], a partir de novos dados que todos os dias surgiam (entrevistas na TV com vítimas anónimas, de rosto oculto e voz distorcida, testemunhando, às vezes com pormenores chocantes, os abusos [a "vítima acusadora" (Salas, 2005: 84)][386]; notícias de novas suspeitas e de rumores da existência de mais "gente importante"[387] entre os alegados abusadores; esquadrinhamento exaustivo do passado e da vida privada dos acusados; descoberta de casos antigos nunca investigados e entretanto prescritos; etc.), uma narrativa fundamentalmente assente na estrutura convencional vítima-abusador-herói, este último sobretudo[388] o

---

[385] Durante a primeira semana do escândalo, o caso foi a notícia de abertura dos telejornais dos três principais canais generalistas (*RTP*, *SIC* e *TVI*) e da maioria das rádios e fez a manchete da generalidade dos jornais diários. Ao todo foram, nesse período, publicadas 1360 notícias e o somatório dos *shares* dos diferentes canais televisivos registou um total de 24 milhões de telespectadores. Mesmo os jornais desportivos abordaram destacadamente o caso, tendo-lhe *A Bola* dedicado 27 notícias. (Dados apurados pela *Memorandum*, divulgados no *Correio da Manhã* em 3 de Dezembro de 2002)

[386] Os depoimentos prestados perante as câmaras de TV de testemunhas de processos judiciais antes de terem sido ouvidas pela justiça (no decurso do inquérito do processo Casa Pia isso aconteceu na *SIC* e na *TVI*) tem suscitado enorme discussão em França e no Reino Unido, existindo neste último país meios legais que permitem obrigar as televisões a diferir a sua emissão para depois do termo do processo (sobre esta matéria Garapon, 1996: 75-76).

[387] Entrevista da ex-secretária de Estado da Família, Teresa Costa Macedo, à *TVI* em 24 de Novembro de 2002. A mesma ex-governante fez novas referências a personalidades portuguesas importantes envolvidas em casos de pedofilia em entrevistas à *TSF* (25 de Novembro de 2002) e ao *Correio da Manhã* (igualmente em 25 de Novembro de 2002).

[388] A recém-nomeada provedora da Casa Pia classificou também de "heroína" a comunicação social que revelou o escândalo (cf. *supra*, 6.1.).

"Superjuiz"[389] (ou "Juiz sem medo"[390]) de instrução, Rui Teixeira, que chegou a ser representado na capa do *Diário de Notícias*[391] em vestes de Super-Homem e que o *Correio da Manhã* elegeu como "figura do ano" de 2003, atribuindo-lhe a inauguração de "uma nova Era" na Justiça, "em que, como a lei, também a Justiça trata a todos por igual"[392].

Por tal motivo, a 2 de Dezembro, pouco mais de uma semana depois da publicação da primeira reportagem do *Expresso*, a Alta Autoridade para a Comunicação Social emitia uma "Declaração sobre a actuação dos media na cobertura da situação da Casa Pia" em que, após manifestar apreço pelo facto de ter sido "a investigação dos media que desencadeou o actual interesse generalizado pela situação", se dizia "preocupada com a qualidade de alguma informação a propósito disponibilizada" e apelava a uma informação "com rigor, diligência e profissionalismo, mas recusando a imponderação e o sensacionalismo". Em declaração de voto junta ao documento, um dos membros da Alta Autoridade, Joel Silveira, justificava a sua abstenção na votação do texto considerando que "se é de enaltecer o importante papel que a comunicação social desempenhou na denúncia desta rede de pedofilia é, no entanto, de criticar de forma veemente o comportamento que alguns dos órgãos de informação têm assumido de forma irresponsável, sensacionalista e espectacular", referindo-se em particular aos "canais televisivos" e a peças informativas que "atingiram um carácter de mero "voyeurismo", em que a corrida pelas audiências levou à exibição de imagens susceptíveis de identificar as vítimas, à destruição do bom nome e reputação de pessoas cujo envolvimento no caso não estava devidamente comprovado, à invasão da privacidade de pessoas, na altura menores, vítimas dessas situações, factos que traduzem uma situação preocupante sobre algum do jornalismo que actualmente se faz no país". "Há

---

[389] *Diário de Notícias*, 30 de Setembro de 2003.
[390] *Correio da Manhã*, 28 de Dezembro de 2003.
[391] *Diário de Notícias*, 30 de Setembro de 2003.
[392] "A Justiça tem sido representada por uma figura feminina de venda nos olhos e balança na mão. Mas se, neste ano de 2003, em Portugal, quiséssemos simbolizar para o cidadão comum essa metáfora da desejável igualdade de todos perante a lei, não teríamos alternativa a colocar venda e balança num jovem juiz que veste ganga, calça ténis e disfarça a timidez com óculos escuros num sorriso infantil. Rui Teixeira, 35 anos, divorciado (…) Por via do desassombro desse juiz, de Norte a Sul, os portugueses sentem a afirmação de uma nova Era, em que, como a lei, também a Justiça trata a todos por igual. De venda nos olhos, para que não tema os poderes" (*Correio da Manhã*, 28 de Dezembro de 2003).

sérios riscos – conclui o documento – de serem pervertidos os valores em que se funda a comunicação social bem como as normas ético-legais e deontológicas pelas quais se pauta o exercício da profissão".

Os próprios jornais de referência (e o *Diário de Notícias*, anteriormente referido, é geralmente enquadrado nesse conceito) nem sempre escaparam ao tratamento sensacionalista do caso[393], questionando simultaneamente – sobretudo a partir do momento em que foi determinada a prisão preventiva de alguns arguidos, e dando voz a personalidades políticas, especialistas e advogados de defesa[394] – o inquérito em relação a aspectos dos procedimentos instrutórios e da própria lei processual penal (prisão preventiva, escutas telefónicas, segredo de justiça, interrogatórios dos arguidos, meios de prova...) e ao funcionamento das instituições de acolhimento de crianças e jovens como a Casa Pia[395].

A análise das notícias da imprensa escrita sugere a existência de duas grandes linhas de orientação na cobertura mediática do caso, uma tratando-o predominantemente da perspectiva do sofrimento das vítimas, suscitando "sentimentos contraditórios de cólera e piedade" e "transformando a piedade em veemência justiceira" (Salas, 2005: 84-86) e, por isso, tendencialmente favorável às posições da acusação; e outra mais crítica em relação às diferentes incidências processuais e sensível às alegações dos arguidos quanto a violações ou limitações das garantias da defesa. Os advogados de defesa dos arguidos encontraram frequentemente em órgãos de informação de referência como o *Publico*[396], um importante

---

[393] Na primeira semana após a divulgação do caso, o *Diário de Notícias* foi, depois do *Correio da Manhã* (geralmente considerado um órgão de imprensa popular), o jornal que mais notícias dedicou ao assunto, tendo mesmo chegado a revelar a identidade das crianças envolvidas, ao contrário do que haviam feito até então os tablóides, que dispunham da mesma informação. Outro jornal tido como de referência, o *Público*, optou por não o fazer, fundamentando a decisão em razões deontológicas. O *Diário de Notícias* foi igualmente o primeiro órgão de comunicação social a divulgar o boato que já então corria do envolvimento do apresentador de televisão Carlos Cruz no escândalo.

[394] Particularmente a argumentação jurídica das defesas de Paulo Pedroso e Carlos Cruz nos numerosos recursos e incidentes processuais que protagonizaram durante as fases de inquérito e de instrução, e com relevo para o *Público*, que teve muitas vezes acesso às peças processuais em segredo de justiça juntas pela defesa de Paulo Pedroso aos autos.

[395] "A cobertura de crimes de abuso sexual (...) ignora os temas de género e de poder, destacando, em vez disso, o carácter patológico dos abusadores ou, em casos particulares, as eventuais falhas dos serviços sociais" (Beckett e Sasson, 2000: 80).

[396] E ocasionalmente também na televisão.

instrumento de denúncia de alguns dos procedimentos processuais seguidos durante a investigação (designadamente, como já referimos, respeitantes aos regimes da prisão preventiva, das escutas telefónicas, do segredo de justiça e do interrogatório dos arguidos, mas também aos métodos de identificação fotográfica e à utilização da videoconferência para a recolha de prova testemunhal para memória futura) que entendiam violar os direitos dos seus constituintes, e algumas vezes os recursos das decisões do juiz de instrução nestas matérias chegaram primeiro à opinião pública do que aos tribunais superiores. Também neste caso "se assiste(iu) a um verdadeiro diálogo entre advogados por interpostos jornais" (Garapon, 1996: 76)[397], ao mesmo tempo que a cobertura jornalística do caso suscitava de parte a parte processos por difamação e abuso de liberdade de imprensa. "De acordo com os seus interesses, as partes usam tanto a imprensa contra a justiça como a justiça contra a imprensa" (Garapon, id., ibid..).

Mas, se a primeira das referidas linhas de orientação (perspectiva das vítimas e da acusação) é especialmente visível na imprensa popular e a segunda (perspectiva da defesa) na imprensa de referência, é importante sublinhar que as fronteiras entre essas perspectivas de abordagem não são, como acontece com as próprias noções de imprensa popular e imprensa de referência, sempre nítidas, como resulta do que ficou já dito acerca do *Diário de Notícias*. E que, do mesmo modo que os jornais de referência não deixaram de destacar os pontos de vista das vítimas e da acusação, também a maior parte dos jornais geralmente classificados de imprensa popular, como, por exemplo, o *Correio da Manhã* ou o *Jornal de Notícias*, deram sempre destaque noticioso tanto às posições da acusação como às da defesa[398]. Essa circunstância resulta, principalmente, do facto de a maior parte da imprensa portuguesa ser, efectivamente, em termos de audiências, de *mid-market*. A principal diferença que permite distinguir uma parte dela como popular e outra como de referência reside nos formatos noticiosos dominantes em cada uma, naquela mais emotivos e

---

[397] Garapon refere um caso, protagonizado por um jornal de referência, o *Times*, de re-julgamento, com novas provas, de um acusado antes condenado a uma pena suspensa que, em instância de recurso, viria a ver essa pena transformada em prisão efectiva (Garapon, 1996: 76).

[398] Mesmo alguma imprensa tablóide, como, por exemplo, o *24 Horas*, tratou de forma muito contundente o inquérito e os procedimentos da justiça de acordo com os pontos de vista da defesa, mantendo mesmo uma coluna permanente sobre o processo assinada pela mulher de um dos arguidos, Carlos Cruz.

impressivos, com recurso a grandes títulos e abundância de imagens e, nesta, tendencialmente mais objectivos, com predomínio do texto sobre a imagem e tratamento gráfico menos exuberante.

6.2.1. *Duas perspectivas*

Uma primeira abordagem global das manchetes e títulos de dois jornais – um geralmente tido como imprensa popular, o *Correio da Manhã*, e outro como imprensa de referência, o *Público* – permite uma avaliação não só da perspectiva de abordagem da cobertura noticiosa realizada por cada um (tendencialmente, a perspectiva da vítima e da acusação num caso, e a da defesa no outro) mas também a natureza das temáticas predominantemente tratadas (os crimes imputados aos arguidos, de um lado, e as alegações da defesa dos arguidos quanto a vários subsistemas do Código de Processo Penal então em vigor, do outro). Posteriormente analisaremos quantitativa e qualitativamente uma amostra constituída pelo *corpus* específico de notícias publicadas sobre o caso em ambos os jornais nos 30 dias subsequentes ao da formulação da acusação do Ministério Público contra 10 acusados, em 29 de Dezembro de 2003 (o momento em que o processo "entrou na sua fase mais importante", segundo Rodrigo Santiago, advogado de Jorge Ritto[399]), no sentido de procurar confirmar não só aquelas diferentes perspectivas de abordagem mas também a dimensão e a natureza da cobertura de cada um dos jornais.

Assim, a "retórica vitimária" (Salas, 2005:89) e o "tópico da denúncia"[400] constituíram os principais componentes da informação sobre o processo veiculada pelo *Correio da Manhã*, ao lado da figura do juiz de instrução, apresentado, apesar dos seus protestos[401], como um justiceiro, incarnação da "metáfora da (…) igualdade de todos perante a lei" e símbolo da Justiça que enfrenta os poderosos de "venda nos olhos e balança na mão"[402]. Com efeito, "o juiz constitui [no processo de identificação da

---

[399] *Correio da Manhã*, 6 de Janeiro de 2004.
[400] Hannah Arendt, *Essai sur la révoluton*, Gallimard, 1985, p. 82 (*apud* Salas, 2005: 86).
[401] "O juiz não pode ser um justiceiro", entrevista ao *Correio da Manhã* (28 de Dezembro de 2003) "Não sou um justiceiro (…) Quanto mais se enaltece a figura do juiz, pior anda a justiça" (entrevista à Rádio Altitude, da Guarda (14 de Outubro de 2003).
[402] *Correio da Manhã*, 28 de Dezembro de 2003.

opinião pública com a vítima] a última incarnação do combate da virtude contra o vício, de David contra Golias" (Garapon, 1996: 96).

No *Correio da Manhã*, os acusados são "adultos doentes"[403]; as vítimas, crianças "fustigadas pela vida"[404], mergulharam numa "aterradora realidade"[405], ou ficaram "aterradas"[406] quando Jorge Ritto foi posto em liberdade e "em choque"[407] quando o mesmo sucedeu com Carlos Cruz; "os agressores [sexuais] mentem mais que as vítimas"[408]; os arguidos não acusados "safaram-se"[409] e, se algum escapar "por mero decurso de prazos", não poderá "escapar ao mais duro juízo, o da censura pública, o do repúdio"[410]; a juíza que levou sete deles a julgamento "valorizou a dor das vítimas"[411] mas, de acordo com uma sondagem da iniciativa do jornal, 52% dos "cidadãos culpam a juíza"[412] por não ter pronunciado três dos arguidos.[413]

A perspectiva das vítimas e da acusação destaca-se em numerosas manchetes de 1.ª página do *Correio da Manhã*, a maior parte delas relacionadas com as acusações formuladas contra os arguidos com maior notoriedade pública, designadamente Carlos Cruz, Paulo Pedroso, Herman José e Jorge Ritto[414]: "Os relatos escabrosos dos autos /Tudo o que as

---

[403] *Correio da Manhã*, 26 de Dezembro de 2004.

[404] *Id., ibid..*

[405] *Id.,ibid..*

[406] *Id.*,3 de Março de 2004.

[407] *Id.*, 5 de Maio de 2004.

[408] *Id.*, 1 de Janeiro de 2004.

[409] *Id.,* 30 de Dezembro de 2003.

[410] *Id.*, 30 de Dezembro de 2003.

[411] *Id.*, 1 de Junho de 2004.

[412] *Id.*, 4 de Julho de 2004.

[413] Um tablóide como *O Crime*, sob o título, a toda a largura da página, de "Repulsa!" escrevia sobre a acusação: "Ler a acusação do Ministério Público aos arguidos do processo Casa Pia foi um exercício assaz difícil que, envolvendo uma equipa de jornalistas traquejados em histórias de vidas miseráveis e crimes, revelou o lado humano de um punhado de cidadãos que não conseguiu (por muito que esse traquejo se revelasse) combater uma sensação permanente de nojo e repulsa". No artigo, cujo título de 1.ª página é "Tramados!", os acusados são classificados de "subproduto humano calculista e perverso, que não é gente" (*O Crime*, 31 de Dezembro de 2003). O mesmo jornal chegou a publicar uma entrevista com uma astróloga onde esta se revela "convicta de que Herman [Herman José, um dos arguidos acusados e posteriormente ilibado] se cruzou com Bibi" (*O Crime*, 4 de Março de 2004).

[414] Com uma única excepção, justificada com o facto de ter sido a primeira manchete

crianças contaram"[415]; "Acusados"[416] (com fotos de Carlos Cruz, Paulo Pedroso e Herman José); "Carlos Cruz acusado de pressionar testemunhas"[417]; "Procurador desmonta álibis de Cruz"[418]; "Só juíza pode salvar o processo /Actos de Rui Teixeira têm de ser validados por Ana Teixeira e Silva" (na sequência da decisão da Relação de Lisboa de considerar nulo o despacho que levou o processo às mãos do juiz de instrução)[419]; "Liberdade de Ritto provoca manifestação contra a justiça"[420]; "Cruz em casa sem 'perigo'/Vítimas da pedofilia ficam chocadas e revelam dificuldade em perceber por que deixou Carlos Cruz a prisão preventiva"[421]; "Juíza manda todos para julgamento/ Ex-advogado de Jorge Ritto diz que ficaria surpreendido se algum dos arguidos não fosse pronunciado[422]"; "Cruz responde por seis crimes"[423]; "Acusação insiste nos sinais de Pedroso"[424] (acerca de alegados sinais íntimos deste arguido a que algumas vítimas teriam feito referência); "Procuradores avisam Cruz"[425]; ou "Bibi acusa os outros arguidos de pedofilia"[426]. E do mesmo modo em grande número de títulos de páginas interiores:"Ministério Público revela todos os crimes"[427]; "Vítimas com mais segurança /"As vítimas estão menos intranquilas, mas com receio de mais peripécias" / Despacho zurze defesa"[428]; "MP desvaloriza álibis"[429]; "Só punição repara danos das vítimas"[430]; "'Credibilidade das vítimas não está em causa'"[431]; "Bibi tem medo de

---

que o jornal fez sobre o caso, utilizam-se apenas edições do *Correio da Manhã* do ano de 2004 (e ainda a dos últimos dois dias de 2003, data em que foi divulgada a acusação formulada pelo Ministério Público).

[415] *Correio da Manhã*, 28 de Novembro de 2002.
[416] *Id.*, 30 de Dezembro de 2003.
[417] *Id.*, 31 de Dezembro de 2003.
[418] *Id.*, 20 de Janeiro de 2004.
[419] *Id.*, 21 de Março de 2004.
[420] *Id.*, 6 de Abril de 2004.
[421] *Id.*, 5 de Maio de 2004.
[422] *Id.*, 10 de Maio de 2004.
[423] *Id.*, 1 de Junho de 2004.
[424] *Id.*, 9 de Julho de 2004.
[425] *Id.*, 26 de Outubro de 2004.
[426] *Id.*, 17 de Dezembro de 2004.
[427] *Id.*, 30 de Dezembro de 2003.
[428] *Id., ibid.*.
[429] *Id.*, 20 de Janeiro de 2004.
[430] *Id.*, 10 de Abril de 2004.
[431] *Id.*, 7 de Maio de 2004.

Carlos Cruz"[432]; "Todos a julgamento"[433]; " 'Parece que estudaram a defesa da PIDE e dos nazis' "[434]; "'Somos todos culpados'/ Bastaram 15 minutos para Carlos Silvino implicar os restantes arguidos na pedofilia"[435]; "Silvino cala advogados de defesa"[436]; "Revelações animam vítimas"[437]; ou "'Pedroso tem de ser julgado'"[438].

Já nos títulos do *Público* a perspectiva geral é frequentemente a dos arguidos e, ao contrário do *Correio da Manhã*, cuja cobertura se funda principalmente em fontes policiais, ou fontes do processo identificadas, as fontes referidas (principalmente em notícias obtidas em exclusivo pelo próprio jornal) são sobretudo os advogados de defesa ou "fontes judiciais" e "próximas do processo" não concretamente identificadas.

Os títulos do noticiário do *Público* sobre o caso destacam muitas vezes a perspectiva da defesa bem como as diferentes questões processuais levantadas por esta[439]: "Carlos Cruz diz estar 'completamente inocente'"[440]; "Advogados de Carlos Cruz recorrem da proibição de declarações públicas"[441]; "Paulo Pedroso detido com base em testemunhos e escutas"[442]; "BE: escutas telefónicas aos líderes do PS constituem um 'Watergate judiciário'"[443]; "Ferro Rodrigues e António Costa estiveram sob escuta"[444]; "Reconhecimento de Paulo Pedroso pode estar ferido de nulidade" (sobre o reconhecimento fotográfico deste arguido)[445]; "Mário Soares está 'absolutamente convencido' da inocência de Paulo Pedroso"[446]; "Advogado de Ritto pede informações para interpor recurso"[447]; "Escutas telefónicas a

---

[432] *Id.*, 10 de Maio de 2004.
[433] *Id., ibid.*.
[434] *Id.*, 1 de Junho de 2004.
[435] *Id.*, 17 de Dezembro de 2004.
[436] *Id., ibid.*.
[437] *Id.*, 24 de Dezembro de 2004.
[438] *Id.*, 28 de Dezembro de 2004.
[439] Títulos recolhidos do "Dossier Casa Pia" do *Público*, disponível *online* em http://dossiers.publico.clix.pt/dossier.aspx?idCanal=1037 (acedido em 7/12/07).
[440] 25 de Fevereiro de 2003.
[441] 23 de Março de 2003.
[442] 2 de Maio de 2003.
[443] 21 de Maio de 2003.
[444] 23 de Maio de 2003.
[445] 23 de Maio de 2003.
[446] 27 de Maio de 2003.
[447] 28 de Maio de 2003.

Costa e Ferro decisivas para a prisão de Paulo Pedroso/ Juiz quis pôr Paulo Pedroso incomunicável" (notícia onde de novo é posto em causa o reconhecimento fotográfico)[448]; "Advogado de Paulo Pedroso alega haver motivo para recorrer da prisão preventiva"[449]; "Advogado de Paulo Pedroso à espera de fotografia que terá identificado o deputado"[450]; "Casa Pia: Paulo entrega recurso quinta-feira /Celso Cruzeiro diz ter recebido 'uma pequeníssima parte' dos elementos do processo"[451]; "Defesa de Jorge Ritto alega erros e inconstitucionalidades da justiça"[452]; "Defesa de Paulo Pedroso recebe transcrições das escutas telefónicas que fundamentaram a prisão preventiva"[453]; "Defesa de Paulo Pedroso mantém tese da calúnia /Recurso põe em causa legalidade das escutas"[454]; "Advogados pedem 'habeas corpus' para discutir prisão de Carlos Cruz"[455]; "Advogado solicita ao PGR inquérito a Rui Teixeira/ Acto de denegação de justiça e abuso de poder"[456]; "Casa Pia: MP insiste em tentar impedir frente a frente entre arguidos e testemunhas"[457]; "Casa Pia: Defesa acerta hoje com magistrados depoimentos cara a cara"[458]; "Casa Pia: advogados de defesa questionam imparcialidade de Rui Teixeira"[459]; "Defesa rejeita hoje teleconferência das testemunhas da Casa Pia"[460]; "Casa Pia: defesa protesta contra alteração das regras de distribuição de processos"[461]; "Bastonário da Ordem dos Advogados reúne-se com defesa do caso Casa Pia"[462]; "Defesa do processo Casa Pia recorre para o Supremo Tribunal de Justiça"[463]; "Hugo Marçal exibe documentos para abalar consistência das suspeitas do

---

[448] 28 de Maio de 2003.
[449] 29 de Maio de 2003.
[450] 1 de Junho de 2003.
[451] 3 de Junho de 2003.
[452] 3 de Junho de 2003.
[453] 3 de Junho de 2003.
[454] 6 de Junho de 2003.
[455] 10 de Julho de 2003.
[456] 25 de Julho de 2003.
[457] 26 de Agosto de 2003.
[458] 29 de Agosto de 2003.
[459] 1 de Setembro de 2003.
[460] 1 de Setembro de 2003.
[461] 5 de Setembro de 2003.
[462] 9 de Setembro de 2003.
[463] 25 de Setembro de 2003.

Ministério Público"[464]; "Carlos Cruz pede nulidade do interrogatório do Ministério Público"[465]; "Paulo Pedroso e Carlos Cruz têm álibis para datas da acusação"[466]; "O mistério do almoço, do fato e da gravata no processo Casa Pia/ Divergências sobre a versão de Carlos Silvino incriminando Paulo Pedroso"[467]; "Relação de Lisboa diz que reconhecimento fotográfico é altamente falível"[468]; ou "Casa Pia: testemunhas enganaram-se na identificação de Paulo Pedroso"[469].

No total de 221 títulos constantes do "Dossier Casa Pia" do *Público*, referentes ao período que medeia entre a prisão de Carlos Cruz, Hugo Marçal e Ferreira Dinis, (1 de Fevereiro de 2003) e a decisão final de pronúncia de sete dos arguidos (31 de Maio de 2004), a palavra "vítimas" surge apenas em 3 títulos, sendo sempre, nos restantes, substituída pela palavra "testemunhas", o que evidencia uma preocupação de distância e objectividade. Em contrapartida, as palavras "defesa" e/ou "advogado(s)" aparecem em 26 títulos, sugerindo a relevância dada por este jornal à perspectiva dos arguidos. Entre estes, Paulo Pedroso é o mais vezes citado em título, 37 vezes, o que, acrescentando as referências às posições de outros dirigentes do PS e do próprio partido perfaz 71 títulos (um terço do total), evidenciando a importância política que o caso assumiu com a detenção de Paulo Pedroso e o envolvimento nele, na sequência a divulgação de escutas telefónicas, de outros dirigentes do então principal partido da Oposição. Por fim, as principais questões processuais levantadas pela defesa (sobretudo a de Paulo Pedroso) ao longo do processo, sustentadas por personalidades políticas ligadas ao PS e independentes e pelos partidos da Oposição de esquerda[470], especialmente as relativas às escutas telefónicas, prisão preventiva e reconhecimento fotográfico, são referidas em 37 títulos do *Público*, sendo que se repetem com insistência no texto de outras notícias.

---

[464] 17 de Outubro de 2003.
[465] 23 de Dezembro de 2003.
[466] 31 de Dezembro de 2003.
[467] 26 de Março de 2004.
[468] 27 de Maio de 2003.
[469] 1 de Junho de 2003.
[470] Além do PS, também o BE e o PCP (cf. *supra*) contestaram vivamente as escutas telefónicas feitas a dirigentes daquele partido.

6.2.2. Análise comparativa

Uma análise comparada, quantitativa e qualitativa, das edições de ambos os jornais, *Correio da Manhã* e *Público*, durante os 30 dias subsequentes à formulação da acusação, em 29 de Dezembro de 2003, confirma as diferenças das linhas de orientação dominantes de cada um dos jornais.

Assim, o *Correio da Manhã* dedica, no referido período[471], 28 títulos de 1.ª página (7 dos quais manchetes) ao processo Casa Pia e a assuntos com ele directamente relacionados, contra 9 do *Público* (5 manchetes). Só por 4 vezes o *Correio da Manhã* não traz o caso na 1.ª página, mas em 2 delas a pedofilia continua a marcar ali presença, desta vez através de uma investigação em curso nos Açores[472]; no entanto, em todas as edições do *Correio da Manhã* em que a Casa Pia não merece título de 1.ª página, o assunto é amplamente tratado nas páginas interiores. Em contrapartida, o *Público*, durante o mesmo período, não faz qualquer referência à Casa Pia em 22 primeiras páginas (75% do total)[473], e em metade dessas edições (11) nem mesmo nas páginas interiores traz qualquer notícia sobre o caso. O *Correio da Manhã* insere ainda por 7 vezes notícias sobre a Casa Pia na última página (depois da 1.ª, a mais importante em termos de destaque), enquanto o *Público* não o faz em nenhuma ocasião.

Verifica-se, deste modo, que o *Correio da Manhã* deu ao processo Casa Pia um relevo substancialmente maior (mais do triplo, 28 primeiras páginas contra 9) do que o *Público*. E a proporção é ainda mais significativa considerando o número de páginas e notícias que um e outro jornal dedicaram ao caso. Com efeito, enquanto o *Correio da Manhã* publicou um total de 55 páginas (a maior parte das vezes páginas inteiras) e 158 notícias sobre o assunto, o *Público* publicou 26 páginas e 55 notícias. Os gráficos seguintes permitem comparar mais expressivamente a dimensão da cobertura noticiosa do caso efectuada por cada um dois jornais no período em análise:

---

[471] Nem o *Correio da Manhã* nem o *Público* se publicaram em 1 de Janeiro de 2004.

[472] Caso que ficou conhecido como o "processo Farfalha" (nome de um dos principais implicados).

[473] Em 3 delas noticia, no entanto, casos de pedofilia nos Açores e na Madeira.

Segunda parte

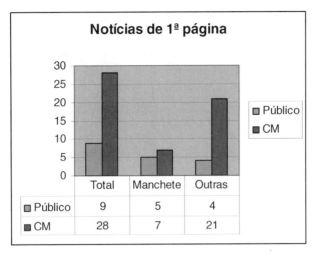

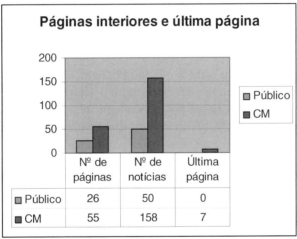

Significativas são igualmente as diferenças qualitativas entre ambas as coberturas. Assim, a notícia da acusação do Ministério Público contra 10 dos 13 arguidos é dada pelo *Correio da Manhã* de 30 de Dezembro de 2003 com uma manchete de uma só palavra ocupando praticamente toda a largura da página: "Acusados". Sob esse título, as fotografias de Carlos Cruz, Paulo Pedroso e Herman José, os arguidos mais mediáticos, com indicação do número e da natureza dos crimes imputados a cada um e acompanhadas de expressões retiradas do libelo acusatório. Em duas "caixas" laterais identificam-se ainda os restantes acusados e destaca-se uma afirmação do procurador-geral da República revelando o envolvimento no caso de outras "personalidades, excluídas da acusação por prazos legais". A manchete do mesmo dia do *Público*, em lugar da acusação, destaca: "MP abre novos inquéritos por pedofilia e tráfico de menores". A acusação propriamente é remetida para o segundo de cinco subtítulos: "14 certidões extraídas do processo Casa Pia incluem denúncias de abusos sexuais /Acusação contra dez dos treze arguidos/ Herman José estava no Brasil na data em que lhe é imputado um crime/ Rui Teixeira deixa o caso/ /Pedida aplicação de prisão preventiva a Paulo Pedroso e Hugo Marçal". O Público publica ainda na 1.ª página fotos de Paulo Pedroso e Herman José.

Nas páginas interiores, enquanto o *Correio da Manhã* ocupa 6 páginas com 26 notícias e fotos de todos os acusados, transcrevendo numerosas passagens do acusação e destacando o número de crimes nela imputados aos arguidos, com grande exuberância gráfica (fotos, gráficos, "caixas" em negativo, cronologias, citações), e dando ainda relevo a declarações do procurador-geral da República lamentando a prescrição de alguns crimes e afirmando que passaria a ser "mais difícil abusar de crianças" bem como à "solidariedade contida" do PS a Paulo Pedroso, o *Público* dá ao assunto 2 páginas e 5 notícias, numa das quais, com o título "Prova testemunhal já começa a ser posta em causa e pode ser o 'calcanhar de Aquiles' do Ministério Público", se anuncia que as defesas dos arguidos irão requerer instrução contraditória, sendo esta "um sério teste à credibilidade da acusação" e se conclui: "Os advogados dos arguidos poderão requerer uma avaliação da personalidade das testemunhas, algumas das quais integraram o rol de alegadas vítimas de um processo recentemente julgado em Oeiras e que se saldou com penas muito inferiores às preconizadas pelo Ministério Público"[474]. Em sentido oposto, o *Correio da Manhã* destaca títulos como: "MP quer Marçal e Pedroso na cadeia" (o *Público* usa o termo, mais rigoroso, de "prisão preventiva"); "Despacho zurze a defesa"; ou "Crianças falam verdade", e publica ainda um comentário subscrito pelo subdirector do jornal sobre alguns crimes que teriam prescrito intitulado "O repúdio não prescreve".

As mesmas duas distintas linhas de orientação repetem-se na edição do dia seguinte dos dois jornais. A manchete da 1.ª página do *Correio da*

---

[474] Note-se que o jornal continua a referir-se a "alegadas" vítimas num caso que resultou em sentença condenatória.

Manhã destaca: "Cruz acusado de pressionar testemunhas /Devido a tentativas de impedir relato de práticas sexuais", ao passo que o *Público*, igualmente em manchete, titula: "Paulo Pedroso e Carlos Cruz têm álibis para datas da acusação /Deputado socialista estava na Irlanda num casamento em datas que o Ministério Público o coloca em Elvas", repetindo no interior: "Ex-número dois do PS e Carlos Cruz também têm álibis"/"Acusação em causa" / "Herman estava no Brasil, Pedroso em viagem à Irlanda e Carlos Cruz em actividades do Euro 2004". O *Correio da Manhã* dedica 3 páginas e 10 notícias ao caso e o *Público* 2 páginas e 4 notícias.

Com maior ou menor evidência, as restantes edições publicadas durante o período em análise confirmam as mesmas perspectivas de abordagem. Em manchetes e "chamadas" de 1.ª página[475], o *Correio da Manhã* titula: "Granja denuncia actual ministro"[476]; "Denunciante de ministro é testemunha no processo"[477]; "Casa Pia acaba no lixo"[478]; "Prescrição salva Ferro"[479]; "Sampaio contra 'habilidosas estratégias' no processo Casa Pia"[480]; "Testemunha garante visita de Cruz a casa de Diniz"[481]; "Escuta geral indigna PJ /Juízes actuam com ligeireza nas suas autorizações"[482]; "Defesa de Cruz custa meio milhão"[483]; "Protecção policial sobe na Casa Pia"[484]; "Todos pelo segredo" (sobre a intervenção do presidente da República na abertura do ano judicial, acto em que diversos oradores defenderam a extensão do regime do segredo de justiça aos jornalistas, tema que o jornal volta a chamar à 1.ª página no dia 24 de Janeiro)[485]; e "Testes à fiabilidade apoiam versão das vítimas"[486]. E o *Público*: "Souto Moura recusa defender titular do processo Casa Pia"[487]; "MP violou lei no caso das cartas anónimas da Casa Pia /A inclusão de cartas anónimas visando

---

[475] Citam-se as mais relevantes.
[476] 2 de Janeiro de 2004.
[477] 3 de Janeiro de 2004.
[478] 5 de Janeiro de 2004.
[479] 5 de Janeiro de 2004.
[480] 6 de Janeiro de 2004.
[481] 7 de Janeiro de 2004.
[482] 11 de Janeiro de 2004.
[483] 12 de Janeiro de 2004.
[484] 14 de Janeiro de 2004.
[485] 20 de Janeiro de 2004.
[486] 27 de Janeiro de 2004.
[487] 2 de Janeiro de 2004.

Jorge Sampaio e António Vitorino contraria norma incluída no Código de Processo Penal há cinco anos"[488]; "Processo Casa Pia não foi atribuído a Rui Teixeira por sorteio /Defesa alega violação do princípio do 'juiz natural'"[489]; "Jorge Sampaio dramatiza futuro do processo Casa Pia /Presidente da República reage a cartas anónimas e pede contenção"[490]; e "Carlos Cruz perdeu primeiro *round* /Juiz Rui Teixeira indeferiu avaliação da fiabilidade das testemunhas por peritos da defesa"[491]. Note-se que o *Correio da Manhã*, ao contrário do *Público*, não dá qualquer destaque de 1.ª página à divulgação na imprensa de uma carta anónima que os procuradores titulares do processo Casa Pia juntaram aos autos onde se referia o nome do presidente da República e que suscitou acaloradas críticas ao Ministério Público. O *Público* fá-lo por duas vezes.

Excluindo as "chamadas" de importância secundária e limitando a análise ao conjunto integral das manchetes (títulos mais antetítulos, subtítulos e "caixas") publicadas pelos dois jornais durante o período em causa, verifica-se que o *Correio da Manhã* preenche 20 desses conjuntos com o processo Casa Pia e igual número com outros assuntos (3 deles igualmente relacionadas com pedofilia), enquanto o *Público* faz 16 com o processo e 16 com outros assuntos (2 relacionados com pedofilia). A avaliação qualitativa dos conjuntos manchetes-antetítulos-títulos dedicados por cada um dos jornais ao processo Casa Pia permite concluir que, no caso do *Correio da Manhã*, 12 dos 20 conjuntos (60%) adoptam a perspectiva da acusação, 1 (5%) a da defesa (uma "caixa) e 7 (35%) uma perspectiva neutra. Já das 16 manchetes que o *Público* dá do caso, só 2 (13%) são notícias da perspectiva da acusação, enquanto 8 (49%) são da perspectiva da defesa e 6 (38%) neutras. Os gráficos seguintes patenteiam essas diferenças:

---

[488] 3 de Janeiro de 2004.
[489] 4 de Janeiro de 2004.
[490] 6 de Janeiro de 2004.
[491] 10 de Janeiro de 2004. Desde esta data até ao final do período em análise (28 de Janeiro de 2004), o *Público* não voltou a trazer o processo à 1.ª página.

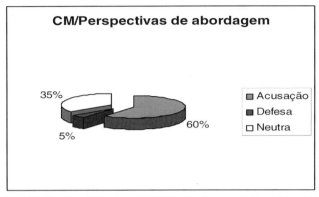

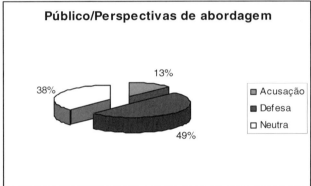

A análise permite concluir que, mesmo que, no *Público,* seja visível um relativo predomínio da perspectiva da defesa, a cobertura é, como seria expectável num jornal de referência, mais equilibrada e distante do que a do *Correio da Manhã*. Com efeito, não só a diferença percentual entre notícias apresentadas de cada uma das perspectivas (vítima/acusação ou defesa) é bastante menor no *Público* (36%) do que no *Correio da Manhã* (55%) como também a percentagem de títulos informativos neutros é ligeiramente maior no primeiro do que no segundo.

No período em observação, ambos os jornais abordam ainda algumas das principais questões processuais que estiveram sob crítica no decurso do processo Casa Pia. Além dos títulos do *Correio da Manhã* já referidos, este jornal dá, em 5 de Janeiro, notícia de que "Peritos contra cara-a-cara/ /Medicina Legal alerta para perigos das vítimas deporem na presença dos arguidos"; a 11, uma notícia sobre o elevado número de escutas telefónicas que se fazem em Portugal; a 15, de novo sobre as declarações para memória futura por videoconferência, noticiando que havia sido essa a solução adoptada na investigação do caso de pedofilia nos Açores; no dia 17, sobre o facto de a defesa de Pedroso pretender o acesso livre ao processo; e, no dia 24, publica um artigo crítico sobre a eventualidade de o regime do segredo de justiça poder vir passar a abranger os jornalistas, embora não fazendo referência explícita ao processo Casa Pia. Por sua vez, o Público dá conta, a 3 de Janeiro, de que o advogado de Jorge Ritto fundou um recurso na falta de informação sobre os crimes que lhe foram imputados no processo; a 8, publica duas notícias sobre a questão do segredo de justiça e outras duas sobre a da identificação fotográfica, "que deve ser usada com arte policial e bom senso"; a 13, sobre o acesso dos arguidos aos autos e a publicidade do processo, com completa informação sobre o regime processual em vigor; e, a 20, sobre a insistência de Jorge Sampaio na submissão dos jornalistas ao segredo de justiça.

6.3. A controvérsia sobre o sistema penal

Como ficou dito, ao longo do processo, especialmente na fase de inquérito, sucederam-se as críticas, não só de advogados de defesa como também de personalidades políticas e de órgãos de soberania (designadamente presidente da República e Parlamento), ao modo como decorreram as investigações e ao Código de Processo Penal então em vigor, particularmente, como referimos antes[492], quanto aos regimes da prisão preventiva, escutas telefónicas, segredo de justiça, identificação fotográfica, interrogatório dos arguidos e informação destes sobre os indícios acusatórios contra si existentes e utilização da videoconferência, em vez do testemunho presencial, para a recolha de prova testemunhal para memória futura. A constituição como arguido e a prisão preventiva de um alto dirigente do PS, Paulo Pedroso, a sua controvertida identificação fotográfica, a publicação de escutas telefónicas em segredo de justiça envolvendo o secretário-geral e outros dirigentes desse partido e os obstáculos alegadamente postos à defesa de alguns dos arguidos, designadamente de Paulo Pedroso, quanto ao conhecimento dos indícios contra si existentes, difi-

---

[492] Cf. *supra*, 6.2..

cultando a interposição de recursos da decisão da sua prisão preventiva, explicam que tais críticas tenham frequentemente tido como intérpretes personalidades políticas da área socialista, como, entre outras, o ex-presidente da República Mário Soares críticas que, segundo Figueiredo Dias, principal responsável do Código de Processo Penal então em vigor, "durante mais de 15 anos ninguém tinha ouvido fazer (...)"[493], mas que tiveram grande repercussão em alguns media, particularmente media de referência[494].

Logo três meses após o início do processo, a 4 de Fevereiro de 2003,o penalista Germano Marques da Silva admitia que, face a várias questões que começavam a ser suscitadas pelo inquérito em curso, o Código de Processo Penal necessitava de ajustamentos[495]. No mesmo dia, o PS apresentou ao procurador-geral da República uma proposta de alterações ao Código de Processo Penal. E, dez dias depois, a Ordem dos Advogados convocou uma ampla reunião dos seus membros para discussão do problema do segredo de justiça e dos obstáculos por ele colocados ao exercício da defesa, sendo a sua abolição pura e simples, no caso da existência de presos preventivos, sido então defendida pelo ex-bastonário António Pires de Lima. Com efeito, no decorrer do processo "[começou] a tornar-se evidente que, às vezes, [sabiam] mais os órgãos de comunicação social sobre as acusações que [impendiam] sobre os arguidos do que estes e os seus defensores" (Ivo e Mascarenhas, 2003: 45).Alguns dias depois, a 17 de Fevereiro, o primeiro-ministro Durão Barroso consideraria, no entanto, que o momento não era adequado para introduzir modificações na lei, mas para aplicar a lei existente, posição que repetiria outras vezes ao longo da fase de inquérito do processo, sempre que se tornavam mais vivas as críticas aos regimes processuais em vigor[496].

As defesas dos arguidos alegaram frequentemente grandes dificuldades para apresentarem recursos da prisão preventiva dos seus constituintes

---

[493] *Boletim da Ordem dos Advogados* n.º 29, Nov-Dez 2003.

[494] Cf. *supra*, 6.2..

[495] O PS apresentara nesse dia ao procurador-geral da República uma proposta de alterações ao Código de Processo Penal.

[496] A própria Comissão de Direitos, Liberdades e Garantias da Assembleia da República promoveu então um debate sobre a necessidade de reforma do sistema penal. Por sua vez, o secretário-geral do PS, em entrevista de 19 de Julho de 2003 à TSF, assumiu "toda a responsabilidade na construção de um sistema [processual penal] que, neste momento, está a demonstrar que tem muitas falhas".

em virtude do facto de não terem conhecimento, ou terem acesso muito limitado, aos indícios em que se fundamentava aquela medida de coacção, designadamente as provas testemunhais, o que poria em causa a violação dos princípios da igualdade e do contraditório. O Tribunal Constitucional viria a acolher em 25 de Setembro de 2003 esta tese, ao julgar inconstitucional o facto de o arguido Hugo Marçal não ter sido informado pelo juiz que decretou a sua prisão preventiva de "todas as circunstâncias de tempo, modo e lugar" que conduziram àquela decisão, o que lhe teria retirado "oportunidades de defesa". O acórdão do TC vincava que "a comunicação dos factos [pelo juiz de instrução criminal] deve ser feita com a concretização necessária a que um arguido possa ficar ciente dos comportamentos materiais que lhe são imputados e da sua relevância jurídico-criminal" (Ivo e Mascarenhas, 2003: 142), tornando irreversível uma futura alteração da lei nesta matéria.

O regime da prisão preventiva, sobretudo a sua duração, não escapou igualmente a críticas. Falando em 3 de Junho na Comissão de Assuntos Constitucionais da AR, António Marinho, presidente da Comissão de Direitos Humanos da Ordem dos Advogados, punha em causa a forma como em Portugal é aplicada a prisão preventiva, defendendo a atribuição de indemnizações a todos os indivíduos – quer se trate de "um vulgar cidadão ou um alto detentor de um cargo político – que sejam detidos preventivamente devido a um erro grosseiro da justiça" (Ivo e Mascarenhas, 2003:125). E, repetindo críticas oriundas de diversos quadrantes políticos, o deputado e dirigente socialista João Soares manifestava-se, em entrevista ao *Euronotícias* de 30 de Maio de 2003, contra a duração de prisão preventiva, declarando não fazer sentido "uma prisão preventiva que se pode prolongar até três anos e meio".

Também o problema das escutas telefónicas suscitou grande controvérsia, sobretudo depois de terem sido noticiadas (e transcritas por alguns media) escutas a dirigentes do PS que não eram suspeitos no processo[497]. O dirigente do PSD Pedro Santana Lopes declararia mesmo, em 26 de Maio de 2003, que "toda a gente sabe que há escutas não devidamente enquadradas pela lei". Um "Watergate judiciário", classificou, por sua vez,

---

[497] Segundo o *Público*, desde a prisão de Paulo Pedroso, foram escutadas mais de 1700 conversas telefónicas de Ferro Rodrigues (*publico.pt*, 24 de Novembro de 2004, disponível *online* em dossiers.publico.pt/noticia.aspx?idCanal=1363&id=1209223; acedido em 10/12/2007)

em conferência de imprensa, o dirigente do BE Francisco Louçã as escutas a dirigentes partidários, considerando intolerável "que os familiares ou amigos de um suspeito sejam objecto de escutas"[498]. Também para o deputado do Partido Comunista (PCP) António Filipe, "as escutas telefónicas são legítimas no âmbito de um processo criminal", mas "convém esclarecer se dirigentes políticos de grandes responsabilidades, como o secretário-geral e o líder parlamentar do PS, estiveram sob escuta, quando, ao que se sabe, não são indiciados em nenhum processo" (Ivo e Mascarenhas, 2003: 81). Do mesmo modo, o ex-presidente da República Mário Soares, em entrevista à *Antena 1* em 7 de Junho de 2003, pôs em causa a forma como eram feitas as escutas, que depois acabavam por aparecer nos jornais. Para o ex-presidente da República, tinha que terminar a "osmose" entre "certos jornalistas de investigação" e as "polícias", em que "não se sabe quem manipula quem" (Ivo e Mascarenhas, 2003:107).

Igualmente contestados foram ainda o regime do reconhecimento fotográfico, que permitiu a identificação de Paulo Pedroso por parte de algumas das vítimas de abusos e o recurso pelo juiz de instrução, a requerimento do Ministério Público, ao sistema de videoconferência para a tomada de declarações para memória futura de testemunhas e indiciados, realizada a 1 de Setembro de 2003. Os defensores dos arguidos reclamaram então que essas declarações deveriam ser tomadas cara-a-cara, com o fundamento de que a videoconferência, impedindo os arguidos de conhecerem a identidade das vítimas, poria em causa "os princípios da igualdade armas e do contraditório"[499]. A excessiva duração dos interrogatórios dos arguidos [o primeiro interrogatório de Paulo Pedroso, por exemplo, durou 14 horas (Ivo e Mascarenhas, 2003:225)] foi do mesmo modo contestada, tanto no processo como em alguns media, pelos advogados de defesa.

O presidente da República em exercício, Jorge Sampaio, sustentaria mais tarde, publicamente, todas estas críticas, defendendo a revisão, a prazo, de questões processuais como "a presunção de inocência dos arguidos, o segredo de justiça, a lealdade processual ou as escutas telefónicas"[500].

---

[498] "BE: escutas telefónicas aos líderes do PS constituem um 'Watergate judiciário'", 23 de Maio de 2003, in *dossiers publico.pt*, disponível *online* em dossiers.publico.pt/noticia.aspx?idCanal= 1037&id=1149781 (acedido em 10/12/2007)

[499] António Arnaldo Mesquita, "Defesa rejeita teleconferência das testemunhas da Casa Pia, in *Público*, 1/09/03.

[500] Alexandra Praça, "Jorge Sampaio critica actuação de Rui Teixeira", *in Público*, 1 de Outubro de 2003.

Grande parte das críticas vindas a público sobre os referidos subsistemas do Código de Processo Penal passaram aparentemente por relações privilegiadas de alguns jornalistas com fontes ligadas à defesa, em particular à defesa de Paulo Pedroso. Como antes referimos[501], o *Público*, por exemplo, deu frequentemente notícia do conteúdo de peças processuais em segredo de justiça juntas aos autos pela defesa de Paulo Pedroso, destacando a fundamentação jurídica nelas produzida contra os regimes da prisão preventiva, das escutas telefónicas, da identificação fotográfica ou da utilização da videoconferência para a recolha de depoimentos para memória futura. De facto, "o relacionamento com jornalistas (...) é visto como crucial para os grupos de pressão (...) Grupos de pressão e profissionais da justiça criminal mantêm contactos com jornalistas no domínio da informação e da opinião. A iniciativa é de ambos os lados" e "tal relação é feita principalmente com jornalistas ligados à informação criminal (...)" (Schlesinger e Tumber, 1994: 89). Não se encontrando institucionalizado em Portugal o *lobbying* profissional, este tipo de relação assume, naturalmente, particular relevância sempre que as fontes pretendem levar à opinião pública os seus pontos de vista e interesses. Segundo Schlesinger e Tumber, as relações com jornalistas específicos resultam quando estão em causa "casos específicos", operando reciprocamente como uma troca de benefícios: "O grupo [de pressão] obtém publicidade que pode ajudar a resolver um problema, enquanto, do ponto de vista do jornalista, um bom assunto produz uma notícia com interesse humano que pode fundamentar ainda um artigo de opinião sobre as questões envolvidas" (Schlesinger e Tumber, 1994: 97).

Por outro lado, Hall *et al* referem a importância que têm para os media as fontes de informação "mais ou menos institucionais"[502] com especial estatuto como fontes em virtude do seu poder institucional, representatividade ou conhecimento especializado em determinadas matérias (como foi o caso da discussão política e técnica verificada em torno dos referidos subsistemas normativos do Código de Processo Penal[503]). A importância ideológica desses "definidores primários", que estabelecem "a

---

[501] Cf. *supra*, 6.2..
[502] Schlesinger e Tumber, 1994: 16).
[503] Recorde-se que assumiram posições críticas em relação a esses subsistemas o presidente da República, vários altos dirigentes partidários (do PS, PSD, PCP e BE), a Ordem dos Advogados e penalistas.

definição inicial ou *interpretação primária* das matérias em causa"[504], resulta de que "essa *interpretação* 'comanda o campo' de todo o tratamento subsequente [dessas matérias] e estabelece os termos de referência dentro dos quais toda a cobertura da discussão é feita [nos media]"[505].

6.4. A revisão de 2007 dos códigos Penal e de Processo Penal[506]

Os regimes do segredo de justiça, escutas telefónicas e prisão preventiva, bem como outros postos publicamente em crise por vários actores políticos e grupos profissionais no decurso do processo Casa Pia, viriam a sofrer profundas alterações na revisão de 2007 do Código de Processo Penal, sobre eles se tendo focalizado as principais discussões durante o debate na Assembleia da República da proposta de lei do Governo, em cuja "exposição de motivos", se sublinham, entre outras, justamente as modificações atinentes a medidas de coacção, segredo de justiça e escutas telefónicas, bem como ainda ao acesso aos autos e às declarações para memória futura, igualmente, como ficou dito, questões controvertidas durante a fase de inquérito do processo Casa Pia. Também a duração dos interrogatórios dos arguidos, que no processo Casa Pia chegaram a durar 14 horas, foi objecto de alteração, com a fixação de um limite de duração de 4 horas consecutivas.

Quanto ao segredo de justiça, a revisão consagrou a publicidade do processo penal como regra[507], o fim do segredo de justiça com o termo do inquérito e a sua aplicação a pessoas sem contacto directo com o processo

---

[504] Cf. *supra*, 3.2.1.2..

[505] Hall, Stuart, Crichter, Charles, Jefferson, Tony, Clarke, John e Robert, Brian (1978), *Policing the Crisis: Mugging, the State, and Law and Order*, London: Macmillan (*apud* Schlesinger e Tumber, 1994: 17).

[506] Reportamo-nos aqui principalmente às alterações referenciadas pelos nossos inquiridos e, como ficou dito *supra*, por outros juristas, como tendo sido directamente influenciadas pelo processo Casa Pia. Aliás, tal influência ficou patente também durante o debate parlamentar das propostas de revisão dos códigos, em que vários deputados invocaram a experiência desse processo e da sua mediatização como fundamento de algumas das referidas alterações, designadamente as referentes ao segredo de justiça e às escutas telefónicas.

[507] O juiz de instrução pode, no entanto, em certas circunstancias, determinar a sua sujeição a segredo de justiça durante a fase de inquérito.

(abrangendo, pois, os jornalistas[508]), além da prestação de esclarecimentos aos assistentes e ofendidos sobre "o conteúdo de acto ou documento em segredo de justiça" se tal não puser em causa a investigação e se afigurar indispensável ao exercício de direitos (designadamente de recurso) pelos interessados, bem como ainda o direito de, em certas circunstâncias, arguidos, assistentes, ofendidos e responsáveis civis consultarem o processo durante o inquérito. Os arguidos passam a gozar ainda do direito de serem informados "dos factos que lhe[s] são imputados antes de prestar[em] declarações perante qualquer entidade".

O regime do reconhecimento foi igualmente objecto de modificações, delimitando-se as entidades com competência para o fazer e, no caso do reconhecimento fotográfico, devendo obrigatoriamente ser seguido de reconhecimento presencial realizado de acordo com as estritas normas processuais já previstas no texto anterior do Código de Processo Penal.

Por sua vez, no que respeita às escutas telefónicas, assegurou-se a sua natureza excepcional[509] e delimitaram-se aos suspeitos e arguidos ou a pessoas em relação às quais seja possível admitir, com base em factos determinados, que recebem ou transmitem informações provenientes deles[510], ao mesmo tempo que se garantiu ao arguido e assistente o acesso às escutas não usadas pela acusação. Simultaneamente, passou a ser proibida "a publicação, por qualquer meio, de conversações ou comunicações interceptadas no âmbito de um processo, salvo se não estiverem sujeitas a segredo de justiça e os intervenientes expressamente consentirem na publicação", situação que constitui uma resposta à polémica desencadeada no decurso

---

[508] Que ficam ainda impedidos, sob pena de desobediência, de publicar, por qualquer meio, "conversações ou comunicações interceptadas no âmbito de um processo, salvo se não estiverem sujeitas a segredo de justiça e os intervenientes expressamente consentirem na publicação". Como referimos *supra*, em 6.3., muitas escutas telefónicas constantes do processo Casa Pia foram amplamente divulgadas pela comunicação social, envolvendo no caso personalidades políticas que não haviam sido constituídas arguidas nem acusadas.

[509] Só admissíveis na fase de inquérito e "se houver razões para crer que a diligência é indispensável para a descoberta da verdade ou que a prova seria, de outra forma, impossível ou muito difícil de obter".

[510] Disposição adaptado do Código Alemão que Costa Andrade, um dos autores do Código Penal de 1982 e do Código de Processo Penal de 1987, em entrevista de 30/09/07 ao *Correio da Manhã*, afirmou ter tido por objectivo resolver um problema surgido "com uma personalidade ou outra, cujas conversações tinham sido escutadas sem serem suspeitos nem sequer arguidos".

do processo Casa Pia com a frequente divulgação nos media de escutas telefónicas efectuadas a arguidos e mesmo, como nos casos de vários dirigentes partidários, a pessoas não arguidas nem suspeitas no processo.

Quanto às medidas de coacção, designadamente a prisão preventiva, considerada a "*última ratio* das medidas de coacção"[511] reduziram-se, em geral e com algumas excepções, os prazos de duração máxima desta (reduzindo-a, por exemplo, a um máximo de quatro meses durante a fase de inquérito), prazos que passam a não ser interrompidos com sentença condenatória não transitada em julgado[512], e limitou-se a sua aplicação a crimes de moldura penal superior a cinco anos de prisão consagrando-se ainda a opção pela detenção domiciliária em vez da prisão preventiva, "sempre que ela se revele suficiente para satisfazer as exigências cautelares". Em relação a todas as medidas de coacção, prescreveu-se a obrigatoriedade de audição do arguido quando da sua aplicação e reapreciação[513], bem como da sua fundamentação, devendo ser nessa fundamentação enunciados os factos concretos imputados ao arguido e suas circunstâncias de tempo, modo e lugar, bem como os elementos do processo que indiciam esses factos e a relevância jurídico-criminal deles[514]. Os arguidos e seus defensores passam a ter também o direito (insistentemente reivindicado pela defesa dos arguidos do processo Casa Pia sujeitos a prisão preventiva) de consultarem "os elementos do processo determinantes da aplicação da medida de coacção (...), durante o interrogatório judicial e no prazo previsto para a interposição de recurso". O fundamento de prisão preventiva com base na perturbação da ordem e tranquilidade pública, invocada para a aplicação de prisão preventiva a alguns dos arguidos do processo Casa Pia, passa ainda a só poder ser invocado se essa perturbação for imputável ao arguido.

---

[511] Da "exposição de motivos" da proposta de revisão.

[512] Norma que deu origem a manchetes de alguns órgãos de comunicação social noticiando a libertação, com a entrada em vigor do Código, de detidos já condenados a pesadas penas mas com sentenças em fase de recurso para tribunais superiores.

[513] Vindo ao encontro da crítica da defesa dos arguidos do processo Casa Pia, sustentada pelo Tribunal Constitucional, ao facto de o Tribunal da Relação de Lisboa ter rejeitado, por inúteis, recursos de decisões de prisão preventiva entretanto reavaliadas e revalidadas, o Código prescreve agora que "a decisão que mantenha a prisão preventiva (...) é susceptível de recurso nos termos gerais, mas não determina a inutilidade superveniente de recurso interposto de decisão prévia que haja aplicado ou mantido a medida em causa".

[514] Cf. o teor do acórdão do Tribunal Constitucional de 25 de Setembro de 2003 referido *supra*.

Finalmente, passa a ser obrigatória (antes era apenas facultativa) a tomada de declarações para memória futura na fase de inquérito de processo por crimes contra a liberdade e autodeterminação sexual de menores, desde que a vítima não seja ainda maior. Contudo, tal tomada de declarações não poderá (como aconteceu no processo Casa Pia com grande contestação dos defensores dos arguidos), em princípio[515], ser feita por videoconferência ou outro método não presencial, devendo a inquirição ser realizada pelo juiz, e podendo (em homenagem ao princípio do contraditório e conforme foi então reivindicado pelos defensores dos arguidos do processo Casa Pia) "em seguida o Ministério Público, os advogados do assistente e das partes civis e o defensor, por esta ordem, formular perguntas adicionais".

Por sua vez, a maioria das alterações do Código Penal, "suscitadas por instrumentos internacionais e comunitários que vinculam o Estado português", pertence ao domínio dos crimes sexuais, "diligenciando (...) para que os abusos sexuais de menores sejam punidos mais eficazmente, com sanções proporcionadas à gravidade dos crimes"[516]. Assim, prescreve-se, entre outras inovações, que o procedimento criminal por crimes sexuais contra menores, que assume natureza pública, isto é, não dependente de queixa, não se extinga por efeito de prescrição antes de o ofendido perfazer 21 anos e uniformiza-se o regime no que toca a actos sexuais com adolescentes, independentemente da natureza heterossexual ou homossexual do acto.

Também os autores de abusos sexuais de menores passam a poder ser impedidos, por um período que pode ir de 2 a 15 anos, de exercer actividades que impliquem menores sobre sua responsabilidade ou vigilância. Por outro lado, alarga-se o leque de agentes do crime de violação do segredo de justiça a todos os que, ainda que não tenham tomado contacto com o processo, divulgarem o teor de actos processuais penais cobertos pelo segredo de justiça, abrangendo, pois, como já se disse, os jornalistas (opção que foi, logo que anunciada, objecto de grande contestação por

---

[515] Continua, no entanto, a ser possível a "utilização de meios de ocultação ou de teleconferência", mesmo nas declarações para memória, desde que em obediência aos requisitos de aplicação da Lei de Protecção de Testemunhas (cf. arts. 26.º e 29.º da Lei 93/99, de 14 de Julho, alterada pela Lei 29/2008, de 4 de Julho).

[516] Da "exposição de motivos da proposta de revisão, praticamente decalcado do preâmbulo da proposta preparada em 2004 pelo XV Governo Constitucional.

parte destes e de numerosos juristas), cominando-se para esse crime "pena de prisão até dois anos ou pena de multa até 240 dias".

Alvo de controvérsia[517] foi igualmente a modificação (contra a qual se manifestou o presidente da Unidade de Missão para a Reforma Penal, Rui Pereira[518] e foi, primeiro, retirada e, depois, de novo incluída durante a discussão em comissão na Assembleia da República) do art. 30.º do Código Penal no sentido da possibilidade de inclusão no conceito de "crime continuado" dos crimes contra bens eminentemente pessoais – como os crimes de natureza sexual, designadamente os abusos sexuais sobre menores – se praticados contra uma mesma vítima, o que significa que, neste caso, o acto criminoso será considerado um único crime qualquer que seja o número de vezes que seja cometido.

A influência, directa ou indirecta, dos media (ou das suas fontes políticas e profissionais) neste vasto conjunto de modificações legislativas foi, pois, de sentido fundamentalmente garantístico, ao contrário do tipo de influência que muitos investigadores têm identificado noutras jurisdições, predominantemente de sentido punitivista e restritivo de direitos e garantias individuais. Tal influência nunca foi expressamente reconhecida pelo poder político, embora a generalidade dos nossos inquiridos pareça não ter dúvidas[519] sobre a existência de um nexo causal entre elas e a discussão suscitada em relação às normas modificadas no decurso do processo Casa Pia. A única referência conhecida oriunda do poder político sobre a relação entre o processo Casa Pia e a revisão do Código de Processo Penal partiu do ministro da Justiça Alberto Costa nas já referidas[520] declarações prestadas ao *Diário de Notícias* de 9 de Setembro de 2007, em que, depois de reconhecer explicitamente que a revisão "aprendera" com a experiência desse processo, acrescentou: "Quem não aprendeu com esse processo?".

---

[517] O advogado José António Barreiros, actual presidente do Conselho Superior da Ordem dos Advogados, classificou-a de "escandalosa" em entrevista ao *Jornal das 9* da *SIC Notícias* de 19 de Setembro de 2007, quatro dias depois da entrada em vigor do novo Código, citando o penalista Costa Andrade que a relacionara directamente com o julgamento em curso do processo Casa Pia.

[518] Cf. Rui Pereira, "Contra a figura do crime continuado", *in Expresso*, 10 de Novembro de 2007.

[519] Cf. entrevistas em anexo.

[520] *Supra*, 5.3..

CONCLUSÃO

O direito é o principal instrumento de controlo social por parte do Estado, constituindo um conjunto de sanções positivas e negativas de que a sociedade se serve para assegurar a conformidade das condutas a modelos estabelecidos, sendo que, através do poder legislativo, as diferentes organizações sociais, politicamente organizadas ou não, procuram permanentemente promover transformações no direito no sentido dos seus interesses e prioridades, pelo que este está igualmente no centro da competição e conflito sociais.

Com efeito, se os parlamentos, a quem cabe, nos Estados de Direito, o exercício do poder legislativo, constituem a expressão política dos conflitos sociais em cada momento presentes na sociedade, a dinâmica social não se esgota na representação politicamente organizada desses interesses, designadamente sob a forma de partidos políticos, manifestando-se também através da formação de grupos sociais aglutinadores de interesses particulares (económicos, profissionais, morais, etc.), mais ou menos activos, e de correntes de opinião pública, nem sempre inteiramente representados na organização partidária mas com maior ou menor capacidade de influência sobre o exercício do poder legislativo.

Neste quadro assumem papel de relevo os media, não só desempenhando funções de integração e de garantia de coesão social como reflectindo os interesses conflituantes existentes na sociedade e facultando aos diferentes intervenientes sociais um quadro narrativo comum em que constroem a sua participação pública e a dos outros (Alexander e Jacobs, 1998: 30-31), actuando assim como instrumentos de mudança social.

O processo típico de intervenção social dos media é o *agenda-setting*, isto é, a sua capacidade para colocar certos assuntos e questões no espaço público, conformando "o quadro dos temas e problemas socialmente pertinentes numa época determinada" (Mesquita, 2003: 80). Seleccionando e colocando determinados assuntos no espaço público (e omitindo outros), os media influenciam decisivamente a percepção social da realidade por parte dos seus públicos, contribuindo não só para a construção das representações sociais destes mas desenvolvendo simultaneamente consensos sobre a natureza e importância de alguns problemas e influenciando opiniões, atitudes e comportamentos acerca deles.

Através dessa influência, e enquanto polarizadores do discurso público, os media contribuem ainda para, colocando-as no centro do debate público, levar certas questões à agenda formal das alternativas e prioridades políticas em cada momento. A intervenção dos media na determinação da agenda política por intermédio do *agenda-setting* opera fundamentalmente através da desigual visibilidade em cada momento dada, através da selectividade e hierarquização da informação, não só aos actores e forças políticas mas também às diferentes problemáticas sociais.

O crime constitui justamente uma das problemáticas sociais que, desde as primeiras folhas volantes e folhetos de cordel do século XVI, sempre mereceram atenção dos media, de tal modo que, em finais do século XVII, naquela que é a primeira tese de doutoramento sobre "jornalismo de notícias" (por oposição a jornalismo literário e de ideias), Tobias Peucer defendia já a censura prévia para os relatos de "crimes cometidos de modo perverso", que "prejudi[cam] os bons costumes ou a verdadeira religião", sendo "expressões ímpias dos homens" (Sousa, 2004: 6-7). De facto, então, como hoje, o crime sempre ocupou "um espaço central na cultura popular, Polícia, política, notícias, moralidade. Constitui um tropo do modo como grande parte da vida quotidiana é vivida quer na realidade quer na representação. Simboliza o Bem e o Mal, a normalidade e o desvio, a santidade e a bruxaria, o interior e o exterior, o eu e o outro" (Wykes, 2001: 8).

É, no entanto, com a industrialização e a popularização da imprensa e o aparecimento e desenvolvimento da imprensa comercial "de massas" em finais do século XIX, que o *fait divers* ganha cada vez maior relevo nos conteúdos jornalísticos, acompanhando o interesse que, ao longo desse século, o fenómeno criminoso suscitara no mundo científico, da Sociologia e da Medicina e da Psicologia e Antropologia às ciências jurídico-penais, levando ao aparecimento da Criminologia como ciência autónoma e transformando o cárcere, nas palavras de Foucault (Foucault, 1987: 245) de observatório num laboratório, um gabinete científico onde, depois de atenta observação do fenómeno [criminoso] se tenta a grande experiência da transformação do homem. Com a multiplicação dos diários e da imprensa comercial, o crime tornou-se, nas primeiras décadas do século XX, tanto na Europa como nos Estados Unidos, na matéria-prima principal da imprensa popular, constituindo uma das chaves do seu desenvolvimento e representando "a passagem de uma relação *pedagógica* com o público, típica da imprensa doutrinária e elitista da primeira metade do século XIX, para uma relação *demagógica* característica da imprensa industrial de grandes tiragens, em que "o impulso deve vir do leitor" (Duclert *et al*, 2003:19-41). Com o aparecimento da rádio e da televisão e o desenvolvimento de um mercado cada vez mais concorrencial entre imprensa, rádio e TV na disputa de audiências e recursos publicitários, a situação acentuou-se ao longo de todo o século XX até aos dias de hoje, em que constitui, sobretudo o crime violento, "um ícone apelativo e poderoso na captação da atenção do público" (Penedo, 2003: 114), apesar de o fenómeno não encontrar muitas vezes correspondência nos indicadores estatísticos criminais oficiais, que apontam, em geral, para uma progressiva redução desse tipo de criminalidade nas últimas décadas.

Para vários investigadores, a sobre-representação da realidade criminal nos *mass media* condicionará de modo determinante – mais que as estatísticas oficiais ou experiências pessoais de vitimização – a percepção da realidade criminal pela generalidade dos cidadãos, desenvolvendo sentimentos de insegurança colectiva propiciadores da adopção de políticas criminais cada vez mais severas, já que "as pessoas, para formar uma ideia sobre a criminalidade (...) apoiam-se sobretudo numa experiência relativamente abstracta, baseada nas informações veiculadas pelos media e pelo discurso público. Daí que não surpreenda a imagem que fazem do fenómeno criminal seja a de uma criminalidade violenta [contra pessoas], cujo volume estaria a aumentar de forma dramática" (Brillon, 1986: 237).

Por outro lado, a mediatização do crime e da justiça penal estarão na origem de um crescente processo de "deslocalização" desta para os media, particularmente para a televisão, que tornaria cada vez mais difusas as fronteiras entre notícia e entretenimento, informação e espectáculo, fenómeno particularmente notório nas transmissões televisivas em directo de julgamentos, nos *docudramas* de reconstituição de processos criminais ou na transferência do próprio tribunal para o estúdio, como em certos *court shows* de alguns canais de TV norte-americanos, tribunais arbitrais que julgam casos reais julgando casos reais de pequena importância e decidem com plena força legal e executiva. Ao mesmo tempo, essa mediatização transforma frequentemente a notícia ou a investigação jornalística de alguns crimes, sobretudo crimes hediondos, numa espécie de "julgamento" paralelo (*trial by media*) onde tanto suspeitos como culpados podem acabar "condenados" publicamente perante audiências mobilizadas emocionalmente por acusações ou pela mera suspeita da prática de crimes, falando-se, a propósito, de um "novo castigo: a reprovação mediática" (Salas, 2005: 57) e da "pena-notícia" (Batista, 2002: 10).

A realidade criminal construída pelos media é conformada não só pela selecção dos tipos de crime objecto de atenção jornalística (selectividade) mas também pelo modo como os factos criminais são apresentados (enquadramento, ou *framing*). Assim, o crime violento, por um lado, e os pontos de vista segundo os quais o crime é resultado de desvios individuais e não de problemas sociais, gerados pela apresentação dos factos criminais como episódios particulares mais do que enquanto parte de problemas mais vastos, por outro, influenciam decisivamente a percepção da criminalidade por parte do público, sendo certo, ao mesmo tempo, que a crescente atenção dos media ao fenómeno criminal vem igualmente contribuindo para a formação de uma consciência social crítica relativamente a disfuncionalidades dos sistemas de reacção social ao crime impulsionadora da melhoria e modernização das estruturas da justiça penal.

A presença das questões do crime e insegurança na agenda mediática, seja por iniciativa dos media ou de diferentes instâncias do campo social seja em resultado do facto de as agências de justiça criminal, principalmente a polícia, e o governo constituírem as principais fontes de informação dos media em matéria criminal, torna-as "preocupações com legitimidade para merecer a atenção da política" (Cobb e Elder, 1971: 905) e promove e legitima, através da "conversão de relações sociais em relações políticas" (Gerstlé, 1993:115), a produção jurídico-criminal, sobretudo a de natureza repressiva, suscitando respostas legislativas concretas do poder político. Beckett e Sasson (2000: 85 e *passim*) estudaram os meios através dos quais os media, conformando a opinião pública, têm um impacto directo sobre as políticas criminais. A selecção e a formatação das notícias de crimes seriam condicionadas pela disputa de audiências e pela influência das fontes oficias nessas notícias; finalmente, o impacto das coberturas noticiosas nas políticas governamentais resultaria do seu impacto na opinião pública.

As principais críticas, oriundas de juristas e penalistas, a tal processo, classificado como *populismo penal*, relacionam-se sobretudo com o facto de tal tipo de respostas legislativas ser frequentemente casuístico e "à flor da pele" (Figueiredo Dias, entrevista em anexo), movida por interesses eleitorais circunstanciais e carecendo de devida e aprofundada motivação sociológica (Cunha Rodrigues, entrevista em anexo) e sistemática. Actuação célere e firme e capacidade para enfrentar e solucionar problemas constituiriam, de facto, "virtudes com alto valor eleitoral" de que os eleitos seriam tentados a fazer prova reagindo "de forma imediata e contundente com uma lei penal" em resposta à realidade criminal construída pelos media e ao consequente avolumar de sentimentos de insegurança na opinião pública (Fuentes Osorio, 2005: 4), sendo que os media promoveriam de três modos o populismo penal: primeiro, através do desmesurado destaque conferido aos crimes violentos; segundo, através da forma como enquadram o crime e as penas que o punem; terceiro, os media forneceriam ainda uma plataforma de comunicação que favorecerá certos tipos de resposta política penal (Roberts *et al*, 2003: 76).

O processo de influência da opinião pública sobre as políticas legislativas através dos media foi analisado por Habermas, que se refere ao modo como as "comunicações sem sujeito internas e externas às corporações políticas programadas para tomar decisões" constituem arenas onde se podem formar correntes de opinião e de vontade acerca de temas relevantes para o todo social, e como tal formação informal de opinião "desemboca em decisões electivas institucionalizadas e em resoluções legislativas pelas quais o poder criado por via comunicativa é transformado em poder administrativamente aplicável" (Habermas, 2002: 282).

Os media funcionam, assim, frequentemente como "fontes informais" de Direito Penal. O estudo que realizámos sobre a natureza e dimensão do fenómeno na realidade portuguesa no decurso da vigência do Código Penal de 1982 (aprovado pelo Decreto-Lei n.º 400/82, de 23 de Setembro) e do Código de Processo Penal de 1987 (aprovado pelo Decreto-Lei n.º 78/87, de 17 de Fevereiro), em particular nos anos mais recentes, comprova, de acordo com o inquérito que realizámos junto de penalistas, magistrados e juristas, alguns com papel destacado nas sucessivas reformas penais adoptadas durante o referido período, esse fenómeno. Nesse contexto, analisámos no presente trabalho as circunstâncias que rodearam as mais recentes alterações introduzidas tanto no Código Penal como no Código de Processo Penal (respectivamente leis n.ᵒˢ 59/2007, de 4 de Setembro, e 48/2007 de 29 de Agosto, em vigor desde 15 de Setembro de 2007), procurando identificar as que, de acordo com a generalidade dos nossos inquiridos e outros juristas, terão resultado de influência directa da intensa cobertura mediática da fase de inquérito do processo Casa Pia.

A avaliação comparativa da cobertura noticiosa desse processo entre imprensa popular e imprensa de referência permite concluir que, em geral, a cobertura efectuada pela imprensa popular foi de sentido fundamentalmente punitivista, segundo processos semelhantes aos que a investigação tem assinalado em outros países e que, de acordo com essa investigação, estão na origem do populismo penal que tem marcado nas últimas décadas as políticas criminais nessas jurisdições, enquanto a cobertura realizada pela imprensa de referência assumiu antes um sentido predominantemente garantístico de reforço de direitos individuais face ao poder punitivo do Estado.

Se também em Portugal, ao longo do período de vigência dos actuais códigos Penal e de Processo Penal, é possível identificar casos de produção jurídico-criminal casuística de sentido punitivista, resultante do impacto mediático de episódios noticiosos concretos, o estudo que realizámos da cobertura do processo Casa Pia sugere que, no caso das alterações legislativas de pendor garantístico introduzidas pela reforma penal de 2007, mais do que a realidade criminal construída por alguma imprensa popular, foi determinante o relevo dado em media de referência à crítica de certos subsistemas do Código de Processo Penal em vigor. Esses media terão, assim, agido como fontes – no nosso estudo sugerimos que indirectas e instrumentais[521] – de direito positivo processual penal, em confirmação da tese do poder dos media para, através do *agenda-setting*, se assumirem como "fontes informais" de direito em matéria penal, independentemente do sentido em que esse poder seja exercido.

---

[521] Como antes referimos, "ironicamente são os políticos frequentemente as fontes das notícias sobre o crime, acabando por responder [legislativamente] aos sentimentos e opiniões que eles próprios cultivaram através dos media" (BECKETT e SASSON, 2000: 85).

ANEXOS/ENTREVISTAS[522]

---

[522] Entrevistas efectuadas ao longo do ano de 2006. As feitas a Alberto Arons de Carvalho e Jorge Figueiredo Dias foram gravadas e transcritas. As restantes foram respondidas por escrito. Respeitaram-se a terminologia e ortografia (*media* e medias, direito e Direito, justiça e Justiça, etc.) usadas por cada um dos entrevistados.

ROGÉRIO ALVES

*Bastonário da Ordem dos Advogados
no momento em que foi realizado o inquérito*

Considera que as questões de justiça e de direito mais tratadas nos *mass media* são predominantemente as do foro penal e/ou processual penal? Assim sendo, que razões explicam a preferência dos media por tais matérias?

Não há dúvida que os mass media, no que à justiça diz respeito, e, sobretudo, no que diz respeito a casos judiciais, se interessam, quase exclusivamente, por assunto de índole penal e processual penal. Creio que isso se explica em razão da matéria, e da sua incidência na vida das pessoas. A notícia tem de ter protagonistas, espectáculo, sofrimento, vicissitudes, evolução e incidentes. Estes condimentos estão presentes nos processos criminais e, sobretudo, nos processos criminais que envolvem pessoas conhecidas, mesmo aquelas que se tornaram conhecidas por causa dos processos criminais. São processos que arrancam de comportamentos alegadamente desviantes, com infracção de regras, o que sempre é motivo de atenção. São processos que por vezes mexem com a liberdade, esventram a intimidade, facilitando um certo "voyerismo", são processos que evoluem com alguma regularidade com episódios jornalisticamente interessantes, v.g., detenções, prisões, libertações, revelação de teor de escutas, entre outros.

Considera que há nos *mass media* reflexo da emergência de novas problemáticas ou novas formas de conflitualidade social (imigração, droga, delinquência juvenil...) bem como a de novos tipos de criminalidade ou do aumento do volume ou da gravidade de certos tipos de crime? De que forma a presença de tais problemáticas nos media as "etiqueta" como exigindo alguma forma de decisão política?

Começa a ser mais evidente o tratamento desses fenómenos na comunicação social. Todos sabemos a influência dos "media" no dirigir da agenda política. A divulgação de determinados tipos de criminalidade, os riscos e perigos que lhe estão associados, geram insegurança na opinião pública, o que impele os responsáveis políticos a agir, ou a fingir que agem.

Em que medida a cobertura das questões de justiça pelos media ultrapassa o carácter meramente noticioso e evolui para a discussão das concretas questões de direito nelas envolvidas e das alternativas que, nesse campo, se colocam (criminalização ou não criminalização de certos comportamentos, aumento ou diminuição da natureza ou da medida das penas, adopção ou rejeição de certos procedimentos investigatórios e/ou processuais, etc.)?

Penso que a cobertura das questões jurídicas pelos "media" deve ser aproveitada por quem reconheça a necessidade de discutir publicamente, com seriedade, método e proveito, questões da organização judiciária e das leis, substantivas e processuais. E isso tem sido conseguido, embora numa proporção e quantidade muito inferior ao desejável.

Em que medida, a atenção informativa dada pelos media a determinadas problemáticas do direito e da justiça penais e processuais penais tem ou não influenciado o poder o legislativo no desencadear de reformas (adoptadas, em curso, ou apenas anunciadas)? Pode citar exemplos?

Não tenho dúvidas de que a discussão abundante de casos judiciais mais recentes, nomeadamente de índole penal e processual penal, impulsionaram, de forma decisiva, a questão da reforma do Código Penal e do Código de Processo Penal. O trabalho de revisão incidente, nomeadamente, em questões como as escutas telefónicas, os prazos de prisão preventiva e o âmbito do segredo de justiça, foram, em muito, determinados pelo questionar destas figuras, através do seu debate público.

É possível identificar iniciativas legislativas concretas (adoptadas, em curso, ou apenas anunciadas) suscitadas pela presença de certas problemáticas jurídicas nos media?

Recorro à resposta anterior, no que diz respeito ao CP e ao CPP. Mas há mais. Medidas que estão a ser tomadas no quadro da acção executiva, nasceram, em grande parte, da publicidade relativa ao estado deplorável em que se encontrava. Hoje pode mesmo dizer-se que, se queres uma reforma, começa por exigi-la junto da opinião pública, através dos "media". Pode ser bom ou mau, mas é assim.

Haverá casos em que tal nexo de causalidade tenha sido explicitamente assumido pelo poder político, pelos jornalistas ou pelo poder judicial? Quais?

Com essa singeleza creio que não.

Em seu entender, os media têm funcionado como porta-vozes de reais inquietações colectivas ou como suportes ou vectores de legitimação de algumas orientações políticas?

Seguramente ambas as coisas.

A discussão de matérias do direito e da justiça nos media tem-se traduzido num real alargamento do debate de tais matérias para fora dos círculos técnicos e/ou corporativos tradicionalmente envolvidos na produção do Direito, ou, pelo contrário, os contornos que esse debate às vezes assume, em particular os que resultam da sua motivação próxima ser frequentemente um caso concreto e actual, contribuem antes para o enviesamento emotivo da discussão? Em que medida os *media* têm sido motores e/ou meros instrumentos dessa discussão?

Apesar de tudo creio que a discussão de matéria de índole jurídica dos "media" alargou o debate, ao fazer entrar nele, às vezes de forma muito participada, aqueles que eram (e são ainda) tidos por terceiros, habitualmente exteriores a este mundo. O cidadão ficou mais atento, mais critico, mais disponível para apreciar a actividade do mundo judiciário. Em verdade se diga que nem sempre nasce luz dessas discussões, mas essa triste sina não é privativa da discussão de questões jurídicas.

Considera que os media têm, através da desigual atenção informativa ou desigual tratamento, legitimado ou promovido preferencialmente uma ou mais das alternativas em presença (p. ex., criminalização ou não criminalização de certos comportamentos, aumento ou diminuição da natureza ou da medida das penas, adopção ou rejeição de certos procedimentos investigatórios e/ou processuais, etc.) com efectivas consequências nas soluções legislativas concretas (adoptadas, em curso, ou apenas anunciadas)?

Creio que apesar de tudo e como regra tem havido algum pluralismo.

É possível identificar diferenças no tratamento das questões da justiça e do direito entre os media populares e os media ditos de referência? Quais?

Noto a preocupação de alguns órgãos de comunicação social em dar das questões da justiça uma versão menos acorrentada ao espectáculo, valorizando a informação em profundidade, o debate e a investigação. Infelizmente a maioria não procede, em regra, assim.

Em que medida, a atenção informativa dada pelos media a determinadas problemáticas da justiça tem ou não influenciado o poder judiciário? Pode citar exemplos?

Não conheço qualquer influência em casos concretos. Mas admito que a pressão dos media seja muito intensa e utilizada, amiúde, como forma de influenciar decisões, tornando umas populares e boas, e outras proscritas e más.

Cabo aos tribunais resistir a estas pressões.

JOSÉ PEDRO AGUIAR BRANCO

*Deputado pelo Partido Social Democrata, advogado,
ex-ministro da Justiça (XVI Governo Constitucional)
e ex-membro do Conselho Superior de Magistratura*

Considera que as questões de justiça e de direito mais tratadas nos *mass media* são predominantemente as do foro penal e/ou processual penal? Assim sendo, que razões explicam a preferência dos media por tais matérias?

Sim. São efectivamente as de foro penal ou processual. São aquelas que mais emoção criam junto das generalidades das pessoas, que vão ao encontro dos seus sentimentos primários e que, consequentemente despertam maior audiência.

Considera que há nos *mass media* reflexo da emergência de novas problemáticas ou novas formas de conflitualidade social (imigração, droga, delinquência juvenil...) bem como a de novos tipos de criminalidade ou do aumento do volume ou da gravidade de certos tipos de crime? De que forma a presença de tais problemáticas nos media as "etiqueta" como exigindo alguma forma de decisão política?

Sim, de uma forma geral há uma apetência para dar eco dos novos tipos de deliquência sobretudo nos que tocam no factor segurança da colectividade que, deste modo, são os que podem colocar com mais facilidade em causa o trabalho, as políticas e os meios que os governos afectam ao seu combate.

Em que medida a cobertura das questões de justiça pelos media ultrapassa o carácter meramente noticioso e evolui para a discussão das concretas questões de direito nelas envolvidas e das alternativas que, nesse campo, se colocam (criminalização ou não criminalização de certos comportamentos, aumento ou diminuição da natureza ou da medida das penas, adopção ou rejeição de certos procedimentos investigatórios e/ou processuais, etc.)?

Nos últimos anos assistimos a um aumento de discussão sobre as questões de justiça e ao aparecimento de programas vários que, efectivamente, procedem ao tratamento das matérias também do seu ponto de vista técnico. Entendo que é um factor positivo, quando os temas são tratados de uma forma séria, como são na generalidade dos casos, já que permitem descodificar uma linguagem que, na maior parte das vezes, não é compreensível pela maioria dos portugueses.

Em que medida, a atenção informativa dada pelos media a determinadas problemáticas do direito e da justiça penais e processuais penais tem ou não influenciado o poder o legislativo no desencadear de reformas (adoptadas, em curso, ou apenas anunciadas)? Pode citar exemplos?

Algumas questões levam à consciência de que algumas matérias devem merecer especial atenção do legislador. Acho que é positivo se for mais um contributo para a ponderação e não a condição de efectuar as alterações que não podem acontecer ao sabor da emoção de um determinado momento ou 'caso'. O chamado caso 'casa pia', por exemplo, aspectos relacionados com o segredo de justiça, as escutas telefónicas, a prisão preventiva, reforçando os direitos, liberdades e garantias dos cidadãos.

Em que medida, a atenção informativa dada pelos media a determinadas problemáticas do direito e da justiça penais e processuais penais tem ou não influenciado o poder o legislativo na determinação de conteúdos legislativos concretos? Pode citar exemplos?

Quanto aos conteúdos não tanto. Mas para as matérias a tratar sim, conforme referi no ponto anterior.

É possível identificar iniciativas legislativas concretas (adoptadas, em curso, ou apenas anunciadas) suscitadas pela presença de certas problemáticas jurídicas nos media?

A reforma do processo penal e do código penal, a responsabilidade extracontratual do Estado, por exemplo.

Haverá casos em que tal nexo de causalidade tenha sido explicitamente assumido pelo poder político, pelos jornalistas ou pelo poder judicial? Quais?

As relacionadas com alguns aspectos do código penal (crimes sexuais) e processo penal (escutas, segredo de justiça, medidas de coacção, etc...)

Em seu entender, os media têm funcionado como porta-vozes de reais inquietações colectivas ou como suportes ou vectores de legitimação de algumas orientações políticas?

Não. Creio que não assumem esse papel.

A discussão de matérias do direito e da justiça nos media tem-se traduzido num real alargamento do debate de tais matérias para fora dos círculos

técnicos e/ou corporativos tradicionalmente envolvidos na produção do Direito, ou, pelo contrário, os contornos que esse debate às vezes assume, em particular os que resultam da sua motivação próxima ser frequentemente um caso concreto e actual, contribuem antes para o enviesamento emotivo da discussão? Em que medida os *media* têm sido motores e/ou meros instrumentos dessa discussão?

Digamos que coexistem as duas realidades. No carácter noticioso, o aspecto da dinâmica emocional contribui mais para a descredibilização da justiça do que para o reforço do seu prestígio. Mas nos programas de verdadeira informação e debate, o alargamento deste para lá das profissões jurídicas contribui para melhorar a qualidade da nossa justiça e para criar uma cultura de responsabilização dos seus agentes face ao cidadão, o que é positivo. Alguns programas são efectivamente motores dessa discussão, o que também é positivo e contribuem para melhorar o relacionamento do mundo judicial com o da comunicação social.

Considera que os media têm, através da desigual atenção informativa ou desigual tratamento, legitimado ou promovido preferencialmente uma ou mais das alternativas em presença (p. ex., criminalização ou não criminalização de certos comportamentos, aumento ou diminuição da natureza ou da medida das penas, adopção ou rejeição de certos procedimentos investigatórios e/ou processuais, etc.) com efectivas consequências nas soluções legislativas concretas (adoptadas, em curso, ou apenas anunciadas)?

Não.

Em termos de direito positivo: qual a relevância relativa em cada caso concreto dada pelos media às normas penais ou processuais penais postas em crise e em que medida tal relevância relativa constitui uma legitimação dessa crítica?

Creio que há um esforço de dar relevo importante às normas postas em crise, buscando intérpretes qualificados para o efeito, de reconhecido mérito o que, quando conseguido, contribui para a legitimação da crítica.

É possível identificar diferenças no tratamento das questões da justiça e do direito entre os media populares e os media ditos de referência? Quais?

Apenas quanto aos intérpretes ou protagonistas das discussões que tendem a ser mais qualificados nos media ditos de referência.

Em que medida, a atenção informativa dada pelos media a determinadas problemáticas da justiça tem ou não influenciado o poder judiciário? Pode citar exemplos?

Creio que não há um evidente caso disso e espero que tal não aconteça.

RUI DO CARMO

*Magistrado do Ministério Público
e director da Revista do Ministério Público*

Considera que as questões de justiça e de direito mais tratadas nos *mass media* são predominantemente as do foro penal e/ou processual penal? Assim sendo, que razões explicam a preferência dos media por tais matérias?

De facto, são claramente as questões do foro penal e processual penal as mais tratadas pela comunicação social. Porquê? Ensaio um enunciado dos factores que o explicam, por aquela que acho ser a ordem decrescente de importância:

a) em regra, está em causa o interesse público e a sua ofensa é, na área penal, normalmente mais visível do que quando os litígios são dirimidos na área civil ou administrativa, por exemplo;

b) a violação da lei, dos valores sociais, dos interesses (particulares ou públicos) é aparentemente mais grave e está normalmente associada à segurança e à paz social;

c) a informação disponível sobre estas matérias é, em regra, de fácil acesso: por um lado, porque existe uma grande disponibilização pública de informação, nomeadamente pelas polícias, mesmo respeitados os limites do segredo de justiça; por outro lado, porque há uma significativa utilização do "deixar cair" e da "produção" de informação à volta dos conflitos penais como estratégia visando influir no seu curso e na decisão final;

d) quando as questões do foro penal envolvem figuras públicas, apresentam-se mais evidentemente como nucleares de um juízo ético, se não mesmo moral, e do escrutínio político;

e) são mais atractivas, beneficiam de uma maior adesão do leitor, apresentam-se-lhe como mais "próximas" e geram um maior envolvimento emocional;

f) são aparentemente de mais fácil tratamento e compreensão.

Considera que há nos *mass media* reflexo da emergência de novas problemáticas ou novas formas de conflitualidade social (imigração, droga,

delinquência juvenil...) bem como a de novos tipos de criminalidade ou do aumento do volume ou da gravidade de certos tipos de crime? De que forma a presença de tais problemáticas nos media as "etiqueta" como exigindo alguma forma de decisão política?

A meu ver, tem aumentado de intensidade a relação entre o tratamento pelos media e a decisão política, por dois factores concorrentes cujo grau de importância relativa não consigo medir: de um lado, a importância dos media na formação de opinião e, portanto, de indução de comportamentos políticos; de outro, a capacidade de os decisores políticos marcarem a agenda dos media, de os utilizarem na preparação do terreno e no teste da sua acção (e, às vezes, ainda apenas das suas intenções) política. Mas, com a quase inexistência de jornalismo de investigação (e também do jornalismo "de causas") no nosso país, creio que a indução política a partir do exterior é hoje muito importante na construção da agenda nestas matérias, até porque com alguma frequência se tem procurado transferir o debate político à sua volta para o terreno dos processos judiciais (o que tem alguma coisa a ver, em minha opinião, com o estreitamento do espaço do debate político, nomeadamente do parlamentar). Essa relação tem sido notória, por exemplo, quanto a temas como a pequena e média criminalidade urbana, a droga, a corrupção, os incêndios ou a delinquência juvenil. Mais recentemente, tem ganho também significativo relevo a problemática da protecção das crianças e jovens em perigo.

Em que medida a cobertura das questões de justiça pelos media ultrapassa o carácter meramente noticioso e evolui para a discussão das concretas questões de direito nelas envolvidas e das alternativas que, nesse campo, se colocam (criminalização ou não criminalização de certos comportamentos, aumento ou diminuição da natureza ou da medida das penas, adopção ou rejeição de certos procedimentos investigatórios e/ou processuais, etc.)?

Muitas vezes isso acontece, particularmente: quando nos processos estão envolvidas figuras públicas (são disso exemplo os processos dos "Hemofílicos" e da "Casa Pia"; ou quando se trata de comportamentos que ofendem de modo mais evidente a tranquilidade pública ou valores inequivocamente assumidos pela comunidade (como sejam a criminalidade urbana, a droga ou a delinquência juvenil).

Em que medida, a atenção informativa dada pelos media a determinadas problemáticas do direito e da justiça penais e processuais penais tem ou não influenciado o poder o legislativo no desencadear de reformas (adoptadas, em curso, ou apenas anunciadas)? Pode citar exemplos?

A abordagem pelos media de temas que vêm a merecer tratamento legislativo inicia-se, diria que por regra, na abordagem noticiosa de um determinado processo. E, de facto, a importância dada a certos temas tem, a meu ver, tido influência no desencadear de reformas legislativas. Três exemplos: a entrada em vigor em 2001 das actuais leis Tutelar Educativa e de Promoção e Protecção de Crianças e Jovens em Perigo, que estavam aprovadas desde 1999, foi desencadeada pelo impacto mediático que tiveram o roubo de que foi vítima a actriz Lídia Franco e o "arrastão" na Linha de Cascais", e pelo debate público que provocaram; as movimentações políticas no sentido da revisão do Código de Processo Penal surgiram com a mediatização do processo "Casa Pia" e debate subsequente (tendo-a, no caso, a jurisprudência proferida no seu âmbito pelo Tribunal Constitucional em matéria de aplicação de medidas de coacção tornado irreversível), sendo o projecto que está agora em análise disso tributário; as sucessivas transformação da natureza do crime de maus-tratos a cônjuge, até ser hoje um crime público (ou seja, cujo procedimento criminal não depende de queixa), foram acompanhadas com regularidade da atenção informativa e da promoção do debate no espaço público sobre esta criminalidade.

Em que medida, a atenção informativa dada pelos media a determinadas problemáticas do direito e da justiça penais e processuais penais tem ou não influenciado o poder o legislativo na determinação de conteúdos legislativos concretos? Pode citar exemplos?

Penso que a amplificação mediática de alguns temas penais e processuais penais tem influenciado a adopção posterior de concretas soluções legislativas, embora isso, ao longo da história do nosso jovem regime democrático, tenha variado de intensidade em razão da época histórica, do suporte político de cada Governo e das forças políticas que estão no poder. Um exemplo actual é o do agora proposto encurtamento dos prazos de prisão preventiva. Às vezes, contudo, é difícil distinguir entre o que teve origem na "atenção informativa" dos jornalistas e o que resultou da propositada criação de um "facto informativo" que os media "agarraram". Esta difícil distinção esteve, a meu ver, patente em toda a informação e debate, muito intensos, que antecederam a fixação de um prazo para o mandato do Procurador-Geral da República na revisão constitucional de 1997.

É possível identificar iniciativas legislativas concretas (adoptadas, em curso, ou apenas anunciadas) suscitadas pela presença de certas problemáticas jurídicas nos media?

Penso que, como já referi anteriormente, o encurtamento dos prazos de prisão preventiva agora proposto na revisão do Código de Processo Penal em curso é um exemplo bem actual. No passado recente, a fixação da obrigatoriedade de o arguido detido por ordem judicial para ficar sujeito a prisão preventiva ser também interrogado judicialmente no prazo de 48 horas (como já o eram os detidos em flagrante delito, ou por mandado do Ministério Público ou de autoridade de polícia criminal) deve muito ao intenso tratamento mediático do caso "Costa Freire".

Haverá casos em que tal nexo de causalidade tenha sido explicitamente assumido pelo poder político, pelos jornalistas ou pelo poder judicial? Quais?
Não me recordo de nenhum caso em que o nexo de causalidade tenha sido expressamente assumido.

Em seu entender, os media têm funcionado como porta-vozes de reais inquietações colectivas ou como suportes ou vectores de legitimação de algumas orientações políticas?
As duas vertentes têm coexistido! E penso que a influência maior de uma ou de outra oscila mais em função dos temas em questão do que dos momentos histórico-políticos em que são abordados.

Assim, tendencialmente, as inquietações colectivas estão mais relacionadas com temas como a droga, a criminalidade urbana, os incêndios, a violência doméstica, a criminalidade juvenil. E estão normalmente mais relacionadas com orientações políticas questões respeitantes ao regime da prisão preventiva, à organização da investigação criminal, à actividade do Ministério Público, às relações entre os vários agentes judiciários.

A discussão de matérias do direito e da justiça nos media tem-se traduzido num real alargamento do debate de tais matérias para fora dos círculos técnicos e/ou corporativos tradicionalmente envolvidos na produção do Direito, ou, pelo contrário, os contornos que esse debate às vezes assume, em particular os que resultam da sua motivação próxima ser frequentemente um caso concreto e actual, contribuem antes para o enviesamento emotivo da discussão? Em que medida os media têm sido motores e/ou meros instrumentos dessa discussão?
Parece-me evidente que os media têm sido responsáveis pelo alargamento do debate sobre a justiça. Nesta matéria, tenho já por hábito citar Pedro Bacelar de Vasconcelos, que escreveu num pequeno estudo com o título "A crise da justiça em Portugal", publicado pela Fundação Mário Soares em 1988, o seguinte: "[É] hoje decisiva a exposição à opinião pública, potenciada pela comunicação social. Dentro dos limites do segredo de justiça e do direito à privacidade, os riscos de pressão ilegítima sobre a decisão são largamente compensados pelos ganhos de controlo social e pela dignificação desmistificadora proporcionada por uma maior proximidade dos cidadãos". A identificação com esta ideia justifica que me venha manifestando contra a apologia dos jornalistas acreditados junto dos tribunais, pois se é muito importante um maior conhecimento das instituições e do sistema jurídico por parte de quem, nos media, trata os temas da justiça, igualmente importante é o distanciamento. Ou seja, entendo que os jornalistas cumprem a sua função quando vêem o funcionamento concreto da justiça como uma questão do povo, e não quando a querem ver como uma questão do sistema ou de quem nele trabalha.

Considera que os media têm, através da desigual atenção informativa ou desigual tratamento, legitimado ou promovido preferencialmente uma ou mais das alternativas em presença (p. ex., criminalização ou não criminalização de certos comportamentos, aumento ou diminuição da natureza ou da medida das penas, adopção ou rejeição de certos procedimentos investigatórios e/ou processuais, etc.) com efectivas consequências nas soluções legislativas concretas (adoptadas, em curso, ou apenas anunciadas)?

A posição dos media não é uniforme ao longo do tempo, sobre o mesmo tema; mas, curiosamente, é quase sempre muito uniforme sobre todos os temas em cada momento histórico. Ou seja, há pouca pluralidade de opiniões no jornalismo português, a meu ver. E quando se verifica que um ou outro meio de comunicação social, relativamente a determinado assunto, assume, num dado momento, uma marcada diferença de posição relativamente à generalidade dos outros, não raras vezes esta resulta da protecção de interesses associados à sua estrutura accionista ou a importantes suportes económicos da sua actividade (recentemente, foi notória a posição diferente do "Público" no panorama da comunicação social portuguesa relativamente ao papel da PT no caso do "envelope 9").

Em termos de direito positivo: qual a relevância relativa em cada caso concreto dada pelos media às normas penais ou processuais penais postas em crise e em que medida tal relevância relativa constitui uma legitimação dessa crítica?

A minha percepção é de que, com maior frequência do que seria desejável, não é dada muita importância, muita relevância, às normas penais e processuais que possam estar em questão. O que, obviamente, deslegitima a crítica, se o desconhecimento, ou a omissão assumida, da lei põe em causa a correcção do essencial da notícia, ou a manipula mesmo. Isto, sem prejuízo de ser legítima a manifestação, a propósito de um caso concreto, de um sentir social diferente do que seria a solução do direito vigente, com a intenção de impulsionar a sua alteração.

É possível identificar diferenças no tratamento das questões da justiça e do direito entre os media populares e os media ditos de referência? Quais?

Os "media populares" caracterizam-se, a meu ver, por tratarem com grande profusão os chamados "casos de polícia", os temas mais próximos do dia-a-dia do cidadão comum e em que a exploração dos seus receios e preconceitos mais elementares, o escândalo ou, ao menos, alguma emotividade são ingredientes essenciais; e misturam de forma menos evidente do que os "media de referência" informação com opinião, visando o modo de descrever os factos e a sua envolvência, pelo uso da dramatização, de um estilo pouco elaborado e "voyeurista", dar às notícias uma aparência de objectividade. Os "media de referência" menosprezam a "criminalidade de rua", os "casos de polícia" ou, quando os abordam, é para proceder a um tratamento mais generalizado e enquadrado, aditando à informação muita opinião. As questões com maior repercussão pública, social e política merecem a sua preferência. Por exemplo, o "envelope 9": teria sido muito diferente, decerto, a informação inicialmente publicada se o jornal tivesse sido um jornal dito de referência; a notícia do "*24 Horas*" é, a meu ver, claramente uma notícia de um tablóide, que se centra sobre os pequenos aspectos, e coincidências que dali se podem extrair sobre a vida pessoal das personagens intervenientes nos telefonemas, tendo os aspectos políticos e de actuação das instituições judiciários ganho primazia apenas quando outros órgãos de comunicação social, "ditos de referência", fizeram eco daquela notícia.

Em que medida, a atenção informativa dada pelos media a determinadas problemáticas da justiça tem ou não influenciado o poder judiciário? Pode citar exemplos?

Entendo que tem influenciado, e quando essa influência é no sentido positivo, ainda bem – pois, nesses momentos, os media estão a cumprir a sua função social!

A própria preocupação na relação com os media, embora ainda de baixa intensidade em face do que seria exigível, é o resultado do tratamento pela comunicação social dos temas da justiça. No que respeita à aplicação da medida de coacção de prisão preventiva, é minha convicção que a sua abordagem pela comunicação social (e aqui está um exemplo de uniformidade de posicionamento dos media em cada momento, ora no sentido de maior firmeza na sua aplicação ora de crítica à excessiva aplicação) tem tido influência nos níveis quantitativos da sua aplicação, não só globalmente como também no que respeita a certo tipo de crimes. Um efeito recente: a mediatização de casos envolvendo figuras públicas, que levou num passado próximo à publicação pela Procuradoria-Geral da República de desmentidos públicos (nem sempre felizes!?), está agora na origem da preocupação de proferir, nalguns processos, despachos de arquivamento intercalares logo que se conclui pela não responsabilidade criminal de um arguido, quando a investigação no inquérito ainda prossegue por abranger outros factos e outros eventuais responsáveis relativamente aos quais ainda existem diligências de prova em curso.

ALBERTO ARONS DE CARVALHO

Deputado pelo Partido Socialista e membro da Comissão de Ética, Sociedade e Cultura, comissão competente em matérias relacionadas com a comunicação social

Concorda que as questões de direito mais tratadas nos *mass media* são as de foro penal?

São as relativas ao julgamento, porque, hoje em dia, acho eu, os julgamentos e todo o aparato em volta das acusações, a questão dos julgamentos pela comunicação social, tudo isso está a criar em volta, quer dizer não é propriamente em volta do direito, está a criar um mediatismo muito grande de todos os factos relativos às acusações, ao segredo de justiça, tudo o que tenha a ver com a preparação de um julgamento, sobretudo quando estão em causa figuras públicas ou casos muito mediatizados, de muita violência.

Mas é mais na área criminal...

Sim, sim. Não é por indemnizações ou desfalques, são questões na área criminal...

Porque é que acha que há uma atracção dos media pela área criminal?

Porque tem mais aparato. Isso tem a ver com a mediatização da justiça. A mediatização da justiça tem muito a ver com o aparato em torno de grandes casos. Portanto, acho que é mais espectacular, mais interessante. Digamos que os problemas que se discutem do direito na praça pública, não são doutrinários, ou sequer de jurisprudência, são casos concretos, são relativos a casos concretos, são relativos a julgamentos, são relativos a questões que aparecem nos media e que digam respeito a figuras públicas ou a crimes de grande alcance, aparato.

Acha que o reflexo de novas problemáticas como, por exemplo, a imigração ilegal, novos tipos de delinquência juvenil, novas formas de conflitualidade social, novos tipos de criminalidade, por terem presença nos media, são 'etiquetados', de alguma forma, como importantes para os políticos se debruçarem e legislarem sobre eles...

Veja-se o caso francês toda a polémica que houve quanto à violência urbana que houve há uns meses atrás e que causou, durante tantos dias, tanto impacto na sociedade francesa. Isto arrisca-se a ser o tema da campanha eleitoral em que está em causa Sarkozy contra um dos candidatos de esquerda, que não sei qual será... É também uma resposta a esse facto. É claro que esses novos crimes, digamos, os roubos de automóveis, o *carjacking* (penso que é assim que se diz) e as questões das minorias étnicas são uma nova problemática social que, por ter algum aparato e por ter desenvolvimentos na comunicação social, obriga a respostas do poder político, necessariamente. É claro que isso coloca, nomeadamente em relação às minorias étnicas, o problema de saber se é licito ou não, se é eticamente correcto ou não identificar os autores como sendo, sei lá, um africano, ou um cabo-verdiano, não sei se é correcto ou adequado, um ucraniano, um bielorusso... Muitas vezes isso é objecto de uma polémica.

A cobertura não só destes novos casos como, enfim, toda a cobertura mediática de casos criminais, acha que é de carácter meramente noticioso ou evolui nos próprios media para discussão de questões concretas de direito?
Depende dos media. Porque há media e media, há os jornais ditos populares e os de referência. Se, por exemplo, um jornal como o *24 Horas* não problematiza nada e se limita a ir à espuma das coisas e colá-la na primeira página, com grandes parangonas, há outros jornais, os semanários, o *Público*, o *Diário de Notícias*, que procuram ir ao fundo das questões, acabam por ir muito mais além. Aliás, é um exercício interessante comparar as primeiras páginas, a abordagem de uma mesma notícia no *24 Horas* e no *Público*. Ver-se-á que há notícias que são manchete no *24 horas* e que, às vezes, aparecem com grandes parangonas na TVI, por exemplo, e que nós encontramos, no *Público*, no caderno local, com pouquíssimo destaque e, quanto muito, encontramos depois numa outra referência, num artigo de opinião, numa problematização ao fim-de-semana, sei lá, num editorial... Depende muito dos jornais o destaque dado e a forma como os temas são abordados.

A atenção informativa, quer sobre casos concretos quer quando avança para o debate nos ditos jornais de referência, em que medida é que tem desencadeado discussões do poder político ou preocupação do poder político?
Eu penso que é indiscutível que, por muito que os políticos digam que não governam por sondagens ou que não governam de acordo com os títulos dos jornais, nenhum governante foge ou se esquece das grandes preocupações da opinião pública traduzidas pelos títulos ou pelas parangonas ou pelos destaques da comunicação social. Portanto, são esses assuntos, sobretudo, que têm que encontrar uma resposta legislativa ou política por parte do poder político. Portanto, é evidente que uma das consequências da mediatização dos últimos anos da vida social e do impacto que as novas tecnologias, o fim do analfabetismo, o desenvolvi-

mento tecnológico, tiveram, foi, digamos, o destaque dado [a certos temas]. Há temas sociais que, hoje, têm um enorme impacto na opinião pública e o poder político não pode fechar os olhos a isso, não fecha os olhos a isso. Por muito que se diga o contrário, os governantes procuram dar resposta aos grandes problemas com que se deparam, e se a comunicação social pode não escolher os mais graves, mas escolhe, pelo menos, os que têm mais aparato. Esses em torno dos julgamentos, em torno da justiça, em torno da vida dos tribunais, da vida das prisões têm um aparato muito grande. Hoje, numa aula em que falava com os meus alunos sobre o acesso às fontes de informação, falámos também um pouco do que acontece muitas vezes à porta de um julgamento. Aparece uma câmara de televisão, o fulano liga o holofote, liga a câmara, ou, quando há um preso acusado de um assassinato que vai sair de um julgamento, a câmara de televisão liga-se e desata uma data de pessoas aos gritos histericamente... A câmara de televisão desliga-se toda a gente fica calmíssima, ou seja, é um gritaria feita para a exibição e para a televisão. Isso condiciona, também condiciona, o poder político.

Neste caso estamos a falar de desencadear reformas, mas também do condicionamento dos próprios conteúdos das leis. Acha que também há pressão mediática? Que os media influenciam os próprios conteúdos legislativos?
Repare no Caso Manso Preto. Eu penso que a prisão do jornalista Manso Preto por causa da questão da recusa [recusa em revelar a fonte de informação] levou o poder político a reflectir sobre aquilo que estava instituído no Estatuto do Jornalista e no Código de Processo Penal em torno do sigilo profissional, e a apertar um pouco a malha ou densificar um pouco a norma do Código de Processo Penal que estipulava em que medida, e quando é que, o tribunal pode obrigar – tribunal ou uma instância superior – pode obrigar à revelação da fonte de informação. Ainda não foi aprovado, mantém-se o artigo 135.º e o [recurso ao] interesse preponderante, mas no Estatuto do Jornalista que está agora proposto, a latitude, o arbítrio do juiz, que antes tinha apenas um limite – tinha que acordar um interesse preponderante, está muito [limitado]... Fala-se em crimes graves contra as pessoas, contra a vida, só em situações especiais... Nessa matéria, o direito ao sigilo, ao contrário do que o sindicato tem vindo a proclamar, o direito ao sigilo aumenta consideravelmente. O sindicato não diz o contrário, mas o sindicato omite que, no Estatuto há essa e outras melhorias.

O sindicato tem falado no segredo de justiça...
O sindicato tem falado mais do direito de autor. O sindicato tem falado disso como se, neste momento, esse direito de autor existisse. Estamos no zero e, portanto o que se passou foi que o Governo aumentou o direito de autor para os jornalistas, embora menos do que aquilo que o PSD tinha proposto há três anos e menos que aquilo que o sindicato queria.

Além dessa questão, dessa iniciativa legislativa de que falou, lembra-se de outras?

A questão do segredo de justiça tem sido muito polémica também, foi objecto de um parecer de Rui Pereira, o director da Unidade de Missão para a Reforma Processual Penal. E eu tinha uma formulação que, também, isentava os jornalistas do segredo de justiça claramente. Tanto quanto me lembro e tanto quanto vi, o que se está a pensar é que o período de segredo de justiça diminua, mas o jornalista, dentro desse período fica obrigado. Tem havido esta discussão sobre se o jornalista fica ou não abrangido pelo segredo de justiça porque tem havido uma evolução da doutrina em Portugal no sentido em que só as partes processuais é que estão obrigadas ao segredo e os jornalistas não estão. Agora [esse regime] vai mudar. Embora cingindo o alcance do segredo de justiça, fica diminuído em tempo e, portanto – a formulação que existe não é ainda o texto legal, é uma coisa de princípio. O segredo de justiça só existe quando for invocado ou solicitado, não é automático, é preciso ser solicitado pelas partes ou pelo juiz ...

Há pouco disse que os políticos tendem a não querer assumir o nexo de causalidade entre o que sai nos media e as discussões legislativas na área criminal, mas lembra-se de alguma situação em que o poder político tenha assumido legislar por pressão mediática?

Eu acho que eles fazem isso. Não gostam de assumir que um exemplo qualquer demonstra que a lei não está completamente adequada, que é possível melhorá-la ou densificá-la. Ninguém gosta de assumir isso, mas, de facto, depois, na prática acabam por fazer isso. Exemplos é que é mais complicado, lembrando o exemplo do Manso Preto...

Mas há alguma situação em que o próprio poder político diga assim "Não, realmente os jornais ou as televisões, ou esta ou aquela televisão, está a espelhar uma preocupação da população e, portanto nós vamos legislar nesta matéria porque ..."?

Não me lembro de nenhuma para além do Caso Manso Preto, em que o poder político encontrou uma resposta pouco tempo. Depois, não me lembro...

Mas o próprio poder político não ligou a questão Manso Preto à modificação do estatuto...

Não, não assumiu isso, mas eu penso que o impacto que teve a prisão (aliás não foi só o Manso Preto porque houve outros casos de jornalistas com problemas relacionados com o segredo profissional) ...

Embora o poder político possa não assumir isso preto no branco, os media funcionam como porta-vozes de reais inquietações da população ou,

por exemplo, antes de algum movimento político, ou de algum político, que pretendam promover alguma alteração legislativa?

O desejo dos media não é fazerem *lobby* por este ou aquele. A principal preocupação dos media é o impacto, é valorizarem o seu produto. Se encontram um tema de interesse para rentabilizar mais um jornal, ou para a estação de rádio ter mais audiência, mais vendas, que é a principal preocupação. Não têm uma visão conspirativa de que este jornal "pertence" aquele partido ou àquela corrente. Eu acho que a corrente deles é uma corrente do jornal para o banco e do banco para o jornal, é puramente económico-financeira.

Mas, nessa perspectiva, haverá uma influência do poder económico, dos grupos económicos por detrás dos jornais?

Não, não, não creio. Já foi tempo, quer dizer, nos anos 70 seria assim, nos anos 80 talvez ainda um pouco, hoje em dia isso não existe.

Acha que os órgãos de comunicação social se sentem como porta-vozes de reais preocupações das pessoas, do cidadão comum?

Sim, não por vontade de ser defensor dos pobres e oprimidos, penso que não é uma intenção altruísta, volto a dizer que é uma intenção egoísta de rentabilizar o produto. Portanto uma vontade para vender... Lá estou outra vez a dizer o mesmo que há media e media...

A discussão das matérias de direito e das matérias de justiça que tem vindo a ser feita nos órgãos de comunicação social tem-se traduzido num real alargamento da discussão para outras pessoas, para o cidadão comum? Há mais pessoas a participar no debate e interessadas nas questões do direito ou da justiça ou acaba por haver um enviesamento emotivo da questão?

Acho que as duas coisas. Acho que há, de facto, um enviesamento emotivo, mas há, para além dessa abordagem mais emotiva de alguns órgãos, outros que fazem de maneira diferente. Embora eu ache (eu sou muito reticente em relação aos julgamentos pela comunicação social) que tem havido imensas pessoas condenadas [nos media]. Ainda hoje me lembrei do caso, muito antigo, do major ou general Costa Martins. Costa Martins foi ministro do Trabalho a seguir ao 25 de Abril e autor da ideia do Dia de Trabalho para a Nação, em que as pessoas entregavam um dia de ordenado. Uns anos mais tarde, já não sei por que jornal, foi acusado de ter desviado parte do dinheiro. Eu, há uns quatro ou cinco anos, tive um processo no tribunal contra Vale e Azevedo e, no dia da audiência do julgamento, encontrei Costa Martins no tribunal. Cumprimentámo-nos e perguntei-lhe: "O que é que está aqui a fazer?". Ele respondeu: "Olhe ainda ando aqui a tentar reparar...a minha imagem". Leonor Beleza, é outro exemplo, e haverá mais casos de pessoas que foram condenadas pela comunicação social. O *Independente* teve responsabilidades gravíssimas nessa matéria. Tantas pessoas foram acusadas e julgadas, entre aspas, pelos jornais, que nunca foram ao tribunal, nunca foram condenadas por coisa nenhuma, não se apurou nada... No essencial, isso é terrível, é é um aspecto muito negativo da justiça pela comunicação social.

Também porque os tempos são diferentes. O da comunicação social e o da justiça...
[A comunicação social] não espera pelo juiz. Depois, há também instrumentalização da comunicação social pelas partes envolvidas.

Acha que os media têm legitimado, por exemplo, a adopção de medidas de criminalização ou de descriminalização?
Eu penso que sim, os media acabam por influenciar. O poder político procura apanhar, na maior parte dos casos, das decisões, mesmo que haja uma política e mesmo que haja uma coerência, procura ir buscar a sensibilidade popular sobre as matérias... As ondas emotivas, por mais que sejam emotivas, por vezes conjunturais, acabam por influenciar um pouco as decisões [políticas]. Em rigor, esta questão do Manso Preto, a limitação do segredo profissional, tem muito a ver com isso...

Também a descriminalização do aborto...
Sim, também tem a ver com isso. Todos os casos de prisão influenciam claramente a decisão política.

Portanto, na sua opinião, os casos concretos têm muita relevância?
Sim, têm muita relevância na necessidade de encontrar uma solução.

O que eu queria dizer era que, se, por exemplo, criticam uma medida legislativa, um artigo, uma lei, baseados num caso concreto, às vezes os media (e depois, por arrastamento, os cidadãos) acabam por criticar, a partir de um caso concreto, todo um articulado legislativo não é?
Sim, é verdade.

Isso de facto acontece? Em que medida é que um caso concreto (desculpe, adiantei-me um bocado à resposta, dei a minha opinião e não devia), em que medida é que a discussão de um caso concreto vai depois legitimar a alteração de todo o articulado de uma lei?
Por vezes isso pode acontecer. De qualquer forma, creio que a evolução do direito faz-se muito na apreciação de casos concretos, e naturalmente que os mais mediáticos, os mais conhecidos, os mais debatidos, têm sempre influência, mesmo que seja um e apenas um.

Por exemplo o da Casa Pia...
Sim, a Casa Pia, por exemplo.

Acho que já falou disso, quando há pouco falava da diferença entre os media populares e os de referência. Falou num tipo de discussão que é mais sobre casos concretos, a tal espuma...
Sim, embora os de referência não façam uma discussão desligada de um contexto qualquer, aprofundam é mais, enquanto os *24 Horas* se limitam, em geral, aos acontecimentos e não tiram ilações, nem provocam o debate em torno das coisas. Os outros não discutem também teoricamente, em abstracto, as situações, partem de casos concretos. Mas vão mais longe.

Que mais diferenças há?
Suponho que os jornais tablóides procuram um aspecto mais sensacional e mais popular, enquanto os jornais de referência se preocupam mais com as consequências, vão ao fundo das questões, porventura ouvem mais as diferentes partes envolvidas, têm uma abordagem mais aprofundada, mais plural...

E em relação ao poder judiciário, a atenção informativa e as notícias pressionam também o poder judiciário?
Admito que sim, embora não faça ideia o que se passa com os juízes.

Os juízes, os magistrados, dizem frequentemente que não são pressionáveis...
Sim, mas depois não são capazes de fugir da televisão e de ler os jornais sobre casos que estão a decidir... E temem as consequências de decisões que pensam que podem chocar a opinião pública.

Portanto, de alguma forma, são também susceptíveis de influência pelos media...
Eu acho que são susceptíveis, como qualquer pessoa. Quer dizer, por muito que sejam – e têm quer ser – independentes, isentos, frios nas análises, são humanos ao mesmo tempo. Não acredito que não ponderem também esse lado da questão, mesmo que instintivamente, como reflexo, até, de defesa da sua própria imagem.

DANIEL PROENÇA DE CARVALHO

*Advogado, ex-ministro da Comunicação Social
(IV Governo Constitucional), ex-magistrado do Ministério Público
e ex-inspector da Polícia Judiciária. Foi fundador do "Jornal Novo"
e presidente da RTP*

Considera que as questões de justiça e de direito mais tratadas nos *mass media* são predominantemente as do foro penal e/ou processual penal? Assim sendo, que razões explicam a preferência dos media por tais matérias?

Claro que sim. As questões do foro penal, pela sua natureza podem envolver escândalo público, paixões, ódios e simpatias e por isso despertar mais o interesse dos media.

Considera que há nos *mass media* reflexo da emergência de novas problemáticas ou novas formas de conflitualidade social (imigração, droga, delinquência juvenil...) bem como a de novos tipos de criminalidade ou do aumento do volume ou da gravidade de certos tipos de crime? De que forma a presença de tais problemáticas nos media as "etiqueta" como exigindo alguma forma de decisão política?

O interesse dos media focaliza-se normalmente nos casos que, pela sua natureza, suscitam a curiosidade do público – crimes violentos, que envolvam sexo, ou que causam temor nas pessoas – ou pela notoriedade das personalidades envolvidas: políticos, empresários, empresários, artistas, dirigentes ou jogadores de futebol. Por enquanto, não me parece que os factores referidos na pergunta tenham reflexos significativos nos media.

Em que medida a cobertura das questões de justiça pelos media ultrapassa o carácter meramente noticioso e evolui para a discussão das concretas questões de direito nelas envolvidas e das alternativas que, nesse campo, se colocam (criminalização ou não criminalização de certos comportamentos, aumento ou diminuição da natureza ou da medida das penas, adopção ou rejeição de certos procedimentos investigatórios e/ou processuais, etc.)?

Recentemente, a atenção dos media pelos temas da justiça ultrapassou o carácter meramente noticioso; todos os conhecidos *opinion makers* têm manifestado posições sobre as questões referidas na pergunta e de outras semelhantes, como o uso das escutas telefónicas, da prisão preventiva e sua duração, segredo de justiça, actuação das polícias e magistrados, perfil dos titulares do M.P. e Tribunais, organização judiciária e outras. Para além dos habituais comentadores, diariamente surgem nos jornais artigos de opinião sobre os mesmos temas das mais variadas pessoas. Bem pode dizer-se que a justiça está no topo das preocupações de muitos portugueses.

Em que medida, a atenção informativa dada pelos media a determinadas problemáticas do direito e da justiça penais e processuais penais tem ou não influenciado o poder o legislativo no desencadear de reformas (adoptadas, em curso, ou apenas anunciadas)? Pode citar exemplos?

Sem dúvida que a atenção dos media motivou e pressionou os órgãos de soberania com poderes legislativos a iniciar o processo de reforma que está em curso, nos domínios do direito penal, processual penal, processo civil, organização judiciária, formação dos magistrados. Por exemplo, a atenção informativa trouxe a lume, por um lado, a impunidade que grassa na sociedade portuguesa devido à pouca eficácia do sistema na protecção dos direitos das pessoas e na punição dos prevaricadores; mas, por outro lado, também a atenção para os excessos de escutas telefónicas, da prisão preventiva, da desconsideração de direitos fundamentais de defesa, e outros, que foram já objecto de propostas concretas do Governo e do PSD e que proximamente serão debatidas pelo poder legislativo. Inclusive o acordo sobre as grandes linhas da reforma da justiça entre o Governo/PS e o PSD terá sido proporcionado pelo ambiente favorável na opinião pública.

Haverá casos em que tal nexo de causalidade tenha sido explicitamente assumido pelo poder político, pelos jornalistas ou pelo poder judicial? Quais?

Naturalmente que nenhum dos poderes assume explicitamente esse nexo. Os poderes políticos afirmam a sua independência face aos media, os jornalistas fingem que não têm poder efectivo e os titulares do poder judicial consideram-se acima de uns e de outros.

Em seu entender, os media têm funcionado como porta-vozes de reais inquietações colectivas ou como suportes ou vectores de legitimação de algumas orientações políticas?

Em meu entender, os media têm reflectido as reais preocupações dos cidadãos e dos operadores da justiça, mas também têm sido o palco onde se exprimem posições de natureza política, especialmente das corporações do interior do sistema de justiça.

A discussão de matérias do direito e da justiça nos media tem-se traduzido num real alargamento do debate de tais matérias para fora dos círculos técnicos e/ou corporativos tradicionalmente envolvidos na produção do Direito, ou, pelo contrário, os contornos que esse debate às vezes assume, em particular os que resultam da sua motivação próxima ser frequentemente um caso concreto e actual, contribuem antes para o enviesamento emotivo da discussão? Em que medida os *media* têm sido motores e/ou meros instrumentos dessa discussão?

Acho que a discussão de matérias da justiça nos media tem sido muito útil por trazer ao conhecimento da opinião pública as fragilidades, os vícios, os arcaísmos, a fraquíssima produtividade do sistema e até o conhecimento directo de alguns dos seus protagonistas: juízes, MP, advogados. Antes da atenção dos media o sistema de justiça funcionava sem nenhum escrutínio externo e gozava de um prestígio porventura imerecido e que dificultava qualquer mudança. A revelação do estado da justiça e a consciência geral dos seus graves defeitos foi o primeiro passo para uma vontade política da sua reforma. É claro que o debate trouxe também algum enviesamento emotivo, designadamente quando focado em casos concretos, mas isso é um dos custos da liberdade de expressão, que é um valor intocável do regime democrático.

É possível identificar diferenças no tratamento das questões da justiça e do direito entre os media populares e os media ditos de referência? Quais?

Penso que sim. Os media mais populares tratam preferencialmente os casos criminais que despertam maior sensacionalismo e curiosidade pública. Os media de referência têm aberto as suas portas ao debate sobre os temas do direito e da justiça numa óptica mais institucional.

Em que medida, a atenção informativa dada pelos media a determinadas problemáticas da justiça tem ou não influenciado o poder judiciário? Pode citar exemplos?

Claro que sim. Sem citar exemplos, acho que a vigilância e a crítica que hoje se exercem sobre o funcionamento da justiça já corrigiu por si só alguns comportamentos do poder judiciário.

ANTÓNIO CLUNY

Presidente do Sindicato dos Magistrados do Ministério Público

Considera que as questões de justiça e de direito mais tratadas nos *mass media* são predominantemente as do foro penal e/ou processual penal? Assim sendo, que razões explicam a preferência dos media por tais matérias?

Com efeito as questões de Justiça mais tratadas nos media são as do foro penal e/ou processual penal. Isso acontece porque, em geral, são esses os assuntos que mais interessam ao cidadão comum. Isto, quer se trate dos chamados crimes de sangue ou de crimes sexuais quer se trate de acções criminais que tenham a ver com a chamada criminalidade de colarinho branco, uma vez que esta coloca directa e imediatamente em crise o sistema político, social e financeiro do estado e os valores propalados pelos detentores do poder.

Considera que há nos *mass media* reflexo da emergência de novas problemáticas ou novas formas de conflitualidade social (imigração, droga, delinquência juvenil...) bem como a de novos tipos de criminalidade ou do aumento do volume ou da gravidade de certos tipos de crime? De que forma a presença de tais problemáticas nos media as "etiqueta" como exigindo alguma forma de decisão política?

A preocupação dos *media* com essas realidades, a hipertrofia da sua atenção sobre elas e, em consequência, o *"desvio"* de atenção de jornalistas, comentaristas e políticos na sua direcção, tem a ver, em grande parte, com a chamada crise das ideologias, da identidade dos partidos e a despolitização da sociedade; enfim, com a crise da democracia liberal. Na falta de causas, de soluções e projectos políticos e alternativas para a resolução dos problemas económicos e sociais mais gritantes – a crise da democracia –, os media e aqueles que, de alguma forma, neles interferem procuram a *"excitação do crime"* e o comentário das chamadas condutas desviantes, focalizando nelas as preocupações e a atenção do público e procurando explicar através delas os males da sociedade e a ineficácia da política. É mais fácil dissertar e procurar *"pequenas soluções"* para este ou aquele fenómeno criminal e dar, por essa via, a ideia de se ataca, assim, a causa dos grandes males que afectam a sociedade, do procurar e desenvolver uma consciência social crítica sobre as razões estruturais das injustiças sociais. Os *media* são hoje cúmplices activos e conscientes dessa estratégia de dissimulação dos problemas e da despolitização das soluções que eles exigem.

Em que medida a cobertura das questões de justiça pelos media ultrapassa o carácter meramente noticioso e evolui para a discussão das concretas questões de direito nelas envolvidas e das alternativas que, nesse campo, se colocam (criminalização ou não criminalização de certos comportamentos, aumento ou diminuição da natureza ou da medida das penas, adopção ou rejeição de certos procedimentos investigatórios e/ou processuais, etc.)?

O comportamento dos nossos media é, em regra, pouco crítico e reflexivo. Mesmo quando os media procuram dar uma ideia mais consistente e transmitir uma análise mais aprofundada dos problemas jurídicos e do comportamento da organização judiciária, não raramente vagueiam ao sabor dos interesses das partes envolvidas e mostram-se incapazes de ganhar uma distanciação que lhe permita produzir e divulgar juízos próprios e culturalmente autónomos. É frequente os mesmos jornalistas e comentadores dissertarem de modo absolutamente antagónico e emitirem juízos contraditórios sobre as mesmas questões teóricas em função do momento, do pensamento politicamente correcto da altura e de quem é, em concreto, afectado pelos casos judiciais. Deste modo não se pode dizer que os nossos *media* tenham, nos nossos dias, de facto, evoluído ou contribuído para uma discussão séria (política ou filosófica) das alternativas e soluções jurídicas e políticas dos problemas subjacentes aos casos concretos.

Em que medida, a atenção informativa dada pelos media a determinadas problemáticas do direito e da justiça penais e processuais penais tem ou não influenciado o poder o legislativo no desencadear de reformas (adoptadas, em curso, ou apenas anunciadas)? Pode citar exemplos?

Creio que, neste campo, os *media* são, no fundamental, instrumentalizados (instrumentalização mais ou menos consciente dada a identidade cultural e os interesses dos que trabalham ora num lado ora no outro do tabuleiro) pelos jogos e interesses políticos e económicos para apresentarem os casos e as soluções que lhes interessam. Neste sentido, mais do que influenciarem o poder legislativo, os *media* são utilizados por eles para preparar o caminho a soluções predeterminadas. No mundo de hoje, em que a propriedade dos *media* realmente influentes está concentrada nos principais grupos económicos e os directores, comentadores e principais jornalistas que neles trabalham provêm ou destinam-se, depois, à política ou à gestão económica e mediática, a sua acção e influência não pode ser distinguida nem separada das estratégias políticas e económicas do poder, que é homogéneo e global. É esse, porventura o maior drama da nossa democracia que, para funcionar, exige media independentes e críticos.

Em que medida, a atenção informativa dada pelos media a determinadas problemáticas do direito e da justiça penais e processuais penais tem ou não influenciado o poder o legislativo na determinação de conteúdos legislativos concretos? Pode citar exemplos?
Prejudicado pela resposta anterior.

É possível identificar iniciativas legislativas concretas (adoptadas, em curso, ou apenas anunciadas) suscitadas pela presença de certas problemáticas jurídicas nos media?
Prejudicado pela resposta anterior.

Haverá casos em que tal nexo de causalidade tenha sido explicitamente assumido pelo poder político, pelos jornalistas ou pelo poder judicial? Quais?
Em geral o poder político tende a esconder que age concertado com os *media* e os interesses eventualmente afectados pela acção da justiça. De outro modo a acção instrumentalizada dos *media* perderia credibilidade e eficácia. O poder judicial é difuso e não permite, salvo em núcleos restritos e logo identificáveis, desenvolver estratégias coerentes, tendo em vista objectivos definidos.

Em seu entender, os media têm funcionado como porta-vozes de reais inquietações colectivas ou como suportes ou vectores de legitimação de algumas orientações políticas?
Como referi, os *media,* mais do que transmitir as reais inquietações sociais, funcionam como instrumentos mais ou menos conscientes do poder, seja ele político, económico ou (paradoxo) mediático.

A discussão de matérias do direito e da justiça nos media tem-se traduzido num real alargamento do debate de tais matérias para fora dos círculos técnicos e/ou corporativos tradicionalmente envolvidos na produção do Direito, ou, pelo contrário, os contornos que esse debate às vezes assume, em particular os que resultam da sua motivação próxima ser frequentemente um caso concreto e actual, contribuem antes para o enviesamento emotivo da discussão? Em que medida os *media* têm sido motores e/ou meros instrumentos dessa discussão?
Como tenho vindo a referir, o papel dos *media* é instrumental de estratégias que, não lhes sendo alheias, dado que nelas participam, não lhes deviam ser específicas nem próprias.

Considera que os media têm, através da desigual atenção informativa ou desigual tratamento, legitimado ou promovido preferencialmente uma ou mais das alternativas em presença (p. ex., criminalização ou não criminali-

zação de certos comportamentos, aumento ou diminuição da natureza ou da medida das penas, adopção ou rejeição de certos procedimentos investigatórios e/ou processuais, etc.) com efectivas consequências nas soluções legislativas concretas (adoptadas, em curso, ou apenas anunciadas)?

Os *media* não têm hoje uma verdadeira autonomia ou um discurso crítico independente que lhes permita dar expressão aos projectos sociais diferentes ou às verdadeiras alternativas políticas. Funcionam condicionados e agem em função dos interesses dos que os governam, que mais não são do que os interesses do que detêm o poder político, económico e que, portanto, os detêm também a eles. A sua atenção privilegiada não depende, assim, de uma reflexão crítica que os seus jornalistas possam elaborar a partir de uma observação cuidada da realidade, antes depende, por um lado, dos materiais criteriosamente seleccionado pelas *"fontes"* (*agências de informação, de comunicação, assessores governamentais etc*.) que os fornecem e residem, quase sempre, nos meios do poder, como da opinião que, imediatamente, os seus *"comissários políticos"* – perdão, comentadores – elaboram sobre eles. Note-se que os *comentadores* costumam ser, em regra, *"políticos em pousio"* ou ex ou futuros administradores e profissionais de comunicação dos grupos económicos.

Em termos de direito positivo: qual a relevância relativa em cada caso concreto dada pelos media às normas penais ou processuais penais postas em crise e em que medida tal relevância relativa constitui uma legitimação dessa crítica?

Quase nenhuma. A ignorância (e muitas e demasiadas vezes a má fé) de jornalistas e mesmo de comentadores encartados – às vezes juristas renomados – é confrangedora, tanto para os profissionais do foro como, até, para os titulares dos interesses que deles se servem. Daí que em termos de direito positivo a importância das notícias ou das análise dos *media* é quase irrelevante.

É possível identificar diferenças no tratamento das questões da justiça e do direito entre os media populares e os media ditos de referência? Quais?

Salvo raras e honrosas excepções pessoais de alguns jornalistas, é difícil hoje distinguir, em matéria de qualidade do tratamento dado às notícias sobre a justiça e os seus casos, os *media* de referência dos *media* populares.

Em que medida, a atenção informativa dada pelos media a determinadas problemáticas da justiça tem ou não influenciado o poder judiciário? Pode citar exemplos?

Alguns magistrados, designadamente aqueles que anseiam prosseguir uma carreira fora dos tribunais, mesmo que em comissões de serviço ligadas à justiça, procuram, nos processos mais mediáticos ou que têm possibilidades de o vir a ser, ou através da emissão de opiniões públicas sobre factos concretos ou políticas criminais, desenvolver discursos processuais e extra-processuais que se adeqúem aos discursos politicamente correctos dos *media* e da política. A linguagem judiciária assume, assim, por vezes, tiques próprios dos discursos mediáticos, como acontece o contrário com os *media*. Já no que respeita ás decisões concretas, continuo a pensar que são neste momento mais influentes directamente as interferências de alguns lobbies políticos, religiosos ou esotéricos do que a "*pura*" opinião dos *media*.

ARTUR RODRIGUES DA COSTA

Juiz conselheiro da Secção Criminal do Supremo Tribunal de Justiça

Considera que as questões de justiça e de direito mais tratadas nos *mass media* são predominantemente as do foro penal e/ou processual penal? Assim sendo, que razões explicam a preferência dos media por tais matérias?
Não tenho dúvida nenhuma. As questões de justiça tratadas nos «mas media» são quase exclusivamente do foro penal e processual penal. As razões são fáceis de encontrar: a espectacularidade, o drama social, o alarme, o sentimento de insegurança que o crime provoca. Isso permite aos "mas media" explorar um filão que sempre atraiu a imprensa de características mais "populares" ou de formato "tablóide" e que os "mass media" exploram com outra largueza, graças aos recursos tecnológicos de que hoje dispõem. O crime sempre apresentou vertentes de atracção popular, substituindo ou amplificando em certo sentido a ficção policial, com a vantagem de ser "ficção da realidade", ou "ficção real", servindo às maravilhas o *reality show*. Sendo o crime portador por excelência de tantas características do interesse do público (não digo do "interesse público", embora este não esteja ausente da informação de carácter criminal), os "mass media" com frequência recorrem a ele como forma de aumentar as audiências. E quanto mais escabroso, sórdido ou repulsivo for o crime, ou envolver determinados agentes, tanto mais interesse suscita. Daí a tentação constante para o sensacionalismo.

Considera que há nos *mass media* reflexo da emergência de novas problemáticas ou novas formas de conflitualidade social (imigração, droga, delinquência juvenil...) bem como a de novos tipos de criminalidade ou do aumento do volume ou da gravidade de certos tipos de crime? De que forma a presença de tais problemáticas nos media as "etiqueta" como exigindo alguma forma de decisão política?
Sim. Na medida em que essas novas formas de conflitualidade social alcançam alguma projecção no domínio da criminalidade, elas têm reflexo nos "mass media". Mas raramente aí chegam as causas, as envolventes económico-sociais e culturais onde radicam esses conflitos, que na sua agudização extrema degeneram

em crimes, por vezes de grandes e qualificadas proporções. Da mesma forma, os novos tipos de criminalidade, sobretudo pelo seu ineditismo, os seus protagonistas e o seu impacto social têm inevitável reflexo nos "mass media". Quanto ao impacto que eles têm na decisão política, já se sabe a importância que os "media" têm, hoje em dia, nesse campo. É frequente o poder político seguir no encalço dos "media" e tomar medidas (sobretudo medidas legislativas) destinadas a dar uma resposta à opinião pública (ou publicada) em áreas de criminalidade que se manifestam sensíveis. Muitas vezes, o poder político fá-lo de forma imediatista e até oportunista, aparentemente para responder à inquietação e sentimento de insegurança da população, que não raro é condicionado pelos "media", na medida em que estes amplificam desproporcionadamente os efeitos de certas situações.

Em que medida a cobertura das questões de justiça pelos media ultrapassa o carácter meramente noticioso e evolui para a discussão das concretas questões de direito nelas envolvidas e das alternativas que, nesse campo, se colocam (criminalização ou não criminalização de certos comportamentos, aumento ou diminuição da natureza ou da medida das penas, adopção ou rejeição de certos procedimentos investigatórios e/ou processuais, etc.)?

Não se pode negar que em certos casos as questões de justiça tratadas pelos media evoluem para a discussão de concretas soluções jurídicas. Isso sucede nomeadamente em situações muito mediáticas, de grande impacto público. É a relevância mediática que certas questões adquirem em certas alturas, seja pelas pessoas envolvidas, seja pela natureza do caso, que é a mola decisiva para a discussão de soluções jurídicas que essas questões suscitam. Veja-se, por exemplo, o caso "Casa Pia". Por via dele, predominantemente, começaram a discutir-se três grandes problemas do processo penal: a prisão preventiva, as escutas telefónicas e o segredo de justiça. Todavia, a prisão preventiva foi sempre um caso em Portugal e, não obstante ter sido denunciado aqui e acolá por certas entidades, nunca se pôs verdadeiramente em causa essa medida coactiva, que era largamente aplicada a arguidos que não tinham voz nem peso suficiente para elevarem a questão a verdadeira questão nacional. O mesmo se passa com as escutas telefónicas, que, pese embora terem sido largamente usadas em muitos processos, nunca suscitaram verdadeiramente a atenção dos media. Só quando foram envolvidas nas escutas determinadas personalidades é que o problema começou a suscitar interesse. O segredo de justiça também já era recorrentemente referido, sempre a propósito de certas personalidades, mas ganhou novo alcance com o sentimento, suscitado pelo caso "casa Pia", de que se impunha proceder a alterações mais ou menos sistemáticas no processo penal. Também a criminalização de certas condutas, ou as condições de procedibilidade do procedimento criminal, nomeadamente na área dos crimes sexuais, encontraram a sua mola real no caso "Casa Pia". É claro que o processo «Casa Pia», com a sua mediatização, suscitou uma discussão pública sobre determinados problemas penais e processuais penais como nunca se tinha verificado em Portugal. Se a discussão tomou sempre a direcção certa, é outro problema, mas que contribuiu para a generalização da discussão deste tipo de problemas, isso contribuiu e, nessa medida, representou um acréscimo de consciência cívica. Quanto à descriminalização, sendo esta um movimento geral ligado à ideia de que o direito penal só deve eleger determinadas condutas realmente ofensivas de bens jurídicos fundamentais como objecto de um tipo legal de crime, de acordo com um critério axiológico-material que encontra o seu fundamento na Constituição, não se pode negar que a mediatização da crise da justiça tem tido algum efeito na discussão sobre a descriminalização de certas condutas e em formas de resolução jurídica de certos casos sem intermediação (ou com intermediação subsidiária) dos tribunais (movimento de dejudicialização). Quanto às penas, a comunicação social normalmente veicula as posições mais conservadoras, que são produto de reacções a casos pontuais (crimes que chocam a opinião pública) ou produto dum sentimento de insegurança, que também é muito condicionado pelo sensacionalismo dos "media".

Em que medida, a atenção informativa dada pelos media a determinadas problemáticas do direito e da justiça penais e processuais penais tem ou não influenciado o poder o legislativo na determinação de conteúdos legislativos concretos? Pode citar exemplos?

Em primeiro lugar, não me parece que os «media» tenham originalidade no levantamento de questões concretas na área da justiça. O que sucede é que eles reflectem o que certos grupos, nomeadamente profissionais, ou certas personalidades dizem para os «media». Também sucede, como já dito, que eles dão relevo a eventos que já têm características «mediáticas», isto é, que se predispõem para os «media» e que, sendo por eles explorados, adquirem uma avolumada projecção. Isto faz com que, muitas vezes, o legislador intervenha de forma casuística, ao sabor dos acontecimentos, para dar a sensação de que o governo faz alguma coisa para solucionar os problemas, muitas vezes, «falsos problemas». Em segundo lugar, não me parece que haja uma influência que vá ao ponto de determinar o conteúdo concreto das leis. Até porque também há críticos, cada vez mais numerosos, que criticam o facto de os governos legislarem ao sabor dos «media», e os governos querem dar toda uma aparência do contrário. De qualquer forma, a vozearia que se tem feito ouvir, com predominância em certos sectores, a favor do endurecimento das penas encontrou eco, no 1.º governo de Guterres, na lei da droga, para só dar um exemplo, em que o crime de tráfico agravado passou a ter os limites de 5 anos e 4 meses (limite mínimo) e 16 anos de prisão (limite máximo), em vez dos anteriores 5 anos e 15 anos, que voltaram a ser repostos pela Lei 45/96, de 3/9.

É possível identificar iniciativas legislativas concretas (adoptadas, em curso, ou apenas anunciadas) suscitadas pela presença de certas problemáticas jurídicas nos media?

Já dei o exemplo do processo penal a propósito do processo Casa Pia. É certo que a reforma em curso, levada a cabo pela chamada «Unidade de Missão», excede as problemáticas mais focadas com o processo Casa Pia, mas tendo o processo penal sido alvo de alterações ao longo dos anos, sendo mesmo um domínio exemplar do reflexo da instabilidade do legislador, entendeu-se desta vez proceder a uma reforma mais profunda e sistematizada. Além disso, a ideia veiculada pelos sectores mais influentes era no sentido de se proceder a uma alteração que não parecesse ser, mais uma vez, produto de circunstâncias conjunturais.

Haverá casos em que tal nexo de causalidade tenha sido explicitamente assumido pelo poder político, pelos jornalistas ou pelo poder judicial? Quais?

Não conheço.

Em seu entender, os media têm funcionado como porta-vozes de reais inquietações colectivas ou como suportes ou vectores de legitimação de algumas orientações políticas?

Não. Os «media», de modo geral, não têm funcionado como porta-vozes de reais inquietações colectivas na área da justiça. Isto, porque os «media» têm uma tendência irresistível, ia a dizer «estrutural», para a aparência dos fenómenos, não para as causas reais que, de um modo complexivo, os fazem existir. Veja-se, por exemplo, o tópico da insegurança social. Em grande parte dos casos, esta insegurança é alimentada ou avolumada pelos «media» a partir de sentimentos difusos da população, de percepções impressionistas da criminalidade e da exploração sensacionalista de certas situações. Por outro lado, a tendência para o «reality show» e para generalizar situações que muitas vezes são ocasionais, conjunturais ou episódicas constitui um factor de acréscimo desse sentimento de insegurança, com os inevitáveis apelos à sobrecriminalização e principalmente ao endurecimento das penas e ao recrudescimento da repressão. Quanto ao facto de os «media» funcionarem como suportes ou vectores de legitimação de algumas orientações políticas, poder-se-á porventura sustentar que em algumas situações tal acontece, por via do controle político dos «media» – controle que pode ser mais ou menos explícito, mais ou menos discreto, mais ou menos camuflado, exercido de forma directa ou indirecta por parte do poder político, recorrendo a formas abertas de pressão ou a formas subtis, que vão desde o aliciamento de jornalistas e o clientelismo partidário à lisonja da sua função e ao reconhecimento enfático da singularidade do seu estatuto.

A discussão de matérias do direito e da justiça nos media tem-se traduzido num real alargamento do debate de tais matérias para fora dos círculos

técnicos e/ou corporativos tradicionalmente envolvidos na produção do Direito, ou, pelo contrário, os contornos que esse debate às vezes assume, em particular os que resultam da sua motivação próxima ser frequentemente um caso concreto e actual, contribuem antes para o enviesamento emotivo da discussão? **Em que medida os *media* têm sido motores e/ou meros instrumentos dessa discussão?**

Algumas vezes tem acontecido o alargamento do debate para fora dos círculos técnicos. Mais uma vez cito o caso «Caso Pia». Aí as questões da prisão preventiva, das escutas telefónicas, do segredo de justiça, dos crimes sexuais começaram a ser discutidas para além do círculo restrito dos técnicos. E não só esses problemas, mas também o estatuto das magistraturas, os poderes do Ministério Público, a formação dos magistrados. Foi preciso um caso desses, envolvendo figuras públicas, para se começarem a discutir, de forma generalizada, esses problemas com um empenho nem sempre isento de parcialidade e de serenidade crítica. Discutiam-se generalizadamente essas questões, que eram objecto de artigos de opinião por parte de pessoas nem só ligadas aos meios jurídicos. É claro que daqui resulta um efeito positivo, quanto mais não seja aquele que é inerente ao próprio facto de a discussão ser generalizada. Há nisso um acréscimo de cidadania. Normalmente os «media», como já disse, trazem para a ribalta casos de impacto público, que estão na ordem do dia e, por isso, os tratam pontualmente, instrumentalmente e de forma descontínua. Por outro lado, há matérias sensíveis que dizem respeito a certos grupos de interesse, atentos a qualquer acto ou decisão judiciários: as mulheres, os homossexuais, etc., exercendo como que uma vigilância crítica sobre os tribunais e induzindo, muitas vezes, uma discussão mais alargada. É claro que, numa grande parte dos casos, a discussão não é serena nem desinteressadamente conduzida, propendendo mais para um enviesamento emotivo das questões. Acresce que numa grande parte dos casos a maioria das pessoas fala sem saber do que está a falar e, pior do que isso, fala de ouvido, distorcendo a realidade do próprio objecto criticado. Mas a comunicação social não fala a uma só voz. Por ocasião de certos debates mais acesos, há sempre quem opine de forma correcta, com verdadeiro espírito crítico e repondo as coisas no seu lugar. Essas pessoas, porém, muitas vezes, são uma minoria. De qualquer maneira, a discussão nunca tem só um lado, e esse é um factor positivo.

Considera que os media têm, através da desigual atenção informativa ou desigual tratamento, legitimado ou promovido preferencialmente uma ou mais das alternativas em presença (p. ex., criminalização ou não criminalização de certos comportamentos, aumento ou diminuição da natureza ou da medida das penas, adopção ou rejeição de certos procedimentos investigatórios e/ou processuais, etc.) com efectivas consequências nas soluções legislativas concretas (adoptadas, em curso, ou apenas anunciadas)?

A atenção dada pelos «media» a certos questões tem muitas vezes induzido o legislador à alteração pontual das leis, porque os governos pensam que só legislando de acordo com os situações que saltam para a ribalta pública é que estão a produzir trabalho visível. Esse é mesmo um dos problemas que tem contribuído para a instabilidade das leis e para a falta de sedimentação da jurisprudência. A opinião publicada tem, é claro, inegável influência nas flutuações legislativas, favorecendo ora um endurecimento das penas em certos casos (já dei exemplos), ora a adopção de certos procedimentos (vejam-se as reformas em curso na área do processo penal, tocando os pontos sensíveis já focados).

Em termos de direito positivo: qual a relevância relativa em cada caso concreto dada pelos media às normas penais ou processuais penais postas em crise e em que medida tal relevância relativa constitui uma legitimação dessa crítica?

Tenho a impressão de que os «media» não discutem tanto as normas, mas situações. O que lhes interessa são os casos e as facetas que estes revestem do ponto de vista mediático. Isto, de uma forma geral, como tendência.

É possível identificar diferenças no tratamento das questões da justiça e do direito entre os media populares e os media ditos de referência? Quais?

Sim. Nos media populares privilegia-se a exploração sensacionalista dos factos, os aspectos mais dramáticos e mais negros do crime, dá-se mais ênfase a certas formas de reacção populares, a manifestações de indignação ou de dramatismo, a preocupações securitárias, a formas de investigação jornalística mais espectaculares e tendendo a «pisar o risco». Nos «media de referência» há uma preocupação de maior seriedade e objectividade, se bem que a concorrência entre os media e a luta pelas audiências tenha vindo a esbater as fronteiras. Falo da justiça na área penal, mas as outras áreas praticamente não interessam aos «media», a não ser esporadicamente. As outras áreas praticamente não são noticiáveis.

Em que medida, a atenção informativa dada pelos media a determinadas problemáticas da justiça tem ou não influenciado o poder judiciário? Pode citar exemplos?

A atenção dada pelos «media» a certas situações tem sempre alguma influência em quem decide, por muito que se diga o contrário. Quanto mais não seja, através do cuidado posto num caso mediático, em comparação com outro que não tenha essas características. Essa influência acaba por ser salutar, visto que se trata do escrutínio da própria justiça feito através dos «media». Mas há casos em que tal influência pode ser negativa, pela tendência que pode induzir em quem decide no sentido de julgar de acordo com os «media», e não de acordo com a lei e a sua própria consciência.

Sabe-se isso muito bem e não é por acaso que certas situações são trazidas para a praça pública, chegando-se a organizar manifestações que, a pretexto do seu carácter cívico, não têm outro objectivo que não seja obterem uma cobertura mediática e, através dela, uma influência no tribunal. Essa influência muitas vezes é palpável. Escuso de invocar exemplos. Por outro lado, casos há em que a ventilação de certas problemáticas nos «media» tem influência no poder judiciário a outro nível: numa mudança de práticas. Por exemplo, o caso da prisão preventiva; certamente o do recurso às escutas telefónicas, e outros. O recurso à prisão preventiva faz-se hoje com mais cuidado, o mesmo sucedendo, penso eu, relativamente às escutas telefónicas. Mas também a outros níveis: por exemplo, na aplicação das penas a certos crimes. Veja-se o caso do tráfico de droga, em que uma verdadeira campanha a favor das penas duras, a pretexto do chamado «flagelo social da droga» conduziu à aplicação de penas quase bárbaras – uma tendência que está a ser invertida, muito por influência dos tribunais superiores e, nomeadamente do Supremo Tribunal de Justiça. Veja-se outro exemplo: o das mulheres vítimas de crimes violentos, em que as críticas que certas organizações de mulheres têm conduzido relativamente a penas consideradas baixas tem levado a um relativo endurecimento dessas penas.

JORGE FIGUEIREDO DIAS

Penalista, professor jubilado da Faculdade de Direito da Universidade de Coimbra e principal impulsionador da reforma do Código Penal realizada em 1995 (traduzida, na prática, num Código Penal a vários títulos largamente inovador em relação ao anterior) e do Código de Processo Penal de 1987

Considera que as questões mais tratadas nos media são predominantemente as do foro penal e as do foro processual?

Claro que são, é evidente, de longe. Há uma coisa engraçada, na primeira aula que eu dava de Direito Penal, a chamada aula de apresentação, à ida comprava um jornal, qualquer diário, levava-o para a aula e dizia: "A apresentação é ler-vos o jornal". Mais de 90%, foi sempre assim, são questões de crime.

Porque é que acha que isso acontece?

Porque é que acontece? Porque realmente o crime tem uma particular força dramática, no sentido que vocês dão a isso. O caso crime é, por sua própria natureza, um caso dramático, com sentimentos profundos, seja um crime passional, seja um crime patrimonial ou seja, hoje, a droga. É evidente que é aquilo que desperta o interesse no leitor. Carece uma outra consideração: hoje, esta questão da segurança tornou-se praticamente uma questão essencial para a própria qualidade de vida. Hoje, as pessoas têm, até talvez de mais (se já foi ao Brasil percebe isso), uma verdadeira obsessão pela segurança, parece que (e fala-se disso) há um direito à segurança. Pois está bem. Há um direito a que o Estado faça o que for possível por controlar as fontes de insegurança. Não é por acaso que hoje vivemos, como dizem os sociólogos, numa sociedade do risco.

Isto é racionalmente. Emocionalmente, as pessoas precisam de saber se foram assaltadas pessoas na rua, se andam a usar a técnica do estição, se estão drogados, etc...

Além dessas matérias, assaltos e droga, etc., há, de alguma forma, uma emergência de novos temas, por exemplo, a imigração ilegal, que há uns anos não se via, a delinquência juvenil...

Naturalmente, a criminalidade transforma-se. É evidente que não é a mesma de há cinquenta anos atrás.

Considera que a comunicação social reflecte de alguma forma essa transformação?
Com certeza, isso não há dúvida. Se comete excessos ou não, isso já é outra questão, não é? Mas isso é só responsabilidade dos media.

Considera que o aparecimento nos media dessas formas novas, dessas matérias novas que vão aparecendo, as etiqueta como necessitando de que o poder político se debruce sobre elas?
Claro, pois, com certeza. Aí digo infelizmente: a agenda política em matéria de política criminal é enquadrada pelos media. O político tem uma irresistível tendência para mostrar aos seus eleitores o quanto ele é honesto e quanto ele é impoluto e, por conseguinte, há uma sobre-resposta do político. Basta que os media agitem qualquer coisa para os políticos aparecerem a dizer: "Vamos tratar disso!". O problema da corrupção, por exemplo, pode exigir tudo ou nada, agora o que não exige é alteração de leis. Nós temos as leis absolutamente *au point* para lutar contra o fenómeno da corrupção. Portanto, o problema que existe não está aí, é um problema de aplicação ou de *enforcement*, se quiser, daquilo que está na lei. Agora é muito mais fácil, repare, é muito mais fácil ao poder dizer "Ah, pois, a lei está mal vou já tratar disso", é muito mais fácil do que arranjar mais dinheiro, mais instalações, mais meios, mais formação, o problema é esse...

Portanto, de alguma forma, os media influenciam o poder legislativo a desencadear reformas, mesmo reformas, por exemplo, como esta?
Não tenha dúvida nenhuma, ou melhor, não *tenho* dúvida nenhuma; é evidente.

As notícias e o conteúdo do que vem nos órgãos de comunicação social ultrapassam o meramente noticioso para a discussão de questões de direito concretas envolvidas ou não?
Não se pode generalizar. Repito, isto é uma questão da resposta que os políticos acham mais adequada. Embora haja uma outra resposta que, se calhar, deixaria os media muito mais desencantados, que era meterem-se nos gabinetes, estudarem, arranjarem peritos. Um exemplo que é escandaloso é que nós não temos em Portugal um único instituto ou elemento de investigação ou departamento que trate a criminologia. Ora a criminologia é a ciência das causas do crime. Ouça, acredite em mim, talvez seja raro o país do terceiro mundo que não tenha um, melhor ou pior. Nós não temos. Tivemos, mas até com o pouco que tínhamos acabaram. Foi uma luta de muitas décadas minha, morri sempre na

praia, nunca se dava o passo definitivo. Ora nós precisamos de ter criminólogos, da ciência de criminologia médica, ciência de criminologia sociológica, para nos dizerem como é que estamos, sem ser através dos media, sem um estudo científico do crime. Eu nisso estou à vontade, estive à frente das reformas penais durante mais de trinta anos, sei-o muito bem e sempre tive a consciência disso...

Os media acabam por servir como fonte de informação privilegiada para os próprios políticos...
Pois com certeza, mas como calcula, sem ofensa nenhuma, porque não pode ser de outra forma. Com uma informação que aparece como não científica...

Lembra-se de mais exemplos? O da corrupção é interessante, mas lembra-se de outros exemplos de notícias que influenciaram medidas legislativas entre nós?
O Costa Andrade, um dia, como deputado, disse uma coisa fantástica. Como deputado e a falar na Assembleia disse: "Em Portugal, temos uma política criminal à flor da pele". Em vez de termos uma política criminal científica, temos uma política criminal à flor da pele. Porquê? Porque tinha acontecido uma coisa qualquer e vieram logo à Assembleia dizer: "Precisamos de reformar a lei". Uma vez, as brigadas FP25 mataram um polícia, houve uma perseguição e mataram um polícia. Passados dias já estava a Assembleia a agravar o crime de homicídio. De outra vez, veio um presidente da República, não importa o nome, aqui a Coimbra. Foi insultado. Passados dias já estava a Assembleia a tornar o crime num crime público, o que até aí era um crime particular, que exigia queixa, e era chato um presidente da República ter de vir queixar-se... E, além destes exemplos, poderia dizer dezenas e dezenas, e dezenas. Também, claro, porque também é mais fácil para os media dizerem: "A maldade é da lei, a lei não presta", ou "É preciso mudar a lei". Esta instabilidade jurídica é um desastre porque nem sequer os juízes têm tempo de estudar as leis, pois quando vão começar a estudá-las e a aplicá-las, elas mudam. Eu próprio, se me perguntar hoje, não sei. E fui um especialista obrigatório, e fui-o, durante toda a vida, de Processo Penal, passei a vida a deitar remendos [nas leis penais]... Sei como um juiz sabe, porque está no código. Com cuidadinho, vai vendo quais foram as alterações que teve...

Lembra-se, por acaso, em algumas dessas situações, ou outras, que esse nexo de causalidade, de influência entre aquilo que saí nas notícias e as medidas legislativas, tenha sido assumido pelo poder político? O poder político não costuma assumir isso, ou costuma?
Francamente, não sei. Assumir, o que é assumir? É o poder político dizer: "Bom uma vez que há aqui uma pressão dos media, vamos alterar"? Não, nunca assumiram. Nisso não acredito, não acredito.

Isso quer dizer que os media, na sua opinião, funcionam como porta-voz de reais inquietações colectivas da população?

Com certeza, numa parte sim, numa grande parte sim. Mas com certeza falámos hoje dos novos perigos, dos chamados novos perigos da tal sociologia da sociedade do risco. Naturalmente que os media tiveram um grande papel nessas preocupações. De alguma forma, por exemplo, alertando para os problemas do ambiente, alertando para os perigos da genética, alertando para os perigos, enfim, das matérias nucleares... Isso é uma função deles. Isso é uma coisa, outra coisa é um *fait-divers* qualquer, que, na verdade, leva logo à modificação da legislação.

A discussão das matérias do direito e de justiça nos órgãos de comunicação social traduz-se num real alargamento do debate em questões de justiça e de direito ou parece-lhe que acaba por haver um enviesamento, um motivo de discussão e, às vezes até, confusão? O debate, em vez de ser esclarecedor, acaba por ser confuso?

O debate... Uma coisa é falar da informação, penso que ela corresponde à verdade, quanto mais melhor. O debate propriamente deve ser de opinião, digo-o talvez por ser um professor universitário. Acho confuso. Põem a escrever, ou a falar, pessoas que sabem pouco, que cometem erros às vezes basilares na interpretação das coisas, até da lei que está ou da lei que deve vir. Mas a mensagem passa, aí o meu juízo é muito humilde.

Portanto quer dizer que não há verdadeiro alargamento do debate...

Alargamento em extensão talvez, absolutamente não é com certeza. Cada coisa em seu lugar, como costuma dizer-se.

Parece-lhe que a informação e o debate legitimam ou promovem a criminalização, por exemplo, de novas situações, ou o aumento das penas, da maneira de perseguir certos crimes, ou parece-lhe que as pessoas sentem a necessidade de maior criminalização?

A questão é essa. Aí, os media, isso admito, são puros porta-vozes de um certo sentido público dominante. O sentido público dominante por vezes não deve ser contrariado. Se calhar, a maioria das pessoas é capaz de votar pela reintrodução da pena de morte, o que para mim, na minha visão pessoal é um atraso civilizacional de séculos...

Mas, por exemplo, a discussão agora à volta do aborto é no sentido de descriminalização não é?

Totalmente. De descriminalização, espere aí, espere aí, lá está é um bom exemplo das mensagens que têm passado. Eu estou à vontade, já no tempo do senhor Salazar, eu era aqui um pobre assistente e muita gente me chamou à atenção: "Olha para aí o que andas a dizer". Eu, nas aulas, defendia uma solução tanto quanto possível na altura, aquela que agora pretendem vir a consagrar, está a ver? Portanto, enfim, como vê era um progressista. A legislação actual não é [adequada], estou à vontade já o disse. Para mim, deve dar-se o passo que se pretende dar. Agora também não é que fosse tudo criminalizado e, agora, passe tudo a ser descriminalizado, nem uma coisa é verdadeira nem a outra, é uma mensagem completamente falsa.

Mas, de alguma forma, as notícias que vão saindo, parece legitimarem às vezes debates acerca de matérias que não são bem aquelas que se estão a discutir.
Se fossem debates informais, tudo bem, o pior é que não são.

Daquilo que conhece dos media e da discussão que há nos media sobre assuntos de Direito Penal, acha que há uma diferença substancial entre os ditos jornais de referência e os jornais populares na discussão dos assuntos da área criminal.
Conheço muito mal isso. Fica-me mal dizer que não leio jornais populares, até leio jornais desportivos, até para dormir bem...

Relativamente ao poder judiciário. Os media influenciam o poder judiciário?
Sim, então influenciam toda a gente. Até as pessoas que estão mais resguardadas como eu. É fácil e é bom a gente dizer: "Não, eu penso longe do ruído da rua". Um juiz não pode fazer isso.. Eu não,, trato com papéis, reconheço que é muito mais provável que eu atinja, sobre um caso, um juízo objectivo, do que quem está pressionado por outros.

De que tipo de influência é que podemos falar?
Podem-se falar das mais diversas, porventura influências até não reconhecidas pelo próprio.

Os magistrados têm tendência a declarar "eu não sou pressionável"...
Está bem, isso não duvido de que não recebem dinheiro, não recebem presentes ou favores políticos. O receio, o receio das consequências de uma certa decisão, o que será mais conveniente num serviço para acalmar a população tentar acalmar... Há aí imensos casos que se podiam apontar.

Lembra-se de alguns?
Não vou dizer, mas lembro, lembro...

A própria atenção informativa sobre determinada matéria nos media, levanta, por exemplo, problemáticas ao sector judicial que, por sua vez, tenta junto do poder político levar a alterações?
Nesse aspecto, não me parece. Não, não, a resposta é não.

É o próprio poder político que é influenciado directamente?
Ai não tenho dúvida. A agenda politica é marcada pelo jornalismo não tenho dúvida, até pelo alinhamento das noticias na televisão, disso não tenho dúvida.

Há muito crime nos media...
Ouça, eu cada vez vejo mais futebol, porque, se hoje mudo a televisão do futebol para outra coisa qualquer, é crime: crime no noticiário, nas telenovelas, nos filmes da série B americanos, crime/tribunal, crime/ tribunal, crime/ tribunal. Ora eu passo o dia, passei a vida, a pensar nisso...

Agora até no próprio futebol há crime...
Isso é um complicadíssimo problema, não tenha dúvida...

ANTÓNIO HENRIQUES GASPAR

Vice-presidente do Supremo Tribunal de Justiça

Considera que as questões de justiça e de direito mais tratadas nos *mass media* são predominantemente as do foro penal e/ou processual penal? Assim sendo, que razões explicam a preferência dos media por tais matérias?

As questões de justiça mais tratadas nos medias são predominantemente do foro penal. A verificação é empírica, porque não há, entre nós, estudos específicos sobre o fenómeno. O interesse dos media aponta, de modo praticamente exclusivo, para as questões penais e as razões da preferência estão estudadas e explicadas em vários países. Pelo drama, violência, ritos sacrificiais ou espectáculo punitivo que lhe está associado, ou quando possam estar em causa personalidades conhecidas, o fenómeno criminal exerce fascínio em estratos consideráveis da população, que os medias aproveitam ou mesmo incentivam e exploram. A dimensão simbólica do direito penal e das penas, sobretudo a pena de prisão vista nas representações sociais como expiação do mal, exerce uma poderosa e contraditória atracção e rejeição projectadas na sociedade, que os medias tendem a querer interpretar; o crime é visto, nas sociedades contemporâneas, com a representação do mal, e as sociedades lidam dificilmente com o crime. Os meios de comunicação de massa permitem que a sociedade exorcise, no espaço público oferecido, os medos e as angústias colectivas.

Considera que há nos *mass media* reflexo da emergência de novas problemáticas ou novas formas de conflitualidade social (imigração, droga, delinquência juvenil...) bem como a de novos tipos de criminalidade ou do aumento do volume ou da gravidade de certos tipos de crime?

As novas problemáticas e as novas formas de conflitualidade social têm maior ou menor reflexo nos media. Novos tipos de criminalidade, o aumento de crimes (por vezes mais de afirmação que de comprovação estatística) e a gravidade de certo tipo de crimes tem sido objecto de atenção por parte dos medias. A imagem que transmitem, no entanto, numa percepção limitada pela ausência de estudo sistemático, nem sempre parte de premissas ou elementos rigorosos, mas anda, por regra, muito moldada por apreensões de generalidades, impressões ou por imposições da agenda mediática na sequência de ocorrências pontuais e sem o necessário equilíbrio, correndo o risco de produzir uma visão distorcida da realidade criminal e do significado real da gravidade de certos tipos de crime ou das tendências que se revelam na evolução do fenómeno criminal De qualquer modo, uma certa perspectiva de tratamento mediático de um real ou suposto fenómeno produz sempre pelo menos alguma atenção política, e os medias exigem e pretendem influenciar, mais ou menos directamente, decisões políticas.

Em que medida a cobertura das questões de justiça pelos media ultrapassa o carácter meramente noticioso e evolui para a discussão das concretas questões de direito nelas envolvidas e das alternativas que, nesse campo, se colocam (criminalização ou não criminalização de certos comportamentos, aumento ou diminuição da natureza ou da medida das penas, adopção ou rejeição de certos procedimentos investigatórios e/ou processuais, etc.)?

A cobertura de questões de justiça não tem, por regra, ultrapassado o carácter meramente noticioso, com o acrescento, não raras vezes, de exasperação e sensacionalismo que perturbam o rigor noticioso e o esclarecimento público. Mesmo quando, por decorrência de um caso concreto, são chamados a debate e questionados alguns pontos do regime legal e as soluções a lei, a perspectiva está, normalmente, condicionada por pré-compreensões específicas ou por apreensões impressionistas pontuais isoladas sem significado de conjunto. Neste aspecto, quando ultrapassa o quadro noticioso, a discussão não é normalmente rica de argumentos, e tem como fundamento ou ponto de partida disfuncionalidades localizadas num caso concreto (que podem não ser de sistema, mas de práticas), ou leituras simbólicas e populares de fenómenos criminais acidentais, por exemplo, quando se reclama o aumento das penas nos crimes contra as pessoas no imediato das notícia de um crime grave ou a litania durante o verão sobre a necessidade de agravar as penas para os crimes de incêndio.

Em que medida, a atenção informativa dada pelos media a determinadas problemáticas do direito e da justiça penais e processuais penais tem ou não influenciado o poder o legislativo no desencadear de reformas (adoptadas, em curso, ou apenas anunciadas)?

Não será possível dizer, logo porque as motivações efectivamente invocadas são sempre da ordem sistémica e objectiva, se ou em que medida é que a atenção dos media sobre determinadas questões de justiça influencia as reformas adoptadas ou anunciadas.

Poder-se-á apenas intuir, no domínio das percepções empíricas ou não susceptíveis de demonstração, que algumas alterações efectuadas ou anunciadas no regime legal de institutos ou meios processuais (v. g. o segredo de justiça) tenham como motivação, mais ou menos próxima, a verificação e a identificação de reais ou supostas disfunções em situações concretas escolhidas e relatadas pelos media.

É possível identificar iniciativas legislativas concretas (adoptadas, em curso, ou apenas anunciadas) suscitadas pela presença de certas problemáticas jurídicas nos media?

Não me parece possível estabelecer uma relação directa de causa e efeito entre a presença mediática de certos problemas e medidas legislativas pensadas ou adoptadas.

Mas, algumas situações poderão ter deixado a sensação de que uma tal relação possa existir, embora nunca expressa ou implicitamente assumida. Poder-se-á pensar, por exemplo, na alteração ao regime da liberdade condicional em 1995 (artigo 61.º, n.º 4 do Código Penal) na sequência de alguma hiperinquietação mediática com um aparente surto de crimes de homicídio (sem qualquer relação estatística ou real de alteração do padrão normal), ou, recentemente, com a anunciada modificação do regime do segredo de justiça, especificamente no que releva das suas consequências penais em relação a jornalistas, intercepção de comunicações ou utilização da prisão preventiva (mas aqui com muita ambivalência no tratamento mediático).

Em seu entender, os media têm funcionado como porta-vozes de reais inquietações colectivas ou como suportes ou vectores de legitimação de algumas orientações políticas?

A intervenção dos media tem sido fragmentária e avulsa, muito determinada pela exponenciação particular dos casos que elegem e pela projecção imediatista e superficial dos contornos e do contexto, seja pelo choque, imagem primeiramente projectada, natureza dos factos ou pela posição social das pessoas supostamente envolvidas. Não tem constituído, por isso, porta-voz de reais inquietações colectivas, mas, ao contrário, pode induzir sentimentos de insegurança ou desassossego.

A discussão de matérias do direito e da justiça nos media tem-se traduzido num real alargamento do debate de tais matérias para fora dos círculos técnicos e/ou corporativos tradicionalmente envolvidos na produção do Direito, ou, pelo contrário, os contornos que esse debate às vezes assume, em particular os que resultam da sua motivação próxima ser frequentemente um caso concreto e actual, contribuem antes para o enviesamento emotivo da discussão?

A motivação próxima da intervenção dos media tem tido, regra geral, como disse e na leitura que faço, uma ligação imediata a casos concretos, segundo critérios de escolha e abordagem que têm a ver, compreensivelmente, com a cultura da comunicação (o que é matéria de notícia), e não com perspectivas ou programas de discussão e debate sobre as matérias envolvidas. Não tem contribuído, por isso, em medida relevante para a discussão de questões de interesse geral nem para o alargamento do debate. Por vezes mesmo a apresentação dos casos é distorcida por pouco cuidado na informação, prejudicando, descentrando e desqualificando a discussão: pode referir-se, a título de exemplo, como chocante e paradigmático de negligência informativa e manipulação de factos, um caso recente que provocou uma discussão emotiva baseada em grave distorção factual criada pelos medias. Este caso, relativo a maus tratos a crianças e aos termos da respectiva dimensão penal, deveria servir de matéria de reflexão e de serena autocrítica jornalística, pelo modo como toda a informação transformou em modelo e exemplo de ataque violento à instituição judicial uma ficção que construiu em desconformidade com a situação concreta, a realidade processual e a concreta solução jurídica. Este panorama geral é, contudo, atenuado quer pela contribuição que a opinião publicada em alguns órgãos de comunicação traz para a discussão de questões de interesse geral no domínio da justiça, quer pela referência em um ou noutro jornal, a decisões judiciais que se pretendem apresentar como base para reflexão e discussão.

Considera que os media têm, através da desigual atenção informativa ou desigual tratamento, legitimado ou promovido preferencialmente uma ou mais das alternativas em presença (p. ex., criminalização ou não criminalização de certos comportamentos, aumento ou diminuição da natureza ou da medida das penas, adopção ou rejeição de certos procedimentos investigatórios e/ou processuais, etc.) com efectivas consequências nas soluções legislativas concretas (adoptadas, em curso, ou apenas anunciadas)?

A perspectiva em que as questões são apresentadas pelos medias, em visão porventura muito de impressões dos casos que escolhem e dos critérios próprios das escolhas, poderá criar dificuldades na percepção ou enviezamento nas compreensões do público, mas, para além do que foi referido, não parece ter dimensão susceptível de influenciar positiva ou negativamente determinadas soluções legislativas, embora a relação causa e efeito não possa, mesmo empiricamente, ser demonstrada.

É possível identificar diferenças no tratamento das questões da justiça e do direito entre os media populares e os media ditos de referência?

Na percepção que tenho, as diferenças têm mais que ver com o espaço, a intensidade de linguagem e do pormenor do relato dos factos nos casos penais, do que com questões de substância ou de interesse para o debate. Excepcionalmente, os medias ditos de referência, ao contrário dos restantes, se é que esta distinção faz muito sentido dada alguma subjectividade nas qualificações, relatam e noticiam questões fora do estrito campo criminal – casos de procedimentos administrativos em que estão em causa decisões e questões relevantes, ou caos que podem constituir novidade na abordagem de certas matérias de responsabilidade civil. Também o contributo para a discussão através de artigos de opinião publicados sobre temas específicos tem sido limitado aos medias ditos de referência.

Em que medida, a atenção informativa dada pelos media a determinadas problemáticas da justiça tem ou não influenciado o poder judiciário?

Não creio que exista, nem será demonstrável, alguma relação de causa e efeito entre a atenção informativa a determinados problemas e a reacção do poder judiciário, se com reacção se pretender significar alguma espécie ou termos de influência nas decisões.

ANTÓNIO MARTINS

Presidente da Associação Sindical dos Juízes Portugueses

Considera que as questões de justiça e de direito mais tratadas nos *mass media* são predominantemente as do foro penal e/ou processual penal?
Sim.

Assim sendo, que razões explicam a preferência dos media por tais matérias?
Creio que a principal razão se prende com questões de mercado. Vendem bem a desgraça, o sangue e as lágrimas típicas das notícias do foro penal e processual penal.

Considera que há nos *mass media* reflexo da emergência de novas problemáticas ou novas formas de conflitualidade social (imigração, droga, delinquência juvenil...) bem como a de novos tipos de criminalidade ou do aumento do volume ou da gravidade de certos tipos de crime?
Sim, embora por vezes de forma exagerada ou distorcida, principalmente quanto ao volume ou gravidade de certo tipo de crimes.

De que forma a presença de tais problemáticas nos media as "etiqueta" como exigindo alguma forma de decisão política?
Pela pressão mediática e social exercidas.

Em que medida a cobertura das questões de justiça pelos media ultrapassa o carácter meramente noticioso e evolui para a discussão das concretas questões de direito nelas envolvidas e das alternativas que, nesse campo, se colocam (criminalização ou não criminalização de certos comportamentos, aumento ou diminuição da natureza ou da medida das penas, adopção ou rejeição de certos procedimentos investigatórios e/ou processuais, etc.)?
Raramente evolui para as concretas questões de direito, ficando-se na mera noticia e, por vezes, sem os dados de facto todos para o publico poder forma opinião, esclarecidamente.

Em que medida, a atenção informativa dada pelos media a determinadas problemáticas do direito e da justiça penais e processuais penais tem ou não influenciado o poder o legislativo no desencadear de reformas (adoptadas, em curso, ou apenas anunciadas)?
Frequentemente.

Pode citar exemplos?
A recente proposta de alteração legislativa sobre o processo penal, nomeadamente ao nível das escutas telefónicas, prazos de prisão preventiva, etc., é o exemplo mais evidente e óbvio.

Em que medida, a atenção informativa dada pelos media a determinadas problemáticas do direito e da justiça penais e processuais penais tem ou não influenciado o poder legislativo na determinação de conteúdos legislativos concretos?
Frequentemente.

Pode citar exemplos?
Penas mais elevadas para certos crimes ou criminalidade, nomeadamente crimes sexuais.

É possível identificar iniciativas legislativas concretas (adoptadas, em curso, ou apenas anunciadas) suscitadas pela presença de certas problemáticas jurídicas nos media?
Sim, o caso das propostas de diminuição da idade da imputabilidade de 16 para 14 anos, e do aumento da pena máxima de prisão de 25 para 30 anos (propostas legislativas do CDS/PP no Parlamento), no seguimento de criminalidade juvenil e crimes "horrendos" noticiados (e mais do que isso, amplificados) pela Comunicação Social.

Haverá casos em que tal nexo de causalidade tenha sido explicitamente assumido pelo poder político, pelos jornalistas ou pelo poder judicial?
Não tenho ideia de ter havido tal assumpção.

Em seu entender, os media têm funcionado como porta-vozes de reais inquietações colectivas ou como suportes ou vectores de legitimação de algumas orientações políticas?
As duas coisas.

A discussão de matérias do direito e da justiça nos media tem-se traduzido num real alargamento do debate de tais matérias para fora dos círculos

técnicos e/ou corporativos tradicionalmente envolvidos na produção do Direito, ou, pelo contrário, os contornos que esse debate às vezes assume, em particular os que resultam da sua motivação próxima ser frequentemente um caso concreto e actual, contribuem antes para o enviesamento emotivo da discussão?

Não há real alargamento do debate e já não era mau que o "debate" apenas contribuísse para o enviesamento emotivo da discussão. O problema é quando os media são "usados" para promover determinadas estratégias, da acusação ou da defesa.

Em que medida os *media* têm sido motores e/ou meros instrumentos dessa discussão?
Meros instrumentos e, por vezes, "instrumentalizados".

Considera que os media têm, através da desigual atenção informativa ou desigual tratamento, legitimado ou promovido preferencialmente uma ou mais das alternativas em presença (p. ex., criminalização ou não criminalização de certos comportamentos, aumento ou diminuição da natureza ou da medida das penas, adopção ou rejeição de certos procedimentos investigatórios e/ou processuais, etc.) com efectivas consequências nas soluções legislativas concretas (adoptadas, em curso, ou apenas anunciadas)?
Sem dúvida que tem havido, nos media, uma presença preferencial de determinadas perspectivas criminalísticas e, nalguns casos, acredito que por força da pressão assim exercida, houve consequências nas soluções legislativas concretas.

Em termos de direito positivo: qual a relevância relativa em cada caso concreto dada pelos media às normas penais ou processuais penais postas em crise e em que medida tal relevância relativa constitui uma legitimação dessa crítica?
A relevância dada existe. Duvido é que seja uma legitimação da critica.

É possível identificar diferenças no tratamento das questões da justiça e do direito entre os media populares e os media ditos de referência?
Sim.

Quais?
Nos media populares há uma atitude de maior exploração dos sentimentos e das emoções.

Em que medida, a atenção informativa dada pelos media a determinadas problemáticas da justiça tem ou não influenciado o poder judiciário?

Tem influenciado negativamente, dado que o mau tratamento, pelos media, das problemáticas da justiça, levou o "poder judiciário" a fechar a abertura que inicialmente tinha existido para o espaço da comunicação social nos tribunais.

Pode citar exemplos?
Cada vez menos os juízes autorizam a tomada de imagens de julgamentos.

RUI PEREIRA

Actual ministro da Administração Interna.
Presidiu à Unidade de Missão para a Reforma Penal de 2007
(que reviu extensivamente o Código Penal e Código de Processo Penal)

Considera que as questões de justiça e de direito mais tratadas nos *mass media* são predominantemente as do foro penal e/ou processual penal? Assim sendo, que razões explicam a preferência dos media por tais matérias?

As questões de Direito Penal e de Direito Processual Penal são preferidas pelos *media* relativamente a outras questões jurídicas porque envolvem direitos fundamentais. Um homicídio, por exemplo, implica a violação do direito à vida da vítima e uma restrição do direito à liberdade do agente do crime, ao qual poderá ser aplicada a prisão preventiva e depois uma pena de prisão. Estas questões possuem forte carga dramática e suscitam debates alargados que relacionam normas com princípios, justiça com moral e liberdade com segurança. Na sua génese, o Direito é Direito Penal. O Código de Hamurabi e a Lei Mosaica das Doze Tábuas têm natureza penal. E a Filosofia ocidental preocupa-se, desde o seu nascimento, com questões penais (como os fins das penas, já discutidos por Platão no *Protágoras*).

Considera que há nos *mass media* reflexo da emergência de novas problemáticas ou novas formas de conflitualidade social (imigração, droga, delinquência juvenil...) bem como a de novos tipos de criminalidade ou do aumento do volume ou da gravidade de certos tipos de crime? De que forma a presença de tais problemáticas nos media as "etiqueta" como exigindo alguma forma de decisão política?

Os novos problemas sociais são tratados pelos *media* de formas muito diferentes, o que influi, como é óbvio nas decisões políticas. Por exemplo, a questão da imigração pode ser apresentada como tema de solidariedade ou de segurança, o que envolve sempre uma petição de princípio. Quando se encara como questão de solidariedade, postula-se uma visão generosa de acolhimento; quando se apresenta como questão de segurança, postula-se uma visão restritiva e de encerramento de fronteiras. É claro que o tratamento jornalístico influi na decisão política, mas a relação é dialéctica. O próprio discurso político influi nos *media* – de forma directa, através de entrevistas e artigos de opinião, mas também de forma indirecta dada a natural permeabilidade dos jornalistas ao discurso político.

Em que medida a cobertura das questões de justiça pelos media ultrapassa o carácter meramente noticioso e evolui para a discussão das concretas questões de direito nelas envolvidas e das alternativas que, nesse campo, se colocam (criminalização ou não criminalização de certos comportamentos, aumento ou diminuição da natureza ou da medida das penas, adopção ou rejeição de certos procedimentos investigatórios e/ou processuais, etc.)?

Hoje, a cobertura das questões de justiça (ou de quaisquer outras) ultrapassa a dimensão meramente noticiosa. De um jornalismo de "retrato", respeitador e oficioso, passou-se, numa primeira fase, para um jornalismo de "pintura", de cunho interpretativo e forçosamente subjectivo. Mas agora já se atingiu o jornalismo "quântico", dominado pelo princípio da incerteza e gerador do seu próprio objecto. Aquilo que os jornais (e, sobretudo, as televisões) anunciam (por exemplo, um protesto social) passa a existir se não existia antes ou ganha uma dimensão muito diferente. No plano do Direito Penal, o relevo dado a crimes violentos pode induzir a agravação de penas, ao passo que a notícia de um erro judiciário tem efeito contrário. Como é sabido, a curiosidade do público é sempre maior em relação a crimes, acidentes ou calamidades. Por isso, de forma geral, o discurso repressivo é o mais popular e a influência dos *media* vai, na maioria das vezes, no sentido do endurecimento do poder punitivo.

Em que medida, a atenção informativa dada pelos media a determinadas problemáticas do direito e da justiça penais e processuais penais tem ou não influenciado o poder o legislativo no desencadear de reformas (adoptadas, em curso, ou apenas anunciadas)? Pode citar exemplos?

Penso que os *media* têm influenciado as reformas penais. Por exemplo, em 1995 (e, em parte, contra a vontade do Professor Figueiredo Dias, que impulsionou o novo Código Penal), assistiu-se a uma agravação de penas, resultante de sentimentos de insegurança gerados com a criminalidade violenta contra o património, a que a comunicação social deu muita atenção. Curiosamente, a resposta traduziu-se na agravação das penas de crimes contra as pessoas (homicídio qualificado, ofensa grave à integridade física, violação), que, na realidade, eram "leves", em comparação com as penas cominadas para os crimes contra o património. Aliás, deve notar-se que a influência dos *media* não é, por definição, negativa. Assim, na transformação dos maus-tratos em crime público (por mim proposta em 1996, mas que só veio a ser aprovada em 2000) ou na eliminação de diferença entre actos homossexuais e heterossexuais com adolescentes (que também propus em 1996 e se contempla na revisão em curso do Código Penal), a comunicação social teve um papel meritório na promoção de direitos e no combate às desigualdades.

Em que medida, a atenção informativa dada pelos media a determinadas problemáticas do direito e da justiça penais e processuais penais tem ou não influenciado o poder o legislativo na determinação de conteúdos legislativos concretos? Pode citar exemplos?

Por vezes, os *media* dão atenção a questões jurídicas de pendor técnico muito acentuado, devido à sua repercussão. Um exemplo claro pode ser dado através da difamação. Em 1995, foi aprovado um regime que não permitia que o autor da difamação se defendesse (provando a verdade ou verosimilhança da imputação de um crime a outra pessoa e o interesse público em o revelar), se não houvesse trânsito em julgado da condenação pelo crime imputado a outra pessoa. Esta norma, a meu ver inconstitucional, tinha um efeito de restrição da liberdade de informação, nos casos em que ela acaba por ser mais necessária: denúncia de crimes. Por isso, foi eliminada na revisão do Código Penal de 1998 (baseada no projecto já antes referido, que elaborei em 1996). A eliminação deveu-se, em grande parte, à influência (positiva) dos *media*. Hoje, por exemplo, também de discute, no âmbito da revisão do Código Penal e Código de Processo Penal, o regime do segredo de justiça, sendo curioso fazer, num momento ulterior, o balanço de uma eventual influência dos *media* nas soluções acolhidas.

É possível identificar iniciativas legislativas concretas (adoptadas, em curso, ou apenas anunciadas) suscitadas pela presença de certas problemáticas jurídicas nos media?

Por exemplo as iniciativas referentes às chamadas "touradas de morte", em Barrancos, foram suscitadas pela transmissão das imagens dessas touradas. A demonstração ostensiva de que a lei estava a ser violada levou a que, num primeiro momento, o crime fosse transformado em contra-ordenação e, depois, o comportamento acabasse por ser considerado lícito (quando baseado na "tradição").

Haverá casos em que tal nexo de causalidade tenha sido explicitamente assumido pelo poder político, pelos jornalistas ou pelo poder judicial? Quais?

Creio que o poder político, os jornalistas e o poder judicial têm dificuldade em assumir a influência recíproca, preferindo proclamar a sua própria liberdade e independência. Além disso, o processo legislativo (como fenómeno sociológico e não como fenómeno meramente jurídico) não está muito estudado em Portugal. Aliás, existem mais estudos sobre a matéria nos países anglo-saxónicos do que na Europa Oriental.

Em seu entender, os media têm funcionado como porta-vozes de reais inquietações colectivas ou como suportes ou vectores de legitimação de algumas orientações políticas?

Por vezes, os *media* são sensíveis a inquietações colectivas, que podem amplificar. A relação entre criminalidade violenta e insegurança é, em geral, objecto de "mediação amplificadora". Noutras circunstâncias, os *media* reflectem interesses mais especializados. Quando, em 2001, se discutiu a taxa de alcoolemia autorizada na condução automóvel (0,2 ou 0,5?), verifiquei, por experiência própria, que o debate se polarizou em torno das teses das associações de prevenção de sinistros e das teses dos produtores e vendedores de bebidas alcoólicas.

A discussão de matérias do direito e da justiça nos media tem-se traduzido num real alargamento do debate de tais matérias para fora dos círculos técnicos e/ou corporativos tradicionalmente envolvidos na produção do Direito, ou, pelo contrário, os contornos que esse debate às vezes assume, em particular os que resultam da sua motivação próxima ser frequentemente um caso concreto e actual, contribuem antes para o enviesamento emotivo da discussão? Em que medida os *media* têm sido motores e/ou meros instrumentos dessa discussão?

Considero que os *media* têm alargado o debate das matérias de justiça ao grande público. O Direito tal como a Medicina, utiliza uma linguagem técnica por vezes difícil de apreender. Hoje, porém, as soluções legais e as decisões judiciais são debatidas com minúcia, em programas de televisão ou de rádio e nos jornais. Ora, é positivo que assim suceda porque as questões de justiça são questões de cidadania, em que todos devem participar desde que estejam munidos na informação necessária. Esta verdade é ainda mais "verdadeira" em Direito Penal, que trata, por natureza, de direitos fundamentais.

Considera que os media têm, através da desigual atenção informativa ou desigual tratamento, legitimado ou promovido preferencialmente uma ou mais das alternativas em presença (p. ex., criminalização ou não criminalização de certos comportamentos, aumento ou diminuição da natureza ou da medida das penas, adopção ou rejeição de certos procedimentos investigatórios e/ou processuais, etc.) com efectivas consequências nas soluções legislativas concretas (adoptadas, em curso, ou apenas anunciadas)?

Não penso que o jornalismo tenha de ser "asséptico". No caso do aborto, por exemplo, é muito difícil falar sem deixar perceber qual é a solução que se defende em matéria de eventual despenalização de certas situações de aborto. Não há mal nenhum em um jornalista ter opinião, desde que a assuma com clareza e não deixe de considerar a opinião contrária. De um modo geral, não é difícil compreender se um órgão de comunicação social tem uma linha editorial mais orientada a favor ou contra a despenalização do aborto, no exemplo que acaba de se dar.

Em termos de direito positivo: qual a relevância relativa em cada caso concreto dada pelos media às normas penais ou processuais penais postas em crise e em que medida tal relevância relativa constitui uma legitimação dessa crítica?

Tendencialmente, se uma crítica é mais noticiada, torna-se mais fácil a alteração da norma criticada. Dou um exemplo de sentido contrário: sempre me pareceu irracional que a automutilação para isenção do serviço militar continuasse a ser punida, depois do fim da guerra e quando já se consagrava um regime generoso de objecção de consciência. Em 1996, propus a revogação desse regime (que veio a ocorrer em 1998). Mas nunca observei nenhum interesse dos *media* na matéria, o que poderia ter levado à revogação da norma dez ou vinte anos antes. A falta de interesse talvez se deva, aqui, à ausência de eficácia (não havia condenações).

É possível identificar diferenças no tratamento das questões da justiça e do direito entre os media populares e os media ditos de referência? Quais?

Os chamados *media* populares privilegiam, normalmente, o discurso "law and order", de pendor justicialista e securitário. Colocam-se na perspectiva da vítima e defendem o endurecimento da resposta punitiva. Os *media* ditos de referência costumam ser mais sofisticados e permeáveis ao ponto de vista do arguido. Acolhem com mais frequência o discurso garantista e criticam, por vezes, os excessos punitivos. De qualquer modo, trata-se de meras tendências que nem sempre se confirmam.

Em que medida, a atenção informativa dada pelos media a determinadas problemáticas da justiça tem ou não influenciado o poder judiciário? Pode citar exemplos?

A meu ver, os *media* influenciam a jurisprudência. Actualmente, as decisões judiciais são noticiadas e criticadas e os magistrados não são insensíveis a esse escrutínio. Se, por exemplo, uma sentença é mais sensível a teses conservadoras em matéria de homicídio motivado por adultério, violação de vítima "promíscua" ou maus tratos praticados a pretexto de um "direito de correcção", os tribunais não deixam de considerar, na sua actividade subsequente, as críticas de que forem alvo.

ALÍPIO RIBEIRO

*Procurador-geral adjunto
e antigo director nacional da Polícia Judiciária*

Considera que as questões de justiça e de direito mais tratadas nos *mass media* são predominantemente as do foro penal e/ou processual penal? Assim sendo, que razões explicam a preferência dos media por tais matérias?

Sem dúvida as do foro criminal e/ou processual penal. Serão, a um tempo, mais fáceis de tratar jornalisticamente e mais apetecíveis para o leitor. Se consultarmos a imprensa portuguesa do início do Século XX, ou ainda do Século XIX, constatamos o mesmo. O crime, como transgressão social, tem sempre um enredo que seduz.

Considera que há nos *mass media* reflexo da emergência de novas problemáticas ou novas formas de conflitualidade social (imigração, droga, delinquência juvenil...) bem como a de novos tipos de criminalidade ou do aumento do volume ou da gravidade de certos tipos de crime? De que forma a presença de tais problemáticas nos media as "etiqueta" como exigindo alguma forma de decisão política?

Há, com certeza, reflexo da emergência de novas problemáticas e de novos tipos de criminalidade. O seu aparecimento nos media dá-lhes uma dimensão que a política não pode ignorar. Essa importância, porém, depende do *momento*, do equilíbrio ou desequilíbrio entre a pulsão securitária e a pulsão libertária.

Em que medida a cobertura das questões de justiça pelos media ultrapassa o carácter meramente noticioso e evolui para a discussão das concretas questões de direito nelas envolvidas e das alternativas que, nesse campo, se colocam (criminalização ou não criminalização de certos comportamentos, aumento ou diminuição da natureza ou da medida das penas, adopção ou rejeição de certos procedimentos investigatórios e/ou processuais, etc.)?

A cobertura das questões da justiça integra a discussão e a análise de questões técnicas ligadas ao direito e à criminologia. Entre o jornalista e o comentador parece não haver distância. É comum a notícia vir (des)enquadrada com a opinião do técnico ou do professor. A notícia do crime parece já não chegar. É evidente que são matérias sobre as quais todos podemos ter opinião, ao contrário do que aconteceria se estivéssemos a falar de física quântica.

Em que medida, a atenção informativa dada pelos media a determinadas problemáticas do direito e da justiça penais e processuais penais tem ou não influenciado o poder o legislativo no desencadear de reformas (adoptadas, em curso, ou apenas anunciadas)? Pode citar exemplos?

Influenciam, naturalmente, o poder legislativo. A dimensão da reforma penal em curso, tanto no seu aspecto substantivo como adjectivo, terá a ver com essa particular atenção.

Em que medida, a atenção informativa dada pelos media a determinadas problemáticas do direito e da justiça penais e processuais penais tem ou não influenciado o poder o legislativo na determinação de conteúdos legislativos concretos? Pode citar exemplos?

Não creio que a determinação concreta dos conteúdos legislativos sejam influenciados pelos media.

É possível identificar iniciativas legislativas concretas (adoptadas, em curso, ou apenas anunciadas) suscitadas pela presença de certas problemáticas jurídicas nos media?

Parece-me que a resposta deverá ser negativa. É natural que, por exemplo, na reforma do processo penal se projectem alterações à prisão preventiva que já tenham sido debatidas nos media, mas estes não serão determinantes para as soluções encontradas.

Haverá casos em que tal nexo de causalidade tenha sido explicitamente assumido pelo poder político, pelos jornalistas ou pelo poder judicial? Quais?

Não conheço.

Em seu entender, os media têm funcionado como porta-vozes de reais inquietações colectivas ou como suportes ou vectores de legitimação de algumas orientações políticas?

Umas vezes, como porta-vozes; outras, como suportes. Os media não escapam a essa vocação contraditória do que é humano.

A discussão de matérias do direito e da justiça nos media tem-se traduzido num real alargamento do debate de tais matérias para fora dos círculos técnicos e/ou corporativos tradicionalmente envolvidos na produção do

Direito, ou, pelo contrário, os contornos que esse debate às vezes assume, em particular os que resultam da sua motivação próxima ser frequentemente um caso concreto e actual, contribuem antes para o enviesamento emotivo da discussão? Em que medida os *media* têm sido motores e/ou meros instrumentos dessa discussão?

O discurso penal é cada vez menos técnico e mais político. Daí a dificuldade de se encontrar consenso, por exemplo, para um Código de Processo Penal Europeu. Por outro lado, os casos concretos são cada vez mais a motivação das alterações legislativas. Não só em Portugal, mas também na Espanha, ou na França, ou na Bélgica. Penso que os media gostariam de ser os motores. Também não penso que sejam meros instrumentos. É evidente que trouxeram um real alargamento do debate, mas também é certo que lhe introduziram factores de irracionalidade.

Considera que os media têm, através da desigual atenção informativa ou desigual tratamento, legitimado ou promovido preferencialmente uma ou mais das alternativas em presença (p. ex., criminalização ou não criminalização de certos comportamentos, aumento ou diminuição da natureza ou da medida das penas, adopção ou rejeição de certos procedimentos investigatórios e/ou processuais, etc.) com efectivas consequências nas soluções legislativas concretas (adoptadas, em curso, ou apenas anunciadas)?

Não. É evidente que os media também se movimentam por modas e daí essa desigual atenção informativa. Será que as soluções legislativas também têm a ver com modas? Nessa perspectiva, talvez se encontrem em alguns momentos sem que isso traduza uma relação de causa-efeito.

Em termos de direito positivo: qual a relevância relativa em cada caso concreto dada pelos media às normas penais ou processuais penais postas em crise e em que medida tal relevância relativa constitui uma legitimação dessa crítica?

Os media ampliam as críticas, não terão a iniciativa das críticas. Os media procuram a legitimação das críticas a que aderem com um discurso que vão procurar ao exterior.

É possível identificar diferenças no tratamento das questões da justiça e do direito entre os media populares e os media ditos de referência? Quais?

A diferenciação é cada vez menor.

Em que medida, a atenção informativa dada pelos media a determinadas problemáticas da justiça tem ou não influenciado o poder judiciário? Pode citar exemplos?

O poder judiciário, se calhar como todos os poderes, vive para dentro. Mas será de todos eles o mais insensível aos media. No entanto, haverá casos, nomeadamente em sede de investigação, em que os media parecem ter condicionado a actividade judiciária.

JOSÉ NARCISO CUNHA RODRIGUES

*Ex-procurador-geral da República
e actualmente juiz do Tribunal de Justiça da União Europeia*

Considera que as questões de justiça e de direito mais tratadas nos *mass media* são predominantemente as do foro penal e/ou processual penal? Assim sendo, que razões explicam a preferência dos media por tais matérias?
São, de facto, as mais tratadas. O direito criminal é o que mais profundamente incorpora os valores essenciais da comunidade e o que mais laços mantém com a ética, a moral e mesmo a religião. Mergulhando no fundo cultural onde têm origem os estilos de vida, é fonte privilegiada de "interditos" e de noções fortes como as de "transgressão" ou de "escândalo". No seu epicentro, está a ideia de violação da ordem; à sua volta, gravitam miríades de *fais divers*. Se acrescentarmos a isto a dimensão cénica do processo, especialmente da audiência de julgamento, compreenderemos melhor o aliciante do tema. A culpa e a expiação continuam a ser dois grandes momentos das nossas raízes judaico-cristãs.

Considera que há nos *mass media* reflexo da emergência de novas problemáticas ou novas formas de conflitualidade social (imigração, droga, delinquência juvenil...) bem como a de novos tipos de criminalidade ou do aumento do volume ou da gravidade de certos tipos de crime? De que forma a presença de tais problemáticas nos media as "etiqueta" como exigindo alguma forma de decisão política?
Este reflexo existe e é objecto de tratamento jornalístico diferenciado. Surge das mais variadas formas (opinião, reportagem, notícia) e depende muito da preparação cultural do jornalista e da sua mundividência concreta. A "etiqueta" política pode explicar-se pelo facto de se tratar de formas de conflitualidade atribuídas ao desenvolvimento social e à acção ou inacção do poder. Não é igualmente de excluir a persistência de reminiscências sociais. Contrariamente a certos crimes (furto, violação, injúrias ou corrupção), esta nova criminalidade não figurava nos "interditos" clássicos. Logicamente, não é associada ao homem "pecador". É produzida pela sociedade e pelo seu garante – o Estado. Para o observador comum,

nestes crimes, o mal não está tanto no homem delinquente como no Estado falhado.

Em que medida a cobertura das questões de justiça pelos media ultrapassa o carácter meramente noticioso e evolui para a discussão das concretas questões de direito nelas envolvidas e das alternativas que, nesse campo, se colocam (criminalização ou não criminalização de certos comportamentos, aumento ou diminuição da natureza ou da medida das penas, adopção ou rejeição de certos procedimentos investigatórios e/ou processuais, etc.)?

Não é frequente, a não ser em artigos doutrinários. Quando acontece, o conteúdo é normalmente pobre e tende a reproduzir (muitas vezes, a induzir) o "sentimento comum". A agenda dos *media* está muito ligada à actualidade. E "actualidade" significa, no jornalismo, que é necessário informar em tempo real, antes que os outros o façam e de forma apelativa. Por isso, as sugestões de criminalização ou não criminalização são, muitas vezes, meras reacções a um acontecimento. Este fenómeno pode dar lugar àquilo que se chama "legislar à flor da pele". O que é duplamente grave: porque, por vezes, são inexistentes, superficiais ou desconhecidas as motivações sociológicas e porque a própria ideia de pacificação social entra em perda quando não se tem em conta a curta duração dos ciclos mediáticos e a crescente fragilidade da memória jornalística.

Em que medida, a atenção informativa dada pelos media a determinadas problemáticas do direito e da justiça penais e processuais penais tem ou não influenciado o poder o legislativo no desencadear de reformas (adoptadas, em curso, ou apenas anunciadas)? Pode citar exemplos?

É relativamente frequente. Deveres de reserva impedem-me de inventariar situações. Mas nem é necessário fazer grandes indagações. Basta ler a introdução dos diplomas ou a exposição de motivos dos projectos de leis para verificar que o legislador criminal deixou de ser o cientista social que aderia a teses e testava ensaios para ser o bombeiro que acode a fogos.

É possível identificar iniciativas legislativas concretas (adoptadas, em curso, ou apenas anunciadas) suscitadas pela presença de certas problemáticas jurídicas nos media?

É possível e relativamente fácil. Basta ler títulos e compulsar diplomas.

Haverá casos em que tal nexo de causalidade tenha sido explicitamente assumido pelo poder político, pelos jornalistas ou pelo poder judicial? Quais?

A resposta é afirmativa. Basta acompanhar os debates políticos e ler os jornais.

Em seu entender, os media têm funcionado como porta-vozes de reais inquietações colectivas ou como suportes ou vectores de legitimação de algumas orientações políticas?
Das duas maneiras, embora, em abono da verdade, me pareça mais frequente a primeira.

A discussão de matérias do direito e da justiça nos media tem-se traduzido num real alargamento do debate de tais matérias para fora dos círculos técnicos e/ou corporativos tradicionalmente envolvidos na produção do Direito, ou, pelo contrário, os contornos que esse debate às vezes assume, em particular os que resultam da sua motivação próxima ser frequentemente um caso concreto e actual, contribuem antes para o enviesamento emotivo da discussão? Em que medida os *media* têm sido motores e/ou meros instrumentos dessa discussão?
Ainda aqui, assinalaria que os *media* têm exercido esta dupla função. Observarei apenas que, por falta de formação profissional, os conteúdos são, com frequência, pobres e convertem-se facilmente em formas de estigmatização daquilo que refere como "círculos técnicos e/ou corporativos". A figura da "motivação próxima" é outro dos problemas. Tive, muitas vezes, a percepção dessas "motivações" e, mais de uma vez, soube da "encomenda" de artigos de opinião. Para meu espanto (é bom manter-se a capacidade de se espantar!...), os artigos viriam a ser publicados na data prevista e respeitando, ponto por ponto, a "encomenda". A título excepcional, indico um exemplo: em determinada ocasião, a PJ deu-me conhecimento de que, numa escuta, tinha caído uma expressão deste tipo: "Fique o meu amigo descansado que, para a semana, cairá metralha sobre o tipo!". O tipo era eu. Dadas as circunstâncias, "decifrei" a mensagem e tranquilizei a PJ. Dispensei qualquer reforço de segurança. A PJ manteve-se atenta. Mas a minha percepção viria a confirmar-se. Na semana seguinte, o promitente, agora nas suas funções de articulista (bem conhecido na praça), desancava-me num artigo de opinião cujo tema já não recordo...

Considera que os media têm, através da desigual atenção informativa ou desigual tratamento, legitimado ou promovido preferencialmente uma ou mais das alternativas em presença (p. ex., criminalização ou não criminalização de certos comportamentos, aumento ou diminuição da natureza ou da medida das penas, adopção ou rejeição de certos procedimentos investigatórios e/ou processuais, etc.) com efectivas consequências nas soluções legislativas concretas (adoptadas, em curso, ou apenas anunciadas)?
Não é raro que isso aconteça.

Em termos de direito positivo: qual a relevância relativa em cada caso

concreto dada pelos media às normas penais ou processuais penais postas em crise e em que medida tal relevância relativa constitui uma legitimação dessa crítica?

Uma resposta fundada exigiria dados de que não disponho. A hipótese é plausível.

É possível identificar diferenças no tratamento das questões da justiça e do direito entre os media populares e os media ditos de referência? Quais?

Obviamente. Os *media* populares privilegiam os *fais divers*, os escândalos e as emoções. Os *media* de referência são normalmente mais institucionais e opinativos. Mas as condições do mercado jornalístico podem alterar esta relação.

Em que medida, a atenção informativa dada pelos media a determinadas problemáticas da justiça tem ou não influenciado o poder judiciário? Pode citar exemplos?

É evidente que tem influenciado. A própria lei prevê que a autoridade judiciária recolha dos órgãos de comunicação social notícias de crime. Por outro lado, os *media* exprimem o "sentimento comum" da comunidade e esta noção é cara ao direito, quer na produção legislativa, quer na sua aplicação. Uma das minhas maiores perplexidades é que os jornalistas não se dêem ao trabalho de examinar processos findos para apreciarem o modo como foram conduzidos, em vez de lançarem juízos de suspeição ou formularem acusações que desacreditam a justiça e inquietam os cidadãos. Se o fizessem, diriam menos barbaridades e tornar-se-iam mais credíveis nas situações, que as há, passíveis de censura social.

GERMANO MARQUES DA SILVA

*Penalista, professor da Universidade Católica
e impulsionador da principal revisão, em 1998,
do Código de Processo Penal (Lei n.° 59/98 de 25 de Agosto,
alterando 223 dos 524 artigos do Código de 1997)*

Considera que as questões de justiça e de direito mais tratadas nos *mass media* são predominantemente as do foro penal e/ou processual penal? Assim sendo, que razões explicam a preferência dos media por tais matérias?

Sem dúvida alguma. As questões do mundo do Direito que mais interesse suscitam nos media são as questões de natureza penal. As razões são várias, mas desde logo pela própria natureza do direito penal que trata de questões essenciais da vida em comunidade e por isso que para elas haja uma sensibilidade generalizada. Não é preciso saber direito para emitir juízos sobre os comportamentos penais – juízos de censura, juízos sobre a medida dos castigos, juízos sobre a intervenção preventiva e repressiva das autoridades, juízos sobre o papel da vítima, etc.

Considera que há nos *mass media* reflexo da emergência de novas problemáticas ou novas formas de conflitualidade social (imigração, droga, delinquência juvenil...) bem como a de novos tipos de criminalidade ou do aumento do volume ou da gravidade de certos tipos de crime? De que forma a presença de tais problemáticas nos media as "etiqueta" como exigindo alguma forma de decisão política?

Os mass media reflectem os conflitos sociais e por isso que as novas formas de conflitualidade social estejam sempre presentes. Os media dão conta e alertam para os novos tipos de conflito e reflectem de algum modo o sentimento comunitário. Nessa medida provocam decisões políticas sobre as diversas questões que suscitam e têm nesse aspecto uma influência muito grande nas decisões de política criminal e policial.

Em que medida a cobertura das questões de justiça pelos media ultrapassa o carácter meramente noticioso e evolui para a discussão das concretas questões de direito nelas envolvidas e das alternativas que, nesse campo,

se colocam (criminalização ou não criminalização de certos comportamentos, aumento ou diminuição da natureza ou da medida das penas, adopção ou rejeição de certos procedimentos investigatórios e/ou processuais, etc.)?

A cobertura das questões jurídico penais pelos media ultrapassa indubitavelmente o carácter meramente noticioso e contribui para conformar não só a actuação das autoridades de intervenção penal mas também a própria legislação. O alerta que resulta da relevância dada pelos media a determinadas questões (ex. recente da pedofilia) provoca s autoridades a reverem as suas competências e intervenções nessas matérias.

Em que medida, a atenção informativa dada pelos media a determinadas problemáticas do direito e da justiça penais e processuais penais tem ou não influenciado o poder o legislativo no desencadear de reformas (adoptadas, em curso, ou apenas anunciadas)? Pode citar exemplos?

A relevância dos media na dinâmica do direito penal é grande. Foi o destaque dado pela comunicação aos problemas da pedofilia que determinaram, em grande parte, a intervenção das autoridades, quer na prevenção e na promoção de processos, quer nas alterações legislativas. As frequentes referências nos media ao elevado número de presos preventivos, determinou outras intervenções políticas sobre essa problemática e consequente alteração legislativa. As constantes referências à utilização das escutas telefónicas como meio de investigação, determina maior sensibilidade para essa forma de investigar e alterações legislativas. As referências da comunicação sobre a demora dos processos e prescrições frequentes, determinou alterações legislativas em busca da celeridade para uma justiça mais rápida e para acabar com as prescrições. São meros exemplos, mas muitos outros podiam ser indicados.

Em que medida, a atenção informativa dada pelos media a determinadas problemáticas do direito e da justiça penais e processuais penais tem ou não influenciado o poder o legislativo na determinação de conteúdos legislativos concretos? Pode citar exemplos?

A resposta a esta questão está contida na resposta anterior. Acrescento apenas a descriminalização do consumo de drogas.

É possível identificar iniciativas legislativas concretas (adoptadas, em curso, ou apenas anunciadas) suscitadas pela presença de certas problemáticas jurídicas nos media?

Sim. A problemática da celeridade processual e da duração da prisão preventiva. As reformas no domínio da pedofilia, da corrupção desportiva, da fraude fiscal.

Haverá casos em que tal nexo de causalidade tenha sido explicitamente assumido pelo poder político, pelos jornalistas ou pelo poder judicial? Quais?

Em todos os casos indicados nas respostas anteriores, o legislador assume a importância social dessas questões, importância revelada ou demonstrada pela relevância com que os media delas se ocupam. O caso da corrupção desportiva é exemplo muito claro. Foram os media que impulsionaram o tratamento deste fenómeno, ao revelarem-no com muita insistência e alarme.

Em seu entender, os media têm funcionado como porta-vozes de reais inquietações colectivas ou como suportes ou vectores de legitimação de algumas orientações políticas?

Penso que os media têm funcionado as mais das vezes como porta-vozes de reais inquietações colectivas, mas também com alguma frequência como suportes de orientações políticas. A problemática da liberalização do aborto parece-me claro exemplo de suporte de orientações políticas.

A discussão de matérias do direito e da justiça nos media tem-se traduzido num real alargamento do debate de tais matérias para fora dos círculos técnicos e/ou corporativos tradicionalmente envolvidos na produção do Direito, ou, pelo contrário, os contornos que esse debate às vezes assume, em particular os que resultam da sua motivação próxima ser frequentemente um caso concreto e actual, contribuem antes para o enviesamento emotivo da discussão? Em que medida os *media* têm sido motores e/ou meros instrumentos dessa discussão?

A influência imediata da discussão nos media de questões jurídico-penais é o exacerbar das emoções. Os media alertam para o problema e como que despertam o público para a importância dessa matéria, suscitando decisões imediatas de carácter emocional. A insistência em certas questões como que desperta a exigência popular de respostas imediatas sem discussão aprofundada da problemática envolvente. Se há vítimas, tem de haver responsáveis; o público exige a cabeça dos responsáveis. Esta atitude constitui pressão sobre as autoridades e nem sempre permite que se alcance boa justiça. Por outro lado, a relevância dada a certas questões (ex. pedofilia, corrupção em geral, insegurança urbana, consumo e tráfico de estupefacientes, etc) provoca a discussão alargada sobre elas e o legislador a repensar as soluções legais consagradas e frequentemente a alterá-las.

Considera que os media têm, através da desigual atenção informativa ou desigual tratamento, legitimado ou promovido preferencialmente uma ou mais das alternativas em presença (p. ex., criminalização ou não criminalização de certos comportamentos, aumento ou diminuição da natureza ou da medida das penas, adopção ou rejeição de certos procedimentos investigatórios e/ou processuais, etc.) com efectivas consequências nas soluções legislativas concretas (adoptadas, em curso, ou apenas anunciadas)?

Os media retratam em grande parte o sentimento colectivo e nessa medida têm influência na política legislativa e na actuação das autoridades judiciárias. Creio, porém, que essa influência não é determinante no que respeita às soluções que vêm depois a ser consagradas, embora tenham influência.

Em termos de direito positivo: qual a relevância relativa em cada caso concreto dada pelos media às normas penais ou processuais penais postas em crise e em que medida tal relevância relativa constitui uma legitimação dessa crítica?

Não entendo bem a questão posta. Direi simplesmente que enquanto os media reflectem a opinião pública e contribuem para a formar, a consequente reflexão sobre os problemas de índole legislativa e de actuação processual são muito relevantes porque o Direito não pode estar de costas voltadas para os seus destinatários. Frequentemente são os media que despertam as autoridades para os problemas, criticando os modos de actuar e as soluções legislativas vigentes. Há também muitos riscos, quando a insistência dos media é determinada por questões muito pontuais, mas com grande impacto emocional, muitas vezes a exigir soluções que só uma visão simplificada e superficial do problema consente e por isso são enganosas e perturbadoras da justiça.

É possível identificar diferenças no tratamento das questões da justiça e do direito entre os media populares e os media ditos de referência? Quais?

Sem dúvida. Os media populares "gostam" de notícias sangrentas, notícias que despertem a emoção popular: são os homicídios, as violações, os abusos das autoridades menores e os acidentes com muitas vítimas. Os media ditos de referência têm preferência pela criminalidade económica, pela corrupção e tráfico de influências, pelos crimes ligados às empresas e aos políticos.

Em que medida, a atenção informativa dada pelos media a determinadas problemáticas da justiça tem ou não influenciado o poder judiciário? Pode citar exemplos?

É difícil conceber que alguém fique absolutamente incólume à comunicação social e por isso também as autoridades judiciárias lhe sofrem a influência. Não devo dar exemplos concretos, mas tenho a convicção de que há muitos e as mais das vezes inconscientemente. Ao longo da minha vida deparei frequentemente com decisões a ordenar ou manter a prisão preventiva de arguidos com a justificação do alarme público provocado pela comunicação social, sendo que depois muitos deles acabaram absolvidos. É minha convicção que as autoridades se esforçam por não se deixar influenciar, mas algumas vezes são influenciados em disso se darem conta. A opinião, o juízo sobre os factos, não é nunca ou raramente o é, exclusivamente individual.

JUIZ DO TRIBUNAL CONSTITUCIONAL[523]

Considera que as questões de justiça e de direito mais tratadas nos *mass media* são predominantemente as do foro penal e/ou processual penal? Assim sendo, que razões explicam a preferência dos media por tais matérias?

Sim. São as matérias mais atractivas, porque metem mais "sangue", violência, etc. (como se diz nos Estados Unidos sobre o alinhamento dos telejornais *"when it bleeds it leads"*). As matérias penais mexem sempre com valores fundamentais – o "mínimo ético".

Considera que há nos *mass media* reflexo da emergência de novas problemáticas ou novas formas de conflitualidade social (imigração, droga, delinquência juvenil...) bem como a de novos tipos de criminalidade ou do aumento do volume ou da gravidade de certos tipos de crime? De que forma a presença de tais problemáticas nos media as "etiqueta" como exigindo alguma forma de decisão política?

Não há um grande reflexo, a não ser que se trate de matérias que geram grande alarme social ("arrastão", *carjacking*, etc.). Evidentemente, a presença nos media é um poderoso instrumentos de pressão política.

Em que medida a cobertura das questões de justiça pelos media ultrapassa o carácter meramente noticioso e evolui para a discussão das concretas questões de direito nelas envolvidas e das alternativas que, nesse campo, se colocam (criminalização ou não criminalização de certos comportamentos, aumento ou diminuição da natureza ou da medida das penas, adopção ou rejeição de certos procedimentos investigatórios e/ou processuais, etc.)?

Evolui pouco. Há aquele programa da SIC, da Sofia Pinto Coelho, e havia "O juiz decide"... Mas em geral a discussão das questões de direito e das alternativas, na medida em que exigem discursos mais técnicos, deixam de se prestar bem ao *soundbyte* televisivo. Questões como a neocriminalização, a descriminalização de certos crimes, o segredo de justiça, etc. estão nas luzes da ribalta quando são questões quentes da agenda política ou interessam aos jornalistas ou

---

[523] Solicitou reserva de identidade.

a alguns grupos de pressão (por ex., as decisões do TC sobre tratamento desigual dos actos heterossexuais e homossexuais de relevo com menores).

Em que medida, a atenção informativa dada pelos media a determinadas problemáticas do direito e da justiça penais e processuais penais tem ou não influenciado o poder o legislativo no desencadear de reformas (adoptadas, em curso, ou apenas anunciadas)? Pode citar exemplos?
Algumas coisas têm sido objecto de atenção: por ex. a alteração do segredo de justiça no Código de Processo Penal (creio que em 1998), embora para muitos ainda insuficiente; a reforma dos crimes de abuso de liberdade de imprensa, em 1995; as propostas de alteração do Código Penal mais recentes. Não me recordo de mais (tinha de ir fazer uma pequena pesquisa, para que não tenho agora muito tempo). Em geral, tendo a desconfiar da política criminal que é feita sob pressão da agenda política quotidiana.

É possível identificar iniciativas legislativas concretas (adoptadas, em curso, ou apenas anunciadas) suscitadas pela presença de certas problemáticas jurídicas nos media?
Sim. Desde logo, a descriminalização do aborto. Mas também outras, como as referidas na resposta anterior.

Haverá casos em que tal nexo de causalidade tenha sido explicitamente assumido pelo poder político, pelos jornalistas ou pelo poder judicial? Quais?
Poucos.

Em seu entender, os media têm funcionado como porta-vozes de reais inquietações colectivas ou como suportes ou vectores de legitimação de algumas orientações políticas?
Sobretudo de certos grupos de pressão (económicos, sociais, corporativos). Em geral, nota-se uma tendência para assumir temas (pseudo-)modernizantes, em termos de *mores*, ou costumes.

A discussão de matérias do direito e da justiça nos media tem-se traduzido num real alargamento do debate de tais matérias para fora dos círculos técnicos e/ou corporativos tradicionalmente envolvidos na produção do Direito, ou, pelo contrário, os contornos que esse debate às vezes assume, em particular os que resultam da sua motivação próxima ser frequentemente um caso concreto e actual, contribuem antes para o enviesamento emotivo da discussão? Em que medida os *media* têm sido motores e/ou meros instrumentos dessa discussão?
Pouco. Normalmente o debate fica à volta de um ou outro caso concreto. Os

media não são muito porta-vozes de situações de alarme social, antes tendem a criá-lo, quando vêem que isso rende em termos de audiência.

Considera que os media têm, através da desigual atenção informativa ou desigual tratamento, legitimado ou promovido preferencialmente uma ou mais das alternativas em presença (p. ex., criminalização ou não criminalização de certos comportamentos, aumento ou diminuição da natureza ou da medida das penas, adopção ou rejeição de certos procedimentos investigatórios e/ou processuais, etc.) com efectivas consequências nas soluções legislativas concretas (adoptadas, em curso, ou apenas anunciadas)?

Sim. Descriminalização, por exemplo, da interrupção voluntária da gravidez, criminalização mais forte, por exemplo, de actos pedófilos, da corrupção, etc. Os *media* são muitas vezes permeáveis a estratégias de certos sujeitos processuais, como arguidos, assistentes, etc.

É possível identificar diferenças no tratamento das questões da justiça e do direito entre os media populares e os media ditos de referência? Quais?

É. Os *media* populares são mais vulneráveis ao discurso alarmista do crime (pensemos, por exemplo, justamente em "O Crime", sem dúvida um jornal popular (ainda existe?). São sensacionalistas, e põem as vendas antes de qualquer escrúpulo de nível cultural ou mesmo do respeito pelos direitos das pessoas (foi um estilo para que contribuiu um pouco "O Independente" aqui há uns anos – aliás, o então seu director foi também uma das primeiras pessoas que trouxe o discurso do *law and order* para a ribalta política, tentanto capitalizar num populismo fácil, tal como antes tinha feito, por ex., Manuel Monteiro).

Em que medida, a atenção informativa dada pelos media a determinadas problemáticas da justiça tem ou não influenciado o poder judiciário? Pode citar exemplos?

Tem influenciado esporadicamente, e de diversos modos. Por ex.:

- há os que não resistem a ver-se na "caixa que mudou o mundo" (o "sindroma do Des. E. Reis");
- há os que tiveram fama por umas semanas, e não se sabe ainda se o quiseram (mas não tiveram tempo de mudar de *T-shirt* ou de se maquilhar...) – o "paradigma Rui Teixeira" (mas também daquele do lacinho, por ex.);
- há a generalidade, que acho que não liga muito, a não ser quando são mencionados e lhes tocam pessoalmente no prestígio:
- há alguns tribunais superiores, que aparecem representados pelos seus Presidentes (por ex., o STJ), com intervenções nem sempre muito felizes mediaticamente.

BIBLIOGRAFIA

AGAMBEN, Giorgio (2003), *État d'Excepcion. Homo sacer*, Paris: Seuil, col. L'ordre philosophique.
ALEXANDER, Jeffrey C. e JACOBS, Ronald N. (1999), "Mass Communication, Ritual and Civil Society" in *Media, Ritual and Identity*, London e New York: Routledge, pp. 23-41.
ALMEIDA RIBEIRO, Manuel (2006) *Introdução ao Direito para as Ciências Sociais*, Lisboa: ISCSP, reimpressão.
BAPTISTA MACHADO, João (2006), *Introdução ao Direito e ao Discurso Legitimador*, Coimbra: Almedina, 15.ª reimpressão.
BATISTA, Nilo (2002), "Mídia e sistema penal no capitalismo tardio", in *Discursos sediciosos. Crime, Direito e Sociedade*, Ano 7, n.º 12, Rio de Janeiro: Editora Revan/Instituto Carioca de Criminologia, pp. 271-288 [igualmente disponível *online* em www.bocc.ubi.pt; acedido em 21/01/07].
BECKETT, Catherine e SASSON, Theodore (2000), *The Politics of Injustice / Crime and Punishment in América*, Thousand Oaks, CA: Pine Forge Press.
BIRESSI, Anita e NUNN, Heather (2003) "Vídeo Justice: Crimes and Violence in Social/Media Space", in *Space and Culture*, London, Thousand Oaks, CA e New Delhi: Sage Publications, vol. 6: 276-291 [disponível *online* em www.sagepub.com; acedido em 31/10/2004].
BLUMLER, Jay G. (1992), *Television and the Public Interest*, London, Newbury Park e New Delhi: Sage Publications [disponível *online* em www.sagepub.com; acedido em 31/10/2004].
BOBBIO, Norbert (1989), "Estado", in *Enciclopédia Eunaudi*, vol. 14, Lisboa: Imprensa Nacional, pp. 215-275.
BOUCHER, Philippe (1996), "La Presse, Boule Rouge ou Boule Blanche?", in *Franco-British Studies*, n.º 21, "Justice et Médias / Trial by Media", Paris: Office of the British Institut in Paris /London: University of London, pp. 99-106.
BOURDIEU, Pierre (1994), "L'emprise du journalisme", in *Actes de la Recherche en Sciences Sociales*, n.º 101/102, Março de 1994, Paris: Seuil, pp. 3-9 [texto publicado posteriormente em *Sur la Télévision (Suivi de L'emprise du journalisme)* (1996), Paris: Seuil.

– – (1994), *O Poder Simbólico*, Lisboa: Difel.

– – (2001), *Sobre a Televisão*, Oeiras: Celta Editora.

BREWER, Paul R. e SIGELMAN, Lee (2002), "Political Scientists as Color Commentators", in *Press/Politics*, London, Thousand Oaks, CA e New Delhi: Sage Publications, 7 (1): 23-35 [disponível *online* em www.sagepub.com; acedido em 31/10/2004].

BRILLON, Yves (1986), "L'Opinion publique et les politiques criminelles", in *Criminologie*, vol. 19, n.º 1, Montréal: Les Presses de l'Université de Montréal, pp. 227-238.

BROWN, Sheila (2003), *Crime and Law in Media Culture*, Buckingham/ Philadelphia: Open University Press.

BVA, Institut d'études de marché et d'opinion, *Les Français et les médias* (2003), sondagem realizada em França entre 21 de Agosto e 21 de Setembro de 2003 [disponível *online* em http://www.bva.fr/sondages.php?id=412; acedido em 05/0720/07].

CAPPELLA, Joseph N. e JAMIESON, Kathleen Hall (1997), *Spiral of Cynicism*, Oxford: Oxford University Press.

CARBONNIER, Jean (1979), *Sociologia Jurídica*, Coimbra: Livraria Almedina.

CHAMPAGNE, Patrick (2003), "Le Poids de la Télévision et le Monde Judiciaire", in *Les Dossiers de l'Audiovisuel n.º 107 / La Justice saisie par la Télévision*, Bry-sur-Marne: INA-Édition et Documentation, pp. 19-21.

CLAYMAN, Steven E. (2002), "Tribune of the people: maintaining the legitimacy of agressive journalism", in *Media, Culture & Society*, London, Thousand Oaks, CA e New Delhi: Sage Publications, vol. 4: 197-206 [disponível *online* em www.sagepub.com; acedido em 31/10/2004].

COBB, Roger W. e ELDER, Charles D. (1971), "The Politics of Agenda-Building: An Alternative Perspective for Modern Democratic Theory", in *The Journal of Politics*, vol. 33, n.º 4 (Nov. 1971), Statesboro: Southern Political Science Association/Blackwell Publishing, pp. 892-915.

COOPER, Christopher A. e JOHNSON, Martin (2007), *News Media and The State Policy Process: Perspectives from Legislators and Political Professionals* [disponível *online* em http://www.unc.edu/depts/polisci/statepol/conferences/ 2007/papers/Cooper_Johnson_SPPC_2007.pdf, acedido em 03/06/2007].

CORREIA, João Carlos (2006), *A representação jornalística da doença: mecanismo de controlo social e espaço de mediação entre a ciência e a vida quotidiana* [disponível *online* em http://www.bocc.ubi.pt/pag/correia-joao-representacao-jornalistica-da-doenca.pdf, acedido em 02/04/2007].

CRITCHER, Chas (2003), *Moral Panics and the Media*, Buckingham-Philadelphia: Open University Press.

CUNHA RODRIGUES (1999), *Comunicar e julgar*, Coimbra: Minerva.

CURRAN, James e SEATON, Jean (1997), *Imprensa, Rádio e Televisão: Poder Sem Responsabilidade,* Lisboa: Instituto Piaget.
CURRAN, James e LIEBES, Tamar (ed.) (1998), *Media, Ritual and Identity,* London: Routledge.
DERRIDA, Jacques (2003), *Força de Lei. O Fundamento Místico da Autoridade,* Porto: Campo das Letras.
DUCLERT V., PROCHASSON, C., SIMON-NAHUM, P. (2003), *Il s'est passé quelque chose: le 21 avril 2002,* Paris: Denoël.
DURKHEIM, Émile (1989), *A Divisão do Trabalho Social,* Lisboa: Editorial Presença, 3.ª ed..
ERICSON, R.V., BARANEK, P.M. e CHAN, J.B.L. (1991) *Representing Order: Crime, Law and Justice in the News Media.* Buckingham: Open University Press.
FIGUEIRAS, Rita (2005), *Os Comentadores e os Media, Os autores das colunas de opinião,* Lisboa: Livros Horizonte.
FOUCAULT, Michel (1987), *Vigiar e punir: história da violência nas prisões,* Rio de Janeiro: Vozes, 16.ª ed..
FOWLER, Roger (1994), *Language in the News,* London: Routledge.
FUENTES OSORIO, J. L. (2005), "Los médios de Comunicación y el Derecho Penal", in *Revista Electrónica de Ciência Penal y Criminologia*/Publicação *online* da Universidade de Granada (ISSN 1695-0194), n.º 7, Janeiro de 2005 [disponível em http://criminet.ugr.es/recpc/07/recpc07-16.pdf; acedido em 10/03/07].
GARAPON, Antoine (1996), *Le Gardien des Promesses/ Justice et Démocracie,* Paris: Editions Odile Jacob.
– – (2003), "La scène judiciaire hors les murs", in in *Les Dossiers de l'Audiovisuel n.º 107 / La Justice saisie par la Télévision,* Bry-sur-Marne: INA-Édition et Documentation, pp. 17-18.
GARAPON *et al,* (2002), *Punir em Democracia – E a Justiça Será –,* Lisboa: Instituto Piaget
GERSTLÉ, Jacques (1993), *La Communication Politique,* Paris: Presses Universitaires de France / Que sais-je ?, 2ème edition corrigée.
GIES, Lieve (2000) "Contesting the Rule of Emotions? The Press and the Enforced Caesareans", in *Social & Legal Studies,* vol. 9(4), pp. 515-538, London, Thousand Oaks, CA e New Delhi: SAGE Publications [disponível *online* em www.sagepub.com; acedido em 31/10/2004].
GILISSEN, John (2003), *Introdução Histórica ao Direito,* Lisboa: Fundação Calouste Gulbenkian/Serviço de Educação e Bolsas, 4.ª ed..
GUIBENTIF, Pierre (2002), *Comunicação Social e Representações do Crime,* Lisboa: Centro de Estudos Judiciários, Cadernos do CEJ n.º 20.
GUINDANI, Sara (2003), "Mani pulite à télèvision italienne", in *Les Dossiers de*

l'Audiovisuel n.° 107 / La Justice saisie par la Télevision, Bry-sur-Marne: INA-Édition et Documentation, pp. 30-31.

HABERMAS, Jürgen (1988), "¿Cómo es posible la legitimidad por vía de legalidad?", in *Revista Doxa*, n.°.5, Ed. Alicante, p. 21 e ss., *Biblioteca* Virtual Miguel de Cervantes/ Hemeroteca [disponível *online* em http://www.cervantesvirtual.com/servlet/SirveObras/_12471730982570739687891/index.htm; acedido em 10/04/2007].

– – (2002), *A inclusão do outro: estudos de teoria política*, São Paulo: Loyola.

HASSEMER, Winfried (1993), *Três temas de direito penal*, Porto Alegre: Fundação Escola Superior do Ministério Público.

– – (1994), "História das Ideias Penais na Alemanha do Pós-Guerra", in *Revista Brasileira de Ciências Criminais*, ano II, vol. 6, São Paulo: RT.

– – (1995), "Derecho Penal Simbólico y Protección de Bienes Jurídicos", in *Pena y Estado*, Santiago: Editorial Jurídica Conosur, pp. 23-36 [disponível *online* em http://www.juareztavares.com/textos/hassemer_bem_juridico.pdf; acedido em 22/08/07].

HERMAN, Edward e CHOMSKY, Noam (2003), *A manipulação do público: política e poder económico no uso da mídia*. São Paulo: Editora Futura.

HOUEL, Annik, MERCADER Patrícia e SOBOTA, Helga (2003), *Crime passionnel, crime ordinaire*, Paris: Presses Universitaires de France, col. Sociologie d'aujourd'hui.

IVO, Nuno e MASCARENHAS, Oscar (2003), *A nuvem de chumbo*, Lisboa: Publicações D. Quixote.

JAKOBS, Gunther (1997), *Estudos de Derecho Penal*, Madrid: Civitas.

JAMES, Francis (2003), "Le Poids de la Télévision et le Monde Judiciaire", in *Les Dossiers de l'Audiovisuel n.° 107 / La Justice saisie par la Télevision*, Bry-sur-Marne: INA-Édition et Documentation, pp. 48-51.

JEANNENEY, Jean-Noel (2003), *Uma História da Comunicação Social*, Lisboa: Terramar, 2.ª ed. Revista.

KEANE, John (2002), *A Democracia e os Media*, Lisboa: Temas & Debates.

KITZINGER, Jenny (2000) "Media templates: patterns of association and the (re)construction of meaning over time", in *Media, Culture & Society*, London, Thousand Oaks, CA e New Delhi: Sage Publications, Vol. 22: 61-84 [disponível *online* em www.sagepub.com; acedido em 31/10/2004].

LAKATOS, Eva Maria e MARCONI, Marina de Andrade (2006), *Sociologia Geral*, S. Paulo: Editora Atlas, SA, 7.ª ed. revista e ampliada.

LAMALICE, Olivier (2006), "Opinions Publiques, Incarcération et Système Pénal aux États-Unis : les Influences de la Classe Politique et des Médias", in *La Sévérité Pénale à l'Heure du Populisme*, Québec: Gouvernement du Québec, Ministère de la sécurité publique, pp. 1-72.

LARENZ, Karl (1997), *Metodologia da Ciência do Direito*, Lisboa: Fundação Calouste Gulbenkian/Serviço de Educação, 3.ª ed..
LEBLANC, Gérard (2003), "Du Modèle Judiciaire aux Procès Médiatiques", in *Les Dossiers de l'Audiovisuel n.° 107 / La Justice saisie par la Télevision*, Bry-sur-Marne: INA-Édition et Documentation, pp. 9-11.
MAILLARD, Jacques de, ROCHE, Sébastien (2004), "Crime and Justice in France. Time Trends, Policies and Political Debate", in *European Journal of Criminology*, 2004; 1:111-115, London, Thousand Oaks, CA e New Delhi: Sage Publications [disponível *online* em www.sagepub.com; acedido em 31/10/2004].
MALTEZ, José Adelino (1998), *Princípios de Ciência Política II, O Problema do Direito*, Lisboa, ISCSP [versão da obra impressa (esgotada) disponibilizada *online* pelo autor em http://maltez.info.pt.; acedido em 25/01/07].
MARTÍN, Luís Gracia (2005), "Consideraciones Críticas sobre el Actualmente Denominado "Derecho Penal del Inimigo", in *Revista Electrónica de Ciência Penal y Criminologia*/Publicação *online* da Universidade de Granada (ISSN 1695-0194), n.° 7, Janeiro de 2005 [disponível em http://criminet.ugr.es/recpc/07/recpc07-02.pdf; acedido em 10/03/07].
MARX, K. ENGELS, F. (1975) *A Ideologia alemã: crítica da filosofia alemã mais recente – na pessoa dos seus representantes Feuerbach, Bruno Bauer e Stirner, e do socialismo alemão na dos seus diferentes profetas*, V. I, Lisboa: Editorial Presença / Brasil: Livraria Martins Fontes, col. Síntese.
MCQUAIL, Dennis (1988), *Mass Communication Theory, An Introduction*, London, CA e New Delhi: Sage Publications.
MEDITSCH, Eduardo (1992), *O Conhecimento do Jornalismo*, Santa Catarina: Imprensa Universitária da Universidade Federal de Santa Catarina.
MEHL, Dominique (2003), "Victimes n.° 1", in *Les Dossiers de l'Audiovisuel n.° 107 / La Justice saisie par la Télevision*, Bry-sur-Marne: INA-Édition et Documentation, pp. 64-66.
MESQUITA, Mário (1995), "Tendências da Comunicação Política", in *Revista de Comunicação e Linguagens*, Lisboa: Universidade Nova de Lisboa, Centro de Estudos de Comunicação e Linguagens.
– – (2003), *O Quarto Equívoco. O Poder dos Media na Sociedade Contemporânea*, Coimbra: Minerva.
MIRANDA, Jorge (2002), *Teoria do Estado e da Constituição*, Coimbra: Coimbra Editora.
MONCADA, L. Cabral (1995), *Filosofia do Direito e do Estado*, Coimbra: Coimbra Editora.
MORIN, Edgar (s/d), *Sociologia*, Mem Martins: Publicações Europa-América.
NOIJE, Lonneke Van, KLEINNIJENHUIS, Jan e OEGEMA, Dirk (2005), *Loss of Parliamentary Control Due to Mediatization and Internationalization* [disponí-

vel em in http://www.epop06.com/papers/Loss%20of%20Parliamentary%20Control.pdf acedi-do em 15/05/2007].

O'CONNELL, Michael (1999), "Is Irish Public Opinion Towards Crime Distorted by Media Bias?", in *European Journal of Communication*, Jun 1999, vol. 14 (2), London, Thousand Oaks, CA e New Delhi: Sage Publications [disponível *online* em www.sagepub.com; acedido em 31/10/2004].

ORWELL, George (2002), *198,* Porto: Público Comunicação Social SA.

PEELO, Moira e SOOTHILL, Keith (2000), "The Place of Public Narratives in Reproducing Social Order", in *Theoretical Criminology*, 2000; 4(2): 131-148; London, Thousand Oaks, CA e New Delhi: Sage Publications [disponível *online* em www.sagepub.com; acedido em 31/10/2004].

PENEDO, Cristina Carmona (2003) *O Crime nos Media, O que nos dizem as notícias quando nos falam de crime,* Lisboa: Livros Horizonte.

PEREIRA, Maria Helena da Rocha (1971), *Hélade. Antologia da Cultura Grega*, Coimbra: Faculdade de Letras da Universidade de Coimbra/ Instituto de Estudos Clássicos, 3.ª ed.

– – (1976) *Estudos de História da Cultura Clássica*, vol. I Grécia, Lisboa: Gulbenkian.

PINA, Sara (2000), *A Deontologia dos Jornalistas Portugueses*, Coimbra: Edições Minerva.

– – (2007), "Jornalismo, Liberdade e Responsabilidade" in *Ética e Responsabilidade Social dos Media,* Lisboa: Media XXI/ Formalpress, pp. 44-54.

PISSARRA ESTEVES, João (2003), *Espaço Público e Democracia*, Lisboa: Edições Colibri, Cadernos Universitários.

– – (org.) (2002) *Comunicação e Sociedade,* Lisboa: Livros Horizonte.

PLATÃO (1967), *Protágoras*, Paris: Garnier/Flammarion.

PRATA, Ana (1992), *Dicionário Jurídico*, Coimbra: Almedina, 3.ª ed.

RAMONET, Ignacio (1999), *La Tyrannie de la Communication*, Paris: Galilée.

ROBERTS, Julian V. e STALANS, Loretta J. (2003), *Public Opinion, Crime and Criminal Justice*, Boulder: Westview Press, new edition.

ROBERTS, Julian V., STALANS, Loretta J., INDERMAUR, David e HOUGH, Mike (2003), *Penal Populism and Public Opinion,* Nova York: Oxford University Press.

ROCHER, Guy (1971), *Sociologia Geral*, Vol. I, Lisboa: Presença.

RODRIGUES, Cunha (1999) *Comunicar e Julgar,* Coimbra: Minerva

ROULAND, Norbert (1998), *Introduction Historique au Droit*, Paris : PUF.

ROUSSEAU, Jean-Jacques (1996), *Discurso sobre a Economia Política* e *Do Contrato Social ou Princípios do Direito Político*, Pétropolis: Vozes, Clássicos do Pensamento Político, n.º 15.

SALAS, Denis (2005), *La Volonté de punir,* Paris: Hachette.

SCHLESINGER, Philip e TUMBER, Howard (1994), *Reporting Crime. The Media Politics of Criminal Justice*, Oxford: Clarendon Press.

SCHUDSON, Michael (1995), *The Power of News*, Cambridge, Massachussets, London: Harvard University Press.
– – (1998), *The Good Citizen* New York: Free University Press.
SERGEANT, Jean-Claude (2003), "Justice et Télévision en Grande-Bretagne, une relation ambigue", in *Dossiers de l'Audiovisuel*, n.º 107, Jan/Fev de 2003, Bry-sur-Marne: INA-Édition et Documentation.
SOTO NAVARRO, Susana (2003), *La Protección Penal de los Bienes Colectivos en la Sociedad Moderna*, Granada: Editorial Comares.
SOUSA, Jorge Pedro (2004), *Tobias Peucer: Progenitor da Teoria do Jornalismo*, Bocc/Biblioteca Online de Ciências da Comunicação [disponível *online* em http://www.bocc.ubi.pt/pag/sousa-jorge-pedro-tobias-peucer.pdf; acedido em 22/04/07].
– – (s/d), *Pesquisa em jornalismo: O desbravamento do campo entre o século XVII e o século XIX*, Bocc/Biblioteca Online de Comunicação Social [disponível *online* em www.bocc.ubi.pt, acedido em 31/5/07].
SPARKS, S. (1992), "Television and the Drama of Crime: Moral Tales and the Place of Crime", in *Public Life*, Buckingham/ Philadelphia: Open University Press.
SPLICHAL, Slavko (2002), "The principle of publicity, public use of reason and social control" in *Media, Culture & Society*, London, Thousand Oaks, CA e New Delhi: Sage Publications, Vol. 24:5-26 [disponível *online* em www.sagepub.com; acedido em 31/10/2004].
SUMNER, Colin (1996), "Criminalisation, Collaboration and Social Comfort in Britain", in *Franco-British Studies*, n.º 21, "Justice et Médias / Trial by Media", Paris: Office of the British Institut in Paris/London: University of London, pp. 55-65.
SURETTE, Ray (1998), *Media, Crime and Criminal Justice*, Belmont, CA: West/ /Wadswotth, 2.ª ed..
TCHAKHOTINE, Serge (1967), *A mistificação das massas pela propaganda política*, Rio de Janeiro: Editora Civilização Brasileira.
TOCQUEVILLE, Alexis de (2001), *Da Democracia na América*, Lisboa: Principia.
TRAQUINA, Nelson (2000), "O Estudo das Notícias no Fim do Século XX", in *Revista de Comunicação e Linguagens,* Lisboa: Universidade Nova de Lisboa, Centro de Estudos de Comunicação e Linguagens.
– – (2000), *O Poder do Jornalismo*, Coimbra: Livraria Minerva Editora.
– – (2002), *Jornalismo*, Lisboa: Quimera Editores.
TUCHMAN, Gaye (1978), *Making News, A Study in the Construction of Reality*, New York: Free Press.
VREESE, Claes H. de (2005), "The Spyral of Cynism Reconsidered", *in European Journal of Communication,* London, Thousand Oaks, CA e New Delhi: Sage Publications, Vol 20 (3): 283-301 [disponível *online* em www.sagepub.com; acedido em 31/10/2004].

VV.AA. (1998), "Covering the Courts", in *Media Studies Journal*, vol. 12, n. 1, Winter 1998, New York: Media Studies Journal.

– – (1999), *Justiça e Comunicação Social*, Lisboa: Ministério da Justiça.

– – (2002), *Estudos de Direito da Comunicação*, Coimbra: Instituto Jurídico da Comunicação.

WACQUANT, Loie J. D. (1994) "Le gang comme prédateur collectif", in *Actes de la Recherche en Scienses Sociales*, n.° 101/102, Março de 1994, Paris: Seuil, pp. 89-100.

– – (2002), *Punir os pobres: a nova gestão da miséria nos Estados Unidos*, Rio de Janeiro: ICC/Freitas Bastos.

WATZLAWICK, Paul, BEAVIN, J. Helmick e JACKSON, Don D. (1975), *Une Logique de la Communication*, Paris: Seuil.

WEBER, Max (1986), *Sociologie du Droit*, Paris : PU, col. Recherches Politiques.

WYKES, Maggie (2001), *News, Crime and Culture*, London : Pluto Press.

ZELIZER, Barbie (2000), "Os Jornalistas Enquanto Comunidade Interpretativa", in *Revista de Comunicação e Linguagens*, Lisboa: Universidade Nova de Lisboa, Centro de Estudos de Comunicação e Linguagens.